KB234741

세계 주요국의
기후변화법제

GREEN SEED

세계 주요국의 기후변화법제

| 박덕영 편저

본서는 2011년 정부재원(교육과학기술부 인문사회과학역량 강화사업비)으로 한국연구재단의 지원을 받아 연구되었다.

[NRF 2010−330−B00247/기후변화에 대한 각국의 입법 및 정책의 국제통상법적 쟁점 연구]

본서의 내용 중 아시아 주요국의 기후변화법제 부분은 2011년 법제처의 연구용역으로 진행된 연구내용을 본서에 반영하였다.

기후변화문제는 국제적으로 심각한 문제로 부상하였으며 현재 지구환경정치에서 가장 중요한 수제가 되고 있다. 가장 최근 발표된 IPCC(Intergovernmental Panel on Climate Change: 기후변화에 관한 정부간 협의체)의 제4차 평가보고서에 의하면, 20세기(1906~2005)에 지구온도가 0.74도 상승했으며, 21세기 말까지는 1.1~6.4도 상승하고 해수면은 18~59센티미터가 상승한다고 한다. 이렇게 상승된 지구온도로 인하여, 지구생태계와 인간사회는 막대한 영향을 받을 것이라고 예측되고 있다. IPCC 제4차 평가보고서에 따르면, 온도의 상승으로 육상 생물종의 35%가 멸종하는 등 생물종의 멸종으로 인하여 생태계의 교란이 극심해지고, 곡물의 생산성이 감소하여 3천만~1억 2천만에 달하는 인류가 기근의 위협에 놓이게 된다고 한다. 또한, 잦은 가뭄과 홍수의 발생, 빙하의 감소 등으로 인하여 10억~32억 인구가 물부족 현상 또는 범람지대가 증가하는 현상을 겪게 될 것이라고 예측하기도 한다.

인간의 인위적 간섭이 현재와 같은 수준으로 유지될 경우에 초래될 기후변화의 위험성이 명백하다는 데 국제사회는 대체로 동의하고 있다. 이러한 위험에 대처하기 위해 각국은 국내적으로 기후변화에 대응하는 법과 정책을 제정하고, 국제적으로는 기후변화협약이나 교토의정서에 가입하여 기후변화를 해결하기 위한 국제적인 노력에 동참하고 있다.

기후변화협약은 1992년에 체결되었으며 협약의 목적을 이행하기 위해 교토의정서가 1997년 채택되었다. 교토의정서는 온실가스 배출 감축의무 국가들이 2008년부터 2012년까지 1990년 대비 온실가스 배출을 5.2% 감축할 것을 규정하고 있다. 2005년 12월 교토의정서 발효 후 부속서 I 당사국의 1차 공약기간 이후의 온실가스 감축에 대해 협상이 시작되어 2007년 인도네시아 발리 총회(COP-13)에서 '발리행동계획(Bali Action Plan)'이 채택되었다. 발리행동계획은 새로운 협상 체제인 '발리로드맵(Bali Road Map)'을 창설했는데, 이러한 로드맵에 따르면 교토의정서 선진국의 온실가스 감축문제만을 다루는 교토의정서 협상트랙(AWG-KP)과 공유비전, 감축, 개발도상국에 대한 재정 및 기술지원 등 문제를 전반적으로 다루는 기후변화협약 협상트랙(AWG-LCA)으로 나뉘게 되었다. 이후 2009년 덴마크 코펜하겐 총회(COP-15)에서 부속서 I 국가들이 2020년까지 수량적 감축목표를 달성하기로 약속하고 개발도상국의 NAMA Registry를 도입하는 것을 골자로 한 '코펜하겐 합의(Copenhagen Accord)'를 이끌어 내었다. 2010년 멕시코 칸쿤에서 열린 총회(COP-16)에서 채택된 '칸쿤 합의문(Cancun Agreements)'은 정치적 합의수준에 불과했던 코펜하겐 합의문과는 달리 그 내용을 유지·발전시킴으로써 유엔체제로 공식 채택되었다.

그러나 선진국과 개발도상국 간의 정치적 이해관계가 여전히 첨예한 대립 양상을 보이면서 몇 가지 쟁점에 있어서 협상이 난항을 겪었다.

미국과 일본 등 선진국은 교토의정서가 선진국의 의무 부담만을 규정하고 있는 것에 대한 불만을 표시하고, 선진국과 개발도상국 모두가 의무 부담국이 되도록 하는 새로운 의정서 채택을 주장했다. 그러나 개발도상국은 교토의정서 체제를 그대로 유지하고, 개발도상국의 자발적 감축행동은 현행과 같이 별도로 운영하는 투-트랙(Two Tracks) 협상방식을 지지하였다. 한편, 2011년 남아공 더반 COP-17회의에서는 '더반 패키지(Durban Package)'라는 이름으로 총 4개의 결정문이 채택되었다. 이는 AWG-DP를 설치하여 포스트-2020체제의 협상을 개시하고, AWG-KP 협상결과, 교토의정서 2차 공약기간이 설정되고, AWG-LCA 협상결과 포스트-2012 관련 칸쿤합의를 이행하고, 녹색기후기금을 설립할 것을 결정하였다. 한편 2012년 카타르에서 개최될 COP-18은 포스트 교토체제를 확정하기로 예정되어 있어, 기후변화의 대응 및 적응에 관한 지구적 결정을 하는 데 있어 매우 중요한 회의가 될 것으로 기대된다.

국제적으로 기후변화협약 및 포스트 교토체제에 대한 논의가 이루어지고 있는 가운데, 각 국가는 기후변화를 해결하기 위해 다양한 법과 정책을 채택하고 있다. 먼저, 교토의정서를 이행하기 위해 필요한 EU 차원의 전략을 확인하고 개발하기 위하여 수립된 유럽연합 차원의 유럽기후변화계획(ECCP, European Climate Change Programme)부터 영국의 기후변화법 및 배출권거래제, 독일의 프로젝트-메커니즘 법, 배출권거래제, 에너지·기후 통합 프로그램, 재생에너지법, 프랑스의 기후변화정책과 에너지 수요억제 등을 다루는 환경 그르넬 법 등이 있다. 또한, 호주의 국가 온실가스와 에너지보고법, 배출권거래제, 재생에너지 발전목표, 뉴질랜드의 배출권거래제와 에너지 관련 법 및 정책 등이 있다. 미국은 비록 연방법으로 자리 잡지 못했지만, 기후변화에 대응하기 위해 미국 정치인들은 미국기후안보법과 미국청정에너지 안보법, 미국전력법 등을 발의하였다. 하지만 연방 차원의 기후변화 대응에 대한 법안 제정은 실패하였고 다만 오바마 행정부 들어 온실 가스 의무보고법이 제정되었다. 미국은 연방정부 차원보다 오히려 주 정부 차원의 여러 가지 기후변화 관련 대응정책들이 활발히 진행되 고 있다. 서부기후이니셔티브, 중서부온실가스감축협정, 지역온실가 스이니셔티브 등은 지역 및 주 정부 차원에서의 기후변화대응을 보 여 주는 증거들이다.

우리나라도 1993년에 기후변화협약에 가입하여 국제적인 노력에 동참해 왔으며 기후변화대응을 위한 법제도 및 정책들을 수립해 왔 다. 우리나라 정부는 2008년 '저탄소 녹색성장'이라는 슬로건을 내세 우며 국제사회에 온실가스 배출을 2020년에 2005년 대비 30%를 감축 하겠다고 공언하였다. 정부는 저탄소 녹색성장 정책을 구현하기 위해 2008년 12월 '대통령 직속 녹색성장위원회(이하 녹색성장위원회라 한 다)'를 발족하여 「저탄소 녹색성장 기본법」을 2010년 1월에 공포하였 다. 2010년 1월 13일 제정된 「저탄소 녹색성장 기본법」은 총 7장, 64조 로 구성되어 있으며, 이를 근간으로 동년 4월 13일에 대통령령인 「저탄소녹색성장기본법 시행령」이 제정되었다. 제1장은 총칙으로 서, 제1조에서는 본법 제정의 목적을 기술하고 있고, 제2조에서는 저 탄소, 녹색성장, 녹색기술 등 개념 정의를 하고 있으며, 이하 제3조 내지 제7조에서는 각각 저탄소 녹색성장 추진의 기본원칙, 국가의 책 무, 지방자치단체의 책무, 사업자의 책무, 국민의 책무를 기술하고 있다. 제2장은 저탄소 녹색성장의 국가전략을 수립하고 시행하는 것에 관한 조문들을 담고 있으며, 제3장에서는 녹색성장위원회의 운영에 대한 조문들, 제4장에서는 저탄소 녹색성장의 추진을 위한 기본원칙과 개별 기업들을 금융, 제도적으로 지원하기 위한 방법들, 제5장에는 기후변화대응을 위한 정책들, 제6장에는 저탄소 교통체계의 구축과 녹색건축물의 확대를 위한 방편, 생태관광 등의 지속 가능한 발전을 위한 개별 정책들, 제7장에는 보칙을 담고 있다.

이러한 법의 제정으로 기후변화에 완벽하게 대응하고 있다고 생각하는 것은 기후변화라는 문제기 경제저·사회적·환경적 요인들과 아주 복잡하게 얽혀 있는 복합적인 문제라는 것을 이해한다면 안이한 생각이라는 것을 알 수 있다. 따라서 우리는 기후변화대응 및 적응에 더 잘 대비하기 위하여 이미 이 문제에 대하여 법적·정책적 결과물들을 내놓고 있는 세계 주요국들의 방법들을 탐구할 필요가 있다. 이러한 필요사항은 「저탄소녹색성장기본법」에도 잘 나타나 있다. 제37조 1항에서는 "정부는 외국 정부 또는 국제기구에서 제정하거나 도입하려는 저탄소 녹색성장과 관련된 제도·정책에 관한 동향과 정보를 수집·조사·분석하여 관련 제도·정책을 합리적으로 정비하고 지원체제를 구축하는 등 적절한 대책을 마련하여야 한다"고 밝히고 있다. 또한, 제37조 2항에서 "정부는 제1항의 동향·정보 및 대책에 관한 사항을 기업·국민에게 충분히 제공함으로써 국내 기업과 국민이 대응역량을 높일 수 있도록 하여야 한다"고 규정하고 있다. 본서는 정부의 이러한 의무사항을 학계가 지원한다는 측면을 기지고 있다.

따라서 본서는 세계의 주요 국가들이 기후변화문제를 해결하기 위해 어떠한 정책들을 수립하고 법들을 제정하고 있는지 살펴보는 것이 그 주요 목적이다. 본서에서 다루는 주요 국가들은 미국, 유럽연합(EU), 영국, 독일, 프랑스, 러시아, 호주 및 뉴질랜드, 일본, 중국 그리고 인도이다. 본서의 구성은 다음과 같다. 제1장은 도입 부분이며 전체적으로 국제사회가 기후변화문제에 어떻게 대응해 왔는지 살펴 보며 기후변화협약과 교토의정서를 자세하게 분석한다. 또한, 교토의정서 협상트랙과 기후변화협약 협상트랙으로 나뉘어서 논의되고 있는 포스트 교토 체제에 관한 내용도 다룬다. 제2장은 미국과 유럽연합의 기후변화 관련 법제와 정책들을 다룬다. 먼저 미국에 관해서는 크게 기후변화와 에너지로 구분하여 각각에 대한 정책과 법률이 어떻게 형성되어 있는지 살펴본다. 한편 유럽연합(EU) 관련해서는 EU 조약상 환경법과 환경정책이 어떻게 구성되어 있으며 국제협약과의 관계 및 이행 부분을 먼저 살펴본다. 그런 다음 유럽연합 전체 차원에서 기후변화와 에너지 관련 법률과 정책이 어떠한 것들이 있는지 검토한다. 제3장은 유럽연합 중 주요 국가들인 영국, 독일, 프랑스 그리고 유럽연합 회원국은 아니지만, 기후변화 및 에너지 문제 관련 주요한 국가 중의 하나인 러시아에 관하여 탐구한다. 제4장은 호주와 뉴질랜드의 기후변화 및 에너지 관련 법제 및 정책을 검토한다. 제5장은 아시아의 주요 국가들인 일본, 중국 그리고 인도의 기후변화 및 에너지 관련 법제 및 정책을 검토한다. 마지막으로 제6장은 결론 부분으로서 세계 주요국들의 기후변화 및 에너지 관련 법제와 정책을 종합·정리한다. 본서의 출판으로 주요 국가들의 법제 및 정책들의 실패와 성공을 살펴보며 우리나라에 알맞은 기후변화대응 관련 법제 및 정책의 방향을 가늠하는 데 도움이 되기를 바란다.

본서는 한국연구재단의 한국사회기반연구사업(SSK) '기후변화에 대한 각국의 입법 및 정책의 국제통상법적 쟁점 연구'라는 주제로 연구비지원을 받아 진행된 연구의 결과물이다. 본서의 내용 중 아시아 주요국의 기후변화법제 부분은 2011년 법제처의 연구용역으로 진행된 연구내용을 본서에 반영하였다. 집필 참여자 중에는 SSK 연구진도 있고, 외부에서 참여하여 집필해 주신 분들도 계신다. 그리고 연세대학교 일반대학원의 기후변화와 통상법이라는 수업에서도 본 연구와 관련하여 많은 토론이 있었다. 이 책이 나오기까지 참여해 주신 모든 분께 감사드리고, 본서의 출간을 허락해 주신 한국학술정보(주) 관계자분들께도 감사의 말씀을 올린다.

2012년 4월 비 내리는 봄날에
필진을 대표하여 박덕영 씀

| 집필진 소개 |

박덕영   연세대학교 법학전문대학원 교수
안희주   연세대학교 법학전문대학원 재학
이소영   연세대학교 법학연구원 전임연구원
이주윤   연세대학교 법과대학 강사
김동환   연세대학교 법학전문대학원 재학
이정률   연세대학교 정치외교학과 재학
한지희   연세대학교 일반대학원 석사과정
김인나   연세대학교 일반대학원 석사과정
이태화   연세대학교 법학연구원 연구교수
유형정   연세대학교 일반대학원 박사과정
마 광   중국 절강대학교 법과대학 교수
윤익준   연세대학교 법학연구원 연구교수

c o n t e n t s

PART 04 오세아니아의 기후변화대응 관련 법제 및 정책

PART 01

국제조약의 이해

01

기후변화협약 및
교토의정서와 Post - 2012

박덕영 · 안희주

제1절 배경과 추진경과

1972년 세계 52개국의 학자와 기업인, 전직 대통령 등 각계 지도자 백 명으로 구성된 연구기관인 로마클럽에서는 '성장의 한계(The Limits to Growth)'라는 보고서를 발간한다. 이 보고서의 핵심내용은 지구 상에 존재하는 천연자원은 한정되어 있고, 인구는 계속해서 증가할 것이므로 미래의 경제발전은 제한을 받을 수밖에 없다는 것이었다. 특히 식량 산출량의 증가를 넘어서는 인구 증가, 공업생산의 증대와 이보다 훨씬 빠르게 소멸하는 자본재의 문제, 재생 불가능한 자원 사용의 급속한 증가로 인한 자원 고갈, 인류의 공업 활동 증가에 따른 환경오염의 가속화 문제 등을 집중적으로 경고한다.[1] 이 보고서는 경제발전과 환경문제 간의 관계를 반성적으로 재조명함으로써 1980년대

---

1) 최승국, "녹색경제를 향한 모색", http://happy100.tistory.com/340.

이후부터 본격적으로 세계적 차원에서 환경문제에 대한 국가 간 협력이 이루어지는 데 필요한 이론적 기반을 제공하였다.

1988년에는 지구 온난화의 과학적 근거 마련 및 사회경제적 영향 평가 수행을 위하여 '기후변화에 관한 정부 간 패널(IPCC)'[2]이 설립되었고, IPCC의 초대보고서는 1992년 브라질 리우데자네이루에서 열린 유엔환경개발회의(UNCED)에서 '기후변화에 관한 국제연합 기본협약(UNFCCC, 이하 기후변화협약)'이 채택되는 데 초석이 되었다. 기후변화협약은 1994년 3월 발효되어 현재 195개의 당사국이 참여하고 있으며, 우리나라는 1993년 47번째로 협약에 가입하였다.[3]

기후변화협약에서는 차별화된 공동부담원칙에 따라 가입 당사국을 부속서 I (Annex I)국가, 부속서 II (Annex II)국가, 비부속서(Non−Annex I) 국가로 구분하여 각기 다른 방법으로 온실가스 저감의무를 부담하기로 결정하였다. 부속서 I 국가는 선진국 국가들을 나타낸 것으로 1992년 기준 24개의 OECD 가입국과 경제이행국가(EIT, Economies in Transition) 인 러시아, 발트 해 연안 국가, 일부 동유럽 국가 및 EU를 포함하고 있다. 그 후 제3차 기후변화당사국총회(COP−3)에서 6개국이 추가되었다. 부속서 II 국가는 부속서 I 국가 중 EIT를 제외한 OECD 가입국만 나타낸 것으로 개발도상국에 재정과 기술을 지원할 의무를 지닌다. 비부속서국가들은 대부분 기후변화의 부정적인 영향에 대처할 역량

이 부족한 개발도상국을 포함하고 있다.

▶ 표 1-1. 기후변화협약(UNFCCC) 부속서 및 비부속서국가 현황[4]

구분	부속서 I 국가	부속서 II 국가	비부속서국가
국가	- OECD 국가 - EU - 동구권 경제이행국가(11개국)	부속서 I 국가 중 동구권 EIT 국가 제외한 OECD 국가와 EU	기후변화협약 가입국 중 부속서 I 외의 국가
의무	온실가스 배출량 1990년 대비 평균 5.2% 감축	개발도상국에 재정지원 및 기술이전 의무	국가보고서 제출 등 협약상의 공통의무 수행

기후변화협약은 최고의결기구로 당사국총회(COP, Conference of Parties)를 두고 있으며, 1995년 독일 베를린에서 1차로 개최된 뒤 매년 1회 개최되고 있다. 1차 당사국총회에서는 2000년까지 온실가스 배출을 1990년 수준으로 감축시킬 것을 목표로 한 선진국의 공약이 부적절하다고 결론짓고, 부속서 I 국가들의 이행수준을 강화하기로 한 소위 '베를린 위임사항(Berlin Mandate)'에 합의하였다. 그 후 2년간의 협상과정을 거쳐 1997년 12월 일본 교토에서 개최된 제3차 당사국총회(COP-3)에서 채택된 것이 바로 '교토의정서(Kyoto Protocol)'이다.

교토의정서는 산업혁명 이후 지구온난화의 주요 원인을 제공해 온 선진국에 역사적인 책임을 묻고, 실질적인 온실가스 감축목표를 달성하기 위해 부속서 I 국가를 대상으로 구속력 있는 온실가스 감축목표치를 부여하였다. 이에 따라 교토의정서는 2008~2012년에 이르는 1차 공약기간 동안 38개국에 평균 5.2%의 의무 감축률을 설정하였다. 우리나라는 교토의정서 채택 당시 OECD 국가였으나, IMF로 인해 개도

---

4) 석현덕 외, 『기후변화협약 ERDD+메커니즘의 이해와 향후 협상전망』, 한국농촌경제연구원, 2010, p.36.

국으로 분류되어 멕시코와 함께 비의무 감축국이 되었다. 교토의정서의 가장 특징적인 부분은 선진국들이 자국에 부여된 감축의무를 국내적인 수단으로만 달성하기에는 한계가 있다는 점을 인정하여, 배출권 거래나 공동이행제도 등을 통해 의무 이행에 유연성을 부여했다는 점이다.5) 그러나 2001년 3월, 단일국가로는 세계 최대 온실가스 배출국이었던 미국(36.1%)이 교토의정서를 비준하지 않기로 함에 따라 교토의정서의 발효요건을 충족하지 못하였고, 발효는 보류된 채 당해 11월 마라케시 합의문을 통해 교토의정서의 세부운영 규칙에 대한 합의만을 이루었다.6) 2004년 11월 러시아의 비준으로 인해 발효요건이 충족된 교토의정서는 2005년 2월 발효되었고, 2011년 8월 현재 EU와 192개국이 비준한 상태이며, 부속서 I 국가의 총 배출량은 전체의 63.7%를 차지하고 있다.

제2절 기후변화협약의 목적과 원칙

I. 협약의 목적

기후변화협약 제2조 1문에서는 "기후체계가 위험한 인위적 간섭을

---

5) *Ibid.*, p.38.

6) 교토의정서 제25조 1항 "This Protocol shall enter into force on the ninetieth day after the date on which not less than 55 parties to the Convention, incorporating Parties included in Annex I which accounted in total for at least 55 percent of the total carbon dioxide emissions for 1990 of the Parties included in Annex I, have deposited their instruments of ratification, acceptance, approval or accession."

받지 않는 수준으로 대기 중 온실가스 농도의 안정화를 달성하는 것"을 협약의 궁극적 목적으로 언급하고 있다. 여기에서 '기후체계'란 동 협약 제1조에 명시된 바와 같이 '대기권, 수권, 생물권과 지리권 그리고 이들의 상호작용의 총체'를 의미한다. 본 협약의 목적이 이와 같기 때문에 대기권, 수권, 생물권 및 지리권이 인위적 간섭으로 인하여 온실가스의 배출농도를 측정하고, 이를 감축하기 위한 노력 및 그 결과의 평가는 협약 이행에 있어서 가장 기초적인 과제가 된다.

그러나 이러한 목적의 타당성은 지구온난화 자체를 부정하는 이론 및 인위적 활동과의 연관성 부족에 대한 비판 등이 지속적으로 제기되면서 그 타당성을 의심받아 왔다. 이에 대응하기 위하여 IPCC는 정기적으로 발표하는 기후변화보고서를 통해 각종 과학적 관측 결과와 분석을 통해 협약의 목적이 갖는 타당성을 입증하고 있다. 가장 최근에 발표한 IPCC의 제4차 평가보고서(Assessment Report)에서는 인위적 활동의 유형별 온실가스 배출량을 분석해 "인류의 활동에 의하여 발생한 지구 온실가스(GHGs)배출량은 산업화 이전부터 증가해 왔으며, 1970년부터 2004년 사이에는 70%나 증가하였다"는 점을 입증하였다.[7] 또한 시뮬레이션을 통해 자연강제력과 인위적 강제력에 따른 지표 온도의 변화 값을 측정함으로써 지구 온난화 현상이 인위적 강제력이 없이는 발생하지 않았을 것이라는 점도 밝히고 있다.

1문에서 언급된 '위험한 인위적 간섭'에 대한 근거 역시 강화된 과학적 예측결과에 의해 뒷받침되고 있다. IPCC 4차 보고서는 2090~2099년

---

7) IPCC, Climate Change 2007: Synthesis Report. Contribution of Working Group Ⅰ, Ⅱ and Ⅲ to the Fourth Assessment Report of the Intergovernmental Panel on Climate Change.

에는 1980~1999년에 비해 지구의 온도가 시나리오에 따라 최소 1.1℃
에서 최대 6.4℃까지 상승하고, 이러한 상승폭의 중간값인 3.8℃ 정도
상승한다고 가정할 경우, 생물종의 30~40%가 멸종위험에 노출되고, 모
든 위도에서 곡물의 생산성이 감소하기 시작하여 3천만~1억 2천만에
달하는 인류가 기근의 위협에 놓이게 된다고 전망한다. 따라서 인위적
간섭이 현재와 같은 수준으로 유지될 경우에 초래될 기후체계의 위험
성은 비교적 명백하다고 할 수 있다.

마지막으로 '온실가스'에 해당하는 물질은 이산화탄소(CO_2), 메탄
(CH_4), 아산화질소(N_2O), 수소불화탄소(HFCS), 과불화탄소(PFCS), 육불
화황(SF_6) 등 여섯 가지로 분류된다. 각각이 지닌 위험성의 정도와 전
체적인 온실가스 농도 안정화에 미치는 영향은 본서가 다루는 범위
를 벗어나는 전문적인 문제로서, 자세한 내용은 IPCC의 4차 보고서를
참고하길 바란다.

II. 협약의 원칙

기후변화협약의 원칙은 협약 제3조의 1항에서 5항에 걸쳐 서술되
어 있다. 첫 번째 원칙은 '형평성에 입각하여 공통의 그러나 차별화
된 책임과 능력에 따라' 기후체계를 보호하는 것이다. 기후변화협약
에서 가입 당사국을 부속서 Ⅰ, Ⅱ, 비부속서국가로 나누어 각기 다른
의무를 부담하도록 한 것도 이러한 원칙에 의한 것이다. 부속서는
OECD 가입 여부, 시장경제체계의 체화 여부, 기후변화에 대한 귀책
사유 여부 등을 기준으로 각 국가를 분류하고 있기 때문이다. 특히

선진국, 즉 부속서 I 국가에 더 무거운 보호 의무를 부과한 것은 IPCC 제4차 보고서에서 언급된 바와 같이 산업화라는 인위적 활동이 19세기와 20세기에 걸쳐 지구온난화에 미친 부정적 영향을 고려한 결과라고 할 수 있다. 그러나 이러한 역사적 책임은 정량적으로 측정할 수 없기 때문에, 선진국이 어느 정도의 책임을 분담할 것인지 정하는 데 있어서는 여전히 많은 논란과 이견이 존재한다.

두 번째 원칙은 기후변화에 대한 부담의 정도를 결정하는 데 있어 '개발도상국의 특수한 사정에 대한 배려'를 하는 것이다. 제3조 2항의 내용에 따르면, 특수한 사정이라 함은 '기후변화의 부정적 효과에 특별히 취약'할 수밖에 없는 환경적 또는 사회경제적 조건에 놓여 있다는 것을 의미하는 것으로 보인다. 기후변화에 얼마나 취약한가의 정도는 그 지역의 적응 능력과 그 지역에 미칠 기후변화현상의 잠재적 영향력에 따라 결정된다. 예를 들어, 가난과 자원부족, 식량난, 경제의 세계화, 무력분쟁, HIV/AIDS와 같은 질병의 높은 발병률 등은 그 지역이 기후변화로 인해 간헐적으로 발생하는 재해에 대비할 수 있는 인적·물적 자원이 부족함을 암시한다. 또한 본 협약 제4조 8항에 명시된 군소도서 국가, 저지대 연안국, 가뭄과 사막화에 취약한 국가 등은 같은 기후변화 현상에도 더 큰 피해를 입을 가능성이 높다. 이러한 사실은 실증적인 분석에 의해서도 두루 뒷받침되고 있는데, 대표적인 것 중 하나는 개발과 환경 분야의 비영리단체인 GermanWatch에서 개발한 기후위기지표(CRI, Climate Risk Index)이다.[8] CRI분석에

---

8) http://www.germanwatch.org/klima/cri2011.pdf(Briefing Paper: Global Climate Risk Index 2011) CRI는 기후변화현상으로 인한 총 사망자 수, 인구 10만 명당 사망자 수, 총 피해금액, GDP 대비 피해금액의 비중, 이 네 가지 지표를 바탕으로 작성된다.

따르면 1990~2009년 사이 기후변화위기로 인해 가장 심각한 피해를
입은 10대 취약국은 모두 개발도상국 또는 최빈국으로 나타났다.

▶ 표 1 - 2. 10대 기후변화 취약국(1990~2009년)

순위	국가	CRI 지표	연간 사망자 수	총 피해액 (백만 불)	연평균 10만 명당 사망자 수	GDP대비 피해규모(%)	사건·사고 횟수
1	방글라데시	7.33	7,849	5.63	2,068.14	1.67	259
2	미얀마	8.67	7,124	14.33	676.35	2.04	30
3	온두라스	10.83	322	5.21	663.57	3.12	53
4	니카라과	16.17	157	2.80	263.33	2.05	39
5	베트남	19.00	457	0.59	1,861.50	1.31	203
6	아이티	19.67	338	3.98	164.62	1.20	46
7	필리핀	26.83	821	1.08	684.45	0.35	270
8	도미니카공화국	27.67	212	2.55	185.08	0.40	41
9	몽골	31.00	13	0.54	308.65	5.19	30
10	타지키스탄	33.50	30	0.47	311.27	2.93	51

이와 같이 대부분의 개발도상국은 기후변화에 대한 적응능력이 낮
거나 잠재적 피해의 영향력이 크거나 혹은 두 가지 모두에 해당하는
경우가 많으므로, 기후변화협약에서는 온실가스의 감축의무에 있어
이들의 예외적 사정을 고려하기 위한 원칙을 명시하고 있는 것이다.

세 번째 원칙은 '기후변화의 원인 및 부정적 효과를 완화하기 위한
예방적 조치'를 취해야 한다는 것이다. 제3조 3항에서 이러한 예방적
조치의 필요성은 주로 비용 효율적인(Cost - Effective) 조치를 확보하기
위한 측면에서 제기되고 있다. 또한 '과학적 증거의 불완전성'이 예방
적 조치의 시행을 연기하는 데 유효한 근거가 될 수 없음을 언급함으
로써 기후변화현상으로 인한 피해 가능성을 최대한 보수적으로 판단

해 대비할 것을 주문하고 있다. 자연재해가 본질적으로 갖는 불확실성과 그 피해의 초국적 파급효과를 고려해 볼 때, 이러한 원칙은 충분히 타당성을 지닌다고 할 수 있다.

네 번째 원칙은 각 당사국은 지속 가능한 발전을 증진할 권리를 지니며, 기후체계 보호를 위한 조치가 각 국가의 발전계획에 통합되어야 한다는 것이다. 그리고 경제적 발전이 기후변화대응에 필수적인 만큼 이러한 통합에 있어서 각자가 지닌 고유한 상황이 고려된다. 이 원칙은 기후변화에 대응하는 데 있어 비단 환경정책 차원의 접근만으로는 충분히 효과적이지 않다는 현실적 인식을 담고 있다. 기후변화에 대한 적극적 대응이 지나친 사회적 비용을 초래하여 경제적 발전에 심각한 저해가 된다면 환경과 경제 둘 중 어느 것도 지속 가능하지 않을 것이기 때문이다. 따라서 각 국가의 주어진 상황하에서 지구온난화 방지를 위한 정책과 경제발전을 위한 정책이 서로 유리되지 않고 조화를 이룰 수 있도록 해야 한다. IPCC의 제3실무그룹이 발표한 제4차 보고서에서 "기후변화 및 다른 지속 가능한 개발 정책들은 항상은 아니지만 종종 시너지 효과를 나타낸다. 예를 들면, 흔히 기후정책과는 별도로 여겨지는 거시적 경제정책, 농업정책, 다각적인 개발 은행 대출, 보험, 전력 시장 개혁, 에너지 안보 및 산림 보전에 관한 의사 결정이 배출량을 상당히 감소시킬 수 있다는 증거가 속속 등장하고 있다"고 밝힘으로써 지속 가능한 개발과 기후변화의 완화가 정책적으로 보완적 관계로 발전할 수 있음을 보여 준다.9)

---

9) http://www.ipcc.ch/pdf/assessment-report/ar4/wg3/ar4-wg3-spm.pdf(Contribution of Working Group Ⅲ to the Fourth Assessment Report of the Intergovernmental Panel on Climate Change, 2007).

다섯 번째 원칙은 개방적인 국제경제체제를 촉진하여 모든 당사국, 특히 개발도상국의 지속 가능한 개발과 효과적인 기후변화대응을 이끌어 낸다는 것이다. 또한, 2문에서는 "기후변화에 대응하기 위한 조치가 국제무역체제에 대한 자의적 또는 정당화할 수 없는 차별수단이나 위장된 제한이 되어서는 안 된다"는 점을 명시함으로써, 개별국가가 취할 수 있는 기후변화 조치의 한계를 설정하고 있다. 제2문의 이러한 표현은 1947 GATT 제20조 예외조항의 두문과 거의 동일한 것인데, 이는 기후변화협약이 자유무역 국제경제체제의 예외로 작용하더라도 그 체제가 인정하고 있는 예외의 범위를 벗어나지 않을 것임을 암시한다.

제3절 주요 내용

Ⅰ. 기후변화협약

1. 공약 및 이행

'공통된 그러나 차별화된 책임과 능력'의 원칙에 따라 협약을 통해 이행하게 되는 공약 역시 모든 당사국의 공약과 선진국의 공약으로 나뉘어 있다. 제4조 1항은 모든 당사국의 공약사항을, 제2항은 부속서Ⅰ 국가들의 차별화된 공약사항을 명시하고 있다. 각각의 공약사항에 담긴 핵심요지를 정리하면 다음과 같다.

1) 제4조 1항 - 모든 당사국의 공약사항

- 온실가스 배출원에 따른 인위적 배출량과 흡수원에 따른 흡수량에 관한 국가통계 작성 및 제출
- 온실가스 감축을 통한 기후변화 완화조치의 계획 수립 및 공표
- 산업·농업·에너지 등 전 분야에 걸친 온실가스 감축기술 및 공정 적용
- 생물자원·산림·해양 등 온실가스 흡수원의 보존 및 강화
- 기후변화로 인한 부정적 영향에 대비, 적응 및 대응계획 개발
- 기후체계에 관한 과학적·기술적·사회경제저 조사를 통해 기후변화에 대한 대응전략이 지니는 불확실성 축소 또는 제거
- 기후체계에 관한 과학적·사회경제적·법적 정보의 포괄적이고 신속한 교환

2) 제4조 2항 - 부속서 I 국가의 공약사항

- 온실가스의 인위적 배출을 제한하는 내용을 포함하는 기후변화 완화에 관한 국가정책의 채택. 2000년까지 1990년 수준으로 온실가스 배출량 감축
- 채택된 조치의 결과로서 나타난 정기적인 배출량 감축정보 당사국총회에 보고
- 협약의 목적 달성을 위하여 관련 경제적 및 행정적 수단 검토 및 조정

제4조 1항과 2항을 비교해 보면 두 국가군에 대한 협약의 기대수준의 차이가 확연히 드러난다. 제4조 1항은 공약을 수행하는 데 있어

각 국가의 특수한 국가적·지역적 개발 우선순위 등을 고려한다는
점이 명시되어 있는 반면, 2항에는 그러한 언급 없이 공약에 대한 합
의사실만 언급되어 있다. 이는 2항 (a)호에서 밝히고 있는 바와 같이
본 협약은 선진국에 단순히 공약의 준수 가능성을 기대하는 것이 아
니라, 협약의 목적을 수행하는 데 있어 선도적인 역할(Taking the Lead)
을 기대하고 있기 때문이다. 또한, 모든 당사국에 해당하는 공약사항
과 달리 선진국의 공약사항에는 '1990년 수준'이라는 구체적인 목표
감축량도 정해져 있다. 그러나 제4조 6항에 따라 시장경제로의 이행
기에 있는 국가군에 대해서는 이러한 공약내용을 이행하는 데 있어
어느 정도의 융통성이 허용된다.

3) 제4조 3~5항 – 부속서Ⅱ국가의 공약사항
• 개발도상국의 제12조 1항에 따른 공약이행(이행관련 정보의 가
  공 및 통보)에 따르는 부가비용을 충족시키기 위해 새로운 추가
  적 재원 제공
• 기후변화에 취약한 국가에 대한 적응비용지원
• 개발도상국이 협약의 규정을 이행하는 데 필요한 기술 및 노하
  우 이전

부속서Ⅱ국가에는 부속서Ⅰ국가 중 시장경제로의 이행기에 있는
국가군이 포함되지 않기 때문에 개발도상국에 대한 재정적·기술적
지원의무가 더욱 구체적으로 명시되어 있다. 2001년 마라케시에서 개
최된 제7차 당사국총회에서는 이러한 협약 상 공약에 따라 '최빈국 기
금(LDCF, Least Developed Countries Fund)'과 '특별 기후변화 기금(SCCF,

Special Climate Change Fund)'과 같은 개발도상국 지원기금을 설립하기로 결정하였다. 이 기금들은 독립적인 금융기구인 GEF(Global Environmental Facility)[10]에 의해 운영되고, 선진국의 자발적인 기여에 의존하고 있다.[11]

4) 제12조 – 이행 관련 정보의 통보

제12조는 제4조에 명시된 공약의 이행을 위해 당사국이 충분한 조치를 취했는지에 대해 검증하는 메커니즘을 담고 있다. 제4조 1항에 명시된 바에 따라, 모든 당사국은 온실가스의 배출량과 흡수량에 관한 국가통계 및 협약이행을 위해 취한 조치의 내용 등이 담긴 보고서를 제공해야 하고, 부속서 I 국가는 제4조 2항에 명시된 공약에 따른 조치사항을, 부속서 II 국가는 제4조 3~5항에 따라 취한 조치의 상세 내용을 각각 사무국에 통보해야 한다. 부속서 I 국가는 4~5년마다 정기적으로 보고서를 당사국총회에 제출해야 하지만, 개발도상국은 특별히 정해진 주기가 없다. 제출된 보고서는 1~2년간 전문가 검토팀(ERTs, Expert Review Teams)이 협약상의 공약내용에 기초해 검토한다.

---

10) GEF(Globl Environmental Facility)는 개발도상국의 지구환경보호 프로젝트에 무상으로 자금을 제공하는 독립적 금융기구이다. 주요 분야는 기후변화, 종 다양성, 국제 수자원, 오존층 파괴빙지, 도양보존 등. 1991년 세계은행의 파일럿 프로그램으로 설립되었고, 1992년 리우 정상회의를 통해 별도의 독립기구로 재탄생. 현재 유엔 종 다양성협약(UNCBD), 기후변화협약(UNFCCC), 사막화방지협약(UNCCD), 스톡홀름협약의 재원메커니즘으로 작용한다.

11) 정지원 외, 『개도국의 기후변화대응을 위한 국제사회의 지원』, KIEP, 2010, pp.26 – 28.

2. 기후변화협약의 구조

1) 당사국총회(COP, Conference of the Parties)

기후변화협약 제7조는 당사국총회의 설치를 위한 조항이다. 당사국총회는 기후변화협약 내 최고의사결정기구로서, 협약체결 당시 해결하지 못했던 이슈들을 찾아내어 분류하고, 과학적 지식 및 기후상황의 발전에 비추어 이러한 이슈들에 대한 해결책을 모색한다. 또한 협약에 따라 제공된 모든 정보에 입각하여 당사국이 채택한 조치의 효과 및 성취도 등을 환경·경제·사회적 측면에서 평가한다. 당사국총회는 기후변화협약상의 의무 및 조치, 그리고 이행에 관한 제반 사항을 결정하기 때문에 당사국총회에서 달리 결정하지 않는 한 매년 1회 개최된다.[12] 1995년 독일 베를린에서 제1차 당사국총회가 개최된 후로 매년 1회 개최되었고, 2011년 11월~12월에는 남아공 더반에서 제17차 당사국총회가 개최되었다.

2) 과학·기술 자문 보조기구

(SBSTA, Subsidiary Body for Scientific and Technological Advice)

기후변화협약은 당사국총회의 의사결정 지원을 위해 두 개의 상임 하부기관을 설치·운영하고 있는데, 제9조에 명시된 SBSTA가 그중 하나이다. 객관적인 과학적 사실을 추구하는 IPCC의 과학자 실무그룹(Group I)과 달리, SBSTA는 유관 분야의 권한 있는 정부대표로 구성되므로 정부의 입장을 대변하기 위한 협상포럼의 성격을 지닌다.[13]

---

12) Michael Grubb, *The Kyoto Protocol - A Guide and Assessment*, Earthscan, 1999, pp.41 - 42.

따라서 당사국총회가 개최되는 시기의 중간에 모여 IPCC의 실무그룹
이 발견한 과학적 사실과 당사국총회가 추구하는 정책적 목표를 이
어 주는 역할을 하기도 한다. SBSTA의 주요업무는 기후변화와 그 효
과에 대한 과학지식을 평가하고, 당사국이 협약을 이행하기 위해 채
택한 조치들의 과학적 효과를 평가하는 것이다. 그 밖에도 기후변화
와 관련하여 환경친화적 연구를 통해 새로운 기술을 개발하고 협약
이행을 위해 적용할 수 있는 방법을 모색하는 것 등이 SBSTA의 업무
에 포함된다.

3) 이행보조기구(SBI, Subsidiary Body for Implementation)

기후변화협약의 두 번째 상임 하부기관은 제10조에 명시된 이행보
조기구이다. SBI는 당사국총회가 협약의 효과적인 이행상황을 평가하
고 검토하는 것을 지원하기 위한 목적으로 설치되었다. 즉 제12조 1
항 및 2항에 따라 통보된 정보를 최신의 과학적 평가에 비추어 심의
하는 업무를 수행한다. 또한 GEF와 함께 당사국총회에 비부속서국가
들에 대한 재정적 지원에 관련된 사항을 조언하기도 한다. SBSTA와
SBI는 매년 약 2회, 1회는 당사국총회와 같은 기간에, 나머지 1회는
총회와 다른 기간에 모여 두 회의를 병행한다.

---

13) *Ibid.*, p.42.

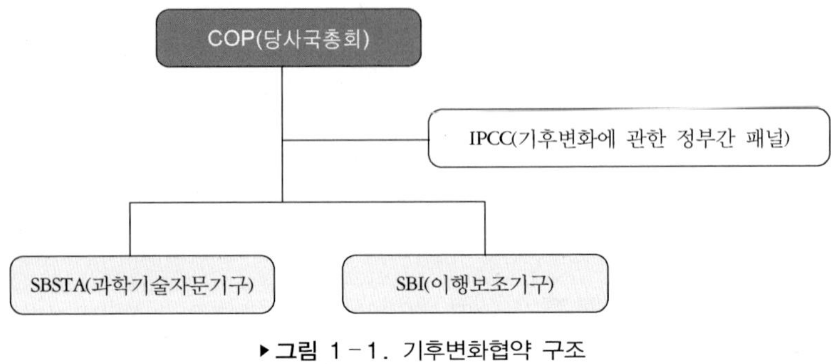

▶그림 1-1. 기후변화협약 구조

II. 교토의정서

1. 공약기간 및 감축목표

교토의정서의 주목적은 2000년 이후의 온실가스 감축체제를 구축하여 실질적이고 가시적인 기후변화 완화의 효과를 거두는 것이었던 만큼, 어떤 목표를 어느 정도의 기간 내에 달성할 것인가를 정하는 것은 매우 중요한 문제였다. EU는 구체적인 연도에 맞추어 비강제적인 공약을 이행하는 방안을 선호했고, 미국은 이행기간은 유연하게 늘리되 강제적인 공약을 이행하는 방안을 선호했다. 1~3년은 예측 불가능하고 변동성이 큰 기후변화의 특성을 고려할 때 지나치게 짧은 기간이라는 점에 동의하여 4년의 공약기간이 대안으로 등장했지만, 미국은 국내 정치적 주기와 겹치게 될 것을 우려해 이에 반대했다. 미국은 다시 5년이라는 공약기간을 제시했고, 협상 막바지에 EU와 일본 등 다른 선진국들도 이에 동의함으로써 5년이라는 공약기간

이 확정되었다.[14)

교토의정서에서 가장 중요한 성과 중 하나는 각 당사국에 구체적
인 수치를 감축목표로 부과했다는 것이다. 제3조 1항에 따르면 공약
기간(2008~2012년) 내 1990년 수준의 5% 이상 감축하기 위해 부속서
Ⅰ의 당사국은 부속서 A에 규정된 온실가스의 총 인위적 배출량이
부속서 B에 규정된 허용량을 초과하지 않도록 해야 한다. 이에 따라
1990년 배출수준을 기준으로 하여 최소 −8%에서 최대 10%까지 차
등적으로 감축 의무가 부과되었다. 또한 교토의정서 제3조 2항에 따
라 각 당사국은 이러한 공약을 달성하는 데 따른 가시적 진전이 있었
음을 제시해야 한다. 2001년 3월 기준 단일국가로는 온실가스 최대
배출국이었던 미국은 교토의정서를 비준하지 않아 감축목표치가 부
과되었지만 이에 구속받지 않는다.[15)

▶표 1 - 3. 부속서 Ⅰ 국가의 온실가스 감축목표율

감축률	국가
−8%	EU, 스위스, 벨기에, 불가리아 외 23개국
−7%	미국
−6%	일본, 캐나다, 헝가리, 폴란드
−5%	크로아티아
0%	러시아, 뉴질랜드, 우크라이나
+1%	노르웨이
+8%	호주
+9%	아이슬란드

또 한 가지 중요한 논점은 감축대상, 즉 온실가스의 범위이다. 교

---

14) *Ibid.*, p.69.
15) 김찬우, 『포스트2012 기후변화 협상』, 에코리브로, 2010, p.38.

토의정서 협상 당시, EU와 일본은 이산화탄소(CO_2)＋메탄(CH_4)＋아산화질소(N_2O) 이렇게 세 종류의 묶음으로 한정하는 안을 선호했다. 한편 미국은 여기에 수소불화탄소(HFCs), 과불화탄소(PFCs), 그리고 육불화황(SF6) 등 세 가지 종류를 추가한 묶음을 주장했다. 1990년대에 화학공업이 일찍 성숙한 단계에 이르러 있던 미국의 입장에서는 1990년대 수준으로 이들 가스의 배출량을 감소시키는 것이 상대적으로 수월했기 때문이다. 그러나 EU와 일본은 미국에 일방적으로 유리한 이 의견에 반대했고, 결국 최종안에서는 수소불화탄소(HFCs), 과불화탄소(PFCs), 그리고 육불화황(SF6)의 배출량 측정 시 1995년도를 기준연도로 사용할 수 있게 하는 것으로 절충되었다.[16)]

그 밖에 교토의정서 제3조 3항 및 7항은 토지이용 변화 및 임업활동(LUCF, Land Use Change and Forests)에 따라 온실가스가 배출되는 동시에 산림·토지 등으로 흡수되는 문제에 대해 다룬다.[17)] LUCF는 교토의정서에서 채택된 용어이다. 온실가스의 배출 감축을 위한 방법으로 산림의 증대나 수종의 전환 등을 수행하게 되면 결과적으로 온실가스의 순감축을 이룰 수 있다는 논리에서 출발한다. 이는 산림과 토지를 온실가스 흡수원(sink)으로서 인정한 것이며 토지의 이용도 변화

---

16) 교토의정서 제3조 8항: "Any party included in Annex I may use 1995 as its base year for hydrofluorocarbons, perfluorocarbons and sulphur hexafluoride, for the purposes of the calculation referred to in paragraph 7 above."

17) 교토의정서 제3조 3항: "The net changes in greenhouse gas emissions by sources and removals by sinks resulting from direct human−induced land−use change and forestry activities, limited to afforestation, reforestation and deforestation since 1990, measured as verifiable changes in carbon stocks in each commitment period, shall be used to meet the commitments under this Article of each Party included in Annex I. The greenhouse gas emissions by sources and removals by sinks associated with those activities shall be reported in a transparent and verifiable manner and reviewed in accordance with Articles 7 and 8."

와 산림이 새로운 온실가스 감축 수단으로 등장한 것이다.[18] 제3조 7
항은 1990년도 이후의 토지이용 변화와 임업활동에 기인하는 온실가
스 배출량과 흡수량은 전자에서 후자를 공제한 양을 해당기간의 배
출량으로 간주한다는 점을 명시함으로써 이를 확인하고 있다.[19]

2. 교토메커니즘(Kyoto Mechanism)

교토의정서에서 가장 주목할 만한 특징은 이른바 '교토메커니즘'
으로 불리는 시장원리에 입각한 온실가스 감축수단을 도입했다는 점
이다. 교토의정서는 공동이행제도(JI, Joint Implementation), 청정개발
체제(CDM, Clean Development Mechanism), 배출권거래제(ET, Emission
Trading) 등을 통해 선진국의 의무 이행의 가능성을 높이고 이행비용
도 절감할 수 있도록 하였다. 각 제도의 상세한 내용은 다음과 같다.

1) 공동이행제도(제6조)

공동이행제도는 부속서 I 국가가 제3조의 공약을 이행하기 위해 온

---

18) 기상청, 『기후변화 핸드북』, 2009, p.85.

19) 교토의정서 제3조 7항: "In the first quantified emission limitation and reduction
commitment period, from 2008 to 2012, the assigned amount for each Party
included in Annex I shall be equal to the percentage inscribed for it in Annex
B of its aggregate anthropogenic carbon dioxide equivalent emissions of the
greenhouse gases listed in Annex A in 1990, or the base year or period
determined in accordance with paragraph 5 above, multiplied by five. Those
Parties included in Annex I for whom land‐use change and forestry constituted
a net source of greenhouse gas emissions in 1990 shall include in their 1990
emissions base year or period the aggregate anthropogenic carbon dioxide
equivalent emissions by sources minus removals by sinks in 1990 from land‐
use change for the purposes of calculating their assigned amount."

실가스를 감축하는 데 있어서, 다른 부속서Ⅰ국가로부터 감축량을 취득하거나, 그들에게 감축량을 이전하는 등의 방식으로 공동이행할 수 있다는 것을 의미한다. 예를 들어, 부속서Ⅰ국가 A가 부속서Ⅰ국가 B에 투자한 결과 일정량의 온실가스가 감축되었다면, 이는 배출저감단위(ERUs, Emission Reduction Units)에 해당되고, ERUs는 A국의 배출 저감실적으로 인정된다.[20] ERUs의 인증 등 공동이행제도와 관련된 주요사항은 JI감독위원회(JISC, Joint Implement Supervisory Committee)하에 검증 및 결정된다.[21] 실질적인 감축이 없는 상태에서도 다른 국가의 감축분을 구입하여 온실가스 배출 감축량으로 인정받는 배출권거래제와는 달리, 공동이행제도는 구체적인 사업을 통해 발생한 온실가스 배출량만을 감축량으로 인정받을 수 있다.[22]

2) 청정개발체제(제12조)

청정개발체제는 부속서Ⅰ국가가 비부속서국가에서 온실가스 감축사업을 수행해 얻은 감축량의 일부는 자국의 감축량으로 인정받는 것을 의미한다. 이 제도는 궁극적으로 비부속서국가의 지속 가능한 개발을 돕고, 제3조에 의한 부속서Ⅰ국가의 공약이행을 지원하는 데 그 목적이 있다. 이러한 제도를 이용해 선진국은 온실가스 감축량을 얻고, 개발도상국은 이들로부터 기술 및 재정을 지원받을 수 있기 때문이다. 즉 공동이행제도가 선진국 간의 협력메커니즘이라면, 청정개

---

20) 한국생산기술연구원 외, 『주요산업·국가별 무역 환경규제 대응 가이드라인』, 한국생산기술연구원 국가청정생산지원센터, 2011, p.24.
21) 김호철, 『기후변화와 WTO』, 경인문화사, 2011, p.24.
22) 김홍균, 『국제환경법』, 홍문사, 2010, pp.148-149.

발체제는 선진국과 개발도상국 간의 협력메커니즘으로 볼 수 있다. 또한 청정개발체제는 사업이 수행되는 국가가 개발도상국이기 때문에 공동이행보다 더 비용을 절감할 수 있다는 장점이 있다. 아울러 2000년부터 시작되는 청정개발사업은 제1차 공약기간 개시 전이라 하더라도 소급해서 공약기간 동안의 배출 감축량으로 취득할 수 있도록 하는 '조기 온실가스 감축활동(Early Action)'이 인정된다.[23]

3) 배출권거래제(제17조)

배출권 거래제는 교토의정서에서 온실가스 감축목표를 부여받은 부속서 B 국가들이 제3조 공약의 달성을 위해서 상호 간 온실가스 배출권을 거래할 수 있도록 한 것이다. 배출권거래제하에서 각 국가는 각자가 배출한도로 할당받은 배출권(AAU), 공동이행제도(ERU)와 청정개발체제(CER)로 발생하는 배출권, 그리고 조림 등을 통해 발생하는 배출권(RMU) 등을 주고받을 수 있다<표 1-4>. 배출권은 모두 이산화탄소 1톤을 기본단위로 하며 서로 자유롭게 교환할 수 있다.[24] 공동이행제도와의 차이점은 특정 사업으로부터 발생한 감축량을 취득하는 것이 아니라 온실가스 감축분을 기초로 실제 배출 할당량에서의 이전을 허용한다는 점에 있다.[25] 그런데 이러한 배출권 거래는 감축목표를 준수하기 위한 국내적 조치에 보충적(supplemental)으로만 활용 가능하다고 명시되어 있다. 이는 일부 선진국이 배출권거래제에만 의존하여 실질적인 온실가스 감축을 등한시하는 상황을 경계하는

---

23) *Ibid.*, p.25.

24) 김찬우, 전게서, pp.40-41.

25) 김호철, 전게서, p.25.

의미를 담고 있다. 즉 배출권거래제는 어디까지나 감축의무 이행에 있어 부차적인 수단에 불과하다는 것이다.[26] 그러나 '보충적'이라는 것이 어느 정도의 수준까지 허용하는지에 대한 통일된 해석은 아직까지 존재하지 않으므로 논란의 여지가 있다.

▶표 1 - 4. 교토메커니즘상 배출권 종류[27]

종류	특징
AAU (Assigned Amount Unit)	- 교토의정서 부속서 I 국가들에 할당된 온실가스 배출권 - AAU를 달성하기 위한 배출권 거래허용
CER (Certified Emission Unit)	- 부속서 I 국가와 비부속서국가 간의 온실가스 감축사업인 CDM(청정개발체제)을 통해 발생하는 크레딧 - 투자국의 AAU에 영향을 주지 않는 추가적 사업으로부터 발생한 배출권
ERU (Emission Reduction Unit)	- 부속서 I 국가 간의 JI(공동이행)를 통한 온실가스 감축사업에 의한 감축실적 - 해당국가의 AAU와 RMU에 영향 - 2008~2012년 기간 동안만 유효
RMU (Removal Unit)	- 교토의정서 제3조 7항에 명시된 토지이용 변화 및 산림활동에 대한 온실가스 흡수원에 의한 감축실적

제4절 Post - 2012 체제의 모색

I. 발리 로드맵

'Post - 2012 체제'란 교토의정서의 제1차 공약기간이 종료되는 2012년부터 교토의정서체제를 이어 적용될 체제를 의미한다. 2005년 12월

---

26) 김홍균, 전게서, p.147.
27) 석현덕 외, 전게서, p.39.

교토의정서 발효 후 처음 개최된 몬트리올 당사국총회(COP－11)에서는 교토의정서 제3조 9항에 따라 부속서 I 당사국의 1차 공약기간 이후의 온실가스 감축에 대해 협상이 시작되었다.[28] 이에 따라 몬트리올 회의에서는 Post－2012 체제 준비를 위해 개발도상국을 포함하는 대화협의체를 구성하고 당사국총회의 지도하에 4차례의 워크숍을 개최하였다. 그러나 본격적인 협상인 2007년 인도네시아 발리 총회(COP－13)에서 시작되었다. 이때, Post－2012 체제의 전반적인 구조를 사실상 완성하는 '발리행동계획(Bali Action Plan)'이 채택되면서 i) 2009년 코펜하겐 당사국총회에서 Post－2012 협상완료, ii) 기후변화협약과 교토의정서의 two－track 접근 등에 합의를 이루었다. 발리행동계획은 새로운 협상체제인 '발리로드맵(Bali Road Map)'을 창설했는데, 이러한 로드맵에 따르면 교토의정서 선진국의 온실가스 감축문제만을 다루는 교토의정서 협상트랙(AWG－KP)과 공유비전, 감축, 개발도상국에 대한 재정 및 기술지원 등의 문제를 전반적으로 다루는 기후변화협약 협상트랙(AWG－LCA)으로 나뉘어 각각의 트랙이 2009년 코펜하겐 총회까지 협상을 병행하게 된다.[29]

---

28) 교토의정서 제3조 9항: "Commitments for subsequent periods for Parties included in Annex I shall be established in amendments to Annex B to this Protocol, which shall be adopted in accordance with the provisions of Article 21, paragraph 7. The Conference of the Parties serving as the meeting of the Parties to this Protocol shall initiate the consideration of such commitments at least seven years before the end of the first commitment period referred to in paragraph 1 above."

29) AWG－KP는 The Ad Hoc Working Group on Further Commitments for Annex I Parties under the Kyoto Protocol(교토의정서하의 선진국 추가 감축공약 특별작업반), AWG－LCA는 The Ad Hoc Working Group on Long－term Cooperative Action under the Convention(기후변화협약 하에 장기협력방안 모색을 위한 특별작업반)을 축약한 것이다.

1. 교토의정서 협상트랙(AWG-KP)

교토의정서 제1차 공약기간 의무 부담 40개국을 대상으로 한다. 주요의제는 2012년 이후 의무 감축국가의 추가감축에 대한 내용과, 선진국이 수량화된 감축목표(QELROs, Qualified Emission Limitation and Reduction Objectives)를 추구하고 이를 공약이나 행동으로서 실천에 옮기는 것에 대한 내용이다.

2. 기후변화협약 협상트랙(AWG-LCA)

협상 분야는 공유비전, 온실가스 감축, 기후변화 적응, 기술개발과 이전, 재정지원 등 다섯 개 주제로 분류된다. 공유비전과 관련해서 대다수의 개발도상국은 선진국의 역사적 책임과 개도국의 개발 권리를 강조하고, 특히 선진국의 재정 및 기술 지원 내용이 포함되어야 한다고 강조한다. 이에 대해 선진국은 2050년까지 전 지구적으로 50% 온실가스 감축, 선진국은 전체적으로 80% 감축이 필요하다는 입장으로, 전체적으로는 개발도상국의 책임론을 수용하면서도 감축 외의 구체적인 의무 부담에 대해서는 다소 방어적인 입장을 취하고 있다.[30] 한편, 온실가스 감축의 의제에 있어서 선진국은 선진국의 감축의무 이행과 개발도상국의 감축행동 간의 연계 및 MRV(측정·보고·검증)[31]를 강조하고, 개발도상국은 'NAMA(자국에 적합한 감축행동)'[32]과 선진국의

---

30) 석현덕 외, 전게서, p.40.
31) Measurable, Reportable, and Verifiable의 약자.
32) Nationally Appropriate Mitigation Actions의 약자.

감축의무를 다른 차원으로 분리시키고자 한다. 그 밖에 적응의제는 주로 최빈국, 아프리카 국가 등을 고려한 취약성 평가, 대응 우선순위 평가, 위험 관리/저감 전략 등이 다루어졌으며, 기술 부문에서는 친환경 기술이전·확산 가속화 방안, 기존 및 신규 기술 R&D 협력에 관한 내용, 재원 부문에서는 개도국에 대한 자금 지원방안 등이 논의되었다.[33]

II. 코펜하겐 총회 이후의 동향

1. 코펜하겐 합의(Copenhagen Accord)

2009년 12월 덴마크 코펜하겐에서 열린 제15차 당사국총회에는 130여 개 국가의 정상 포함 정부대표, 국제기구, NGO 등 약 4만 5천 명이 참여하여 사상 최대 규모로 진행되었다. 동 총회에서는 그동안 온실가스 배출량 감축목표의 공개 및 발표를 꺼렸던 EU, 미국, 중국, 인도 등이 잇달아 감축목표를 발표하면서 회의 성과에 대한 기대도 고조되어 있었다. 그러나 이러한 기대와 달리 협상진행 과정에서 선진국과 개발도상국 간의 극심한 대립이 반복되었고, 수단, 볼리비아, 도서국가연합 등 개발도상국의 반대로 합의도출에 실패하였다. 코펜하겐 합의는 이처럼 합의문 형태로 채택되지는 못했으나, 나름대로의 의미 있는 결과를 도출했다는 평가가 우세하다. 주요 합의내용의 상세내용은 다음과 같다.

---

33) 기상청, 전게서, p.62.

- 산업화 이후 지구온도 상승을 IPCC 제4차 보고서 등 과학에 기반을 둔 연구결과가 권고하는 수준인 2℃ 이내로 유지
- 부속서 I 국가들은 2020년까지 수량적 감축목표를 달성하기로 약속하고, 이러한 이행 여부에 대해 측정·보고·검증(MRV)절차를 거침
- 비부속서국가들은 감축행동을 이행하고 이에 대하여 국내적 검증을 거치되, 2년마다 보고
- 개발도상국의 NAMA Registry 도입(희망 국가 대상)
- 2020년까지 매년 1천억 불 재원 마련

2. 칸쿤 합의문(Cancun Agreement)

2010년 11월~12월 총 2주간 멕시코 칸쿤에서 열린 제16차 당사국총회에는 194개 정부대표단 및 NGO 등 약 1만 2천여 명이 참가하였다. 칸쿤 합의문(Cancun Agreements)은 정치적 합의수준에 불과했던 코펜하겐 합의문(Copenhagen Accord)과는 달리 그 내용을 유지·발전시킴으로써 유엔체제로 공식 채택되었다는 데 의의가 있다.[34] 그러나 선진국과 개발도상국 간의 정치적 이해관계가 여전히 첨예한 대립 양상을 보이면서 몇 가지 쟁점에 있어서 협상이 난항을 겪었다.

미국과 일본 등 선진국은 교토의정서가 선진국의 의무 부담만을 규정하고 있는 것에 대한 불만을 표시하고, 선진국과 개발도상국 모두가 의무 부담국이 되도록 하는 새로운 의정서 채택을 주장했다. 그러나 개발도상국은 교토의정서 체제를 그대로 유지하고, 개발도상국

---

34) 장현숙, 『칸쿤 기후변화회의 결과 및 시사점』, 한국무역협회 국제무역연구원, 2010.

의 자발적 감축행동은 현행과 같이 별도로 운영하는 투－트랙(two tracks) 협상방식을 지지하였다.[35] 이는 의무 감축과 개발도상국 지원 등에 대한 재정적·정치적 부담을 느낀 선진국들이, 기후변화대응에 대한 개발도상국의 무임승차를 막고 편중된 부담을 분산시키고자 적극적 방어의 전략을 채택했음을 보여 준다. 이에 반해, 개발도상국 측에서 는 현재의 교토메커니즘 하에서 누리는 상대적 수월성을 유지하려는 소극적 방어의 전략을 취하고 있다. 이러한 견해 차이는 쉽게 좁혀지 지 않았고, 결국 '가능한 한 이른 시일 안에 교토의정서 연장에 관한 합의를 마무리 짓는다'는 내용을 담고, 2011년 남아공 더반 당사국총 회로 그 협상 종료시점을 연기하는 데 그쳤다. 이 밖에도 선진국·개 발도상국의 재분류 문제, 실질적으로 하향화된 선진국의 감축의무 상 향조정 문제, 개발도상국에 대한 재정지원 방법론의 문제 등 여러 가 지 쟁점이 논의되었는데, 그중에서도 핵심적인 합의내용을 정리하면 다음과 같다.[36]

- 개발도상국의 기후변화 지원을 위하여 단기자금으로 2010~2012 년간 총 3백억 달러 조성. 장기자금으로는 녹색기후기금(Green Climate Fund)을 설립, 2013~2020년까지 연간 1천억 달러 조성
- 선진국의 지원을 받은 개발도상국의 감축행동 검증을 위해 4년

---

35) 녹색성장연구실, 『칸쿤 기후변화협약 당사국총회의 협상결과 및 시사점』, 포스코경영연구 소, 2011.

36) UN Climate Change Conference in Cancun delivers balanced package of decisions, restores faith in multilateral process, UNEP. http://www.unep.org/Documents.Multilingual/Default.asp?DocumentID=653&Articl eID=6866&l=en 참조.

마다 국가보고서 제출, 2년마다 진전 상황 보고 및 ICA[37] 적용, 모든 감축행동의 등록부(Registry)[38] 기록
- 기후적응 및 완화 행동을 지원하는 기술 협력을 증가시키기 위해 기술집행위원회(Technology Executive Committee) 및 기후기술센터 네트워크(Climate Technology Centre and Network) 설립
- 교토의정서(Kyoto Protocol) 1~2차 의무 이행기간 사이에 공백이 생기지 않도록 하기 위해 협의를 계속 진행

칸쿤 총회 직후 이러한 합의내용에 대한 각 국가 정부의 반응은 대체로 긍정적이고, 폐기의 위기에 몰린 코펜하겐 합의의 정신을 되살렸다는 평가가 많았다. 그러나 학계와 시민단체, 각국 언론 등의 평가는 이러한 합의가 구체적인 목표와 이행방안 등을 결여한 합의라는 비판이 적지 않다. 특히 개발도상국의 기후변화 지원을 위해 조성하기로 합의한 녹색기후기금은 구체적 재원마련방안이 담겨 있지 않아 실제 이행으로 이어질 수 있을지에 대한 우려를 불러일으켰다.

3. 더반 총회

지난 2011년 11월 28일~12월 9일, 남아프리카공화국 더반에서는

---

37) ICA(International Consultation and Analysis): 감축행동의 국제적 협의 및 분석.

38) '등록부'는 개발도상국의 자발적인 감축행동을 등록하는 방안의 일부로, 일종의 데이터베이스로 기능한다. 개발도상국은 법적 성격이 약한 등록부를 지지했고, 선진국은 오스트리아가 제안한 '이행계획(schedule)'을 지지했다. 이행계획은 선진국과 개발도상국을 불문하고, 모든 당사국이 자국의 장기 배출 경로와 다양한 감축행동을 등록하는 것이다(김찬우, 전게서, p.91).

제17차 COP가 열렸다. 주요 의제는 2012년 말 만료되는 교토의정서의 연장 여부 및 향후의 기후변화대응방안이었다. 교토의정서의 연장 여부를 두고, 선진국과 개발도상국은 이전의 입장과 대체로 동일한 입장을 고수하였다. 구체적으로는 러시아, 일본, 캐나다가 미국, 중국, 인도 등이 감축의무국으로서 참여하지 않을 경우, 실질적인 온실가스 감축효과를 달성하기 어렵다는 이유를 들어 2013년 이후 교토의정서에 불참할 수 있다는 의사를 비치었다. 한편, 중국, 인도 등의 신흥개발도상국은 현행 교토의정서 연장에 지지를 표하면서, 선진국과 달리 개발노상국은 국가 차원에서 자발적으로 감축을 시행해야 함을 주장했다. 이처럼 기존의 대립구도가 견고한 가운데에서도 국제적 차원의 기후변화대응을 존속시킬 필요성에 대한 공감대를 기반으로, 다음과 같은 몇 가지 성과가 도출되었다.[39]

- 1차 공약기간 이후 공백 없이 2013년 1월부터 2차 공약기간 개시에 합의(기간은 미정)
- 개도국 감축 노력의 투명성 강화(2년 주기 보고의 구체적 가이드라인 합의)
- 감축목표와 실제 감축량 사이의 간극(Ambition Gap)을 좁히기 위한 '전 세계적 감축 노력'의 필요성 공론화
- AWG-DP(Durban Platform)의 설치와 Post-2020 협상의 출범(법적 구속력 있는 새로운 기후체제의 모색)

---

39) 노동운 외, 『교토의정서 연장과 새로운 기후변화체제』, 에너지경제연구원, 2011, pp.3-12.

그동안 각 국가가 처한 경제적·정치적 입장의 차이에 따라 교토 의정서 체제의 존속 여부 자체가 불투명했던 점을 고려하면, 더반 총회에서 2차 공약기간의 개시에 합의한 점은 다행이라 할 수 있다. 그러나 그 기간을 5년으로 할 것인지 8년으로 할 것인지를 확정하지 않은데다, 주요 참여국이었던 러시아, 일본, 캐나다도 현 교토의정서 체제의 지속에 부정적인 의견을 표함으로써 새로운 체제가 얼마나 실효성을 갖출 수 있을지는 여전히 미지수로 남게 되었다. 한편, 개발도상국 간에도 경제적으로 크게 성장하고 있는 중국, 인도 등 신흥개발도상국과 최빈개발도상국의 입장이 서로 엇갈리면서 후자의 경우 오히려 EU 등 선진국의 입장에 동조하는 경향이 나타나는 것을 알 수 있다. 이러한 측면들을 미루어 보아 이제 단순히 선진국과 개발도상국의 입장차가 아니라 현재의 부담의무에 대한 만족국가와 불만족국가, 그리고 미래의 부담의무를 최소화하고자 하는 국가 등으로 기후변화대응의 새로운 체제를 둘러싼 이해관계가 점점 다변화하고 있다고 판단된다.

III. 평가 및 시사점

앞서 논의한 내용을 토대로 Post－2012 체제의 주요쟁점과 전망을 정리하면, 기후변화협약 원칙의 범위, 국가군 분류의 문제, 선진국 및 개발도상국의 감축목표 수준, 글로벌 장기목표의 수준 등 총 4개 정도로 분류된다.

첫째, 기후변화협약의 공유비전, 즉 원칙의 방향이 장기적인 협력

수준을 결정할 것으로 보인다. 현재까지 이견이 없이 가장 명확하게 확립된 원칙은 '공통된 그러나 차별화된 책임'의 원칙이다.[40] 그리고 이러한 원칙의 근간은 산업화가 초래한 환경파괴 및 이에 대한 선진국의 역사적 책임이다. 그러나 미국, 유럽을 비롯한 세계경제의 침체로 인해 선진국의 입장도 조금씩 미묘한 변화를 보이고 있으며, 기후변화대응의 공공성을 부각시키면서, 비용을 더 많은 국가가 분담해야 한다는 주장도 선진국의 내부에서는 더욱 설득력을 얻고 있다. 또한 다국적기업이 증가하고, 국경을 넘어서 확장하는 산업이 증가하면서 국가별로 감축의무를 부여받는 체제의 모순점도 발견되었다.[41] 최근 개최된 더반 총회에서는 EU가 여러 군소도서국 및 개발도상국 등의 지지를 얻으면서 모든 당사국이 감축계획에 참여하는 새로운 기후체제를 제안하는 등 차별화된 부담원칙에 대한 변화의 흐름이 감지되고 있다. 따라서 국가별 부담의 형평성뿐 아니라, 세대 간 부담의 형평성, 오염자부담의 원칙 등의 각 국가들이 제시한 새로운 원칙에도 주목할 필요가 있다고 판단된다.

둘째, 국가군 분류의 문제는 처음 기후변화협약이 탄생하던 시점부터 현재에 이르기까지 끊임없이 제기되었고, 여전히 논란의 핵심에 있다. 특히 교토의정서 체제 이후 선진국에 여러 가지 감축의무가 부여되면서, 선진국과 개발도상국의 분류기준에 대한 선진국의 비판이 더욱 거세지는 형국이다. 구체적으로 이에 대한 각 국가의 입장을 정리하면 다음과 같다.

---

40) 정성춘 외, 『기후변화협상의 국제적 동향과 시사점』, 대외경제정책연구원, 2009, pp.314
  -316.
41) 김호철, 전게서, p.31.

▶ 표 1-5. 국가 분류에 대한 각 국가의 입장[42]

제안국가	국가 분류에 대한 입장
AOSIS[43] (도서국가연합)	공동의 차별화된 책임원칙을 전제로 모든 국가가 행동에 나서야 한다는 원칙
아이슬란드	각국의 기여는 능력과 사회경제적 여건에 따라 비교 가능, 각국의 여건을 비교할 수 있는 핵심지표 설정이 필요
호주	비부속서국가에서 부속서 I 국가로의 이행(졸업제도)을 위한 객관적 기준을 확립
미국	최근의 과학적 지식의 발전, 경제사회적 여건 변화를 반영한 재분류가 필요
뉴질랜드	공동의 객관적 기준(common, objective criteria)에 의거하여 당사국을 분류하고 다양한 형태의 감축행동이나 의무를 부과

셋째, 선진국 및 개발도상국의 감축목표 수준에 대한 의견 대립도 매우 첨예하다. 개발도상국은 IPCC가 제4차 보고서를 통해 선진국에 1990년 대비 25~40% 수준 감축을 권고하였음에도 불구하고, 선진국의 실제 감축량은 13~19%에 불과하다는 점을 비판한다. 칸쿤 회의에서는 선진국도 이러한 점을 인정하고 2020년까지 IPCC 제4차 보고서 권고수준을 달성하기 위해 노력한다는 문구에 합의했다. 그러나 선진국은 형평성 확보를 위해 개발도상국 측의 감축행동을 검증할 강제력이 필요하다고 주장하고 있으며, 일부국가는 구체적인 수치로서 그 성과를 요구하고 있다.[44] 우리나라는 비의무 감축국이지만, 현재 OECD 가입국으로서 선진국으로의 재분류 압력을 받고 있어, 이러한 압력을 따돌리기 위해 자발적 감축목표를 발표하는 등 다각도로 대응하고 있다.[45] 감축목표의 구체적 수치를 정하는 문제는 앞서 언급

---

42) 정성춘 외, 전게서, p.317.

43) Alliance of Small Island States의 약자.

44) 뉴질랜드는 개발도상국도 BAU(Business as usual) 대비 15~30%의 감축이 필요하다고 주장. EU는 일부 선진개발도상국에 BAU 대비 15~30% 감축을 주장.

45) 녹색성장연구실, 전게서 참조.

한 원칙의 방향 및 국가군 분류와도 밀접하게 연관되어 있으므로, Post－2012체제를 구성하는 과정에 있어 가장 중점적인 협상의 대상이 될 것이다.

마지막으로, 글로벌 장기목표의 수준을 정하는 문제가 있는데, 이 부분은 아직 장기목표를 수치화할지에 대한 논의마저 마무리되지 않은 상태이다.[46] 하지만 대부분의 국가가 공통적으로 2050년까지 최소한 현재 배출량의 50% 이하로 감축해야 한다는 의견을 지니고 있다. 당장 구체적인 합의에 이를 수는 없다고 하더라도, 궁극적으로는 장기적인 목표에 따라 모든 당사국들의 장·단기적인 협상목표도 달라질 수 있고, 기후변화대응의 이행강도에도 조정이 필요할 수 있으므로 Post－2012체제로 넘어가는 시점에서 반드시 필요한 논의라고 할 수 있다.

---

46) 정성춘 외, 전게서, p.319.

미국과 EU의 기후변화대응 관련 법제 및 정책

미국의 기후변화대응 관련 법제 및 정책

이소영

Ⅰ. 개관

1. 미국과 환경보호

미국은 UNFCCC의 당사국이며 현재 UN기후변화협약(UNFCCC)에 의한 협상에 적극적으로 참여한다. 미국은 1992년 6월, UNFCCC에 서명하였고 동년 10월에 비준하였다. 1997년 12월에 채택된 교토의정서는 2005년 2월 16일에 발효하였지만 미국은 아직까지 교토의정서를 비준하지 않은 상태이다.

미국 내 환경 관련 주무관청은 환경보호청(EPA, Environmental Protection Agency)이다. EPA는 환경적 평가, 조사 및 교육을 실시하고, 다양한 환경법에 따라 국가적 기준을 관리하고 실시할 책임이 있으며, 벌금, 제재 및 기타 조치를 포함한 시행권한을 가진다. 또한 현재 다양한 자발적 오염방지 프로그램과 에너지보존 프로그램을 통해 산업체와 정부기관과 협력한다. 또한 미국의 에너지부(DOE, Department of Energy)는 미국의 국가, 경제, 에너지 분야에서의 안정성을 높이고, 이를 위해 과학적 및 기술적 혁신을 도모하고, 핵무기공단의 환경정화를 책임진다. 에너지부는 또한 재생에너지원 관련 부서를 전담하며 동시에 다양한 에너지 관련 프로그램을 주도하고 있다. 에너지부의 정책 및 국제문제청(Office of Policy and International Affairs)은 기후변화와 관련된 대통령 주도하의 정책을 지휘 및 감독한다.

2. 입법절차

미국의 기후변화 관련법 및 정책에 앞서 우선 미국의 입법절차를 살펴보자면, 미국의 입법과정은 먼저 의원이나 정부에 의해 법안이 발의되는 것으로부터 시작된다. 입법이 발의되는 형식은 다양한데 법안(Bill)과 공동결의안(Joint Resolution)만 이후에 법이 된다. 미국의 입법은 위원회 중심으로 진행되는데, 위원회 과정에서 많은 법안들 탈락하기도 한다. 위원회를 거친 안은 본회에서 심의하여 표결하는데, 법안이 통과되면 다른 원에서 동일한 과정을 거치게 된다. 다른 원에서도 법안이 통과되면 양원합동위원회(Conference Committee)가 구성될 수 있고, 여기서 나온 통일된 법안은 다시 양원에서 표결에 부쳐진다. 이렇게 최종적으로 양원 모두를 통과한 법안은 대통령이 서명함으로써 법률이 된다. 미국의 입법체계는 양원의 심의단계에서부터 본회의의 여러 단계에서 부결의 기회가 수없이 많이 주어진다. 소수가 거부할 수 있는 힘이 여러 단계에서 다양하게 보장되어 있기 때문에, 소수에게 유리하게 작동하는 미국의 입법체계상 새로운 입법을 통한 정책 변화가 쉽지 않은 것이 미국의 실정이다.

II. 기후변화

1. 법률

1) 기후변화 입법 동향

기후변화와 관련한 입법노력은 1990년대 후반부터 시작되었다. 기후변화 관련 입법발의 건수는 105대 의회(1997~1998) 7건에서 107대 의회(2001~2002)에는 80건을 넘어섰으며 109대 의회(2005~2006)에는 106건에 이르렀으나, 현재까지 법 제정은 이루어지지 못하고 있다. 2003년 Lieberman 상원의원과 McCain 상원의원은 온실가스 배출량의 85%를 차지하는 주요 배출원에 대하여 2010년까지 2000년 수준으로 감축한다는 내용의 기후책임법(Climate Stewardship Act of 2003)을 발의하였지만, 동년 10월 상원에서 부결되었다.

2007년에는 Lieberman 의원과 Warner 의원이 2050년까지 온실가스 배출량을 2005년 대비 63% 감축하도록 하는 미국 기후안보법(Climate Security Act of 2007)을 발의하였다. 이와 더불어 배출권거래제 실시, 기후변화대책을 수립하지 않은 국가로 하여금 대미수출 시 온실가스 배출권 구입 의무화 등을 제시한 동 법안은 2007년 12월 상원의 환경공공사업위원회(U.S. Senate Committee on Environment and Public Works)를 통과하였으나 2008년 6월 상원 본회의에서 부결되었다. 이 밖에 온실가스 규제를 목적으로 하는 여러 법안들이 발의되었으나, 기후변화에 대한 양당 간의 의견 차이를 좁히지 못하여 법안 제정에는 이르지 못하였다.

2009년 3월 하원 에너지·상무위원회(House Committee on Energy and

Commerce) 위원장인 Waxman과 동 위원회의 에너지환경분과 위원장인 Markey 의원은 미국청정에너지안보법(American Clean Energy and Security Act of 2009, 이하 Waxman－Markey 법안)을 발의하였다. Waxman－Markey 법안이라고 불리는 본 법안의 핵심은 2005년 기준 2020년에 17%, 2050년에 83% 온실가스 감축이라는 국가 감축목표를 설정하고 재생에너지 보급, 에너지 효율 향상에 박차를 가하면서 총량제한 배출권 거래제를 도입하는 것이다. 세계자원연구소의 분석에 따르면 이 법안이 담고 있는 조항들이 충분히 이행되면 실제로는 1990년에 비해 2020년까지 온실가스 23%를 감축하는 것이 가능하다고 한다. 이 법안은 2009년 6월 26일 미국 하원에서 찬성 219 대 반대 212로 가까스로 가결되었는데, 이는 미국 의회에서 온실가스를 줄이는 법안에 대한 사상 최초의 승인이라는 점에서 매우 중요한 의미를 갖는다. 이 법안은 2009년 7월 6일, 상원으로 넘겨졌지만 아직 상원을 통과하지 않았기 때문에 입법화되지는 않았다.

상원에서는 하원을 통과한 미국 청정에너지 안보법에 대한 심의와 별도로 독자적인 법안 제정 움직임이 계속되었다. 2009년 6월 17일 Bingaman 의원이 발의한 미국 청정에너지 리더십법(American Clean Energy Leadership Act of 2009)이 2009년 6월 상원 에너지 자원위원회를 통과하였다. 이 법안은 에너지 생산, 에너지 효율, 재생에너지 기준, 기술 연구와 개발, 에너지시장 안정화 그리고 송전망 개선 등과 관련 있는 조항을 포함한다. 미국 청정에너지 안보법은 미국청정에너지리더십법의 내용을 상당 부분 포함한다.[1]

---

1) 동 법안의 주목적은 (1) 새로운 청정에너지 보급청(Clean Energy Deployment Administration)을 설립하여 청정에너지 기술을 비약적으로 발전시키고 보급을 가속화하기 위한 새로운 금

이 외에도 Kerry 의원과 Boxer 의원이 발의한 청정에너지 일자리와 미국력법(Clean Energy Jobs and American Power Act of 2009, 이하 Kerry −Boxer 법안)이 2009년 11월 5일 상원 환경공공사업위원회를 통과하였다. Kerry−Boxer 법안은 6월 26일 하원을 통과한 Waxman−Markey 법안을 토대로 많은 기후변화 관련 조항들을 끌어왔다. 하지만 Waxman −Markey 법안은 포괄적인 청정에너지 기후법이고 Kerry−Boxer 법안은 기본적으로 미국 온실가스 배출량 저감에 초점을 맞추고 있다는 점에서 차이가 있다. Kerry−Boxer 법안은 2020년까지 2005년 대비 20%의 온실가스 감축을 목표로 한다.

2010년 5월 12일 Kerry 의원과 Lieberman 의원이 공동으로 Kerry−Boxer 법안에 대한 수정안을 제시한 것이, 일자리 창출, 국가안보 강화, 청정에너지 혁신 등 내용을 포괄하는 미국력법(American Power Act of 2009)이다. 동 법안은 2020년까지 2005년 대비 17% 감축, 2050년까지 80% 감축한다는 목표와 더불어 연방 차원의 배출권거래제 도입, 탄소가격 상한제, 연간 2만 5천 톤 이상의 이산화탄소를 배출하는 사업장에 대한 규제 실시, 숲과 농지 등을 통한 20억 톤의 탄소상쇄를 허용, 연안 지역에 대한 석유탐사 확대 및 탄소관세 부과 등을 핵심으로 하고 있다. 미국청정에너지안보법과 미국력법은 일부 차이를 보이고 있으나 전체적으로는 유사한 내용을 담고 있는 것으로 분석되고 있다. 이에

융에 수백억 달러가 촉진, (2) 미국 전역에서 전력 공급회사들이 2021년까지 판매 전력의 15% 재생에너지원을 통해 충당, (3) 국가 송전망을 위해 새로운 상향식 계획시스템을 만들어서 전력을 위한 '주 정부 사이의 고속도로 시스템'을 설립, (4) 현재의 상호 연결 기준과 절차의 패치워크를 조화롭게 하여 분산화된 발전을 촉진, (5) 청정에너지 이용과 에너지 효율을 촉진하여 미국 제조업을 활성화하고 경쟁력을 유지, (6) 에너지 낭비를 막도록 연방 정부, 가전제품, 설비, 집, 건물에서 에너지 효율을 향상, (7) 전략비축유를 현대화하고 석유와 가스 개발을 위해 멕시코 동부만을 개방하는 것이다.
http://www.govtrack.us/congress/billtext.xpd?bill=s111−1462

따라 미국력법이 상원을 통과할 경우 상·하원의 조정과정을 거쳐
단일 법안을 상정한 후 상·하원의 재의결을 거쳐 확정될 전망이다.[2]

2) 미국청정에너지안보법
(American Clean Energy and Security Act of 2009)

(1) 개요

Waxman-Markey 법안은 하원법안으로 온실가스 배출총량규제·
거래제(Cap and Trade)를 처음으로 명시한 독자적인 기후변화법안이
다. 이 법안은 크게 (1) 청정에너지, (2) 에너지 효율, (3) 온실가스 감
축, (4) 청정에너지경제로의 전환, (5) 농업 및 산림 부문으로 구분된
다. 첫째, 청정에너지 부문에는 연방 재생전력 및 효율 의무, 탄소 포
집 및 저장 기술, 새로운 석탄 화력 발전소의 성능 의무, 전기자동차
를 위한 연구 개발 지원, 그리고 지능형 전력망 보급 지원 등과 관련
한 조항을 담고 있다. 둘째, 에너지 효율 부문에는 건물, 가전제품, 수
송, 산업 활동 등에서 에너지 효율 향상을 위한 규정을 포함한다. 셋
째, 온실가스 감축 부문에는 온실가스 감축의 국가목표 설정, 배출총
량규제·거래제 도입 등 규정을 포함한다. 넷째, 청정에너지경제로의
전환 부문에는 자국 내 기업과 근로자의 국가경쟁력과 적응력 관련
보호 조치 규정을 포함한다.[3]

---

2) http://www.biochar-international.org/sites/default/files/APASectionbySection.pdf

3) http://www.pewclimate.org/docUploads/Waxman-Markey-short-summary-revised-
   June26.pdf

(2) 주요 내용4)

① 청정에너지 부문

동 법안은 연방정부 차원의 재생전기 의무할당제(RES, Renewable Electricity Standard) 시행을 제시한다. 연간 판매 전력량 1백만MWh 이상인 전력판매회사들이 총 전력 판매량의 일정비율 이상을 신재생에너지에 의해 충당하도록 의무화하고 있다. RES와 함께 신재생전기 공급의무 면제권 제도(RECs, Renewable Electricity Credits)5)와 연계하여 단위 전력량을 신재생에너지를 통해 생산하였다는 인증서는 시장에서 거래 또는 예치될 수 있다. 또한 이 비율만큼 의무공급 비율 감면이 가능하게 된다.

또한 동 법안은 EPA가 이산화탄소 포집 및 격리기술 발전 전략 및 관련 기금 형성 계획을 수립하도록 규정한다. 이 외에도 EPA에게 자동차 등 수송용 연료로부터 배출되는 온실가스 감축을 위한 '저탄소 연료기준' 관련 규정을 제정할 의무를 부여한다. 더 나아가 법안 시행 3년 이내에 2005년 기준 수송연료의 온실가스 기준 배출강도(Baseline Emissions Intensity)를 결정하도록 한다. 이 외에도 동 법안은 DOE가 친환경 자동차의 지역적 확산 촉진을 위한 기업의 금융지원계획 수립을 제정하도록 한다.

② 에너지 효율 부문

DOE는 국가시범 빌딩에너지 절약법규를 3년마다 업데이트해야 한다.

---

4) http://www.nationalaglawcenter.org/assets/crs/R40643 - 1.pdf
5) 재생전기크레디트(Renewable Electricity Credit, REC)는 전기 공급업자가 자신의 전기가 재생에너지로 생산되었음을 나타내는 크레디트로 전기 공급업자가 전력과 별도로 판매할 수 있다.

EPA는 '에너지와 환경성능 개선을 위한 개조(Retrofit for Energy and Environmental Performance)' 프로그램 시행을 위해 가정 및 상업용 빌딩에 대한 구식설비 개조기준을 수립해야 할 의무를 가진다. 또한 DOE는 에너지 고효율 건물자재, 가전제품의 판매에 성과가 높은 소매업자를 대상으로 보상 프로그램을 수립하고 시행할 의무가 있다. EPA는 석유소비 감축 및 대기오염 감소를 추구하는 SmartWay 프로그램을 제정하고, SmartWay 기술로 지정되기 위한 제반조건을 수립해야 한다.[6] 모든 공익업체들은 2012년부터 2020년까지 매년 에너지 절감 목표 수립 및 결과보고서를 DOE에 제출해야 하며, DOE는 불이행 시를 위한 범칙금 등 이를 위한 기술적 기준을 마련하고 보고서를 검토해야 한다. 이 외에도 DOE는 산업부문 에너지 효율 제고를 위해 '산업 공장 에너지 효율 자격기준(Industrial Plant Energy Efficiency Certification Standards)'을 수립하고 공정 혁신을 통한 에너지 효율 향상 업체에 대한 금전적 보상을 마련해야 한다.

③ 온실가스 감축부문

온실가스 감축의 국가적 목표를 2012년, 2020년, 2030년, 2050년에 각각 2005년 온실가스 배출량의 97%, 83%, 58%, 17%를 초과할 수 없다고 규정한다.[7] EPA는 법안 발효 후 6개월 이내에 연방 온실가스 배출 등록소를 개설하고 온실가스 배출량, 배출제품 생산, 수입관련 제품 등에 관한 자료를 보관해야 하고, 모든 등록 업체는 2011년 3월 말

---

6) http://www.epa.gov/smartway/

7) 본 법안에 따라 대기청정법에 추가될 '제7장 – 지구온난화 오염물질 감축 프로그램'의 A조는 배출상한을 다루고 있다. 이와 관련 비구속적인 경제 전반의 온실가스 저감 목표는 다음과 같다(제7장 A조 702항).

까지 2007~2010년 동안의 관련 자료를 제출하도록 되어 있고, 2011
년부터는 분기자료를 제출하도록 되어 있다. EPA는 이를 토대로 배
출허용(Emission Allowances)제도를 구체적으로 결정해야 한다. 배출총
량규제 거래제도는 2012년부터, 2014년, 2016년에 걸쳐 5년간 단계적
도입으로 2016년에 도입이 완료된다. 배출허용상한을 초과하는 기업
의 경우 배출권시장에서 배출권을 구매해야 하는데, 필요한 배출권의
1.25배를 구매해야 한다. 이를 이행하지 않을 경우 초과 배출량의 2배
에 해당하는 벌금이 부과된다.

④ 청정에너지경제로의 전환

정부는 미국기업들의 총량제한 준수로 인한 비용증가에 대한 보상
으로 리베이트(rebate) 프로그램을 제공한다. EPA 청장은 에너지 온실
가스 집약도, 무역 집약도, 해외경쟁력 정도, 국제협상 상황 등을 고
려하여 리베이트 수혜 기업 여부를 결정해야 하는데, 리베이트 프로
그램은 2011년부터 2021년까지 10년간 단계적으로 시행된 후 폐지될
것이다. 자국의 수입업자가 제품 수입 시 의무적으로 배출권을 구입
하도록 하는 수입 관련 국제지정배출권(International Reserve Allowance)

2012	2005년 배출 수준에서 3% 감축(1990년 배출 수준보다 12% 증가)
2020	2005년 배출 수준에서 20% 감축(1990년에 비해 7% 감축)
2030	2005년 배출 수준에서 42% 감축(1990년에 비해 33% 감축)
2050	2005년 배출 수준에서 83% 감축(1990년에 비해 80% 감축)

대상 온실가스에 대한 강제적인 배출 상한목표는 다음과 같다(703항).

2012	2005년 배출 수준에서 3% 감축(1990년 배출 수준보다 12% 증가)
2020	2005년 배출 수준에서 17% 감축(1990년에 비해 4% 감축)
2030	2005년 배출 수준에서 42% 감축(1990년에 비해 33% 감축)
2050	2005년 배출 수준에서 83% 감축(1990년에 비해 80% 감축)

을 제정해야 한다. 이 프로그램의 전제조건으로 대통령이 2017년 6월 말 이전에 EPA와 협의를 하고 의회에 관련 사항을 보고할 것을 규정한다. 또한 온실가스 배출제한이 없는 국가로부터 수입되는 제품에 대해 2020년부터 관세 또는 다른 조정조치를 부과할 수 있다. 이 외에도 교육부 장관은 녹색산업 분야에 초점을 둔 교육 및 훈련 프로그램을 선별하고, 그에 따른 청정에너지 교과 개발지원금(Clean Energy Curriculum Development Grants)을 마련해야 한다. 또한 노동부 장관은 녹색산업 분야에 초점을 둔 교육 및 훈련프로그램을 제공해야 한다.

⑤ 농업 및 산림 부문

동 법안은 국내 농업 및 산림 관련 상쇄 프로그램을 제공한다. 농림부 장관은 동 법안의 제정 후 1년 이내에 상쇄 프로그램을 수립해야 하고, USDA는 상쇄방법론, 제3자 확인요건, 감사절차를 포함하는 규칙을 제정해야 한다. 이 외에도 USDA는 동 법안의 제정 후 1년 이내에 Federal Register에 상쇄가 허용되는 경우를 발표하도록 되어 있다.

3) 탄소제한및에너지개정법
(CLEAR Act, Carbon Limits and Energy for America's Renewal Act)[8]

(1) 개요

상원의원 Cantwell과 Collins가 2009년 12월 11일 상정한 법안으로서, CLEAR Act로 불리는 법안이다. 탄소와 에너지를 중점적으로 다룬 최

---

8) http://www.wri.org/stories/2010/02/wri-summary-carbon-limits-and-energy-americas-renewal-act을 참조하여 작성하였다.

근 개정 법안으로, 구속력이 없는 경제 전반의 온실가스 배출량 감축 목표9)와 화석연료의 탄소배출량에 대한 의무적인 연간 상한10)을 설정하였다. 대통령은 기후 과학적 변화, 미국의 국제적 의무, 그리고 미국산업의 경쟁력 보호와 같은 원인에 따라서 의회의 승인을 거쳐 화석연료 탄소배출 상한을 증감시킬 수 있다. Cantwell 상원위원은 미국이 배출하는 온실가스양의 80% 이상을 대상으로 하고 배출권 경매수익의 3/4을 소비자에게 환급하고자 하였다. 배출총량규제·환급제는 2012~2014년의 기간 동안 배출총량을 2012년 수준으로 제한하는 한편, 2015년부터 배출총량을 매년 0.25%씩 강화시키며,11) 배출권에 2년의 만료기한 설정을 통해 배출권 매점 및 투기를 방지하도록 한다. 또한 배출권 경매 수익의 대부분을 판매자에게 주는 배출총량규제·거래제와는 달리 에너지 가격 상승을 상쇄하기 위해 경매 수익의 3/4을 소비자들에게 환급하고 나머지를 청정에너지 분야 고용과 연구에 지원하는 배출총량규제·환급제(Cap and Dividend)를 제안하였다.

---

9) 2020년까지 2005년 대비 20% 감축(1990년 대비 7%), 2025년까지 2005년 대비 25% 감축(1990년 대비 12%), 2030년까지 2005년 대비 42% 감축(1990년 대비 33%), 2050년까지 2005년 대비 83% 감축(1990년 대비 80%).

10) 2012 : 2012년 대비 0%, 2020 : 2012년 대비 5%, 2030 : 2012년 대비 29%, 2050 : 2012년 대비 82%.

11) Waxman-Markey 법안이 제시하는 17%에 비하여 0.25%는 지나치게 적고, 0.5%로 하면 2025년까지 Waxman-Markey 법안보다 많은 혹은 동일한 양의 온실가스 감축이 가능할 것이라는 견해도 있다.
http://www.alternet.org/environment/144781/a_new_outside-the-beltway_climate_bill_deserves_support%3B_why_won't_enviros_get_behind_it_?page=2, accessed on October 6, 2011.

(2) 주요 내용[12]

동 법안의 규제대상은 대기로 방출되고 연소될 화석연료 내 탄소로(Sec. 2(8)), 배출량의 의무적인 보고 자체에 대해서는 언급하고 있지 않다. 2012년 프로그램의 시작단계에 대상이 되는 모든 기관들이 upstream 방식으로 접근하게 된다.[13] 미국에 화석연료를 1차로 판매하는 자는 판매된 모든 화석연료 탄소에 대하여 배출권을 가지고 있어야 한다(Sec. 4(a)(1)(B)). 탄소제한 범위는 2005년 기준 미국 온실가스 배출량의 81%이다. 배출권의 100%는 규제대상 기관들에게 경매로 판매되고, 이 중 75%는 Carbon Refund Trust Fund에 예치되고(Sec. 4(f)(2)), 나머지 25%는 Clean Energy Reinvestment Trust Fund(CERT Fund)에 예치된다(Sec. 6(b)(1)(A)). 경매는 월단위로 개최되는 것이 원칙이며 규제대상 기관만 참여가 가능하다(Sec. 4(b)). 펀드에서 발생하는 지출액의 경우, Carbon Refund Trust Fund는 에너지 안보 기금을 지출하기 위한 목적으로 이용 가능하고, CERT Fund는 예산기관과 연간 의회의 예산책정액에 따라 이용 가능하다.

청정에너지, 효율성, 온실가스 저감과 관련하여, CLEAR Act는 재무부에 청정에너지 신탁자금을 마련한다. 대통령은 의회에서의 연간 책정액에 따라 (1) 청정에너지, 연료 연구, 개발, 외교활동에 대한 투자, (2) 건물 효율성 프로젝트. 수익이 낮은 공공건물에 대한 투자, (3) 거주용 연료 전환 지원, (4) '에너지 효율성 소비자 융자금' 수령자들에

---

12) http://www.govtrack.us/congress/billtext.xpd?bill=s111-2877

13) 동 법안은 제조공장 등의 이산화탄소 배출을 제한하기보다는 제조공장 등이 사용하는 화석연료에 포함되어 있는 탄소의 양을 제한하고자 한다. 이러한 방법을 택하게 되면 규제의 대상이 되는 생산업자의 수가 줄어들고, 감시와 규제가 수반하는 비용과 복잡성도 상당히 줄어들게 된다.

대한 보조금 지원, (5) 기후에 영향을 미치는 비화석연료 온실가스, 블랙카본 등에 대한 배출량 삭감, (6) 숲, 토지 이용을 통해서 온실가스 배출량 저감, 회피, 격리시키는 국내, 국제 프로젝트와 같은 오프셋 활동을 위한 목적으로 CERT Fund를 사용할 수 있다(Sec. 6).

이 외에도 재무부에서 에너지 효율이나 청정에너지 기술에 투자하려는 개인에게 투자비용을 대출해 주는 에너지 효율 소비자 융자 프로그램(Efficiency Consumer Loan Program)이 마련되어 있다(Sec. 5). 또한 저탄소 경제 전환을 위한 지원과 관련, 일정 자격을 갖춘 개인들이 일인당 에너지 안보 기금(Energy Security Dividend)을 월단위로 받을 수 있도록 한다(Sec. 5). 국제경쟁력을 고려하여, 수출업자들에 대한 지원 자금도 제공한다. 2013년부터 재무부장관은 연간 책정액에 따라 CERT Fund에서 에너지 집약 수출산업들에 대한 보조금을 분배하여야 한다. 보조금은 화석연료 탄소 규제 또는 국가 간 수출입 과정에서 발생하는 수수료 등 원인 때문에 경쟁에서 불리한 산업들을 지원하는 명목으로 사용된다. 지원자금은 생산단위 당 추가비용들에 대한 보상 격으로 기관들에게 제공되고, 가장 경쟁적으로 불리한 산업부문들에 우선적으로 비용을 지원한다(Sec. 4(a)(6)).

4) 청정에너지일자리와미국전력법

   (Clean Energy Jobs and American Power Act of 2009)

(1) 개요

2009년 10월 상원의원 Kerry와 Boxer는 오는 2020년까지 2005년 수준의 20%까지 온실가스 배출을 줄이고 청정에너지 사용을 늘리자는 내용을 골자로 하는 청정에너지일자리와 미국전력법을 독자적으로 마련하였다. Kerry-Boxer 법안은 하원법안인 Waxman-Markey 법안을 모델로 구성되어 Waxman-Markey 법안과 배출권거래제 관련 규정을 포함한 내용이 매우 유사하다. 하지만 Waxman-Markey 법안보다 강력한 법안으로 평가되고 있다. Waxman-Markey 법안과는 달리 2020년 감축량을 17%에서 20%로 강화시켰고, 천연가스와 원자력발전 확대를 추가하였고, EPA가 청정대기법에 의한 온실가스 규제와는 별도로 배출관련 규제권한을 인정한 점에서 큰 차이가 있다고 볼 수 있다.[14]

(2) 주요 내용

동 법안의 목표는 오염배출 감축, 재생에너지와 원자력에너지 연구를 위한 기금 제공, 건물과 차량을 위한 새로운 배출기준 수립, 식재와 지속 가능한 농업방식을 증진시키는 데 있다. 또한 다양한 공산품과 서비스에 대한 새로운 에너지 효율 기준을 제정하고, 대중교통에 대한 투자증대를 목표로 하고 있다. 법안은 새로운 온실가스 배출기준과 에너지 분야의 연구, 새로운 기준 적용, 경제 전환에 관한 지원 등을 다루는 A장과 온실가스 배출상한과 배출허용량의 수익 사용에 관한 내용을 담은 B장으로 구성된다. 또한 Waxman-Markey 법안의 배출총량규제·거래제를 '오염감축 및 투자(Pollution Reduction and Investment System)'로 명칭을 변경하였다. Waxman-Markey 법안과의 가장 큰 차이점은 2020년까지 2005년 대비 20% 감축을 목표로 하고 있다는 점이다.[15]

---

14) Kenkins J., "Anatomy of a Bill: Key Features of Kerry-Boxer Senate Climate Bill", *The Energy Collective*, September 30, 2009.

배출권분배와 관련, 2012~2050년간 각 연도 총 배출권의 25%를 경매할 예정이며, 동 수익금은 재정적자 감축펀드(Deficit Reduction Fund)에 예치하게 된다. 기타 배출권은 소비자보호, 기업지원, 에너지 효율 촉진 등에 사용한다. 전력회사, 석탄회사, 지역 천연가스 배급업체에 각각 30%, 5%, 9%의 지구온난화 가스 배출권을 무료로 분배하고, 철강 시멘트 제지 유리 등 업체들에는 2012~2013년 4%의 배출권을 부여한 뒤 2014~2015년에 이를 15%로 증가시키도록 하였다. 무료 배출권은 소규모 전력 공급업체, 천연가스 공급업체, 가정용 난방연료 공급자에게 주어질 것이며, 이는 중산층 및 저소득층의 에너지비용 지원에 쓰일 계획이다. 오염물질 무료 배출권을 배부하는 것은 청정연료로의 전환을 원활하게 하고 이는 소비자들의 에너지 비용을 낮추도록 하기 위한 방안이다. 이 외에도 Waxman-Markey 법안에서 크게 다루지 않았던 원자력에너지, 진보된 바이오연료, 그리고 천연가스 세 부분에 대한 지원계획을 포함하였다.[16]

5) 배출권거래제 관련법

(1) 연방 차원의 배출권거래제

① 배출권거래제 도입의 배경[17]

2009년 6월 미 연방하원을 통과한 미국 청정에너지 안보법, 즉 Waxman-

---

15) 2005년 대비 2012년까지 3%, 2020년까지 20%, 2030년까지 42%, 2050년까지 83% 감축을 목표로 한다.

16) http://www.govtrack.us/congress/billtext.xpd?bill=s111-1733

17) 본 내용은 서정민 외, "포스트교토체제제하에서 한국의 대응전략: 탄소배출권시장의 국제적 연계를 중심으로"를 참조하여 정리하였다.

Markey 법안은 탄소거래시장과 관련하여 배출총량규제·거래제 도입을 명시하고 있다.[18] 동 법안은 의회가 온실가스 감축 관련 법안을 승인한 최초의 사례로서 큰 의의가 있으며, 배출상한 적용대상은 2020년까지 2005년 배출량의 17%, 그리고 2050년까지 83% 감축하는 것을 골자로 하고 있다. 한편 상원법안인 Kerry-Boxer 법안은 Waxman-Markey 법안을 바탕으로 배출권 배분, 탄소상쇄(오프셋), 전략적 비축분 등에 대해 약간의 수정을 가하여 상원에 상정된 법안이다. 특히 감축상한 적용대상의 감축목표가 2020년까지 2005년 대비 20%로서 17%로 규정한 Waxman-Markey 법안에 비하여 높다. Waxman-Markey 법안이 청정에너지를 포괄적으로 다루는 기후법이라면, Kerry-Boxer 법안은 온실가스 배출 저감에 중점을 두고 있다.

Kerry-Boxer 법안에 대한 논란이 지속되면서 수정안으로서 민주당 상원의원 Kerry와 무소속 Lieberman은 2010년 5월 12일 Kerry-Lieberman 법안을 공개하였다. 그러나 제조업계와 공화당의 거센 반발로 인해 민주당이 주도하고 있는 온실가스 감축 관련 법안의 상원 통과는 어려워졌고, 특히 상기한 법안들에서 크게 후퇴하는 내용을 포함한 타

---

18) 동 법안은 그 밖에 재생에너지, 에너지 효율성, 청정에너지 R&D 사업에 대한 투자 등에 대한 규정을 포함하고 있다. 동 법안은 상한 적용대상과 비적용대상 간의 배출권(allowance) 거래를 허용한다. 상한 적용대상은 2012~2016년까지 단계별로 확대되며, 2016년에는 미국의 총 온실가스 배출량의 84.5%를 포괄할 것으로 예상된다. 주요 상한 적용대상은 연간 2만 5천 톤(이산화탄소 배출량 기준) 이상의 온실가스를 배출하는 업체이다. World Resources Institute(WRI)의 추정에 따르면, 동 법안을 통해 감축할 수 있는 온실가스양은 2005년 배출량을 기준으로 2020년 28~33%, 2050년 75~81% 수준이다. Larsen, John, Alexia Kelly, and Robert Heilmayr, 2009, "RI Summary of H.R. 2454, the American Clean Energy and Security Act(Waxman-Markey)", World Resources Institute; 서정민 외 4인, 『포스트교토체제하에서 한국의 대응전략: 탄소배출시장의 국제적 연계를 중심으로』, 경제·인문사회연구회(2010.2.), 145면.

협안이 잇달아 제시되면서 앞으로의 방향이 불투명해졌다. 그러나 Waxman-Markey 법안과 이후 제시된 Kerry-Boxer 법안과 Kerry-Lieberman 법안의 주요 내용은 향후 관련법에 반영될 가능성이 높다는 점에서 그 중요성이 인정되고 있다.

② 적용대상

대상 온실가스의 종류와 배출권 단위는 Waxman-Markey 법안, Kerry-Boxer 법안, 그리고 Kerry-Lieberman 법안 모두 동일하다. 즉 배출규제대상이 되는 온실가스는 교토의정서가 지정한 6가지 종류의 가스와 삼불화질소(NF3)이며, EPA는 이외에도 다른 가스를 추가할 권한이 있다. 대상산업은 이산화탄소 1톤에 상응하는 온실가스에 대하여 1단위의 배출권을 부여받는다. 온실가스 총량은 대상산업의 전년도 직접 배출량 또는 대상산업 downstream 업체의 배출량을 기준으로 정해진다. 대상산업 분야는 배출상한의 상향 조정에 따라 점진적으로 확대되는데, 진행단계별로 적용대상산업 분야를 명시함으로써 각 산업은 지정 전까지 준비기간을 확보하게 된다.

Waxman-Markey 법안의 경우, 대상산업의 온실가스 배출량 기준은 2만 5천 톤으로 2012~2016년 사이에 단계적 대상산업 분야를 확대하여 2016년 이후에는 미국 전체 온실가스 배출의 84.5%를 배출하는 대상에게 배출상한이 적용된다.[19) 의회예산처(Congressional Budget

---

19) 이를 보다 상세히 살펴보면, 2012년에는 배출 상한이 총 배출량의 66.2%를 포괄한다는 가정 하에 모든 발전업체, 연간 2만 5천 톤 이상을 배출하는 양의 액화천연가스·석유·석탄액화연료 생산자 및 수입업자, HFC를 제외한 프레온 가스류 생산자와 수입업자 등을 대상으로 한다. 2014년에는 배출 상한이 총 배출량의 75.7%를 포괄한다는 가정하에 연간 2만 5천 톤 이상을 배출하는 산업 배출원(석유 및 재생 가능한 바이오매스를 재료로 하는 연소는 불포함)과 그 밖의 에너지 집약적인 모든 산업 분야(유리, 세라믹 등)를 추가한다. 대부분의 산업 분야가 2만 5천 톤 이상의 온실가스를 배출하고 있으므로, 2014년

Office)에 따르면, Waxman-Markey 법안의 단계별 프로그램을 통해 미국의 온실가스 배출량 대부분이 적용될 것으로 예상된다.[20] Kerry-Boxer 법안 역시 큰 차이는 없지만 소규모 정제회사는 2015년부터 배출 상한의 적용을 받는다는 점에서 차이가 있다. Kerry-Lieberman 법안 역시 2만 5천 톤 이상의 온실가스를 배출하는 대상에 대해 단계적으로 적용된다. 2013년에는 우선적으로 발전업체, 운송연료업체가 배출상한 대상으로 지정되며, 2016년에 지역 천연가스 공급회사 및 산업 배출원이 상한대상에 포함된다.

③ 감축목표량 및 할당량 배분방식

온실가스 감축목표량은 경제 전반의 목표량과 배출상한 대상의 감축목표량으로 나누어지고, 또한 기간별로 단기(2012~2013년), 중기(2020~2030년), 그리고 장기(2050년)로 나누어져 있다. 법안이 제시한 목표 감축량의 달성 여부와 관련하여 이를 실시하는 기관은 Waxman-Markey 법안의 경우 국립과학원(National Academies of Science)이다. 국립과학원의 제안사항에 대하여 대통령은 이를 이행해야 할 의무가 있으며, 의회에 추가적인 조치를 취하도록 권고할 수 있다. Kerry-Boxer 법안은 더 나아가 정부 부처들이 정기적으로 국내외 정책을 검

에는 사실상 모든 제조업이 배출 제한의 대상이 된다. 그리고 2016년에는 배출 상한이 총 배출량의 84.5%를 포괄한다는 가정 하에 연간 4억 6천 입방피트 이상을 공급하는 지역 천연가스 공급회사(LDCs, Natural Gas Local Distribution Companies)가 추가적으로 포함된다.

20) 2016년에는 총 7천4백 개의 업체가 동 프로그램에 포함될 것으로 예상되며, 대상 기준을 1만 톤으로 낮출 경우 추가적으로 포함시킬 수 있는 대상은 7천 개가량이지만 배출량 면에서는 미국 전체 배출량의 0.7%에 불과하다. Mark Holt and Gene Whitney, "Greenhouse Gas Legislation: Summary and Analysis of H.R. 2454 as Reported by the House Committee on Energy and Commerce", Congressional Research Service, International Energy Agency, 2009; 서정민, 146-147면.

토하여 대통령에게 보고할 의무를 명시하였다. 배출권의 할당은 기본
적으로 제도 초기에 무상배분 방식으로 시작하여 점차적으로 경매
중심으로 이행되는 형식이다. 배출권의 경매 시 경매 최저가가 명시되
어 있고, 이는 물가상승률을 제외하고 매년 동일한 비율로 상승하도
록 되어 있다. Waxman－Markey 법안과 Kerry－Boxer 법안에서는 감축
목표 이행으로 인한 부정적 효과를 방지하기 위한 차원으로 무상배분
을 제시하고 있는데, 대표적인 것이 탄소집약도 및 수출경쟁도가 높은
산업체에 대한 배출권 무상 배분이다.[21] 특히 이러한 산업 분야와 관
련하여 2020년부터는 온실기스 제한 규정을 저용하지 않는 수입품에
대해 탄소관세(Carbon Tariff)를 부과하는 내용도 포함하고 있다.[22]

④ 이월 및 차입 허용방식

Waxman－Markey 법안, Kerry－Boxer 법안, 그리고 Kerry－Lieberman

---

21) Waxman－Markey 법안에 의하면 매출액 대비 에너지 또는 온실가스 집약도가 5% 이
  상이며 수출입 비중이 15% 이상인 업종(또는 에너지 또는 온실가스 집약도가 20% 이상
  인 업종)에 대해 온실가스 규제에 따른 비용 지원의 방법으로서 배출권을 무상 분배하도
  록 하였다. 전체 배출권에서 이러한 산업체들에 주어지는 배출권의 비중은 2016년
  13.4%(7억 2천9백 만 톤)에서 2030년 6.7%(2억 2천2백60만 톤)로 점진적으로 감소된
  다. 한편 Kerry－Boxer 법안에 따르면, 2016년 11.8%(6억 4천8백만 톤)에서 2030년
  5.3%(1억 8천9백만 톤)로 축소된다.

22) 이 외에도 감축목표 이행으로 인한 부정적 효과 방지책 중 배출권 할당과 관련한 사항으
  로 ① 발전업체가 가격 상승 부담을 소비자에게 전가하는 것을 방지하기 위한 소비자에
  대한 지원책으로, 연간 전송량이 4백만MWh 이하의 소규모 지역 천연가스 공급업체
  (LDCs)에 대한 무상배분, ② 자동차 및 자동차 부품산업에 대한 지원을 위한 청정 운송
  장비 기술 투자에 대한 무상배분, ③ 정책 변화에 따른 가구의 적응대책 마련을 위한 배
  출권 경매수익을 활용한 1가계당 수입을 기준으로 각 주에 배출권 배분, ④ 배출권 경매
  수익을 활용한 저소득가정 지원, ⑤ 경매수익을 활용한 실직자 지원 빛 교육 프로그램 지
  원, 특히 에너지 효율화 및 재생에너지 관련 직업 교육 지원, ⑥ 사전에 온실가스를 감축
  한 대상(Early Actors)에 대해 시행 초기에 총 배출권 가운데 1%(약 4천6백만 톤)를 무
  상 제공(Kerry－Boxer 법안은 이를 증량시켜 1.7%(7천8백만 톤)를 제공), ⑦ 삼림파괴
  방지 및 기후 적응 활동에 대한 배출권 제공이 있다.

법안 모두 배출권 및 상쇄의 이월은 무제한적으로 허용하고자 한다. 하지만 차입의 경우는 무이자차입과 이자차입으로 구분하며, 시간과 규모에 제한을 둔다. 무이자차입은 배출상한 대상 업체가 바로 다음 연도의 배출권에 한하여 이를 무이자로 차입하여 당해 연도에 사용할 수 있고, 차입 규모에 제한을 두지 않는다. 반면, 이자차입의 경우 당해 연도 준수의무의 15%에 한하여 1~5년 후의 배출권을 차입하여 사용할 수 있지만, 차입한 배출권에 대해 매년 8%의 이자를 지불해야 한다. 무이자차입은 대상 기간은 다음 연도로 한정하는 대신 차입 규모에는 제한을 두지 않는 반면에, 이자차입은 배출권을 차입할 수 있는 기간을 확대하는 대신에 차입 규모를 제한하고 있는 것이다. 두 가지 차입방식은 상호 대체적인 특성을 가지며, 기업들은 선택적으로 활용할 수 있도록 되어 있다.

⑤ 전략적 비축분

Waxman-Markey 법안, Kerry-Boxer 법안, 그리고 Kerry-Lieberman 법안 모두 가격 안정화 방안으로 분기별로 전략적 비축분 경매를 규정하고 있다. 비축분은 프로그램 시행 초기에 확보 가능한 배출권을 증량시킴으로써 확보하며, 배출상한 대상 업체만 전략적 비축분 경매에서 배출권을 구매할 수 있다. Waxman-Markey 법안은 배출권당 최저가가 2012년 28달러에서 2014년까지 물가상승률을 반영하여 상승하도록 하며, 2016년부터는 3년 치 평균 가격 대비 60% 이상 높은 가격으로 책정하도록 되어 있다. 반면에 Kerry-Boxer 법안은 2012년에는 동일하게 28달러로 시작하고 2013~2017년간에는 전년도 경매 시작가격에 물가상승률을 제외한 5% 인상, 2018년 이후에는 전년도 경매 시작가격에 물가상승률을 제외한 7% 인상을 규정하고 있다. Kerry—Lieberman 법안은 거래제를 시행하게 되는 2013년의 최저가격을 25달러로 정하고 이후에는 물가인상분을 제외 5%씩 인상하도록 규정하였다. 연간 전략적 비축분 경매에서 판매될 수 있는 배출권의 규모는 2012~2016년간 당해 연도 총 배출권량의 5% 이하, 2017~2050년간 10% 이하로 제한된다. 반면, Kerry—Boxer 법안은 2012~2016년간 15% 이하, 2017~2050년간 25% 이하로서 더 많은 양을 규정하고 있다. Waxman—Markey 법안과 Kerry—Boxer 법안에 의할 경우, 배출상한 대상 업체가 매년 경매를 통해 구매할 수 있는 배출권 규모는 당해 연도 의무량의 20% 이하로 제한된다. 한편, Kerry—Lieberman 법안은 연도에 대한 규정 없이 15% 이하로 제한하고 있다.

⑥ 상쇄(오프셋)

Waxman—Markey 법안에서 상쇄시장은 국내시장과 국제시장으로 구분되는데, 매년 활용 가능한 국내상쇄와 국제상쇄는 각각 10억과 20억 배출권으로 제한된다. 국내상쇄 공급이 부족할 경우 해외상쇄 사용량을 15억 배출권까지 증량시킬 수 있도록 허용하고 있다. EPA 등은 동 법안에 따라 상쇄시장이 본격화되면 배출권 가격을 절반정도로 낮추는 효과가 있을 것으로 전망한다.[23] 한편, Kerry—Boxer 법안은 매년 활용 가능한 상쇄의 총량을 Waxman—Markey 법안과 동일하게 20억 배출권으로 정하고 있으나, 사용 가능한 국내상쇄는 75%, 해외상쇄는 25%로 책정하고 있다. 만약에 국내상쇄 공급이 부족할 경우에는 해외상쇄 사용량을 12.5억 배출권까지 증가시킬 수 있도록

---

23) 서정민, 150－153면.

규정하였다. Kerry-Lieberman 법안은 상쇄 총량, 국내 및 해외상쇄 배분 비율은 동일하게 명시하였으나, 국내상쇄 공급이 부족할 경우 10억 배출권을 한도로 해외 배출권을 사용할 수 있도록 규정하였다.[24)]

⑦ 탄소배출권거래제 도입의 방향 전환

2010년 11월 중간선거에서 공화당이 하원 다수당을 장악하게 되면서 온실가스 배출 저감을 위해 오바마 대통령이 적극적으로 추진해 왔던 탄소배출권거래제가 실질적으로 실패한 것이라는 평가를 받고 있다. 그동안 공화당은 Waxman-Markey 법안이 또 다른 형태의 에너지세 부과이며 소비자와 기업에 불리하다는 이유로 저지해 왔다. 오바마 대통령은 이와 관련하여 배출권거래제는 온실가스 감축을 위한 대응방안 중 하나일 뿐이며 온실가스 감축을 위해 다른 방안을 강구할 것이고, 공화당과의 공조의사를 밝혔다.[25)] 하지만 중간선거 결과로 인해, 오바마 대통령의 임기 내 이 법안이 통과될 가능성이 거의 없다는 것이 전반적인 평가이다. 미국 내 탄소배출권 거래 전문기관

---

24) Waxman-Markey 법안에 의하면, EPA는 최소 5년마다 오프셋 관련 프로그램 운영을 검토해야 하며, 오프셋 크레디트의 발행에 앞서 오프셋 비축량을 확보해야 한다. 또한 reversal이 발생할 경우, 이에 대한 보고 및 원인 조사 등과 관련된 정책을 수립해야 한다. Kerry-Boxer 법안은 유사한 내용을 규정하고 있으나, EPA를 명시하지 않고, 대신 대통령이 적절한 연방 부처와 협의하여 관련 법규를 공포한다고 명시하였다. Kerry-Lieberman 법안도 위와 대동소이한 내용을 담고 있다. 오프셋 인정 대상이 되는 프로젝트의 종류에는 ① 탄광, 쓰레기 매립지, 그리고 석유 및 가스 공급 시설의 메탄가스 배출, ② 농업, 목초지, 방목장 등의 배출 가스 고정화(sequestration) 및 관리, ③ 토지 이용의 변화와 삼림 활동으로 인한 탄소 비축량의 변화 등이 포함된다.

25) 중간선거 이후 이산화탄소 감축 논의에 새로운 변수들이 등장하면서, 청정석탄기술과 천연가스가 재조명되고 있다. 또한 신재생에너지 법안의 확대가 주목되고 있으며, 특히 상원의원 Bingaman이 발의한 태양력, 풍력 등 신재생에너지 이용의 기준을 마련하고자 하는 대체법안이 주목받고 있다. http://www.businessweek.com/news/2010-11-04/obama-moves-away-from-cap-and-trade-seeks-new-tools.html accessed on September 14, 2011.

으로 알려져 왔던 시카고 기후 거래소(Chicago Climate Exchange)는 중
간선거 발표 이후에 전반적인 거래량이 대폭 감소하였으며, 2010년
12월 31일을 기점으로 거래소가 폐장된 상태이다.[26] 하지만 이 와중,
캘리포니아 주는 2010년 12월에 배출총량규제·거래제 계획을 캘리
포니아 대기자원위원회(CARB, California Air Resources Board)를 통해 승
인받아, 현재까지 미국 내 가장 큰 탄소배출권거래시장이 형성될 것
으로 예상된다.[27]

(2) 주 차원의 배출권거래제

① 서부기후 이니셔티브(WCI, Western Climate Initiative)

2007년 2월 26일, 애리조나, 캘리포니아, 오리곤, 워싱턴, 그리고 뉴
멕시코 주지사는 온실가스 배출 저감과 기후변화대응을 위한 서부기
후 이니셔티브를 수립하는 협정에 서명하였다. 이후 유타와 몬태나
주지사와 캐나다의 마니토바, 온타리오, 퀘벡, 그리고 브리티시 콜롬
비아 주지사도 동 협정에 가입하였다.[28] 동 이니셔티브의 양해각서
에 따르면, WCI에 참여하는 주는 공동으로 지역 차원의 온실가스 배
출목표치를 설정하고 이 목표치를 달성하기 위하여 다양한 경제 분

---

26) http://www.nytimes.com/cwire/2011/01/03/03climatewire-chicago-climate-exchange
-closes-but-keeps-ey-78598.html accessed on September 14, 2011.

27) 동 계획안은 연간 2만 5천 톤 이상의 이산화탄소를 배출하는 발전소, 정유소, 제철소와 같
은 중공업을 중점적으로 규제하고 2020년까지 산업 온실가스 배출 85% 감축이라는 목
표치를 제시한다. http://www.nytimes.com/cwire/2010/12/17/17climatewire-state-
regulators-approve-the-nations-biggest-84198.html, accessed on September
14, 2011.

28) 미국의 알래스카, 콜로라도, 아이다호, 캔자스, 네바다, 와이오밍 주와 캐나다의 노바스코
샤와 서스캐처원, 멕시코의 바하 캘리포니아, 치와와, 코아윌라, 누에보 레온, 소노라와 타
마울리파스 주는 옵서버로 참여한다.

야에 걸쳐 시장체제에 기반을 둔 배출총량규제·거래제를 수립하고
자 한다.[29] 2008년 9월, WCI는 지역배출총량규제·거래제에 대한 권
고안을 발표하였다. 동 권고안에 따르면, 거래제의 시행 제1단계로는
2012년을 기점으로 전력 발생과 산업연료연소 및 산업공정과정에서
발생하는 배출에 대하여 배출총량규제·거래제가 적용될 것이다. 시
행 제2단계로는 2015년부터 교통, 거주용, 상업용, 그리고 산업용 연
료사용으로부터 발생하는 배출에도 적용될 것이다. 감축대상 가스는
UNFCCC에서 정한 이산화탄소, 메탄, 아산화질소, 수소불화탄소, 과
불화탄소, 육불화항 이외에 삼불화질소가 포함된다.[30]

배출권 이월(Allowance Banking), 탄소상쇄(오프셋), 그리고 3년의 준
수기간과 같은 요소를 포함시킴으로써 WCI의 배출총량규제·거래제
는 가장 비용효과적인 방법으로 온실가스 배출을 저감하려는 안정적
인 접근방식으로 평가된다. 동 프로그램의 대상 업체와 시설에 제한
된 수의 배출권을 배분함으로써 배출총량을 규제하게 될 것이고, 대
상 업체들은 경매를 통해 배출권을 구매하고, 유통시장에서 매매할
수 있으며 비축을 위해 예탁할 수도 있다. 또한 지역 차원의 배출총
량 이외 기타 배출원에서 이산화탄소 배출을 감축하는 경우에 제한
된 수의 오프셋 크레디트를 구매할 수 있다.

---

29) http://www.westernclimateinitiative.org/the-wci-cap-and-trade-program
30) WCI는 참여하는 주들이 개별적으로 진행해 왔던 대응책과 2006년의 남서부기후변화 이
   니셔티브(the Southwest Climate Change Initiative of 2006, 애리조나와 뉴멕시코를
   포함)와 서부주지사 지구온난화 이니셔티브(the West Coast Governors' Global Warming
   Initiative of 2003, 캘리포니아, 오리곤, 워싱턴 주를 포함)를 토대로 한다.

② 중서부온실가스감축협정

(MGGRA, Midwestern Greenhouse Gas Reduction Accord)

2007년 11월 15일 중서부 여섯 주의 주지사와 캐나다 마니토바 주지사는 MGGRA에 서명하였다.[31] 동 협정에 참여하는 주는 온실가스 감축프로그램을 수립해야 한다. 프로그램의 일부로서 동 협정에 참여하는 주는 지역 차원의 온실가스 감축목표치를 설정해야 하고 이러한 목표치 달성을 용이하게 하기 위하여 다분야 배출권거래제를 도입하게 된다. 또한 온실가스 배출저감 추적시스템(tracking system)을 수립하고 배출저감을 위해 저탄소연료기준과 같은 기타 관련 정책을 이행하게 된다. 이 외에도 동 협정은 다른 주의 유사 프로그램과의 연계, 과도기적인 일자리 감소의 최소화, 향후 연방차원의 프로그램과의 통합이나 상호작용의 가능성에 대해서도 다룬다. 2009년 6월에 발표된 최종설계안과 프로그램적용권고안에 따르면 배출권거래제는 2012년부터 시행되는 것으로 되어 있다.[32]

③ 지역온실가스 이니셔티브(RGGI, Regional Greenhouse Gas Initiative)[33]

(ⅰ) 개요

현재 RGGI는 미국 9개 주[34]가 참여하는 최초의 이산화탄소 배출

---

31) 동 협정에 참여한 주는 일리노이, 아이오와, 캔자스, 미시간, 미네소타 그리고 위스콘신 주이다. 옵서버로서 참여하는 주는 인디애나, 오하이오, 남 다코타, 그리고 캐나다 온타리오 주이다.

32) http://www.pewclimate.org/what_s_being_done/in_the_states/mggra accessed on October 6, 2011.

33) 본 내용은 서정민 외, "포스트교토체제하에서 한국의 대응전략: 탄소배출권시장의 국제적 연계를 중심으로"와 http://www.rggi.org/docs/RGGI_Fact_Sheet.pdf를 참조하여 정리하였다.

34) 2005년 코네티컷, 델라웨어, 메인, 뉴햄프셔, 뉴저지, 뉴욕, 버몬트 주가 공동으로 RGGI

총량규제 및 거래 프로그램으로서 2009년 1월 1일 발효되었다. RGGI 참여 주는 공동으로 지역 배출총량규제 및 거래 프로그램을 설계하고, 우선 감축대상으로 발전부문을 선정하였다. 또한 RGGI에 속한 각 주별로 이산화탄소 배출량 상한을 정하고, 이를 근거로 이산화탄소 예산 거래 프로그램(CO_2 Budget Trading Program)을 수립하였다. 각 주의 프로그램은 공통의 Model Rule에 근거하여 서로 연결된다. 거래시장이 하나로 통합되기 때문에 규제대상이 되는 각 주의 발전시설들은 9개 주 내에서 발생하는 배출권을 구매할 수 있도록 되어 있다.

(ii) 적용대상

배출상한 대상은 이산화탄소이며, 최초의 시행대상은 발전으로 한정된다. 9개 주 내의 화석연료를 사용하는 25MW 이상의 발전소가 의무적으로 이산화탄소 배출저감 대상이 된다.

(iii) 배출권 단위

배출권의 기본단위인 1배출권은 이산화탄소 1톤을 배출할 수 있는 권리이며, 연방 법안에서 정하고 있는 배출권 단위와 동일하다. RGGI에 참여하고 있는 각 주별로 이산화탄소 배출 상한이 정해지면, 주 정부별로 상한 범위 내에서 배출권을 발행한다. 주 정부는 해당 주의 총 이산화탄소 배출량이 상한을 넘지 않는 선에서 배출권의 수를 조절해야 한다.

를 수립하였으며, 2007년 매사추세츠, 로드아일랜드, 메릴랜드 주가 추가적으로 참여함으로써 총 10개 주가 RGGI에 참여하고 있었다. 하지만 2011년 5월 뉴저지는 탄소시장이 에너지가격 상승을 가져오고 온실가스 저감에 대한 효과를 충분하지 못한 것으로 판단하여 2011년 말 RGGI를 탈퇴할 것을 선언하였다.
http://www.nj.com/politics/index.ssf/2011/05/gov_christie_to_announce_nj_pu.html accessed on March 5, 2012.

(ⅳ) 감축목표량 및 할당량 배분방식

총량적인 감축목표량은 2018년의 배출량을 2009년 배출량 대비 10% 감축한 수준이다. 구체적으로는, 2009~2014년간에는 연간 배출량을 1억 8천8백만으로 제한하고, 2015~2018년간에는 매년 2.5%씩 배출량을 감축하도록 한다. 이러한 단계적 접근 방식은 초기 단계에 적응할 수 있는 기간을 주어 발전소들로 하여금 급격한 가격 변동 없이 탄소저감 기술에 투자하도록 하는 것을 목적으로 한다. 각 주별 이산화탄소 배출 할당량은 과거의 배출량을 기준으로 협상을 거쳐 결정되었다. 각 주는 경매를 통해 대부분의 배출권을 배분하고, 배출권의 무상 배분을 사실상 배제하고 있다. 각 주가 할당받은 배출권 가운데 최소 25%는 소비자 수익 프로그램에 사용되어야 하며, 나머지 75%의 배분에 대해서는 각 주가 자체적으로 결정할 수 있다. 그러나 각 주들은 거의 모든 배출권을 경매에 붙이고 있다.[35]

경매수익은 에너지 효율성, 청정 재생에너지 개발 프로젝트에 사용된다. 기본 경매 단위는 1천 배출권으로서 1년에 총 4회 분기별로 실시된다.[36] 최초 경매 시 최저가격으로 배출권당 1.86달러를 설정하였고, 이후에는 인플레이션, 가격조정분 등을 고려하여 점차 상승하게 된다. 각 경매별 최저가격은 사전에 공개된다. 단일 업체가 1회의 경매를 통해 구입할 수 있는 배출권의 수량은 해당 경매에 나온 총 배출권의 25% 이하로 제한된다.[37] 아울러 RGGI는 조기감축배출권(Early

---

35) 뉴욕, 매사추세츠, 버몬트, 로드아일랜드, 코네티컷, 메인 주 등은 100% 경매를 공표한 바 있으며, 매사추세츠, 버몬트, 로드아일랜드, 코네티컷 주는 이를 주법에도 반영시키고 있다.

36) 2011년 9월까지 RGGI 경매에서 판매된 배출권의 85%는 전력회사와 계열회사들이 차지한 것으로 나타난다.

Reduction Allowances)을 규정하고 있는데, 이는 배출권거래제 출범 전에 일정 조건을 만족시키는 이산화탄소 배출량 감축을 이행한 업체에 대해 직접적으로 배출권을 부여하는 제도이다. 조기감축배출권은 경매를 통한 배분에 해당되지 않는 별도의 배분 장치로서, 상한에 추가적으로 포함된다.

(ⅴ) 이월 및 차입

배출권의 이월은 제약 없이 허용한다. 배출권의 차입에 대한 규정은 별도로 포함하고 있지 않지만, 3년간의 준수기간 부여를 통해 한시적으로 차입을 허용하고 있다. 준수기간이 만료되는 시기에 대상 업체는 지난 3년간 배출한 이산화탄소 양에 상응하는 배출권을 반납해야 한다.[38] 이를 통해 발전업체들은 수요 변동, 유가 상승 등 돌발적인 변화에 보다 유연하게 대처할 수 있다. 이산화탄소 배출권의 초기 배분은 거의 전적으로 경매를 통해 이루어진다.

(ⅵ) MRV 방식

대상 업체는 모니터링 시스템을 설치하고 이산화탄소 배출량 기록 및 보고의무가 있다.[39] 이산화탄소 배출권추적 시스템(RGGI COATS, RGGI CO_2 Allowance Tracking System)을 통해 각 주의 이산화탄소 배출량,

---

37) 2011년 9월까지 경매수익은 9억이 넘었고, 이 중 80%는 소비자혜택 프로그램, 에너지 효율, 재생에너지와 기타 온실가스 감축 프로그램에 투자되고 있다.

38) 첫 번째 준수기간은 2009년 1월 1일~2011년 12월 31일, 두 번째 준수기간은 2012년 1월 1일~2014년 12월 31일까지이다.

39) 2012년 3월 2일~2012년 6월 1일까지 RGGI 참여 주는 각 대상 업체의 준수인증 보고서와 첫 번째 준수기간에 할당된 배출량과 제출한 배출권을 평가하도록 되어 있다. 보다 자세한 내용은 http://www.rggi.org/docs/RGGI_Compliance_2012_Fact_Sheet.pdf 참조.

배출권 보유량 등을 기록하고 관리함으로써 투명성을 유지하고, 배출권의 배분 및 거래를 원활하게 하고자 한다. RGGI에 참여하는 주기관들은 적용대상이 되는 발전소가 각 해당 주의 CO$_2$ Budget Trading Program을 준수하고 있는가를 판단하기 위하여 RGGI COATS를 사용한다. 또한 이 시스템은 일반 대중이 배출권 시장 활동에 쉽게 접근할 수 있도록 함으로써 간접적인 시장 감시 기능을 활성화시킨다.[40]

RGGI COATS의 구체적인 내용을 살펴보자면, 첫째, 각 주의 배출원별 이산화탄소 배출량을 기록한다.[41] 둘째, 각 배출원이 보유한 배출권 규모를 기록한다. 각 배출원은 고유의 계정을 보유하며, 배출권 거래 시 이를 활용해야 한다. 셋째, 각 배출원의 준수 상황을 감시하는 데 사용된다. 각 배출원은 3년간의 준수기간이 종료된 시점에서 할당된 배출량과 동일한 규모의 배출권을 제출해야 하고, 이를 위반한 업체는 제재를 받게 된다. 넷째, 탄소상쇄 모니터링과 관련하여 RGGI COATS는 탄소상쇄 프로젝트 신청 및 등록, 그리고 탄소상쇄 프로젝트의 적합성 보고서와 모니터링 및 인증 보고서 제출 등에 사용된다.

(vii) 상쇄(오프셋)

RGGI는 배출상한 대상이 되는 발전산업 이외 분야에서의 이산화탄소 배출 감축에 대한 상쇄를 인정한다. 이에 따라 RGGI 규제대상이 되는 발전업체는 감축의무의 일부를 상쇄를 통해 충족시킬 수 있

---

40) http://www.rggi.org/docs/RGGI_COATS_in_Brief.pdf
41) 이는 RGGI의 자체적인 데이터 수집이 아니라 EPA의 데이터베이스를 근거로 한다.

다. 이산화탄소 오프셋 배출권의 사용은 일정기간 동안 해당 업체의
총 준수 의무량 가운데 3.3% 이하로 제한된다. 단, 특수한 상황의 경
우 5~10%까지 증량될 수 있다. 매립지 메탄 포집 및 소거, 농업 부문
의 메탄 배출 방지 관련 이산화탄소 감축 또는 격리 프로젝트는 배출
감축상쇄 분야로 인정된다.

6) 온실가스 의무보고법
(MRR, Mandatory Reporting of Greenhouse Gas Rule)[42]

(1) MRR의 입법배경

미국의 기후변화대응정책은 오바마 정부가 들어서고 온실가스의무
보고에 관한 행정입법을 포함하여 기후변화대응에 관한 새로운 정책
들을 발표하면서 적극적인 형태로 전환되었다.[43] 미국이 2009년 10월
에 제정한 MRR은 EPA가 온실가스 배출 저감을 위한 제도적 수단 마련
권한을 위임받아 2008년부터 착수하여 마련된 제도로, MRV(Measurement,
Reporting and Verification) 시스템을 입법화한 것이다. EPA는 경제의
모든 단위에서 배출되는 온실가스의 감축에 적절한 온실가스 의무보
고시스템을 요청받고, 청정대기법상의 근거를 통해 온실가스 의무보
고제에 관한 연방행정입법(Code of Federal Regulation)을 제정했다.[44]

---

42) http://www.epa.gov/climatechange/emissions/downloads09/FinalMandatoryGHGR-
eportingRule.pdf

43) David B. Hunter, "International Climate Negotiation: Opportunities and Challenges
for the Obama Administration", *Duke Environmental Law and Policy*, vol.19, 2009,
p.247.

44) 미국의 CFR(Code of Federal Regulation) 제40장 이하에서 규정하고 있다. 구체적인
조문은 40 C.F.R. Parts 86, 87, 89, 90, 94, 98, 1033, 1039, 1042, 1045, 1048,

의무보고의 대상이 되는 온실가스 배출에 관한 정보를 얻기 위해서 에너지 공급을 포함한 최종생산제품을 통한 온실가스 배출량 측정 또는 산정(Upstream Production)과 사용 원료 또는 재료를 통한 분석방식(Downstream Sources)을 모두 검토하였다.

2008년부터 시작된 온실가스 보고제도의 논의는 공개적으로 이루어졌고, EPA는 미국 온실가스 총배출량의 85%를 차지하는 31개 산업계 부문이 배출량을 추적하여 보고하도록 의무화시킬 목적으로 본 제도를 구축하였다. 미국에 있어서도 공익의 목적으로 특정한 오염물질 또는 에너지 사용에 관한 보고제도가 연방, 주 또는 지역단위에서 이루어지고 있었고, 또한 MRR에서 대상으로 하고 있는 직접적 온실가스 배출 이외에 간접적 온실가스 배출 등 다양한 고려 요소가 논의되었다.

2010년 3월, EPA는 새로운 부문에서 수집된 자료는 온실가스의 배출원에 대한 심층적 이해를 제공할 것이고, EPA와 사업단이 배출 저감을 위한 효과적인 정책과 프로그램을 개발하는 데 일조할 것이라며, MRR 내에 추가적으로 배출원을 포함시키자는 제안을 한 바 있다. EPA의 새로운 안에 의할 경우, 31개 산업계뿐만 아니라 불소화가스(Fluorinated Gas)를 방출하는 정유와 천연가스 산업 부문 및 이산화탄소 지질격리(Geologic Sequestration), 석유 및 가스 회수 증진을 목적으로 지중에 이산화탄소를 주입 및 저장하는 시설로부터 배출량 데이터를 수집하게 된다. 이산화탄소 지중 저장 시설로부터 수집한 데이터를 통해 EPA는 주입된 이산화탄소량을 주적할 수 있을 것이며, 경

1051, 1054, 1065에 자세하게 규정되어 있다.

우에 따라서는 대기 중으로 방출될 가능성이 있는 온실가스를 감지
하는 모니터링 전략을 필요로 하게 될 것이다. 또한 EPA는 이러한 데
이터를 통해 사업단이 해당 기업의 배출량을 추적하고, 유사 시설의
배출량과도 비교 가능할 것이라고 보았다. 더 나아가 EPA는 새롭게
제안한 시설을 포함하여 MRR하의 모든 시설이 당사의 소유 구조에
대한 정보를 제공할 의무를 지니도록 하는 방안을 제시하였다.[45)]

(2) 주요 내용

① 규제대상 및 지구온난화지수

이산화탄소(CO_2), 메탄(CH_4), 아산화질소(N_2O), 수소불화탄소(HFCs),
과불화탄소(PFCs), 육불화황(SF_6)이 MRR에서 보고대상 온실가스로 지
정되어 있다. 수소불화탄소와 과불화탄소의 경우 측정 기술력과 배출
량을 고려하여 일부 물질로 한정하고 있다. 온실가스 배출량은 지구
온난화에 미치는 영향력을 고려하여 지구온난화지수(GWP, Global
Warming Potential)를 활용하여 산정하고 있다.[46)] 이러한 배출량에 기
초하여 2010년부터 사업장 단위로 2만 5천 톤 이상의 온실가스를 배
출하는 해당 사업장의 온실가스 배출량을 의무적으로 보고해야 한

---

45) EPA가 제안한 MRR 개정안에 따를 경우, 2011년 1월에 새롭게 포함되는 배출원과 관련
    하여 배출량 데이터 수집을 시작하게 될 것이다. 그리고 2012년 3월 31일에 EPA 첫 번
    째 연차 보고서를 제출해야 한다.
    http://yosemite.epa.gov/opa/admpress.nsf/e77fdd4f5afd88a3852576b3005a604f/
    8d717a8525394687852576ef00595ffc!OpenDocument accessed on October 8,
    2011.
46) 예를 들어 이산화탄소의 GWP를 1로 정하고, 메탄의 GWP는 14로 정하고 있다. 이에 따
    라 온실가스 물질별 배출량에 GWP를 곱하여 연간 온실가스 배출량(CO_2-e)을 산정 또
    는 측정한다.

다.[47] MRR 시행 시 보고의무대상으로 지정된 사업장은 2만 5천 톤 이하로 배출량을 감축하더라도 계속 의무보고대상 사업장이 된다.

보고대상 사업장은 직접적인 온실가스 배출 사업장과 화석연료 및 산업용 연료 공급업체를 모두 포함하고, 암모니아 생산사업장과 같이 일부 업종에 대해서는 온실가스 배출량과 상관없이 보고의무를 부담하고 그 밖에 온실가스 배출업체에 대해서는 생산제품과 에너지 사용 설비 그리고 연료 사용량 등에 기초하여 2만 5천 톤 이상의 온실가스를 배출하는 사업장 단위로 보고한다.

② 보고방법

2010년 1월 1일부터 적용되는 MRR에 따라 2010년 1월 1일부터 수집된 온실가스 배출정보를 다음 연도 3월 31일까지 EPA에 보고해야 한다. 보고하는 온실가스 배출정보는 (1) 모든 배출원에서 수집된 온실가스 총 배출량, (2) 에너지를 포함한 제품 생산을 위해 공급된 원료의 유형에 따라 수집된 온실가스 배출 총량, (3) 전기발전량(Kilowatt−Hours), (4) 생산된 합성비료와 비료에 포함된 니트로겐의 양, 그리고 (5) 설비단위 또는 공정에서 배출한 온실가스정보, 연료 주입량 등 실측 데이터(Activity Data), (6) Q/A・Q/C 데이터 등 추가적인 자료가 반드시 포함된 명세서 방식으로 작성되어야 한다.

이러한 명세서와 함께 사업장의 일반 현황도 반드시 보고되어야

---

47) MRR의 규제대상은 회사 또는 기업이 아니라 사업장으로 한정하고 있는 점은 일본과 호주, 영국의 MRV 시스템과 차이가 난다. 호주의 온실가스 에너지보고법(NGER, National Greenhouse and Energy Reporting Act)은 일정 기준량 이상의 온실가스 배출 기업 (사업장 포함)을 중심으로 의무를 부과하고 있고, 일본도 역시 기업 단위 또는 프랜차이즈 단위로 정하고 있다.

하고, 명세서의 내용에는 온실가스 물질별 배출 정보 등 구체적 사항을 포함하여 보고하도록 되어 있다. 다만 2010년 첫해에는 준비기간을 감안하여 에너지 사용량에 기초하여 보고하는 것이 일부 허용되었다. 온실가스 배출량 보고서는 반드시 그 정확성에 대해서 지정된 기관 또는 개인에게 검증을 받아야 하고, 보고서와 함께 검증에 관련된 서류도 EPA에 직접 제출해야 한다.

③ 자동차 엔진 등에 대한 온실가스 배출 측정

모든 산업 분야에서 발생된 온실가스를 대상으로 배출업체가 배출내용을 EPA에 보고하고, 온실가스 배출량이 많은 배출업체는 배출정보에 대한 감독을 받는다. EPA는 온실가스를 배출하는 업체 또는 사업장을 배출량 기준으로 지정하고, 대상사업장 또는 기업이 보고하는 내용을 검증하는 방식으로 온실가스 배출량을 규제하고자 하는데, 이로 인하여 화석연료공급업자와 산업용 연료공급업자와 같은 에너지 생산 및 공급업자, 그리고 직접적으로 온실가스를 배출하는 업체와 대형차량 및 특수목적차량의 생산업자와 엔진 생산업자들이 많은 영향을 받게 되었다.

일반적으로 사업장을 중심으로 하는 온실가스 배출량 측정은 최종 생산품을 중심으로 제품 생산공정과정에서 배출되는 양을 포함하여 배출량을 측정 또는 산정한다. 그러나 온실가스 배출의 많은 부분을 차지하고 있는 자동차의 온실가스 배출의 경우 온실가스 배출에 관한 정보 제공의 의무자가 누구인지가 문제 된다. 따라서 미국의 MRR은 목표관리를 통한 감축보다는 인벤토리 구축에 중점을 두고 있으며, 엔진제작업체가 일반적인 측정수단에 따라 측정된 온실가스 배출량을 보고하도록 규정하고 있다. 이 경우 자동차 제작업체이면서 엔진 제작업체는 생산공정과정에서 배출되는 온실가스 배출량과 엔진의 평균 가동률에 기초한 온실가스 배출 예측치를 보고해야 한다.

2. 정책

1) 오바마 행정부 이전 기후변화정책의 변화

클린턴 행정부 시절인 1992년 브라질 리우 데 자네이로에서 개최된 유엔환경개발회의(UNCED)에서 UNFCCC이 체결되면서 기후변화에 대응하기 위한 국제사회의 노력은 시작되었다. 미국은 UN기후변화협약 체결과정에서 구속력 있는 감축의무에 대하여 부정적 입장을 분명히 밝혔지만 세계에서 4번째로 비준함으로써 기후변화에 대한 국제적 대응의 필요성을 인정하였다. 그러나 UN기후변화협약을 구체화하기 위한 후속협상이 진행되던 1997년 7월 미국 상원은 중국, 한국, 인도, 브라질, 멕시코 같은 개도국의 온실가스 저감을 위한 의무 이행이 없다면 미국 경제에 치명적인 영향을 미칠 것이라고 하였다. 그 결과 기후변화협약과 관련한 어떤 의정서에도 서명할 수 없다는 내용의 Byrd－Hagel 결의안이 만장일치로 채택됨으로써 미국은 소극적인 자세를 취하게 되었다. 그리고 이것은 국제기후협상의 진전에 큰 걸림돌로 작용하게 되었다.

1997년 12월 선진국의 감축의무를 핵심으로 하는 교토의정서가 채택되었는데, 온실가스 감축의무부여를 주장하는 EU에 비하여 미국은 상대적으로 유연한 접근방식을 강조하였다. 구체적으로 미국은 의무감축기간 설정, 감축대상 온실가스 6종 지정, 배출권거래제, 공동이행제도 등의 도입 및 시행을 제시한 바 있다. 이와 같은 미국의 제안이 교토의정서의 핵심내용으로 반영되었음에도 불구하고 클린턴 행정부는 기후변화에 대한 부정적 입장이었던 공화당의 반대로 교토의정서 비준을 추진하지 못하였다.

부시 행정부가 들어선 2001년, 미국은 개도국에 대한 감축의무 미부여, 경제에 대한 부정적 영향 등을 이유로 교토의정서에 대한 거부의사를 공식화하였다. 또한 국가에너지정책(National Energy Policy)에서 표명한 것처럼 대외적으로 석유와 천연가스 자원 확보를 가장 우선시하는 한편 국내적으로 국내 유전 개발과 청정석탄기술 개발과 보급, 그리고 원자력 확대와 신기술 개발에 주력하였다. 또한 수소 이용과 탄소 저장 격리, 재생에너지 보급 등의 에너지 정책을 보조적으로 추진하기도 하였다. 이 외에도 미국은 국제적으로는 2005년 호주와 공동으로 7개국이 참여하는 아시아－태평양 기후변화 파트너십(Asia－Pacific Partnership on Climate Change) 구성을 주도하기도 하였다.

미국의 기후변화정책은 2006년 주정부 차원의 온실가스 배출규제, 재생에너지 이용확대 및 민간 차원의 배출권거래제 도입요구 등이 이어지고, 2007년에는 자동차 연비기준을 2020년까지 40% 강화(리터당 14.9km)하는 내용의 에너지 자립 및 안전보장법(Energy Independence and Security Act)이 통과되었다. 또한 2008년에는 2025년까지 온실가스 배출량 증가율을 '0'으로 한다는 구체적 목표를 처음 제시하였다.

2) 오바마 행정부 기후변화정책

미국의 기후변화정책은 오바마 행정부가 들어서면서부터 변화하기 시작했다. 오바마 대통령은 선거 기간 중 2020년까지 온실가스 배출량을 2005년 대비 15% 감축 및 2050년까지 80% 감축시킨다는 공약과 더불어 이를 위해서 앞으로 10년간 온실가스를 저감하는 바이오연료, 하이브리드차, 재생에너지 등을 촉진하기 위해 1천5백억 달러를 투자하고, 2035년까지 석유소비를 현 수준 대비 35% 줄이겠다고 주장했다. 또한 연방정부 차원에서 재생에너지 의무 할당제(RPS)를 신설하여 2025년까지 재생에너지 전력 비중을 25%까지 높이겠다는 목표치도 제시하였다. 2009년 12월 덴마크 코펜하겐에서 개최된 UN기후변화협약 제15차 당사국회의에서 오바마 대통령은 온실가스 배출량을 2020년까지 2005년 대비 17% 감축하자는 감축목표를 공식적으로 제시하였다. 이러한 노력에도 불구하고 일부 국가의 반대로 구속력 있는 협정체결에 실패하였지만 미국은 중국, 인도 등과 공동으로 코펜하겐 합의(Copenhagen Accord)를 주도함으로써 미국의 기후변화정책이 변화하고 있음을 보여 주었다.

3) EPA의 온실가스 감축 이니셔티브[48]

(1) 청정에너지-환경주정부 파트너십
(Clean Energy-Environment State Partnership)

이 자발적인 프로그램 하에 EPA는 공기의 질을 향상시키고, 에너지 사용을 줄이며, 온실가스 배출량을 줄이기 위해 프로그램을 만들고 이행하는 주들을 보조하고 있다. 이 프로그램에 따라 각 주는 Clean Energy-Environment State Action Plan을 계획하고 실행하기 위해

---

48) http://epa.gov/climatechange/policy/neartermghgreduction.html

EPA와 협력한다. EPA는 파트너인 각 주에게 정책, 기술과 정보를 포함한 포괄적인 기술을 지원한다. EPA는 또한 주정부가 청정에너지정책을 성공적으로 수행하고 있는지 트래킹 활동을 펼치고 모범사례를 홍보하는 동시에 주정부 간 공무원 교류사업 및 교육을 돕고 있다.

(2) Climate Leaders 프로그램

EPA 내 정부와 산업 간 협의체로 기업들과 함께 기후변화 관련 포괄적 장기 전략들을 개발하는 역할을 하는 프로그램이다. 이 프로그램에 참여하기 위해서 협력체들은 각 기업별 온실가스 감축목표를 정하고 각자의 배출량을 조사하여 기업별 진척도를 평가해야 한다. 또한 진행 상황 및 관련 데이터를 EPA에 보고함으로써 협력체들이 지속적인 성과 기록물을 관리하도록 한다.

(3) 열병합발전 파트너십(Combined Heat and Power Partnership)[49]

(4) ENERGY STAR[50]

(5) 교통 및 대기품질국 프로그램

(Office of Transportation and Air Quality Voluntary Programs)

동 프로그램은 중소기업, 대기업, 민간단체, 산업체, 제조업체, 무역협회, 주정부와 지역정부와 파트너십을 형성하여 오염 저감과 대기품질 개선을 목표로 한다. 이와 관련 2004년 2월 EPA는 SmartWay

---

49) 에너지 관련 법률 및 정책 부문에서 다룬다.
50) 에너지 관련 법률 및 정책 부문에서 다룬다.

Transport Partnership을 발표하였다. 동 파트너십은 EPA와 화물운송산업 간 자발적인 협력프로그램으로서 대기오염과 온실가스의 배출을 저감하면서 에너지 효율을 개선하고자 한다. 이 외에도 Green Vehicle Guide, Voluntary Diesel Retrofit Program, Clean School Bus USA 등의 프로그램이 있다.

(6) 녹색전력 파트너십(Green Power Partnership)[51]

(7) 지구온난화지수가 높은 가스감축 프로그램
(High GWP Gas Voluntary Programs)

지구온난화지수가 높은 가스를 실질적으로 감축하기 위한 산업 간 자발적인 파트너십이다. 본 프로그램은 HCFC−22 생산업체, 반도체 제조업체, 전력회사, 마그네슘 제련소 등을 포함한 특정 산업체와 관련이 되어 있다. 본 프로그램에 참여하는 산업체는 비용효과적인 생산공정과정을 위한 개선방안을 개발하고 이행함으로써 온실가스 배출량을 저감하고자 한다.

(8) 메탄가스 프로그램(Methane Voluntary Programs)

EPA는 본 프로그램을 통하여 산업체, 주정부와 지역정부와 협력하여 메탄가스 배출량을 감축하고자 한다. 본 프로그램은 메탄가스 배출 감축에 방해가 되는 정보적·기술적, 그리고 제도적인 장애물을 극복하는 한편 석탄, 천연가스, 원유, 매립지 산업에 유익한 기회를 제공해

---

51) 에너지 관련 법률 및 정책 부문에서 다룬다.

주기 위해 고안된 것이다. 동 프로그램으로 인하여 2003년 전체 미국의 메탄가스 배출량은 1990년 대비 10%가 넘게 감축되었다. EPA는 이프로그램을 통해 메탄가스 배출량을 1990년도 기준 이하로 유지할 수 있을 것으로 예상한다. 또한 Methane to Markets 파트너십의 참여를 통해 국제적인 차원에서도 미국이 메탄가스 배출량을 줄이고자 한다.

(9) WasteWise 프로그램

EPA는 자발적인 WasteWise 프로그램을 통해 폐기물 감축으로 인한 이산화탄소 감축량 산정 기준을 제시하고 있다. 이 프로그램에 참여하는 파트너들은 각자의 폐기물 저감 방법을 고안할 수 있도록 한다. 또한 이 프로그램을 통하여 재활용 인식률을 높여 주고자 한다.

(10) 친환경자동차 가이드(Green Vehicle Guide)

자동차 제조업체가 자발적으로 제출한 데이터에 근거하여 미국 EPA가 자동차 모델별 연비효율, 대기오염에 미치는 영향, 온실가스 영향을 각각 지수화(0~10점)하여 공시하는 프로그램이다. 소비자에게 차량의 친환경성을 알려 주기 위해 환경성능지수(Environmental Performance Score),[52] 대기오염지수(Air Pollution Score),[53] 온실가스지수(Greenhouse Score)[54]를 산정하여, 연비가 우수하고 대기오염이 적은 차에 대해서

---

52) 자동차 연비(에너지 소비효율)를 기준으로 정해진다.

53) 스모그, 연기, 그리고 건강상의 문제를 야기함으로써 지역적 대기오염의 원인이 되는 자동차 배기관 배출의 수준을 반영한다. 10점을 받는 차량은 오염물질을 배출하지 않는다는 점에서 가장 친환경적인 차량으로 인정받는다.

54) 이산화탄소와 다른 온실가스(메탄, 이산화질소)의 배출 수준을 반영한다. 자동차의 연비(에너지 소비효율)를 기준으로 측정된다. 연비가 높은 차량은 그만큼 이산화탄소의 배출량이 적기 때문에, 더 높은 점수를 받는다. 연료마다 포함되어 있는 탄소의 정도가 다르기 때문

SmartWay 또는 SmartWay Elite 등의 등급을 부여한다.[55]

III. 에너지

1. 법률

1) 에너지정책법(Energy Policy Act of 2005)[56]

2005년 8월 8일 부시 전 대통령이 서명함으로써 최종 확정된 에너지정책법은 에너지 안전보장을 기본으로 하면서 원자력 재활성화를 위한 지원책과 재생에너지 지원책 등을 포함한다. 즉 미국의 에너지 정책과 관련, 다양한 유형의 에너지 생산에 대하여 각종 세제해택 및 정부지원을 보장함으로써 미국 내 에너지 관련 문제의 해결을 목적으로 하는 법이다. 동법은 에너지 효율을 증대하기 위해서 새로운 연방프로그램의 창설, 에너지 효율이 높은 제품의 생산과 이용을 장려하고, 공공시설에서 재생연료와 에너지 효율이 높은 제품을 이용하도록 규정하고 있다. 대체에너지 및 재생에너지의 사용을 장려한 동법은 다양한 에너지 정책 세제지원도 포함하였는데, 특히 CREB(Clean

---

에 연료의 종류에 따라 점수가 달라지기도 한다. 동 점수 역시 자동차 배기관 배출의 수준을 반영한다. 현재 온실가스 점수는 수소불화탄소와 같은 자동차 에어컨 냉각제의 누출 또는 블랙카본의 배출에는 적용되지 않는다. 두 오염물질은 자동차에서 배출되는 온실가스 배출량의 상대적으로 적은 부분을 차지하기 때문이다.

55) 대기오염지수와 온실가수지수를 합산했을 때 상위 약 20%에 들어가는 차량은 SmartWay 차량으로 지정받는다. SmartWay Elite는 SmartWay 차량 중에서도 최고의 친환경적인 차량을 말한다.

56) http://www.govtrack.us/congress/billtext.xpd?bill=h109-6

Renewable Energy Bond) 프로그램은 재생에너지프로젝트들을 대상으로 무이자로 자금을 융자해 주고자 하였다. 이 밖에도 농무부 또한 일부 재생에너지 및 에너지 효율 관련 프로젝트들을 대상으로 보조금 지급 및 정부보증대출 프로그램을 운영하고 있다.[57]

2) 에너지자립및안전보장법
(Energy Independence and Security Act of 2007)[58]

CLEAN Energy Act of 2007로 명명된 바 있는 에너지자립 및 안전보장법은 제110대 연방의회 회기 기간 동안 민주당 의원들에 의하여 하원에서 입법, 2007년 6월 21일 양원을 통과하였으며, 같은 해 12월 19일 부시 대통령의 최종 승인을 거쳐 확정된 법이다. 에너지 자립 및 안전보장법은 2017년까지 미국의 석유소비량을 2007년 기준으로 20% 감축하는 것과 관련, 주로 차량의 연료효율성을 높이고 대체연료 활용을 장려하는 목적을 가지고 있다. 나아가 이를 통해 미국의 국가 에너지 독립성을 제고하고 에너지 보안을 확보하고자 한다. 또한 차량뿐 아니라 각종 공산품과 건물의 에너지 효율성을 높이는 한편 온실가스 배출 저감과 관련한 연방정부의 R&D 및 기술 활용 확대 노력에 관한 광범위한 내용을 포함하고 있다.

주로 쟁점이 되었던 내용은 평균연비제도(Corporate Average Fuel

---

57) 동법은 대체에너지와 재생에너지의 사용을 장려하기는 하였지만, 여전히 석유 및 화석연료에의 의존에서 벗어나지 못했고, 이러한 의미에서 동법은 미국의 전통적인 에너지 정책을 유지한 것으로서, 에너지법으로는 부족하다는 비판이 있다. Brad Sherman, "A Time to Act Anew: A Historical Perspective on the Energy Policy Act of 2005 and the Changing Electrical Energy Market", *William & Mary Environmental Law and Policy Review*, vol.31, 2006, p.211.

58) http://www.govtrack.us/congress/billtext.xpd?bill=h109-6

Efficiency), 재생연료기준(Renewable Fuel Standard), 에너지 효율장비기준(Energy Efficiency Equipment Standard), 석유와 가스의 세금혜택의 폐지(Repeal of Oil and Gas Tax Incentives) 등이다. 그중 최종적으로 규정된 사항은 평균연비제도, 재생연료기준, 그리고 전자제품 및 조명의 효율성 기준이다. 평균연비제도와 관련, 평균연비의 기준이 높아짐에 따라, 자동차 생산업체들은 2020년까지 승용차와 소형트럭의 연비를 현재보다 40% 개선을 요하는 수준인 갤런당 35마일로 향상시켜야 한다(Sec. 102). 그리고 중과세 적용 트럭을 위한 연료 효율을 위한 프로그램과, 영업용 트럭을 위한 별도이 연료효율기준을 마련하였다. 재생연료기준 관련, 동법은 재생이 가능한 연료기준에 관하여 수정된 기준을 제시하였다. 바이오연료의 사용을 2008년 90억 갤런으로부터, 2020년까지 3백60억 갤런으로 늘릴 것을 요구하는 재생연료기준을 제시하여 대체연료자원의 공급을 늘리고자 한다(Sec. 202). 더 나아가 2022년의 3백60억 갤런 중 2백10억 갤런은 셀룰로스 에탄올 또는 다른 발전된 바이오연료로부터 얻어야 한다. 전자제품 및 조명의 효율성 기준과 관련, 동법은 조명과 전자제품의(가전제품, 배터리 충전기, 대형 냉장고와 냉동고, 전기모터, 전구 등) 에너지 효율을 위한 다양하고 새로운 기준들을 제시한다.

3) 미국경기회복과재투자법
(American Recovery and Reinvestment Act of 2009)[59]
동법은 재생에너지와 청정에너지 기술 발선을 위한 많은 지원 프

로그램과 세제혜택, 정부보증대출, 채권 관련 프로그램들을 포함한다. 재생에너지와 관련, 정부직접지출, 세제혜택, 그리고 정부대출 및 채권 프로그램이 마련되어 있다. 동법은 정부직접지출과 관련하여, 지능형 전력망 기술의 개발과 활용화를 위한 연구비 지원과 파일럿 프로젝트 실행을 위해 45억 달러, 재생에너지의 연구개발 및 검증을 위해 1백68억 달러 예산, 그리고 주정부에서 주관하는 에너지 프로그램에 31억 달러를 제공한다. 세제혜택과 관련하여, 생산자세제혜택(Production Tax Credit)을 연장한다.[60] 또한 이전에는 태양에너지 설비에만 가능하던 투자세제혜택(Investment Tax Credit)이 풍력, 지열, 바이오매스 등 다른 재생에너지 기술 프로젝트에도 해당되어 투자액 30%의 세제혜택을 받을 수 있도록 한다.

이 외에도 2009년과 2010년에 시작하는 해당 재생에너지 프로젝트에 한하여 프로젝트 30%에 해당하는 보조금을 재무부에 신청할 수 있도록 하였다. 정부대출 및 채권 프로그램과 관련, 재생에너지 대출보증 프로그램(Renewable Energy Loan Guarantee Program)이 마련되어 있다. 관련 프로그램은 재생에너지의 전력 발전과 운송 프로젝트를 위하여 총 60억 달러에 해당하는 정부보증대출을 포함하고, 혁신적인 바이오연료 기술의 상용화를 위한 최대 5억 달러를 지원한다.[61] 또한 바이오매스, 지열, 수력, 쓰레기배립가스 등 시설에 대한 재정 지원을 위해 16억 달러치의 청정재생에너지채권(Clean Renewable Energy Bonds)을 발행한다.

---

60) 풍력에너지는 2012년 12월 말까지, 지열, 바이오매, 수력에너지는 2013년 12월 말까지 연장한다.

61) 단, 2011년 9월 30일 이전까지 시작되는 프로젝트에 한한다.

4) 청정에너지보안법

(American Clean Energy and Security Act of 2009)

Waxman-Markey 법안은 크게 (1) 청정에너지, (2) 에너지 효율, (3) 온실가스 감축, (4) 청정에너지경제로의 전환, (5) 농업 및 산림 부문으로 구분되는데, 이 중 제1장과 제2장이 주로 에너지를 다룬다. 제1장인 청정에너지 부문에서는 효율과 재생 가능 전력 의무의 통합, 탄소 포집과 격리, 청정 교통, 주 에너지와 환경개발 회계, 지능형 전력망(Smart Grid) 기술 진보, 송전 계획, 에너지 법안들의 기술적 교정, 에너지 효율 센터와 연구, 그리고 원자력과 첨단기술을 다룬다. 제2장에서는 건물 에너지 효율 프로그램, 조명과 가전 에너지 효율 프로그램, 교통 효율, 산업 에너지 효율 프로그램, 에너지 절약 성능 계약 개선, 공공기관, 그리고 에너지 효율 이웃을 위한 녹색자원을 다룬다.[62]

① 청정에너지

(ⅰ) 재생 가능 전력

2020년까지 재생에너지 전력의 비중을 20%까지 높인다. 재생에너지원은 풍력, 태양에너지, 지열, 바이오매스 또는 매립가스, 기준을 충족하는 수력, 해양 및 유체 동력 에너지 등이다. 일반 수력, 원자력, 그리고 탄소 포집 및 저장은 여기에 포함되지 않는다. 이행의무분의 25%까지 효율 향상을 통해 충족될 수 있고 주정부는 이것을 40%까지 끌어올리는 청원을 할 수 있다(Sec. 101).

---

62) http://www.govtrack.us/congress/billtext.xpd?bill=h111-2454

(ii) 탄소 포집 및 저장

국가기관의 계획, 저장 장소 관련 규정, 탄소 포집 및 저장 기술 조기 시행 및 상업화, 석탄화력발전소에 관한 내용을 담고 있다(Sec. 111-116).

(iii) 청정 운송

전기 차량의 경우 전력회사들이 전기자동차 통합 계획을 수립하도록 한다. 전기자동차 시범 보급과 전력망의 통합을 지원하는 프로그램을 만든다. 전기자동차와 배터리 제조를 위한 금융지원을 하며, 대규모 전기 차량 전환 프로그램을 위한 기금은 대규모로 차량을 운영하는 업자의 전기 차량 구매 지원과 지능형 전력망과 같은 인프라 구축을 위한 기금이다(Sec. 121-123).

(iv) 주정부 에너지 및 환경개발 기금

주정부 에너지 및 환경개발(State Energy and Environment Development, SEED) 기금은 연방정부가 청정에너지, 에너지 효율, 그리고 기후변화 프로그램을 위해 주정부에 지원하는 기금을 관리하기 위해 각 주를 위해 만들어진다. SEED 기금은 법안 제3장, 탄소배출권 거래제에서 판매되는 배출허용량 수익으로 마련된다(Sec. 131).

(ⅴ) 지능형 전력망 기술 적용

법안은 DOE와 EPA가 에너지 효율 제고가 가능한 모든 제품에 지능형 전력망 기술 적용 시 발생하는 비용을 측정하도록 한다. 또한 지능형 전력 기능 탑재 후 제품의 에너지 효율, 온실가스 배출, 비용 절감 등을 분석하여 보고하도록 한다(Sec. 141). 연방무역위원회는 지능형 전력기능이 있는 제품에 관한 정보를 에너지 정보 라벨링에 추가하는 방안을 검토하도록 한다. 이로써 지능형 전력기능이 있는 제품에 관한 정보, 주거지에 지능형 전력망이 구축되어야 있어야 이런 제품의 지능형 전력기능이 작동할 수 있다는 사실, 지능형 전력기능이 있는 제품을 사용함으로써 어느 정도의 비용 절감이 가능한지와 같은 정보를 소비자에게 제공하도록 한다(Sec. 143). 또한 주정부나 지역전력 공급회사가 최고 전력사용량을 줄이는 목표를 설정하도록 한다(Sec. 144). 지능형 전력망 설비를 보급하기 위해 리베이트와 공공 홍보 프로그램을 확대한다(Sec. 145).

(vi) 송전 계획

신재생에너지원의 개발을 주된 목적으로 새로운 송전 계획 및 입지 선정 절차를 수립한다(Sec. 151).

(vii) 에너지법 개정

(viii) 에너지 효율 연구 기관 지원

법안은 DOE가 온실가스 배출을 감축하고, 화석연료 에너지 사용을 줄이기 위한 지역 차원의 에너지 혁신 허브(Energy Innovation Hubs)를 설립하도록 한다(Sec. 171). 또한 DOE가 에너지 효율 기술과 신기술의 적용을 촉진하고, 교육 및 훈련과정을 제공하고, R&D를 장려하기 위해 Building Assessment Centers에 자금을 제공하도록 한다(Sec. 173).

(ix) 원자력과 첨단기술

청정에너지 기술의 제시와 개발을 촉진하는 데에 목적을 둔다(Sec. 182). 신설되는 Clean Energy Deployment Administration이 청정에너지 관련 프로젝트에 대한 재정적 지원을 위해 사용하도록 재무부에 리볼빙 펀드를 설립하도록 한다(Sec. 184). DOE 장관은 청정에너지 기술 제시를 위한 목표치를 설정하도록 한다(Sec. 185). Clean Energy Deployment Administration은 연방정부가 전적으로 소유하게 된다(Sec. 186).

② 에너지 효율

(ⅰ) 건물의 에너지 효율 제고 프로그램

정부는 구체적인 효율 목표에 맞추어 3년마다 주거용과 상업용 건물에 대한 국가 건물 규정을 업데이트한다. 건물 규정을 이행하고 집행하는 주정부와 지방정부에 배출허용량을 인센티브로 준다. 에너지 효율을 개선하기 위해 주거용과 비주거용 건물의 개조 계획인 '에너지와 환경 성능을 위한 개조(REEP, Retrofits for Energy and Environmental Performance)'를 마련한다. 1976년 이전에 건축된 주택 소유자에게 에너지 효율인증(Energy Star)을 받은 주택 구입을 위한 리베이트를 제공한다. 또한 부동산시장을 위해 건물 에너지 효율 등급제도를 도입한다. DOE와 환경보호청 건물에 사용될 에너지 효율 등급제도를 마련한다. 주거지와 소형 사무실 건물들이 위치한 지역에 나무심기를 전개하기 위해 식목 단체와 협력하는 소매 전력 공급자에게 장려금을 지급한다(Sec. 201－205).

(ⅱ) 조명과 가전제품 효율

일련의 새로운 가전 및 조명 효율 기준을 제공하고 기준 설정 절차를 개선하도록 한다. EPA는 WaterSense 프로그램을 도입하여 제품, 건물, 경관의 물 사용효율성을 조사하도록 한다(Sec. 215).

(iii) 수송 효율

EPA는 대형 차량, 차량 엔진, 기타 비도로용 운송차량 및 엔진(철도차량 및 선박)에 대해 새로운 온실가스 배출기준을 만든다. 배출기준은 온실가스 배출에서 해당 차량이 차지하는 비중, 배출 감축에 드는 비용, 기술 개발 여부, 안전과 에너지 소비 등을 고려해서 세운다(Sec. 221). 법안 발효 18개월 이내로 EPA는 연방운송관리국(DOT)과 협의해 운송부문의 온실가스 배출 감축목표안을 제출한다. 주정부와 시기획처는 이 목표안을 달성하기 위한 감축 계획을 마련한다(Sec. 222). 또한 EPA는 기존의 SmartWay 프로그램을 체계화하도록 하다. 더 나아가 운송 수단의 연료 소비 절감, 공기오염 및 온실가스 배출량 저감을 위해 관련 기술, 제품차량, 연료 등에 대한 조사를 실시하여 SmartWay 기술과 전략을 지정하고, 이의 적용을 위해 노력하고 최선의 관행을 격려하도록 한다. 또한 SmartWay 금융 프로그램도 마련하도록 한다(Sec. 223). 주정부의 차량은 연방정부의 차량과 동일하게 DOE의 규정에 따르도록 한다(Sec. 224).

(iv) 산업 에너지 효율 프로그램

DOE는 산업시설 에너지 효율 인증 기준과 전력과 열에너지 효율에 대한 보상제도를 마련한다. 효율성이 뛰어난 산업용 모터를 위한 리베이트를 제공한다. 풍력발전기, 태양광 전지판, 그리고 연료전지 등과 같은 청정에너지 기술 제품에 대해 리볼빙 융자 기금 프로그램을 마련한다. 이 외에도 청정에너지 사용, 에너지 십악 감축, 온실가스 배출량 저감 및 혁신적인 제조기술을 사용하는 제조업에 대하여 인센티브를 제공한다(Sec. 241－247).

2. 정책[63]

EPA는 모든 분야에서 소비자, 주 정책입안자, 에너지 제공업체가 청정에너지 기술과 정책옵션에 관한 정보를 얻을 수 있도록 고안된 다양한 청정에너지 관련 프로그램을 시행하고 있다. EPA는 다양한 청정에너지 프로그램을 통해 객관적인 정보를 제공하고, 민간부문과 공공부문 간 네트워크를 형성하고, 기술지원을 제공하고자 한다. 청정에너지 관련 프로그램은 다음을 포함한다.

1) 열병합발전 파트너십(Combined Heat and Power Partnership)

열병합발전(CHP)의 사용을 장려함으로써 발전의 환경적 영향을 줄이고자 하는 자발적인 프로그램이다. 새로운 프로젝트의 개발과 환경적 및 경제적 이익을 촉진하기 위해 에너지 사용자, CHP산업, 주정부와 지역정부가 협력한다.

2) 녹색전력 파트너십(Green Power Partnership)

기관으로 하여금 자발적으로 녹색전력[64]을 구매하도록 함으로써 전통적인 전기 사용과 더불어 환경오염을 저감하는 방법을 강구하는 자발적인 프로그램이다. 현재 연간 수십억kwH의 녹색전력을 자발적으로 구매하는 수백 개의 단체들과 함께한다. 녹색전력 파트너로서의 기관은 파트너십 가입 1년 내에 전통적인 전력사용을 녹색전력으로

---

63) http://www.epa.gov/cleanenergy/energy-programs/index.html

64) 녹색 전력은 태양에너지, 풍력, 지열, 바이오매스, 바이오가스, 저부담 수력전기(Low-Impact Hydropower)와 같은 재생에너지원으로부터 생산된다. 녹색 전력은 전통적인 전력이나 생산물들보다 더 적은 오염물질을 발생시킨다.

대체할 것을 약속한다.

3) 주 차원과 지역 차원의 기후 및 에너지 관련 프로그램

주 차원의 기후 및 에너지 프로그램은 온실가스 배출 저감, 에너지 비용 저감, 경제발전이라는 목표를 달성할 수 있도록 정책 및 프로그램을 개발하고자 한다. 지역 차원의 기후 및 에너지 프로그램은 비용 효과적인 기후변화와 청정에너지 전략을 통하여 목적 달성을 원활하게 하고자 한다. 또한 지역정부가 관련 프로그램을 통해서 온실가스 배출을 저감하고, 다양한 공동체의 목표를 달성할 수 있도록 한다.

4) 에너지 효율을 위한 국가 행동 계획
   (National Action Plan for Energy Efficiency)

에너지 효율 개선에 대한 지속 가능하고 적극적인 참여를 위해 마련되었던 민간-공공 이니셔티브였다. 현재 EPA는 주 및 지역 차원의 에너지 효율 행동 네트워크(State and Local Energy Efficiency Action Network)를 지지하지 위해 DOE와 함께 협력한다. 동 네트워크는 2020년까지 비용효과적인 에너지 효율을 달성할 수 있도록 주정부와 지역정부를 지원하고자 한다.

5) ENERGY STAR

ENERGY STAR는 EPA와 DOE의 공동 프로그램으로서, 에너지 효율적인 상품의 생산과 에너지 절약의 실천을 통해서 환경을 보호하고 비용을 절감하고자 한다. 현재 1천4백 개 이상의 제조업체들은 40군이 넘는 제품에 ENERGY STAR 제도를 적용하고 있다. ENERGY STAR

파트너십은 현재 에너지성과와 목표 설정 및 감소량 추적, 그리고 성과에 대한 보상 등 검증된 에너지 관리전략을 제공한다. ENERGY STAR는 글로벌 시장에서 자발적인 에너지 효율 라벨링 프로그램을 통일시키고 프로그램에의 참여를 보다 용이하게 하기 위한 목적으로 국제파트너십도 제공한다.

6) 녹색성장 관련

오바마 행정부의 녹색경제[65] 추구는 오바마 행정부가 미국 경기의 회복을 꾀하면서도 에너지 위기와 기후변화와 같은 시대적 과제에 동시에 대응하고자 하는 정책 개념이다. 오바마 행정부가 들어선 이후 미국의 녹색경제의 지향은 녹색뉴딜로 구현되고 있는데, 경기를 부양하고 일자리를 만들기 위한 공공투자에서 시대적 과제, 지속 가능성, 시장과 기술의 변화 방향 등을 반영하여 소위 '녹색'에 비중을 둔 것이 녹색뉴딜이다. 오바마 행정부의 녹색뉴딜은 경기 부양책으로 알려진 미국 경기회복과 재투자법(American Recovery and Reinvestment Act)을 통해서 제도화되어 추진 중이다.[66] 경기 회복을 위한 공공투자의 상당 부분을 지능형 전력망, 에너지 효율, 재생에너지 연구 및 개발 등에 배분하기 때문에 이 녹색뉴딜은 에너지 정책의 변화, 기후변화대응과도 밀접한 관련이 있다고 볼 수 있다.

---

65) 녹색성장과 녹색경제는 에너지·생태 위기 시대에 등장한 발전 전략으로 유사하면서도 약간의 차이가 있다. UNESCAP이 2005년에 처음으로 사용하고 한국이 국가 비전으로 설정한 녹색성장은 녹색경제의 맥락에 경제성장을 강조하는 특징이 있다. 아시아 태평양지역의 빠른 경제성장 추세를 반영한 이 개념은 선진국을 중심으로 사용되는 녹색경제에 상응하는 개도국에 적용되는 개념이라 볼 수 있다.

66) 이 법은 연방 세금 감면, 실업 급여의 확대와 다른 사회 복지 조항들, 교육·의료 보험·사회 기반시설(에너지 부문 포함)에 대한 국내 투자 등을 포함한다.

경기 부양책 중 기후변화나 녹색뉴딜과 직결된 에너지 분야에서 총 6백13억 달러가 배정되었다. 구체적으로로는 지능형 전력망에 백10억 달러, 주정부와 지방정부가 에너지 효율에 6백30억 달러를 투자하도록 하고, 재생에너지와 전력 송전기술 융자 보증에 60억 달러를 책정하고, 방사성폐기물 정화에 60억 달러, 중간소득계층 주택 단열 강화에 50억 달러를 책정함과 같이 주로 에너지 효율 향상과 재생에너지 이용, 효율적인 송배전망 구축 등에 지출되고 있다.[67]

경기 부양책 이외에도 Waxman-Markey 법안의 제4장은 청정에너지경제로의 전환을 다루고 있는데, 본 장에서는 녹색성장과 관련하여 산업 배출량에서의 실질적인 저감, 녹색 일자리와 노동자 전환, 소비자 지원, 청정기술 수출, 기후변화 적응하기를 다룬다. 주요 내용으로는 추가적인 소비자 보조와 관련하여 전기, 가스 지역 공급회사의 고객 지원과 관련, 지역 공급회사가 받는 배출허용량은 오로지 회사 고객인 전기 또는 가스 최종 소비자를 위해 사용되어야 하며, 다른 전기 판매나 다른 회사와의 거래에서 이익을 얻기 위해 사용되어선 안된다. 녹색 일자리와 노동자 고용 전환과 관련, 교육부 산하 그랜트 프로그램을 마련해 청정에너지, 재생에너지, 에너지 효율, 기후변화 대응, 기후변화 적응 분야 관련 일자리 연구를 지원한다. 또한 기금을 마련해 기후변화에 큰 영향을 받을 분야 근로자의 기후변화 적응을 지원한다. 이 외에도 개발도상국의 삼림 사업을 통해 탄소를 감축할 것을 규정한다. 기후변화 적응을 위한 프로그램을 마련하고. 적응을 위한 기금 중 40~60%는 국제적인 기금에 나눠 주도록 한다. 또한 청

---

67) 전의찬, p.24.

정기술 이전을 위한 기금을 마련하도록 되어 있다. 미국이 비준한 국제 기후변화 관련 협약의 회원인 개발도상국 중 탄소배출 감축 노력을 하는 국가가 청정기술 지원을 받을 수 있도록 한다.

EU의 기후변화대응 관련 법제 및 정책

이주윤

I. 개관

1. EU 조약상 환경법

제2차 세계대전 이후 유럽의 경제 협력을 증진하고 분쟁을 미연에 방지하기 위해 설립된 유럽연합(European Union, 이하, 'EU'라 부름)[1] 은 기후변화와 녹색성장 등 환경법 분야에 있어서도 유럽 차원의 조화와 통합을 위한 주요한 토론의 장을 형성하며, 선진화된 법률과 정책을 발전시켜 오고 있다.[2]

---

1) '유럽연합'이라는 명칭은 1992년 마스트리히트조약에서 처음 언급되었으며, 이전에는 '유럽공동체(European Community or European Communities)'로 불리고 있었다. 그러다 2009년 12월 리스본조약이 발효함으로써, 드디어 법인격을 향유하게 된 유럽연합이 기존의 유럽공동체를 대신하게 되었다. 본고에서는 문맥에 따라 유럽공동체라는 표현도 함께 사용하도록 하겠다.

2) Cinnamon Piñon Carlarne, *Climate Change Law and Policy: EU and US Approaches* (Oxford: Oxford University Press, 2010), p.144.

EU는 환경보호와 관련하여서도 일차적 및 이차적 법원(Primary or Secondary Legal Sources)을 통해 이를 규율하고 있다. 원래 유럽경제공동체설립조약(Treaty Establishing the European Economic Community)에는 '환경(environment)'이란 단어가 언급되지 않았지만, 1972년 10월 파리에서 열린 정부간회의 이후 환경보호는 공동체의 주요한 목표 중의 하나가 되었다.[3] EU의 일차적 법원인 유럽공동체를 기초하는 조약 중에서는 1986년 단일유럽의정서(Single European Act)에서 처음으로 환경 분야에 대한 공동체의 권한을 규율하였는데,[4] 동 의정서는 제100A조[EU 기능조약(Treaty on the Functioning of the European Union) 제114조]에 환경에 관한 언급을 하였으며, 제130R-130T조(EU 기능조약 제191~193조)에 환경에 관한 독립된 타이틀을 제정하였다. 그러나 여전히 환경보호가 EEC(European Economic Community)의 목표에 포함되지는 못하였다.[5] 1992년 마스트히트조약(Maastricht Treaty on European Union)에서 처음으로 제2조와 제3조에 공동체의 목표와 원칙 중의 하나로 환경보호가 규정되었다.[6]

2007년에 서명되고 2009년 12월에 발효한 리스본조약(Treaty of Lisbon)에 의하면, 사실상 EU의 환경정책과 관련하여 주요한 변경을 가하고 있지는 않다.[7] 리스본조약에 의하여 개정된 EU 조약은 구 EU 조약과

---

3) Jan H. Jans and Hans H. B. Vedder, *European Environmental Law*, 3rd. ed.(Groningen: Europa Law Publishing, 2008), p.3; Ioannis K. Karakostas, *Greek & European Environmental Law*(Athens: Sakkoulas, 2008), pp.9-10. 이보다 앞선 1967년에 이미 환경문제를 다루는 이차적 법률행위인 지침(Directive 67/548/EEC of 27 June 1967 on the approximation of laws, regulations and administrative provisions relating to the classification, packaging and labelling of dangerous substances)이 제정되었다.
4) EU 조약의 개정에 따라 환경 보호 규정의 변천은 Carlarne, *op.cit.*, pp.154-157 참조.
5) Jans and Vedder, *op.cit.*, pp.6-7; Karakostas, *op.cit.*, pp.11-13.
6) Jans and Vedder, *op.cit.*, p.7; Karakostas, *op.cit.*, p.13.

마찬가지로 전문과 제3조 3항에서 EU의 목표 중 하나로 지속 가능한 개발과 환경보호를 규정하고 있다. 제3조에 규정된 지속 가능한 개발은 경제적 발전뿐만 아니라 기술적 발전까지도 아우르는 목표로 보인다.[8] 구 EC 설립조약 제174조 내지 제176조를 개정한 EU 기능조약 제191조 내지 제193조는 환경에 관한 독립적인 장을 이루고 있는데, 동 조약은 기존 현실을 확인하는 수준을 넘어서지는 못하고 있다.[9] 그러나 제191조는 구체적인 환경정책의 목적으로 '환경의 보존(preserve), 보호(protect) 및 개선, 인체건강보호, 자연자원의 신중하고 합리적인 이용, 지역 및 지구차원이 환경문제, 특히 기후변화문제를 해결하기 위한 국제적 차원의 정책수단 개발' 등 4가지를 열거하고 있다. 특히 동 조항에 기후변화에 관한 내용을 도입한 것은 눈여겨볼 만하다.[10] 또한 EU 기능조약 제194조를 통해 EU의 에너지 정책이 독립적인 장의 일부로 삽입되었다는 사실은 개선사항으로 볼 수 있다. EU는 에너지 정책을 환경적 관점에서 구현하도록 규정하고 있다.[11]

리스본조약이 도입한 환경정책에 영향을 미칠 수 있는 제도적 혁신은 시민발안권(Citizens' Initiative) 제도이다.[12] 동 제도에 의하면, 법적 구속력은 없지만 시민의 주도로 유럽집행위원회(European Commission)에 법률안을 제안할 수 있게 부탁할 수 있다.[13]

---

7) Hans Vedder, "Analysis: The Treaty of Lisbon and European Environmental Law and Policy", *Journal of Environmental Law*, Vol.22, No.2, 2010, p.286.
8) *Ibid.*, p.288.
9) *Ibid.*, p.290.
10) *Ibid.*, p.291.
11) *Ibid.*
12) EU 조약 제11조 4항.
13) Vedder, *op.cit.*, p.292.

2. 이차적 EU법상 환경법

기후변화를 포함한 환경보호에 관해 EU는 EU 기능조약 제288조에 규정된 구속력을 가진 규칙(regulation), 지침(directive), 결정(decision)과 같은 이차적 입법행위를 통해 규율하고 있다. 먼저 유럽의회와 이사회가 공동으로 또는 집행위원회 단독으로 채택하는 규칙은 일반적용성과 온전히 전체로서 법적 구속력을 가지며, 모든 회원국에서 직접 적용된다.[14] 따라서 당해 규정의 시행을 위해 회원국의 별도 법령이 필요하지 않다. 유럽의회와 이사회가 공동으로 또는 집행위원회 단독으로 채택하는 지침은 달성해야 하는 결과와 관련하여, 그것이 정하는 각 회원국에게 구속력이 있는데, 그 형식과 수단은 각 회원국이 결정하므로,[15] 이행을 위해 회원국의 별도 법령이 필요하다. EU는 특히 서로 다른 국내 환경 조치의 조화를 위해 지침을 많이 채택하는데, 지침에서는 주로 공동환경정책의 기본 틀이 정해지며, 회원국은 주어진 틀 내에서 자국의 법령을 정비, 시행하게 된다. 다음으로 각각 이사회와 집행위원회 단독으로 또는 유럽의회와 의사회가 공동으로 채택하는 결정은 전체로서 구속력을 가지며, 수범대상을 회원국, 개인, 기업 등으로 특정하여 그 대상에 대해서만 구속력을 갖는다.[16] EU는 지난 40여 년간 2백 개 이상의 규칙, 지침, 결정의 채택을 통해 환경법을 발전시켜 왔다.[17]

---

14) EU 기능조약 제288조 2문, 3문.

15) EU 기능조약 제288조 4문.

16) EU 기능조약 제288조 5문, 6문; 김대순, "2007년 EU 리스본조약의 개관", 『국제법학회논총』, 제53권 제1호(2008.4), p.151.

17) http://ec.europa.eu/environment/legal/law/index.htm

3. EU의 환경정책

1973년 이사회는 최초로 '공동체환경실천계획(Community Environmental Action Programmes, 이하 'EAPs'라 부름)'을 채택하였는데, 여기에는 늘어나는 환경문제를 줄이기 위한 공동체의 노력에 대한 의지 표명이 담겨 있다.[18] 2011년 현재까지, 6개의 EAPs가 채택되었으며, 이들은 각각 일정한 기간 동안 공동체 환경정책을 위한 틀을 제공하며, EU의 환경 의제를 형성하고 있다.[19] 현재 진행 중인 '제6차 환경실천계획 (The Sixth Environmental Action Programme of the European Community 2002~2012)'은 집행위원회의 통보[20]와 유럽의회 및 이사회의 결정[21]에 의하여 채택되었다. 특히, 제6차 환경실천계획은 최초로 법적 지위를 지닌 EAP로, 공동환경정책의 4대 우선순위 분야(기후변화, 생물다양성, 환경과 보건 및 자연자원과 쓰레기의 지속 가능한 관리)와 목표를 정하고, EU의 지속 가능한 발전을 실천하기 위한 정책을 규율하고 있다.[22]

또한, EU는 1990년에 유럽환경청(European Environment Agency)을 설립하여 공동체와 회원국이 환경 고려를 경제정책에 통합하여 지속 가

---

18) Carlarne, *op.cit.*, pp.152 – 153.

19) *Ibid.*, p.158.

20) Communication from the Commission to the Council, the European Parliament, the Economic and Social Committee and the Committee of the Regions on the Sixth Environment Action Programme of the European Community, 'Environment 2010: Our future, Our choice'.

21) Decision No 1600/2002/EC of the European Parliament and of the Council of 22 July 2002 laying down the Sixth Community Environment Action Programme.

22) http://ec.europa.eu/environment/newprg/index.htm

능하도록 도우며, 유럽환경정보와 감시네트워크를 조정하는 것을 임무로 삼았다. 특히 환경정보를 각 회원국에 배포하며, 과학 및 기술적 지원을 제공하였는데, 이는 EU 차원의 기후변화정책을 이행하고 개선시키는 데 주요한 기능을 담당하였다. 더 나아가, 환경영향평가를 위한 기준을 설정하고, 회원국에 환경정책발전을 조언하며, 공동체 환경입법의 감독과 이행에 있어서도 필수적 역할을 수행하였다.[23]

4. 국제협약과 이행

기후변화에 대한 대처는 EU의 최고 우선순위에 속한다. EU는 온실가스 배출량을 실질적으로 감축하기 위하여 맹렬히 노력하고 있으며, 다른 국가나 지역도 이와 같이 할 것을 장려하고 있다. 동시에, EU는 더 이상 막을 수 없는 기후변화의 영향에 적응하기 위한 전략을 개발하고 있다. 기후변화를 통제하는 데는 막대한 비용이 들지만, 장기적으로 볼 때 아무것도 하지 않는다면 더 많은 비용을 필요로 할 것이다. 또한 배출량을 감축시키는 녹색기술에 투자하는 것은 고용을 창출하고 경제를 활성화시킬 것이다.[24]

기후변화와 관련하여 EU는 회원국과 권한을 공유하는데, 1992년 기후변화협약 및 1997년 교토의정서에 지역 국제기구로서 유일하게 참여하고 있다. 특히 교토의정서 당사국인 EU는 최초이행기간인 2008~2012년까지 온실가스 배출량을 1990년대 수준 대비 8% 이하로

---

23) Carlarne, *op.cit.*, pp.157 - 158.

24) http://ec.europa.eu/clima/policies/brief/eu/index_en.htm EU가 채택한 기후변화에 관한 주요한 결정에 관해서는 http://ec.europa.eu/dgs/clima/acquis/index_en.htm# Monitoring 참조.

낮추도록 하는 공동체 차원의 의무를 달성할 책임을 지고 있다.[25] 당시 EU 회원국이었던 15개국[26]은 위의 목표를 이행할 것이 요구되고 있는데, 배출량 감독기관에 의하면 이들 15개 국가들은 대체로 당해 목표를 잘 준수하고 있는 것으로 파악된다.[27]

EU가 교토의정서를 비준한 이후, 12개의 국가들이 추가로 EU에 가입하였다. 이들 국가의 가입이 EU의 교토의정서 준수를 변경시키지는 않는다. 새로운 12개 국가들 중, 먼저 10개의 국가들, 즉 체코, 에스토니아, 헝가리, 라트비아, 리투아니아, 폴란드, 슬로바키아, 슬로베니아, 불가리아와 루마니아는 온실가스 배출량 제한 및 감축 의무를 갖는 교토의정서 제 I 부속서 당사국으로 동 의정서를 비준하였다. 나머지 2개의 국가인 키프로스와 몰타 역시 교토의정서 당사국이지만, 이들은 비부속서 I 국가로 분류되며 교토의정서의 첫 번째 이행기간 동안 온실가스 배출량 감축 의무를 지지는 않는다.[28]

교토의정서 부속서의 지위와 상관없이, 27개의 모든 EU 회원국들은 기후변화협약 규정에 의하여 국내 온실가스 목록과 동 협약의 목적을 달성하기 위하여 취해진 조치를 설명하는 개별 보고서를 유럽 집행위원회에 제출할 의무를 진다. 따라서 교토의정서상의 EU의 약속이 15개 국가에 한정되어 있긴 하지만, 공동체는 기후변화협약과 교토의정서를 준수하기 위하여 전체 27개 국가의 진행상황을 감독하

---

25) Carlarne, *op.cit.*, pp.158-159.

26) 벨기에, 덴마크, 독일, 그리스, 우스트리아, 스페인, 프랑스, 아일랜드, 이탈리아, 룩셈부르크, 네덜란드, 포르투갈, 핀란드, 스웨덴, 영국이 여기에 해당한다. Carlarne, *op.cit.*, p.159; 이들 15개 국가들의 온실가스 배출량 목표치에 대해서는 *Ibid.*, p.161 참조.

27) http://ec.europa.eu/clima/policies/brief/eu/index_en.htm

28) Carlarne, *op.cit.*, p.160.

고, 공동체 차원의 기후변화정책을 확립할 권한을 보유한다.[29]

한편, EU는 선진국 및 개발도상국의 주요 온실가스 배출 국가들이 새로운 기후협약에 따라 공평한 배분을 할 것을 약속으로 한다는 조건을 내걸고, 2020년까지 30%까지 배출량을 감축시킬 것을 제안하였다. 이러한 합의는 교토의정서의 첫 번째 이행기간이 종료하고 난 2013년부터 효력을 갖게 될 것이다. 또한, 2010년 12월 멕시코에서 열린 UN 환경회의에서 채택된 칸쿤협정(Cancún Agreement)은 2012년 이후 기후변화행동을 위한 포괄적이며 법적으로 구속력이 있는 기본틀을 형성할 주요한 단계에 와 있음을 의미한다.[30]

II. 기후변화

1. 법률

1) 유럽기후변화계획

EU의 기후변화에 관한 법과 정책은 교토의정서를 이행하기 위해 필요한 EU 차원의 전략을 확인하고 개발하기 위하여 2000년 6월 수립된 '유럽기후변화계획(European Climate Change Programme, 이하 'ECCP'라 부름)'을 통해 수행된다. ECCP는 기후변화에 관한 법과 정책을 개발하고, 공동체 및 회원국들이 온실가스 배출량을 줄이기 위해 가장 비용이 적게 드는 조치를 식별하도록 도와줄 수 있는 골격을 제공한

---

29) *Ibid.*

30) http://ec.europa.eu/clima/policies/brief/eu/index_en.htm

다. 또한, ECCP는 EU의 기후변화전략의 가장 핵심적 요소들을 구현하고 관리하며, 기후변화의 원인과 결과를 다루는 다양한 영역별 노력을 통합시키는 우산과 같은 역할을 수행한다. ECCP의 발전과 이행이 전적으로 공적 영역에서만 발생하는 것은 아니며, EU, 회원국, 산업체 및 환경단체를 포함한 수많은 공공 및 사적 이해관계자들과 관련이 있다.[31]

ECCP의 구조는 다음 사항에 관하여 지침을 포함한 다양한 입법행위의 채택을 용이하게 하고 있다. CO_2 배출권거래제도 창설,[32] 교토유연성제도와 EU 배출권거래제도(Emissions Trading System, 이하 'ETS'라 부름)의 연계,[33] 재생에너지 장려,[34] 고효율 열병합발전의 장려,[35] 바이오연료 장려,[36] 건물의 에너지 효율 개선,[37] 에너지 상품과 전기에 대

---

31) Carlarne, *op.cit.*, p.162.

32) Directive 2003/87/EC of the European Parliament and of the Council of 13 October 2003 establishing a scheme for greenhouse gas emission allowance trading within the Community and amending Council Directive 96/61/EC.

33) Directive 2004/101/EC of the European Parliament and of the Council of 27 October 2004 amending Directive 2003/87/EC establishing a scheme for greenhouse gas emission allowance trading within the Community, in respect of the Kyoto Protocol's project mechanisms.

34) Directive 2001/77/EC of the European Parliament and of the Council of 27 September 2001 on the promotion of electricity from renewable energy sources in the internal electricity market.

35) Directive 2004/8/EC of the European Parliament and of the Council of 11 February 2004 on the promotion of cogeneration based on a useful heat demand in the internal energy market and amending Directive 92/42/EEC.

36) Directive 2003/30/EC of the European Parliament and of the Council of 8 May 2003 on the promotion of the use of biofuels or other renewable fuels for transport.

37) Commission Directive 2001/30/EC of 2 May 2001 amending Directive 96/77/EC laying down specific purity criteria on food additives other than colours and sweeteners.

한 과세 재조정,38) 에너지 이용 상품에 대한 친환경디자인 요건 설정을 위한 골격 확립,39) 운송에 있어 바이오연료 이용,40) 자동차의 에어컨 시스템으로부터 나오는 배출량 통제41)와 매립지에서 미생물에 의해 분해되는 쓰레기로부터의 메탄 재생 등이다.42)

또한 ECCP는 모든 회원국들로 하여금 집행위원회에 국내 온실가스 배출량을 매년 보고하도록 요구하는 감독 및 보고 가이드라인에 관한 이사회결정(Council Decision)43)과 국내 온실가스 등록 제도를 획일화하고, 공동농업정책 하에 직접적 지원제도에 관한 공동규칙을 확립하며, 농부에 대한 특정 지원제도를 수립하는 이사회규칙(Council Regulation)44)의 통과를 용이하게 하였다. 이러한 지침, 규칙 및 결정은 기후변화와 관련하여 공동체 행위의 기반을 제공해 준다.45)

---

38) Council Directive 2003/96/EC of 27 October 2003 restructuring the Community framework for the taxation of energy products and electricity.

39) Directive 2005/32/EC of the European Parliament and of the Council of 6 July 2005 establishing a framework for the setting of ecodesign requirements for energy-using products and amending Council Directive 92/42/EEC and Directives 96/57/EC and 2000/55/EC of the European Parliament and of the Council.

40) Directive 2003/30/EC of the European Parliament and of the Council of 8 May 2003 on the promotion of the use of biofuels or other renewable fuels for transport.

41) Directive 2006/40/EC of the European Parliament and of the Council of 17 May 2006 relating to emissions from air-conditioning systems in motor vehicles and amending Council Directive 70/156/EEC.

42) Council Directive 1999/31/EC of 26 April 1999 on the landfill of waste.

43) Decision No 280/2004/EC of the European Parliament and of the Council of 11 February 2004 concerning a mechanism for monitoring Community greenhouse gas emissions and for implementing the Kyoto Protocol.

44) Council Regulation (EC) No 1782/2003 of 29 September 2003 establishing common rules for direct support schemes under the common agricultural policy and establishing certain support schemes for farmers and amending Regulations (EEC) No 2019/93, (EC) No 1452/2001, (EC) No 1453/2001, (EC) No 1454/2001, (EC) No 1868/94, (EC) No 1251/1999, (EC) No 1254/1999, (EC) No 1673/2000, (EEC) No 2358/71 and (EC) No 2529/2001.

(1) 제1차 유럽기후변화계획

EU는 이산화탄소(Carbon Dioxide) 배출량을 제한하고 에너지 효율을 개선하기 위해 최초로 공동체 차원의 전략을 개발한 1991년 초부터 기후변화정책을 구체적으로 제정하기 시작하였다. 이러한 공동체 차원의 전략을 유효하게 하기 위하여, EU는 회원국의 정책과 조치를 규율하는 공통된 정책 및 조치 체제를 형성하였다. ECCP는 회원국을 대상으로 최소한의 온실가스 배출량 요건을 설정하고, 공동체 차원의 행위를 조정하기 위한 포럼 제공의 근간을 형성한다.[46]

현재까지, ECCP는 다음을 포함한 주요 EU 차원의 정책을 이행하고 조정하는 것을 가능하게 만들었다. 공동체 차원의 배출권거래제도의 설립을 규정하고 있는 환경실천계획, 2008년까지 집행위원회와 주요 유럽, 일본 및 한국 자동차 생산업자 간의 이산화탄소 배출량 중 25% 감축을 달성하고자 하는 자발적 합의, 에너지 효율을 개선하기 위하여 에너지 제품의 과세에 관한 제안을 담고 있는 공동체 차원의 SAVE 계획에 따른 조치, EU 전체에 걸쳐 에너지 효율과 최적 기술 배치에 관한 통합 실천 영역을 보여 주는 유럽최적관행구상(European Best Practice Initiative) 등이다.[47]

2000년에 출범하여 2004년에 종료한 제1차 유럽기후변화계획의 즉각적인 목표는 EU가 교토의정서에 따른 감축목표를 달성하는 것을 돕는 것이다. 이를 위해 2004년 이전에 EU 회원국으로 있던 국가들은 2012년까지 1990년 수준 대비 8% 이하로 온실가스 배출량을 감축할

---

45) Carlarne, *op.cit.*, pp.163 - 164.

46) *Ibid.*, pp.164 - 165.

47) *Ibid.*

것을 요구하고 있다.[48] 특히, 2000년에서 2001년까지의 주된 관심은 에너지, 운송, 산업체 영역을 포함하여, 온실가스 배출량과 가장 밀접하게 관련이 있는 경제 영역을 목표로 한 정책을 수립하는 것이었다. 이러한 목적을 달성하기 위하여, EU는 기후변화문제를 분석하고 정책에 관한 권고를 제출하기 위한 실무반(Working Groups)을 조직하였다.[49] 총 11개의 실무반이 구성되었는데, 이들은 다음에 관한 영역에 대해 활동하였다. 유연성체제: 배출권거래, 유연성체제: 공동이행 및 청정개발제도, 에너지 공급, 에너지 수요, 최종용도 설비와 제조공정에서의 에너지 효율, 운송, 산업체, 연구, 농업, 농업용 토지의 온실가스 흡수원, 산림관련 온실가스 흡수원 등이다. 이러한 각각의 실무반은 비용효과를 기초로 하여 온실가스 배출량을 감축할 수 있는 가능성과 선택사항을 확인하였다. 또한 에너지 안보나 대기의 질과 같은 다른 정책 영역에 미치는 부수적 영향에 대해서도 고려의 대상으로 삼았다. 제1차 유럽기후변화계획의 결과로 나타난 가장 중요하고 혁신적인 사항은 전력 생산과 제조업 분야에서 대략 1만 1천5백 개의 대규모 배출업자들로부터의 이산화탄소 배출량을 다루고 있는 EU 배출권거래제도일 것이다.[50]

EU는 차후에도 이용될 수 있는 기후변화에 대처하기 위한 세 가지 조치를 개발하였는데, 첫째, ECCP의 첫 번째 단계를 위한 이행전략의 윤곽을 잡는 집행위원회통보를 제정하였다. 둘째, EU의 교토의정서 비준 계획을 수립하였는데 2002년 4월에 이행하였다. 셋째, EU는 특

---

48) http://ec.europa.eu/clima/policies/eccp/first_en.htm
49) Carlarne, *op.cit.*, p.165.
50) http://ec.europa.eu/clima/policies/eccp/first_en.htm

정 사업체와 산업체의 경우 이산화탄소 배출 할당량의 거래를 허용하며, 비용 절감의 방법으로 배출량을 감축하도록 하는 온실가스 배출거래에 관한 지침의 채택을 권고하였다. 아래에서 좀 더 자세히 살펴볼 배출거래제도는 현재 유럽기후변화계획의 핵심적 요소 중의 하나가 되었다.[51]

(2) 제2차 유럽기후변화계획

제1차 ECCP의 교훈을 기초로 하여, EU는 2005년 10월 24일 브뤼셀의 주요한 이해관계사 회의에서 제2차 유럽환경변화계획(ECCP Ⅱ)을 출범하였다. ECCP Ⅱ는 다음 분야의 진전을 최우선으로 삼는다. 배출권거래, 에너지 효율, 재생에너지, 운송 영역, 탄소 포집과 저장, 그리고 적응 등이다. 또한 기후변화의 영향을 확인하고, 기후변화적응 전략의 개발을 시작하여 공동체 업무를 확대하고 있다. 더 나아가 ECCP Ⅱ는 교토의정서상의 배출 감축목표를 달성하는 것으로 한정되었던 제1차 유럽기후변화계획의 목적을 확장하였는데, 즉 기후변화를 중지시키는 것을 넘어서서 기후변화에 적응하며, 국제협력, 기술이전, 연구 및 교육의 증진까지 포함시키는 것으로 그 임무를 확대하였다.[52]

ECCP 제2단계의 핵심목표는 제1단계에서 확인된 우선순위의 실질적 이행을 용이하게 하고 지원하는 것이다. 즉 제2단계 동안, 주요 목표는 기후변화를 완화하고 이에 적응하기 위한 구체적이고 측정 가능한 진전을 이루어 내는 것이다. 집행위원회가 ECCP Ⅱ의 목표 이행을 조정하고 용이하게 하는 일차적 책임을 맡고 있나. 2005년 3월 집

---

51) Carlarne, *op.cit.*, pp.165 - 166.

52) *Ibid.*, p.166.

행위원회는 다음 계획을 설립함으로써 ECCP Ⅱ의 이행에 있어 실질적 진보를 만들고 있다. EU 배출권거래 골격에 관한 제안, EU에서 에너지 효율을 개선하기 위한 실천계획, 역내전력시장에서 재생 가능한 에너지 자원으로부터 전력을 생산하도록 하는 지침에 관한 제안, 바이오연료 이용에 관한 지침의 제안, 열병합발전 이용에 관한 지침의 제안, 운송수단 과세에 관한 통보, EU 배출권거래제도에 항공기를 포함시키는 제안 등이다.[53]

또한 ECCP의 운영위원회(Steering Committee)가 현재까지 ECCP를 통해 이루어진 진전을 준수하고 있다. ECCP Ⅱ 역시 여러 개의 실무반[54]으로 구성되어 있는데, 크게 다음과 같이 구분할 수 있다. ECCP Ⅰ 검토(운송, 에너지 공급, 에너지 수요, 비이산화탄소 온실가스, 농업), 항공기, 이산화탄소와 자동차, 탄소 포집과 저장, 적응, 선박으로부터의 온실가스 배출량 감축 등이다.[55]

ECCP의 제1단계를 통해 배출량 감축 가능성과 비용 절감 측면에서 보다 깊이 있는 연구가 필요한 것으로 확인된 수 개의 특별한 행동들 역시 진전을 보이고 있다. 또한 재생 가능성과 관련하여, 제2단계는 재생 가능 열 개선에 초점을 맞추고 있다. 집행위원회는 기존의 존재하거나 새로운 조치들이 재생 가능 열 개선에 기여할 수 있는 방법들을 분석하고 있다.[56]

ECCP Ⅱ는 기후변화를 다루기 위한 EU의 계속적인 법적 및 정치

---

53) *Ibid.*
54) 해당 실무반에 관해서는 http://circa.europa.eu/Public/irc/env/eccp_2/library 참조.
55) http://ec.europa.eu/clima/policies/eccp/second_en.htm
56) http://ec.europa.eu/clima/policies/eccp/second_en.htm

적 노력을 위한 정책 골격을 창설한다. 제1차, 제2차 유럽기후변화계획은 모두 실질적 및 상징적 가치를 지니고 있는데, 이들은 산업체, 회원국 정부 및 국제공동체에 EU가 기후변화를 다루기로 약속하였으며, 자신의 모든 기관, 사업체 및 시민이 자신의 역할을 수행하기를 고대한다는 강력하고도 장기적인 신호를 보내고 있다. 더 나아가, 집행위원회, 이사회 및 유럽의회(European Parliament)가 법적으로 구속력 있는 제도와 공동체 목표와 의무를 달성하기 위한 장기적 정책 전략을 세우기 위해 작동할 수 있는 기본 틀을 구성한다.[57]

2) 대기 질 골격 지침과 IPPC 지침

ECCP를 통해 채택된 법적 조치와 자발적 합의 이외에도, EU는 기후변화에 영향을 미치는 온실가스 배출량을 제한하는 지침을 포함한, 대기 질을 통제하는 다른 조치들을 채택하였다.[58] EU의 대기 질 정책은 유럽대기 질 골격 지침(European Air Quality Framework Directive)[59]과 이후 체결된 4개의 딸 지침들(Daughter Directives)[60] 및 2008년 새

---

57) Carlarne, *op.cit.*, p.167.

58) http://ec.europa.eu/environment/air/quality/legislation/existing_leg.htm

59) Council Directive 96/62/EC of 27 September 1996 on ambient air quality assessment and management(http://eur-lex.europa.eu/LexUriServ/LexUriServ. do?uri=CELEX:31996L0062:EN:NOT 참조).

60) First Daughter Directive: Council Directive 1999/30/EC relating to limit values for sulphur dioxide, nitrogen dioxide and oxides of nitrogen, particulate matter and lead in ambient air; Second Daughter Directive: Directive 2000/69/EC of the European Parliament and of the Council relating to limit values for benzene and carbon monoxide in ambient air; Third Daughter Directive: Directive 2002/3/EC of the European Parliament and of the Council relating to ozone in ambient air; Fourth Daughter Directive: Directive 2004/107/EC of the European Parliament and of the Council relating to arsenic, cadmium, mercury, nickel and polycyclic aromatic hydrocarbons in ambient air.

대기 질 지침(New Air Quality Directive)[61]에 의하여 확대되어 왔다.

유럽 대기 질 통제 지침은 주요한 대기 오염인자에 대한 제한과 목표를 확인 및 설정하고, 일관된 형태의 기준을 창설하기 위하여 감시 전략, 측정 방법 및 질 평가 절차 등을 조화시키는 제도를 규정하고 있다. 또한 당해 지침은 ECCP와 함께 연계하여, 기후변화를 통제하기 위해 회원국들에 최소한의 기준 및 목표를 설정한다. 그러나 회원국이 이러한 기준을 어떻게 준수하며 EU가 제시하는 기본적 요건을 뛰어 넘는 국내 규칙을 확립할지의 결정은 회원국에 맡겨져 있다.[62]

한편, EU 기후변화정책과 통합된 오염 방지 및 통제(Integrated Pollution Prevention and Control, 이하 'IPPC'라 부름)에 관한 지침[63] 사이에는 매우 역동적이고 흥미로운 논쟁이 존재한다. IPPC 지침은 오염 가능성이 높은 모든 산업 및 농업 활동은 일정한 환경 조건을 준수하는 경우에만 발급될 수 있는 허용 인가증을 구비하도록 규정하고 있다. 동 지침의 목적은 오염 방지 비용을 국내로 돌리고, 오염 방지를 극대화하며, 오염을 유발하는 당사자들이 오염원의 방지와 축소의 책임을 부담할 것을 보장하기 위한 것이다. IPPC 지침이 제도적으로는 EU의 기후변화정책과 구별되긴 하지만, EU 배출권거래제도와 관련이 있다. EU 배출권거래제도에 의해 포함되는 활동에 대해, 회원국들은

---

61) Directive 2008/50/EC of the European Parliament and of the Council of 21 May 2008 on ambient air quality and cleaner air for Europe(http://eur-lex.europa.eu/LexUriServ/LexUriServ.do?uri=CELEX:32008L0050:EN:NOT 참조).

62) Carlarne, *op.cit.*, pp.167-168.

63) Directive 2008/1/EC of the European Parliament and of the Council of 15 January 2008 concerning integrated pollution prevention and control; http://ec.europa.eu/environment/air/pollutants/stationary/ippc/index.htm 참조.

IPPC 지침이 있더라도 당해 활동에 대해 에너지 효율 요건을 부과하지 않기로 선택할 수 있다. 즉 EU 배출권거래제도의 이행은 EU의 가장 진보적 환경보호정책의 하나를 이끌고 있는 IPPC 지침의 활동에 개입할 수 있다. 이러한 관계는 배출권거래제도에 의하여 온실가스를 줄이려는 EU의 노력이 IPPC 지침에 따라 보다 효과적일 수 있는 배출량 통제를 해칠 뿐만 아니라, 제2의 오염 문제를 야기할 수도 있다는 의구심을 키우고 있다.[64]

3) 온실가스 배출권 거래지침

EU 배출권거래제도는 EU 기후변화대책의 토대가 되며, 산업체의 온실가스 배출량을 비용 효율적으로 감축하기 위한 주요한 도구가 된다. 온실가스 배출량 허용치 거래에 대한 최초이자, 가장 큰 규모의 국제적 체제를 갖춘 EU 배출권거래제도는 30개 국가(27개의 EU 회원국, 아이슬란드, 리히텐슈타인과 노르웨이)의 1만 1천 개 발전소와 산업단지를 포함하고 있다.[65]

1999년 초, 유럽집행위원회는 공동체 차원의 배출권거래제(ETS)의 창설을 제안하였고, EU는 2004년에 온실가스 배출권 거래지침을 채택하였다. 2005년 1월 1일자로 운영을 시작한 ETS는 지구상에 존재하는 온실가스 배출권거래제 중에서 최초이자 가장 많은 국가가 여러 분야에 걸쳐 참여하는 대규모 제도이다.[66] EU ETS는 'Cap and Trade'

---

64) Carlarne, *op.cit.*, p.168.

65) http://ec.europa.eu/clima/policies/ets/index_en.htm

66) Commission Decision of 29 January 2004 establishing guidelines for the monitoring and reporting of greenhouse gas emissions pursuant to Directive 2003/87/EC of the European Parliament and of the Council; Directive 2004/101/EC of the

원칙에 따라 작동하는데, 'cap'은 공장, 발전소 및 기타 산업체로부터 방출될 수 있는 일정한 온실가스의 총량에 제한이 있음을 의미한다. 이러한 제한에 따라, 기업체는 필요한 경우 다른 업체와 사고팔 수 있는 배출량 허용치를 할당받게 된다. 기업체가 자신이 할당받은 배출량을 감축하는 경우, 허용치가 부족한 다른 업체에 이를 판매하거나, 나중에 필요할 경우를 대비하여 비축해 둘 수 있다. 배출량 허용총량은 매년 줄어들고 있는데, 2020년에는 2005년 대비 21% 내려갈 전망이다.[67]

ETS는 성장과 개선을 요구하는 세 가지 단계로 운영되도록 만들어졌는데, 첫 번째 단계는 2005년부터 2007년까지 존재하였다. 두 번째 단계는 교토의정서 이행 단계인 2008년부터 2012년과 일치한다. 세 번째 단계는 2013년부터 2020년까지 운영될 것이다.[68]

2. 정책

1) 기후변화행동 및 재생에너지 패키지

2007년 3월 유럽이사회는 기후변화에 대처하고 에너지 안보를 증가시키기 위한 기후변화와 에너지 정책에 관한 통합적 접근을 시도

European Parliament and of the Council of 27 October 2004 amending Directive 2003/87/EC establishing a scheme for greenhouse gas emission allowance trading within the Community, in respect of the Kyoto Protocol's project mechanisms; Carlarne, *op.cit.*, p.171; EU가 채택한 배출권거래제도에 관한 주요 규칙, 지침 및 결정에 관해서는 http://ec.europa.eu/dgs/clima/acquis/index_en.htm#EU_ETS 참조.

67) http://ec.europa.eu/clima/policies/ets/index_en.htm
68) Carlarne, *op.cit.*, p.171.

하였는데, 이는 유럽을 고도의 에너지 효율 및 저탄소 경제체제로 변형시키기 위한 것이다. 이를 위해 2020년까지 '20-20-20' 목표로 알려진 다음 목표를 설정하였다. 1990년대 수준 대비 20% 이하로 온실가스 배출량 감축, EU 에너지 소비량 중 20%를 재생에너지(태양열, 풍력, 바이오에너지, 지열, 수력 및 조력)로 사용, 에너지 효율의 증진을 통해 주요 에너지 사용의 20% 감축 달성 등이다. 그리고 2008년 1월 23일, 유럽집행위원회는 유럽이사회에 의하여 채택된 에너지 및 기후변화에 관한 결정을 이행하기 위하여 일련의 EU 차원의 정책, 이른바 기후변화행동 및 재생에너지 패키지(Climate Action and Renewable Energy Package)를 제안하였고, 이는 2009년 6월 EU법의 형태를 갖추게 되었다.[69]

위 패키지는 다음 네 가지 주요 요소를 포함하고 있다. (1) ETS의 확대와 회원국들의 배출권 할당량 배분을 위한 EU 차원의 새로운 규칙, (2) 교통, 주택, 농업 및 쓰레기와 같이 ETS에 포함되지 않는 영역에 대한 회원국 차원의 배출권 감축목표, (3) 회원국을 위한 법적으로 이행 가능한 재생에너지 목표, (4) 탄소 포집 및 저장과 환경보조금에 관한 새로운 규칙이다. 이러한 기후변화 및 에너지 패키지는 에너지 효율을 달성하기 위한 압력을 형성하지만, 직접적으로 이를 대상으로 하지 않고 EU의 에너지 효율실천계획을 통해서 달성되어야 한다.[70]

2) 저탄소 기술

새로운 기술의 하나인 저탄소 기술(Low Carbon Technologies)은 EU

---

69) http://ec.europa.eu/clima/policies/package/index_en.htm 참조.
70) http://ec.europa.eu/clima/policies/package/index_en.htm 참조.

및 지구의 기후변화대응을 위한 것일 뿐만 아니라, EU의 혁신, 고용 창출 및 성장 의제에도 기여할 수 있다. 유럽은 기후변화에 대처하기 위해 필요한 기술을 개발하는 데 있어 세계를 이끌 수 있는 노하우와 능력 및 야심을 가지고 있다. EU가 향후 목표로 삼고 있는 2050년까지 온실가스 배출량을 1990년 수준 대비 95% 이하로 감축하는 것은 경제의 탈탄소화(decarbonising) 작업을 요구하는 것이다. 이 목표의 실현을 위해 새롭고도 혁신적인 저탄소 기술이 개발되고 배치되어야 할 것이다. 이러한 저탄소 기술은 온실가스 배출량의 감축은 물론, 새로운 고용과 성장 창출에도 일조할 것이다.[71]

기후변화행동 총국(Directorate-General for Climate Action)은 이 혁신적인 기술의 안정적 배치와 적절한 관리를 보장한다. 여기서 주요한 쟁점은 지구의 온실가스 배출량 감축목표를 달성하는 데 주요한 기여를 할 것으로 기대되는 탄소 포집 및 저장과 관련이 있다. EU는 이러한 주요 기술을 어디에 배치하고, 환경 및 인류 건강에 대한 영향을 최소화하며, 기술과 기후변화의 통합을 보장하기 위하여, 이산화탄소의 환경적으로 안전한 지리적 저장을 위한 법적 골격을 확립하였다. 기후변화행동 총국은 또한 새로운 기술의 이전을 지원하고 있는데, 기술을 시험 단계에서 상업적 형태로 변경하기 위해서는 재정적 연결이 때때로 필요하다. 동 총국의 NER300 지원계획은 유럽의 저탄소에너지기술의 대규모 실현을 위한 실질적 기금을 제공하며, 이 분야에서는 세계에서 가장 큰 계획에 속한다.[72]

---

71) http://ec.europa.eu/clima/policies/lowcarbon/index_en.htm
72) http://ec.europa.eu/clima/policies/lowcarbon/index_en.htm

3) 배출권거래제

(1) 회원국별 할당계획

EU ETS 체제에 따라, 회원국은 공공 및 사적 영역에서 온실가스 배출량 허용치를 할당받고, 관련 산업체의 전자등록 제도를 수립한다. 각 회원국은 EU의 규칙, 지침을 이용한 국가할당계획(National Allocation Plans, 이하 'NAPs'라 부름)을 창설할 책임을 갖는다.[73]

NAPs는 EU 회원국이 제1단계(2005~2007년)와 제2단계(2008~2012년)에서 자신의 산업체에 허용하는 온실가스 배출량의 총량을 설정하고 있다. 제1, 2단계 시작 이전에 각 회원국은 각 단계별로 전체적으로 얼마나 많은 배출량이 허용되어야 하며, 얼마나 많은 산업체가 여기에 포함될 것인지를 결정하여야 했다. 각 회원국은 제1거래 단계를 위해 2004년 3월 31일까지 첫 번째 국가할당계획을 준비하고 발표해야 했으며, 제2거래 단계를 위해서는 2006년 6월 30일까지 두 번째 국가할당계획을 준비하도록 요구되었다. 그러나 2013년에 시작하는 제3단계에서는 더 이상 국가별 할당계획은 존재하지 않고, 대신에 할당량은 EU 차원에서 직접적으로 결정될 것이다.[74]

국가할당계획의 평가는 온실가스 배출권 거래지침 부속서에 규정

---

73) Carlarne, *op.cit.*, p.171; Commission Regulation(EC) No 2216/2004 of 21 December 2004 for a standardised and secured system of registries pursuant to Directive 2003/87/EC of the European Parliament and of the Council and Decision No 280/2004/EC of the European Parliament and of the Council; Directive 2003/87/EC of the European Parliament and of the Council of 13 October 2003 establishing a scheme for greenhouse gas emission allowance trading within the Community and amending Council Directive 96/61/EC.

74) http://ec.europa.eu/clima/policies/ets/allocation_en.htm

된 기준을 기초로 하여 집행위원회가 맡는다. 예컨대 회원국이 제시하는 허용치 총량은 교토의정서의 골격 내에서 회원국의 목표와 합치되어야 한다. 이것은 회원국 스스로가 자국 산업체에 허용하는 배출량이 교토의정서 목표를 준수하도록 보장하여야 한다는 사실을 반영한다. 한편, 회원국이 자신이 설정한 계획을 이행할 수 없을 경우 집행위원회는 폐기 결정을 내릴 수 있는데, 이 경우 집행위원회는 회원국에 이행 요건과 합치되는 계획을 세우는 방법을 제시하여야 한다.[75]

한편, ETS는 교토의정서의 유연성체제에 따른 공동이해 및 청정개발체제에 대한 개별 회원국의 참여뿐만 아니라 회원국의 국내 계획에 보충적 역할을 수행한다.[76] 관련 지침은 EU ETS를 교토의정서상의 공동이행 및 청정개발체제와 결합한다. 그리하여 안정적인 탄소 시장의 창설을 장려하고 ETS에 참여하는 사업체에 새로운 자극제를 창설하며, 동시에 ETS에 따른 회원국의 약속을 준수하기 위한 노력의 비용 효율성을 증가시킴으로써, 교토의정서의 유연성체제의 참여를 배가시키는 것을 목적으로 한다.[77]

(2) 제1차 국가할당계획

2005년부터 2007년까지 첫 번째 단계 동안, 상당한 배출량 감축으로 이끄는 안정적 시장의 창설을 목도하지는 못했지만, EU ETS는 꽤

---

75) http://ec.europa.eu/clima/policies/ets/allocation_en.htm

76) Directive 2004/101/EC of the European Parliament and of the Council of 27 October 2004 amending Directive 2003/87/EC establishing a scheme for greenhouse gas emission allowance trading within the Community, in respect of the Kyoto Protocol's project mechanisms.

77) Carlarne, *op.cit.*, p.172.

목할 만한 성과를 이루어 내었다. 이 기간 동안, 3억 6천2백만 톤의 이산화탄소가 시장에서 거래되었고, 시장 가격은 2006년 4월 기준으로 1톤당 최고 30유로에 거래되었다. 그러나 개별 회원국들이 대다수 산업체가 자신의 배출량을 감축할 필요가 거의 없을 정도로 높은 수치의 배출량 제한을 설정하였다는 사실이 드러나면서 시장은 붕괴되었다.[78]

시장에 기반을 둔 거래 문제가 첫 번째 단계에서는 정보 부족과 경제석 복잡성으로 인히어 불가끼하게 자리를 잡기 어려웠으나, 점차 시간이 지남에 따라 개선되었다. EU ETS의 제1단계는 가치 있는 시장 기능의 개선을 위해 필요한 변화에 대한 인식을 제공해 주었다. 특히, 집행위원회는 시장 가격을 해치는 과도한 할당량을 제거하기 위하여 국가할당계획의 보다 엄격한 심사 필요성을 확인하였다.[79]

(3) 제2차 국가할당계획

2008년부터 2012년까지 진행되는 제2차 국가할당계획[80]은 구조적 관점에서 볼 때, 이산화탄소 이외의 온실가스를 포함함으로써 적용 범위를 확대하고, 2004년 온실가스 배출권 거래지침을 통해 공동이행 및 청정개발체제를 연계시키는 제도를 제공하며, 아이슬란드, 리히텐 슈타인 및 노르웨이와 같은 비EU회원국을 포함시켰다는 점에서 이전

---

78) *Ibid.*, p.173.

79) *Ibid.*; 집행위원회에 통보된 개별 회원국별 국가할당계획 및 집행위원회 결정에 관해서는 http://ec.europa.eu/clima/documentation/ets/allocation_2005_en.htm 참조.

80) 제2차 국가할당계획의 국가별 구체적 내용에 관해서는 http://ec.europa.eu/clima/ documentation/ ets/allocation_2008_en.htm 참조.

단계와 차이가 있다. 제1단계에서 제기되었던 복잡성과 투명성 부족 문제를 해결하기 위해, 집행위원회는 제1단계와 제2단계 사이의 참여 매개변수와 관련하여 복잡성은 제거하고 투명성은 확대하는 한편, 심사의 엄격성을 강조하는 내용으로 주요한 변경을 가하였다. 집행위원회는 먼저 투명성을 확보하기 위하여 NAPs에 포함되어 있는 주요 정보를 요약하는 규범화된 표를 작성하였고, NAPs를 간편하게 만들기 위하여 회원국들에 제1단계에서 창설된 행정규칙을 비판적으로 검토하도록 장려하였다. 또한, 집행위원회는 NAPs를 보다 엄격하게 평가하기 위하여 새로운 기준을 창설하였다.[81]

(4) 제3차 계획과 노력분담결정

제2단계의 진행과 함께, 집행위원회는 이미 제3단계에 포함될 계획에 주요한 개혁을 가하고 있다. 2009년 4월, EU ETS를 개선하고 확대하는 새로운 지침을 채택하였는데,[82] 2013년부터 2020년까지 운영될 제3단계 동안 집행위원회는 2005년의 온실가스 배출에 대한 할당량으로부터 21% 감축할 것을 요구하고 있다. 또한, EU 할당량 중 제2단계의 10%에서 60%에 대해 경매를 허용하며, 대규모 산업단지뿐만 아니라 새로운 영역을 포함하도록 ETS의 범위를 확대할 것이다. 여기에는 석유화학, 암모니아, 알루미늄 및 항공기 분야가 포함될 예정이다.[83]

---

81) Carlarne, *op.cit.*, pp.173 - 174; http://ec.europa.eu/clima/policies/ets/allocation_2008_en.htm

82) Directive 2009/29/EC of the European Parliament and of the Council of 23 April 2009 amending Directive 2003/87/EC so as to improve and extend the greenhouse gas emission allowance trading scheme of the Community.

83) Carlarne, *op.cit.*, p.175.

한편, EU는 비ETS 분야, 즉 운송, 건물, 농업 및 쓰레기 등으로부터 배출되는 온실가스를 감축하기 위하여, 노력분담결정(Effort Sharing Decision)을 채택하였다.[84] 2009년 재생에너지지침과 유사하게, 각 회원국은 노력분담결정에 따라 국가의 상대적 부를 기초로 하여 결정된 2020을 위한 국가별 배출량 제한 목표에 동의하였다. 회원국의 목표는 2020년까지 2005년 수준과 비교하여 비ETS 분야로부터 배출되는 온실가스를 10%까지 감축하는 것이다. ETS와 제도적으로는 분리되지만 보충적 성격을 지닌 노력분담결정은 EU 기후변화정책을 고르게 하고, 지역 차원의 저탄소사회로 나아가는 보다 광범위한 정책 제도 형성을 지원하기 때문에 주요한 의미가 있다.[85]

(5) 평가

EU 배출권거래제의 성공을 자축하기에는 아직 이른 감이 없지 않다. 그러나 탄소가격이 계속해서 안정화되고 있고 시장이 형성되었기 때문에, ETS가 점차 효과적일 것임은 예상할 수 있다. 그럼에도 불구하고 제2단계 동안 탄소가격은 비록 안정적이기는 하지만 낮은 채로 남아 있다.[86]

어찌되었든 간에, EU ETS는 EU 역사상 최초의 제도이며, 현재까지 온실가스 배출량 감축을 위한 세계적 차원의 광범위한 거래 제도를

---

84) Decision No 406/2009/EC of the European Parliament and of the Council of 23 April 2009 on the effort of Member States to reduce their greenhouse gas emissions to meet the Community's greenhouse gas emission reduction commitments up to 2020.

85) Carlarne, *op.cit.*, p.176.

86) *Ibid.*

창설하였다는 데 의의가 있다. 또한 ETS는 실질적 배출량 감축, 사업체 관행의 변경, 배출량 감축 기술의 세계적 분산을 위한 기회를 제공하고 있다.[87]

III. 에너지

1. 법률

1) 재생에너지로드맵

집행위원회는 에너지 재생 능력 개발에 있어 그 발전 속도를 가속화하기 위한 노력으로, 2007년 1월 재생에너지로드맵(Renewable Energy Road Map)을 규정하는 통보를 제정하였다.[88] 집행위원회는 재생에너지의 실질적 진전이 있을 수 있는 유일한 분야는 대체전력에 관한 2001년 지침의 결과, 전력이 될 것임을 강조하였다. 이러한 이유로 집행위원회는 위 로드맵에서 포괄적이고 장기적인 목표에 기반을 두고, 2020년까지 에너지 소비량 중 재생에너지 이용 비율을 20%로 하는 약속을 법적으로 구속력 있게 만들 것을 제안하였다. 그러나 집행위원회는 구속력을 가진 새로운 공동체 또는 국내 이행 조치 없이도 EU가 20% 목표를 달성하기 위해 노력할 것임을 인정하였다.[89]

---

87) *Ibid.*, p.177.

88) Commission Communication of 10 January 2007: "Renewable Energy Road Map. Renewable energies in the 21st century: building a more sustainable future".

89) Carlarne, *op.cit.* p.169.

집행위원회의 재생에너지 사용에 관한 로드맵은 다음의 정책과 법적 조치를 규정하고 있다. EU 에너지 시스템상 재생에너지 통합 장벽을 제거하는 법적 규정, 냉난방에 있어 재생에너지 이용 증가에 대한 장벽을 해결하는 법률, EU의 역내전력시장에 있어 재생에너지체제의 조화를 위해 회원국의 재생에너지 지원제도를 평가하는 조치, 생물에너지 독력 및 지원제도의 제안에 대한 지원, 공공조달에 있어 재생에너지 자원의 장려 계획, 재생에너지 자원에 대한 최적관행 교류의 장려 계획 및 재래화석연료에너지의 역외 비용을 국내화하는 조치이나.[90] 집행위원회는 위 로드맵을 공동체 에너지 정책의 주요한 변경을 위해 사용하였으며, 로드맵을 통해 EU의 재생에너지를 위한 포괄적이고 구속력 있는 체제의 협상을 위한 근거를 마련하였다.[91]

2) 재생에너지지침

재생에너지로드맵의 최고점은 2009년 재생 가능한 자원으로부터 에너지 이용을 촉진하는 새로운 지침의 채택이었다.[92] 재생에너지지침은 2020년까지 재생에너지의 시장 점유율을 20%까지 증가시키는 것을 목표로 하고 있으며, 다음 표에서 알 수 있듯이 각 회원국별로 에너지 소비량당 재생에너지 이용 비율 목표를 설정하고 있다.[93]

---

90) http://europa.eu/legislation_summaries/energy/renewable_energy/l27065_en.htm

91) Carlarne, *op.cit.*, p.170.

92) Directive 2009/28/EC of the European Parliament and of the Council of 23 April 2009 on the promotion of the use of energy from renewable sources and amending and subsequently repealing Directives 2001/77/EC and 2003/30/EC; http://eur-lex.europa.eu/LexUriServ/LexUriServ.do?uri=CELEX:32009L0028:EN:NOT 참조.

93) Carlarne, *op.cit.*, p.170.

<表 3-1> EU 회원국별 재생에너지 이용률 및 2020년 목표 이용률(%)

국가	2005년	2009년	2020년 목표치
오스트리아	23.3	29.2	34
벨기에	2.2	3.8	13
불가리아	9.4	11.5	16
키프로스	2.9	3.8	13
체코	6.1	8.5	13
덴마크	17	19.7	30
에스토니아	18	22.7	25
핀란드	28.5	29.8	38
프랑스	10.3	12.4	23
독일	5.8	9.7	18
그리스	6.9	7.9	18
헝가리	4.3	9.5	13
아일랜드	3.1	5.1	16
이탈리아	5.2	7.8	17
라트비아	32.6	36.8	40
리투아니아	15	16.9	23
룩셈부르크	0.9	2.8	11
몰타	0	0.7	10
네덜란드	2.4	4.2	14
폴란드	7.2	9.4	15
포르투갈	20.5	25.7	31
루마니아	17.8	21.6	24
슬로바키아	6.7	10	14
슬로베니아	16	17.5	25
스페인	8.7	13	20
스웨덴	39.8	50.2	49
영국	1.3	2.9	15
EU 27개 국가	**8.5**	**11.6**	**20**

출처: http://ec.europa.eu/energy/renewables/targets_en.htm

재생에너지지침은 또한 국내 운송 수단과 관련하여 10%의 재생에너지 이용을 보장할 것을 규율하며, 바이오연료의 지속 가능한 사용을 위한 기준을 설정하고 있다. 이러한 바이오연료 이용의 촉진은 재생에너지 이용과 관련한 목표를 달성하는 데 도움이 될 것이다.[94]

3) 에너지 2020 통보

2010년 11월 10일, 유럽집행위원회는 '에너지 2020: 경쟁적이고 지속 가능하며 안전한 에너지 전략에 관한 통보(Communication from the Commission to the European Parliament, the Council, the European Economic and Social Committee and the Committee of the Regions, Energy 2020: A strategy for competitive, sustainable and secure energy)'를 채택하였다. 동 에너지 2020 통보는 향후 10년간의 에너지 우선순위를 정하며, 에너지 절약, 경쟁적 가격과 안전한 공급이 뒷받침 된 시장 형성 및 기술 리더십의 증대라는 과제를 다루고, 국제 파트너들과의 효과적인 협상을 위해 취해야 할 행동들을 규정하고 있다.[95]

좀 더 구체적으로는, 새로운 에너지 전략이 초점을 맞추어야 할 다섯 가지 우선순위로 첫째, 2020년까지 에너지 사용을 20% 감축하는 에너지 효율의 달성, 둘째, 에너지의 자유로운 이동을 보장하는 진정한 범유럽 차원의 에너지 통합시장의 건설, 셋째, 소비자들에게 권한을 부여하고 최고 수준의 안전 및 안보 달성, 넷째, 에너지 기술과 혁신에 있어 유럽의 리더십 확대, 다섯째, EU 에너지 시장의 대외적 측면 강화를 목표로 하고 있다.[96]

---

94) Carlarne, *op.cit.*, p.170.

95) http://ec.europa.eu/energy/strategies/2010/2020_en.htm

2. 정책

1) 에너지 정책의 발전

1996년을 시작으로, EU는 국내 에너지 체제의 자유화와 통합을 추진하며, 전기에너지에서 나오는 온실가스 배출량에 가격을 매기고, 재생에너지 채택을 위한 구속력 있는 목표를 확립하였으며, 국가 에너지 독점을 붕괴시키며, 에너지 기본시설과 시장을 위한 EU 차원의 규범 및 기준 설정을 지원하였다. 특히, 위에서 살펴본 바 있는 제2차 유럽 기후변화계획의 핵심적 요소는 재생에너지에 관한 사항이었다.[97]

이산화탄소 배출량을 감축하고 지속 가능성을 증대시키며, 에너지 공급의 안전을 보장하기 위한 재생에너지의 역할을 인식한 집행위원회는 1997년 '재생에너지에 관한 공동체 전략 백서(White Paper for a Community strategy on renewable energy)'를 발간하였다.[98] 동 백서는 2010년까지 EU의 국내 총 에너지 소비에 있어 현재 6%로부터 12%까지 재생에너지 사용량을 두 배로 증가시키는 야심찬 목표를 제안하였다.[99] 또한 여기에는 실천계획의 형태로 이러한 목적을 달성하기 위한 시간계획표를 포함시키고 있는데, 특히 실천계획은 '도약을 위한 캠페인(Campaign for Take-Off)'을 가장 주된 내용으로 삼고 있다. 동 캠페인의 목표 중 하나는 재생에너지에 대한 공공 및 사적 영역의

---

96) http://eur-lex.europa.eu/LexUriServ/LexUriServ.do?uri=CELEX:52010DC0639:EN:HTML:NOT

97) Carlarne, *op.cit.*, p.167.

98) Commission, 'Renewable energy: White Paper laying down a Community strategy and action plan', COM(97) 599 final, 26 November 1997; http://europa.eu/legislation_summaries/other/l27023_en.htm

99) Carlarne, *op.cit.*, p.168.

투자를 용이하게 만드는 것으로, 이행기간인 2000년부터 2003년까지 태양열, 풍력 및 바이오매스를 포함한 주요 재생에너지원에 대한 관심 환기에 주력하였다.[100]

2) 에너지 정책의 구상

2000년부터 2010년까지 유럽 에너지 정책은 다음 네 가지 구상으로 구성되어 있었다. 첫째, 매년 배출량에 대한 제한을 통해 유럽 경제의 약 40%에 대한 탄소배출량에 비용을 매기고, 동 제한 내에서 배출량 허용지에 대한 제2시징을 규정하고 있는 배출권거래제도, 둘째 2020년까지 평균 전력 공급량 중 20%를 재생에너지로 소비하도록 회원국에 구속력 있는 목표를 설정하고 있는 재생에너지지침(Renewable Energy Directive), 셋째 수직적으로 통합된 국내 에너지 시장을 생산, 분배 및 소매로 분할할 것을 목표로 하는 에너지시장자유화계획(Energy Market Liberalization Program), 넷째 회원국에게 연구, 개발 및 새로운 에너지 기술의 배치를 위한 기금을 제공하는 전략에너지기술계획 및 골격계획(Strategic Energy Technology Plan and Framework Programmes)이 그것이다.[101]

또한 가장 최근의 유럽 2020 계획은 유럽전기공급체제의 통합, 자유화 및 탈탄소를 위한 이행 가능한 목표와 에너지 효율을 위한 야심차고 원대한 목표를 확립하였다.[102]

---

100) *Ibid.*, pp.168 - 169.

101) Mark Huberty, "Green Growth as Necessity and Liability: The Political Economy of a Low - Carbon Energy Systems Transformation in the European Union", *BRIE Working Paper no. 200*, 2011, p.6.

102) *Ibid.*, p.1; 2011년 7월 25일 현재, EU에서 시행되고 있는 에너지 관련 입법행위의 목록에 관해서는 http://ec.europa.eu/energy/doc/energy_legislation_by_policy_areas. pdf 참조.

3) 저탄소 기술

EU는 저탄소 기술의 발전에 있어 주도적 역할을 할 뿐만 아니라, 세계적으로 동 기술이 가장 필요로 하는 지역을 대상으로 저탄소 기술의 이전을 지원한다. EU는 개발도상국과 전환기에 있는 국가에서 소규모로 이루어지는 에너지 효율 및 재생에너지 프로젝트에 사적 투자를 활성화하기 위하여 일정한 공적 자금을 사용하는 혁신적인 지구에너지 효율 및 재생에너지기금(Global Energy Efficiency and Renewable Energy Fund)을 조성하였다.[103]

---

103) http://ec.europa.eu/clima/policies/lowcarbon/index_en.htm

PART 03

유럽 주요국 및 러시아의 기후변화대응 관련 법제 및 정책

영국의 기후변화대응 관련 법제 및 정책

김동환

Ⅰ. 개관

1938년 영국의 과학자 캘린더는 인간의 경제 활동으로 인하여 배출된 이산화탄소가 지구 온난화 현상을 가속화시킬 수 있다는 메커니즘을 세계 최초로 발견하였다. 영국 정부는 기후변화 문제 인식에 그치지 않고, 더 나아가 기후변화대응에 있어 주도적인 역할을 담당하였다. 그 예로 교토 체제의 합의를 도출하는 데 큰 기여를 한 것과 지난 10년간 이산화탄소를 감축하는 데 성공한 몇 안 되는 OECD 국가 중 하나임을 들 수 있다. 지금까지 영국은 온실가스 감축에 국제사회가 주목할 만한 성과를 이루었고 앞으로도 경제성장과 경쟁력을 유지하면서 저탄소 경제로 나아갈 수 있다는 가능성을 지속적으로 보여 줄 것으로 기대된다.

1990년과 2009년 사이 배출권 구입까지 합산하면 영국은 실질적으로 29.5%의 감축을 이루었다. 2008~2012년까지 12.5%를 감축한다는 교토의정서상의 영국 목표치를 이미 달성한 상태이다. 영국은 2050년까지 1990년 대비 60% 탄소배출 감축을 목표로 설정하였고, EU의 환경규제조치에 근거하여 2016년까지 총 11GW 정도의 석탄 화력발전소가 폐지될 예정이다. 영국 무역성 DTI의 자료를 분석한 연구에 따르면, 에너지원별 탄소배출계수가 석탄 206, 천연가스 105, 원자력 5~6인 점을 감안할 때 원자력 기후변화대응을 위한 정부 대응 체계 구축을 중심으로 발전시설을 확대하면 이산화탄소 배출량이 5~12%('04년 기준) 감소하여 향후 기후변화협약 의무조항에 큰 도움이 될 것이라고 한다.[1]

세계적인 금융위기로 일부 EU 국가들이 감축목표에 부담을 가지고 있는 상황에서도 영국은 더 높은 목표를 설정하고 실제로 그 목표를 달성하였다. 또한 이로써 코펜하겐 협상 이후 앞으로 있을 기후변화 관련 협상에서 영국은 주도권을 가지고 협상을 추진할 것이기에 영국의 기후변화법제와 정책을 심도 있게 연구해 볼 의의가 있다고 할 수 있다.

<표 4-1> 1990~2009 영국 온실가스 배출량

England						Mt CO$_2$e								
	1990	1995	1998	1999	2000	2001	2002	2003	2004	2005	2006	2007	2008	2009	BY to 2009
Carbon Dioxide CO$_2$	465.2	424.3	421.7	413.9	417.7	431.2	424.8	434.8	432.9	432.2	425.3	424.1	412.3	373.0	-19.8%
Methane CH$_4$	83.8	67.2	56.2	52.2	48.3	43.8	41.6	35.5	34.7	33.2	32.3	30.8	30.0	29.2	-65.2%
Nitrous Oxide N$_2$O	53.1	42.2	42.3	31.9	31.5	29.1	28.1	27.7	28.6	27.6	26.1	26.2	25.8	24.0	-54.9%
HFCs	11.4	15.2	16.0	9.2	7.8	8.3	8.4	9.1	8.1	8.7	9.0	8.9	9.2	9.2	-39.4%
PFCs	1.0	0.2	0.2	0.2	0.3	0.2	0.1	0.1	0.2	0.2	0.2	0.1	0.1	0.1	-71.3%
SF$_6$	0.9	1.1	1.1	1.3	1.6	1.3	1.4	1.2	1.0	1.0	0.8	0.7	0.6	0.6	-49.6%

---

1) 오상면, 『주요선진국 에너지·자원 행정조직 비교연구』, 에너지 경제 연구원, 2008, p.12.

Total Net Emlsslons	615.4	550.3	537.5	508.6	507.1	513.9	504.4	509.4	505.4	502.8	493.6	490.8	478.0	436.0	-29.5%
Net CO_2 emlsslons from LULUCF	5.6	5.1	4.2	4.0	3.6	3.4	3.0	2.9	2.5	2.1	1.9	1.7	1.5	1.4	
Net CH_4 emlsslons from LULUCF	0.0	0.0	0.0	0.0	0.0	0.0	0.0	0.0	0.0	0.0	0.0	0.0	0.0	0.0	
Net N_2O emlsslons from LULUCF	0.3	0.3	0.3	0.3	0.3	0.3	0.3	0.3	0.3	0.3	0.3	0.3	0.3	0.3	

자료: DECC, 2010

II. 기후변화

기후변화정책을 추진하기 위한 영국의 주요 제도적 기반으로「기후변화법(Climate Change Act)」과「에너지법(Energy Act)」을 살펴볼 필요가 있다. 이 두 법은 저탄소 사회의 목표를 위한 정책 및 규제의 적절한 조화를 달성하는 데 중점을 둔다.[2] 특히 2008년 11월에 의회를 통과하고 여왕의 승인을 받아 발효된 기후변화법은 법적인 구속력을 갖는 장기 감축목표를 명시한 세계 최초의 법률이라는 점에서 의의가 있다. 이 외에 저탄소 국가로 나아가는 데 필요한 행정서비스를 체계적으로 공급하기 위한「계획법(Planning Bill)」이 있다.

---

2) 김정해, 『기후변화대응을 위한 정부대응체계구축: 녹색거버넌스 구축을 중심으로』, KIPA 연구보고서, 2009, p.104.

1. 법률

1) 기후변화법(Climate Change Act)[3]

(1) 개요

기후변화법에서는 온실가스 배출량을 2050년까지 1990년 대비 80% 감축하는 것을 목표로 세우고, 국가기반시설, 환경, 사회, 경제 정책을 통합하는 정부 차원의 종합적인 기후변화대응정책방침 수립의 필요성을 강조하고 있다. 본 법안을 통하여 탄소 예산 시스템을 도입하였고, 적응정책의 중요성을 강조하여 보다 미래적 관점에서 기후변화에 대한 정책 실행을 중요시하고 있다.

(2) 주요 내용

- 2050년까지의 감축목표 산정: 2050년까지 영국 내외 활동을 통해 온실가스 배출량을 1990년 대비 80% 저감하며 이산화탄소 배출을 2020년까지 최소 26% 저감하는 것을 의무화하였다. 2020년 목표는 모든 온실가스를 포함해서 2050년의 목표를 80%로 상향하는 것을 반영하기 위해 재검토되어야 함을 규정하기도 하였다.
- 탄소예산시스템(A Carbon Budgeting System): 5년 단위의 배출량 상한선과 2022년까지의 3개 기간(15년)에 대한 각 기간의 예산 설정을 2009년 6월까지 의무화하였다. 설정기간은 2008~12, 2013~17,

---

[3] 『영국 기후변화법』, 주한 영국 대사관 기후 변화과 블로그 참조, http://ukembassyclimate.tistory.com/38, 2012.1.19. 검색.
기후변화법의 원문 및 주요 내용은 영국 에너지 기후변화부(DECC)의 다음 웹페이지 참조 (http://www.decc.gov.uk/en/content/cms/legislation/cc_act_08/cc_act_08.aspx), 2012.1.19. 검색.

2018~22년이며, 정부는 탄소 예산을 수립한 후 가능한 한 조속히 이를 달성하기 위해 실행 가능한 정책과 제안을 국회에 보고해야 한다. 영국은 15년간 34%의 감축목표(1990년 대비)를 2009년에 확정하였다.[4] 또한 예산 책정에 있어 기후변화 관련 기술, 경제 및 국내 관련 섹터의 국제 경쟁력, 재정상태, 연료 빈곤 등 사회적 상황, 에너지 정책, 영국·웨일즈·스코틀랜드·북아일랜드 지역 간 균형, 국제 항공 및 운송에 의한 온실가스 배출량 등 요소를 고려하도록 하였다.[5]

- 기후변화위원회 설립: 탄소 예산의 수준과 비용효율적인 절감방안에 대해 정부에 제언할 수 있는 독립적이고 전문적인 위원회를 설립하였다. 위원회는 매년 영국의 목표 달성과 정부가 시행하는 예산에 대한 연간 보고서를 국회에 제출하여 투명성과 책임소재를 확보하도록 하였다.

- 국제 항공 및 해운으로부터의 배출: 기후변화위원회는 국제 항공 및 선박의 배출을 법안에 포함시키거나, 포함시키지 않을 경우 2012년 12월 31일까지 왜 포함시키지 않았는지에 대한 설명을 의무화하였다. 국제 항공 및 해운의 배출 전망은 탄소예산을 책정하는 데 고려되어야 한다.

- 국제 배출권의 사용: 정부는 영국의 목표와 탄소예산을 달성하는 방안을 설정할 때, 기후변화에 대한 국내적 조치의 필요성을 고려

---

4) Chris Gormley, *Policy Note #8 - Carbon Budgets*,
   http://www.decc.gov.uk/assets/decc/what%20wo%20do/a%20low%20carbon%2
   0uk/carbon%20budgets/1271 - carbon - budgets - policy - note - 8.pdf,
   2012.1.19. 검색.
5) 『영국 기후변화법(국문요약)』, 세계법제정보센터,
   http://newworld.moleg.go.kr/World/WesternEurope/UK/law/3091, 2012.1.19. 검색.

해야 한다. 독립적인 기후변화위원회는 의무적으로 국내, 유럽 및 국제 수준의 조치를 적절히 조화시킬 수 있는 조언을 해야 하고, 정부는 매 예산기간 동안 배출권의 구입계를 설정하도록 하였다.

III. 에너지

1. 법률

1) 에너지법(Energy Act)

(1) 개요

영국의 에너지법은 2008년, 2009년 그리고 2010년에 각각 다른 내용의 3개의 법안으로 제정되어 기후변화법과 함께 다양한 저탄소 에너지 믹스를 이루기 위한 목표, 정책 및 규제의 적절한 조화를 전달하는 것에 초점을 두었다. 기업과 소비자들이 각자의 역할을 확실히 하도록 도움을 주는 것이 주요 목적이다.

(2) 에너지법 2008(Energy Act 2008)[6]

2008년에 제정된 법안은 주로 신재생에너지의 증가를 위한 신기술

---

6) 『영국 에너지법』, 주한 영국 대사관 기후 변화과 블로그 참조.
http://ukembassyclimate.tistory.com/entry/%EC%98%81%EA%B5%AD-%EC%97%90%EB%84%88%EC%A7%80%EB%B2%95, 2012.1.19. 검색
에너지법의 원문 및 주요 내용은 영국 에너지 기후변화부(DECC)의 다음 웹페이지 참조.
http://www.decc.gov.uk/en/content/cms/legislation/cc_act_08/cc_act_08.aspx, 2012.1.19.

지원과 가스 공급 프로젝트에 대한 투자 지원 등 공급 인프라의 신규 수요에 대응하는 등 정책에 중점을 두고 있다.

주요 내용

• 재생에너지의무할당제(RO, Renewables Obligation)

해상 풍력과 같이 상업적 설치와는 거리가 먼 기술에 대해서는 보다 많은 투자를 집중하고 혼소(Co-Firing)와 같이 비교적 확립된 기술에 대해서는 투자를 감소시키는 방식으로 '등급화'하도록 재생에너지 의무할당제를 개정하였다. 재생에너지의무할당제는 이러한 '등급화'로 인해 전력 공급자가 재생에너지 발전비중이 아닌 재생에너지 사용의무증서(ROC, Renewable Obligation Certificate)의 수를 제출하는 방식으로 변경되었다.

• 발전차액지원제도(FIT, Feed in Tariffs)

정부로 하여금 소규모 저탄소 발전 사업에 대한 재정적 지원을 할 수 있는 맞춤형 발전차액지원 체계를 도입할 수 있는 권한을 부여하였다. 법안에서는 새로운 제도를 통해 지원할 수 있는 최대 용량을 사업별로 5MW로 제한하고 있으며, 정부는 개별 기술들에 대해 지원을 위한 최소 용량을 설정할 수 있다. 이 제도는 발전사업자들이 생산한 전력에 대해 일정수준의 가격을 보장하는 것을 목적으로 하고 있다.

• 재생에너지 열 인센티브

국무부 장관으로 하여금 재생에너지 열에 대한 지원체제(재생에너지 열 인센티브)를 구축할 수 있는 권한을 부여하였다. 재생에너지 열은 대규모 산업용 설비에서부터 가정용에 이르기까지 모든 규모의 설비에 적용될 수 있으며 이러한 모든 규모의 재생에너지 열 설비에 대해 지원이 이루어지도록 하였다.

재생에너지 열에 대한 지원은 '재생에너지의무할당제'와 유사한 개념의 '등급화'를 도입, 이러한 체제하에서 재생에너지 열 인센티브의 재원 확보는 열에너지용 화석연료 지정공급자에 대한 과세를 통해 이루어지도록 하였다.

• 해양 송전

해양에서 발전된 전력을 기존의 육상 송전 시스템으로 안전하고 효율적으로 전달하기 위한 비용 효율적인 규제제도를 수립하도록 하였다.

송전 시스템 건설 및 운영 허가 라이센스를 부여함에 있어 영국의 가스규제전력청(Ofgem)[7]이 운영하는 경쟁 입찰 절차를 도입하여 선정된 사업자에게 향후 20년간 해상풍력발전단지와 육상전력망(National Grid)을 연결하는 송전설비 운영권한을 부여하여 민간 투자 유치를 적극적으로 도모하고 있다.[8]

• 탄소 포집·저장

해양 이산화탄소 저장 사업허가권 부여를 위한 포괄적이고 융통성

---

7) Office of Gas and Electricity Markets, 영국의 전기와 가스 시장에서 공정 거래를 규제하는 기관.
8) 김성주, 『영국 해상풍력발전시장 현황』, http://www.globalwindow.org, 2012.1.19. 검색.

있는 법적 체계를 제공하도록 하였다. 이산화탄소를 영해 밖 대륙붕 지역에 있는 영국의 해저에 저장하기 위한 영국의 권한을 명시하고 또한 관련된 기존 해양 법률(예를 들어 석유·가스 시설 해체 관련 규제)을 이산화탄소 저장에 사용되는 시설에까지 확대하였다.

• 해양 가스시설

해양 가스 공급 프로젝트를 위한 규제 절차를 간소화하고 투자자에게 투명성과 확실성을 제공하는 등 해양 가스 저장 및 해양 LNG 하역 프로젝트를 위한 신규 규제체계를 구성하여 새로운 사업허가권 부여 체계를 수립하여 민간 투자 유치를 도모하였다. 또한 영해 밖 대륙붕 지역에서 가스를 하역하고 저장하기 위한 영국의 권한을 명시하였다.

• 원자력시설 폐기

모든 신규 원자력발전소 운영자가 원자로 폐기, 폐기물 관리 및 처리 비용 전액에 대해 책임을 지도록 하는 제도를 신설하여 납세자들을 보호하고 있다. 원자력 운영자들은 국무부 장관으로부터 승인을 받기 위해서는 자금 지원처를 밝히고 계획을 제출해야만 한다. 정부가 폐기 계획을 승인하고 모니터링하는 방법을 확립하고, 법률 위반 행위 등을 규정하고 있다.

• 해양 석유·가스 시설 폐기

1998년 석유법에 제시된 대로 석유·가스 시설 폐기에 관한 기존 법률 제도를 강화했다. 기존 제도 하에서 국무부 장관은 해양 시설 및 파이프라인 이해 관계자에게 통지하여 폐기계획을 제출하여 승인 받도록 할 수 있다. 그러한 다음에 이해 관계자들은 폐기작업 이행에 책임을 지게 된다.

기존의 체계를 다음과 같이 강화했다.

- 국무부 장관에게 모든 관련 당사자들이 시설이나 파이프라인 폐기에 대해 책임을 지도록 할 수 있는 권한 부여
- 납세자에 대한 위험 부담이 수용할 만한 수준이 아니라고 평가 되는 경우, 국무부 장관에게 석유 혹은 가스전의 수명 중 언제 라도 폐기 보안을 요구할 수 있는 권한 부여
- 당사자의 파산 시 폐기 비용으로 지불할 수 있도록 확보해 둔 폐기 자금 보호

• 해양 신재생에너지 시설 폐기

해상 신재생에너지 시설 폐기에 관한 기존 규제제도를 강화하였다. 예를 들어 2008년 에너지법은 국무부 장관이 사업자의 파산 시 폐기 자금으로 책정된 자금을 보호함으로써 폐기 비용을 확보할 수 있도 록 하는 권한을 확대하고 있다. 또한, 국무부 장관에게 개발자 및 관 련 회사가 폐기 의무를 감당할 재정능력 보유 여부를 평가할 수 있는 정보를 요구할 수 있는 추가적인 권한을 부여한다. 또한, 국무부 장관 은 최초 개발자가 자체적으로 폐기 비용을 감당할 수 없을 경우, 모 회사나 관련 회사가 폐기 비용을 책임지도록 할 수 있다.

• 스마트 계량기

정부가 스마트 계량기의 출시(계량기의 상세한 기능 설명, 전국에
계량기가 설치될 방법 수립 및 계량기 설치 일정 수립 포함)를 계획
하도록 하고 있으며, 관련 라이선스 보유자가 출시를 이행할 것을 요
구하도록 하고 있다.

• Ofgem 및 신규 발전 프로젝트의 송전 시스템에의 접속

정부의 에너지 및 기후변화정책을 반영하기 위하여 에너지 규제기
관 Ofgem과 국무부 장관의 의무와 권한을 변경하였다.

Ofgem과 국무부 장관의 최우선 의무는 현재 및 미래 소비자를 보
호하는 것으로 명시하고 '지속 가능성'에 대한 기존의 의무를 두 번
째 의무로 지위를 격상하여, '에너지 공급 안보'에 대한 의무와 동급
으로 취급하고 있다.

본 법안은 국무부 장관에게 송전망 접속 심사(Transmission Access
Review) 실행에 있어 산업체 및 Ofgem의 활동을 지지할 수 있는 권한
을 부여한다. 이 활동은 신규 송전 인프라 제공 및 신재생에너지를
포함한 신규 발전 시스템에의 접속을 용이하게 하는 전력망 관리에
대한 기술적·상업적 및 규제적 체계 개선을 계획하는 데에 초점을
맞추고 있다.

(3) 에너지법 2010(Energy Act 2010)[9]

주요 내용

• 탄소포집저장 기술 지원

탄소포집저장에 대한 새로운 인센티브를 제공하고, 향후에 지원을
제공받은 프로젝트는 영국 내 전력 생산 시에 이 기술을 이용하여 저
탄소에 얼마나 효과가 있는지 진행상황에 대한 보고서를 제출하는
것을 의무화하였다.

• 취약계층 에너지 비용 보조

에너지 부족 정책(Fuel Poverty Policy)의 일환으로 사회적으로 취약
한 계층에게 난방, 전기 비용을 일부 보조하는 것을 법제화하였다. 비
용은 에너지 기업들과 자발적 협약을 맺고 2013~2014년까지 연간 최
소한 3억 파운드의 지원을 받는다.

• 공정한 에너지 시장
— Ofgem이 에너지 시장에서 규제를 취함에 있어, 이산화탄소 배
  출의 감축과 에너지의 안정적 공급을 소비자의 이익으로 간주
  하도록 하고 있다. 또한 경쟁을 유도하기 위한 장기적 행동과
  소비자의 이익을 보호하기 위한 개입이 함께 이루어져야 함을
  명시하였다.

---

9) 에너지법2010의 원문과 주요 내용은 다음 영국의 에너지 기후변화부(DECC) 참조.
   http://www.decc.gov.uk/en/content/cms/legislation/energy_act_10/energy_act_10
   .aspx 2012.1.19. 검색.

－ 또한 Ofgem에게 에너지 사업자들의 면허 조건을 추가할 수 있는 권한을 부여하여 무분별한 발전에 대한 규제가 용이하도록 하였다. 더불어 Ofgem이 면허 조건 위반의 회사에게 부과할 수 있는 재정적 벌칙의 기간을 12개월에서 5년으로 연장하였다.

(4) 에너지법 2011(Energy Act 2011)[10]
• 녹색 산업 계획(Green Deal)의 기반 구축

가정과 사업체의 에너지 효율을 높이는 데 투자하고. 절감된 에너지 비용으로 투자 비용을 회수하는 녹색 산업 계획(Green Deal)의 지원을 법제화하였다. 절감된 에너지 비용이 투자비용과 같거나 초과하도록 구상이 되었는데 DECC애 따르면 이를 위해서는 가정에서는 2008년 대비 29%, 직장에서는 13%의 에너지 비용이 절감되어야 한다고 한다. 또한 DECC는 에너지 효율 측정 분야에서 십만 개의 일자리가 창출되기를 희망하고 있다. 이를 위한 노력의 일환으로 영국 정부는 이중창과 단열 전문 회사 등의 에너지 효율과 관련된 전문직을 위한 인증제도를 만들도록 하였다. 그리고 일반 가정과 사업자들은 인증받은 그린 딜 사업자로부터 건물의 단열 등 에너지 효율에 대한 진단을 무료로 받을 수 있도록 하였다.

• 임대업자를 위한 그린 딜

그린 딜이 임대 건물들에는 에너지 효율을 높여야 하는 동기부여

---

10) 에너지법2011의 원문과 주요 내용은 다음 영국의 에너지 기후변화부(DECC) 참조.
    http://www.decc.gov.uk/en/content/cms/legislation/energy_act_11/energy_act_1
    1.aspx, 2012.1.19. 검색.

가 되지 않을 가능성이 있기 때문에 2016년 4월부터는 임대인이 건물의 에너지 효율성 향상에 대한 임차인 또는 지역 행정청의 요구를 거절할 수 없도록 하였다.

또한 2018년부터는 에너지 등급 E 등급 이하의 주택 또는 상가를 임대하는 것은 불법임을 명시하고 있다.

• 에너지 회사의 의무

2012년에 만료되는 영국의 가스법, 전기법, 동력법 등을 대신하여, 그린 딜의 투자비용이 추후의 에너지 절감 비용보다 높은 가정과 사업체에 일정한 지원을 제공하는 의무를 부과할 것이다.

• 스마트 계량기

2008년에 제정된 에너지법에 규정된 스마트 계량기 보급 규정의 유효기간을 2012년에서 2018년까지 연장하도록 하였다. 2010년에 DECC와 Ofgem은 에너지 사용량 자료의 프라이버스 문제 등을 고려하여 보급형 스마트 계량기의 디자인에 대하여 컨설팅을 받았고, 2014년까지는 설치가 진행되기를 기대한다고 밝혔다.

• 에너지 실적 인증서

이 법안은 가정과 사업체의 배출 실적을 공개하는 것을 허용한다. 2007년에 제정된 '건물 에너지 실적 규제(Energy Performance of Buildings Regulations)'하에서는 에너지 사용 자료는 소유자, 공무원, 관계자만 볼 수 있도록 하였다. 그러나 본 법안으로 이를 전면 개정하게 되고, 에너지 사용 실적을 인증서로 만들어 사용자들은 온라인에 이 인증소를 게재할 수도 있다.

2) 계획법(Planning Bill)

(1) 개요

계획법안(The Planning Bill)은 영국이 직면하고 있는 세계적 경제위기 상황하의 경쟁 및 2050년까지 탄소배출량을 80% 감축하기 위한 新녹색인프라 확충 등 두 가지 대형 이슈를 해결하는 데 중요한 수단이 된다.

특히 계획법안은 영국의 신재생에너지 관련 수십 개의 프로젝트가 전후 계획시스템에서는 허가받기 위한 비용만 2백만 파운드가 들며 결과를 기다리는 데 만 2~3년의 시간이 걸리고 모든 허가지원의 2/3가 거부된다는 비판 등이 제기되면서 변화가 급속히 추진되었다.[11]

(2) 법안 내용

• 국가정책보고서(NPSs, National Policy Statements) 작성

노후화된 기간시설을 대체하기 위한 전략적 청사진 작성을 요청하며 에너지, 교통, 물, 쓰레기 등에 대한 국가목표를 정치적 토론을 통해 수립하도록 하고 있다. 이러한 국가정책보고서는 철저한 공공자문과 전문적인 의회검토를 받기 때문에 지역적 관심사와 국가의 필요성 간 균형을 맞추는 데 노력할 수 있다. 또한 기후변화 의무를 국기

---

11) 김정해, 『기후변화대응을 위한 정부대응체계구축: 녹색거버넌스 구축을 중심으로』, KIPA 연구보고서, 2009, p.109 참조.

정책보고서에 반영하여 국가정책보고서가 어떻게 기후변화에 대응
하는지를 보여 주어야 함.[12]

- 기간시설 계획위원회(IPC, Infrasturcture Planning Commission) 설치

국가정책보고서의 테두리와 일치하지 않는 프로젝트를 거부할 수
있다. 개별 제안들에 대한 기술적이고 세부적인 사항을 검토하고, 의
장에 대한 의회의 사전임명을 검토한다. 정부는 독립적 의사결정이
잘 이루어졌는지를 확인하기 위해 2년마다 점검하도록 하고 만일 문
제점이 발견될 경우 IPC의 결정을 장관이 취하할 수 있도록 한다.[13]

- 대중의 발언권 보호

3번의 발언기회와 함께 대중을 의사결정 과정의 중심에 둔다. 대중
은 NPSs에 직접 발언이 가능하며 개발자는 시행 전에 지역커뮤니티
와 상의하고 IPC의 확인을 받도록 하였다. 또한 지역커뮤니티는 보다
개방된 의견조사과정에서 강력한 발언권을 가지며 누구나 구두 증언
이 가능하다.[14]

- 피해 지역주민에 대한 보상 실시

---

12) 전게서, p.109 참조.
13) 전게서, p.110 참조.
14) 전게서, p.110.

IV. 정책

1. 부문별 탄소예산 할당

영국 정부는 우선 법적으로 목표치를 설정하고 정해진 경로에 따라 2022년까지 5년마다 '탄소예산'을 설정하여 실천하여 이러한 기후변화의 문제를 해결하는 추진동력으로 삼고자 하였다. 특히, 탄소예산제도가 2020년까지 영국 온실가스 배출의 수준을 2008년보다 18%, 1990년 수준의 3분의 1수준으로 저하시킬 수 있는가에 대한 계획을 세웠다.

가장 먼저 영국의 각 정부부처는 탄소예산을 할당받고 그 예산 내에서 탄소량을 어떻게 유지할 것인가를 계획하도록 하였다. 각 주요 부처에 할당된 탄소예산은 그 책임성을 공유하도록 하였다. 즉 각 부처에 속해 있는 모든 부동산과 기관들로부터의 온실가스 배출을 탄소예산에 반영하도록 하였으며 각 경제 영역에 대하여 온실 가스배출을 줄이는 영향력을 어떻게 발휘하느냐에 따라 모든 전달 부서의 탄소예산 할당량이 정해지도록 하여 협동적 방식으로 일하도록 하는 인센티브를 제공하였다.[15]

---

15) *The UK Low Carbon Transition Plan: National Strategy for Climate and Energy*, HM Government, p.219 참조, 2009.7.15.

<표 4-2> 각 부처의 2008~2012년까지의 탄소예산의 할당비율(자료: DECC, 2009)

부처명	할당비율
Department of Energy and Climate Change	53%
Departmenmt for Transport	18%
Department for Environment, Food and Rural Affairs	14%
Business, Innovation and Skills	7%
Communities and Local Government	5%
Departmernt for Children Schools and Families	0.4%
Other	2%

2. 전력 분야

전력 분야에서 2020년까지의 계획은 전력 공급을 확보하고 전력산업 및 중공업의 온실가스 배출을 2008년의 22%까지 감축하는 것이다. 또한 전력의 약 40%를 2020년까지 저탄소에너지원으로부터 생성하도록 하였다. 이는 탄소예산제도를 충족시키기 위해 필요한 총 절감량의 반에 해당하는 양이다.

이를 실천하기 위해 가장 중요한 수단은 전력산업과 중공업으로부터 배출을 제한할 수 있도록 하는 EU 배출권거래제도이다. 그러나 이것만 가지고 충분치 못하므로 영국 정부는 다음과 같은 부가적인 지원을 제공할 것이다.[16]

- 신재생에너지: 2020년까지 약 30%까지 신재생에너지전력을 증가시킴.
- 원자력: 새로운 원자력발전소에 대한 계획과 규제적인 허가절차

---

16) 전게서, p.53.

를 합리화함.

- 탄소포집저장: 정부는 석탄전력회사로부터 배출되는 탄소를 포
  집하고 저장하는 네 가지 실험에 투자를 함.

3. 가정과 지역사회

2020년까지의 계획에서 다루는 내용은 2008년 수준에서 29%까지 가정에서의 온실 가스 배출을 줄이고, 가장 취약한 사람들을 보호하는 수단을 도입하며 가스 공급을 안전하게 확보할 수 있도록 하는 것이다. 가정에서 쓰는 보일러로부터 나오는 온실 가스 배출량은 전체 영국 온실가스 배출량의 13%나 차지한다. 이에 따라 정부는 가정에서 에너지 효율성 향상과 저탄소에너지원을 통한 연료의 사용 확대에 힘쓰고자 한다. 이를 위해 다음과 같은 계획을 입안하였다.

- 2008년 4월부터 2011년 3월까지 온실가스 배출량을 20%까지 감
  축하기 위해 일반가정을 돕도록 하는 에너지 공급자의 의무를
  확대함. 이를 위해 약 32억 파운드를 투자하도록 함. 2002년부터
  이러한 의무가 실시되어 6만 가구가 혜택을 받았으며 의무기간
  을 2012년까지 연장하고자 함.
- 저소득층이 사는 지역의 9만 가구까지 중요한 에너지 효율성 향
  상조치가 잘 전달될 수 있도록 지역기반접근방식에 입각한 지역
  에너지 절약프로그램 도입.
- 에너지 절약을 위한 장기 재정 모델을 절약한 만큼 지불하는 방
  식으로 변화시킴.

- 깨끗한 에너지 캐시백 계획 도입: 저탄소 에너지원을 이용하는 사람, 지역사회, 기업에게 지불해 주는 제도임. 태양열을 잘 설치하여 활용하는 가정에는 8백 파운드 이상을 돌려주며 이와 더불어 에너지 절약 명목으로 백40파운드를 추가 지원함.[17]

4. 작업장과 직업부문의 변화

작업장에서 온실가스 배출은 영국 총 배출량의 20%에 달한다. 영국은 2020년 계획에서 2008년 수준보다 13%까지 작업장에서의 온실가스 배출량을 줄이도록 하였다. 이를 통해 저탄소건설, 해양에너지, 풍력발전 등 저탄소 분야에서 전 세계 녹색제조업의 중심으로서 영국의 지위를 건설하고자 한다. 이를 위해 정부는 다음과 같은 조치를 취하고자 한다.[18]

- EU 배출권거래제도를 고탄소 사업장에 도입하여 2020년까지 매년 이산화탄소를 5백만 톤 절약하도록 함.
- 에너지 절약과 저탄소 기술에 투자한 기업이나 공공 분야에 대한 재정적 지원과 인센티브 제공: 기후변화세, 기후변화협정, 탄소감축 및 저탄소 론, 보조금 등

5. 교통 분야의 변화

2020년까지 교통 분야에서 온실가스 배출량을 2008년 수준의 14%

---

17) 전게서, p.78.
18) 전게서, p.112.

를 감축하는 것이 주요한 계획이다. 또한 저탄소국가로의 변화기간 동안 필요한 석유공급량을 확보하는 것도 중요 목표로 설정되어 있다. 교통 분야에 대한 자세한 계획은 '저탄소교통: 녹색미래(Low Carbon Transport: Greener Future)'로 발간되었다.

첫째, 교통 관련 계획에서 가장 중요한 것은 새로운 자동차의 연료효율성을 높이는 것이다. 이를 위해 2020년까지 평균 95g/km까지 이산화탄소를 감축하고자 한다. 특히, EU 기준 충족을 위해 2011~2015년까지 4년간은 행정적 용도로 구매하는 부처나 기관에 우선적으로 정부감축목표를 제시하노록 할 것이다. 또한 다음 2년간 수백 대의 저탄소버스를 도입하기 위해 30만 파운드를 투자하도록 할 것이다.

둘째, 장기적으로 가솔린차에서 디젤차로 변환시키는 계획을 수립하였다. 3백40개 새로운 전기차와 저탄소차를 운영하고 저탄소차의 가격을 내리기 위해 자동차 한 대당 약 2천 파운드에서 5천 파운드를 제공할 계획이다. 이에 더하여 교통에너지의 약 10%를 2020년까지 신재생에너지로 대체하고자 한다. 그 밖에 녹색관광도시들 간 경쟁체제를 확립하거나 전철역에 자전거보관소를 만드는 데 5만 파운드를 투자하는 등 계획을 가지고 있다.[19)

6. 농업, 국토관리, 폐기물 관련 분야의 변화

영국은 2020년까지 농업과 폐기물 분야에서 발생하는 온실가스를 2008년 수준에 6%를 감축하는 계획을 가지고 있다. 또한 폐기물 등을

---

19) 전게서, p.134.

신재생에너지로 바꾸는 기술 등에 대한 지원을 수행하고 있으며 쓰레기 매립지로 보내지는 쓰레기의 양을 줄이 는 데 노력하고자 한다.[20]

V. 기후변화정책 집행

1. 중앙기관

1) 에너지 기후변화부(Department of Energy and Climate Change)

DECC는 2008년 10월에 기업·혁신·기술부(BIS, Department for Business, Innovation & Skill)의 에너지 정책기능과 환경·식품·농업부(Defra)의 기후변화 완화 정책 기능이 통합되어 창설되었다. DECC는 환경의 변화, 경제의 위기, 미래 에너지 공급의 안전한 확보 등에 직면하여 이를 극복하기 위해 존재한다는 미션을 가지고 만들어졌으며 기후변화와 에너지 문제는 매우 밀접하게 연계되어 있다는 인식하에 통합되었다. DECC의 주요 임무는 영국의 에너지 정책을 총괄하고 영국을 대표하여 전 지구적인 기후변화의 극복을 위한 정책을 추진하는 것이다. 이를 달성하기 위해 DECC는 다음과 같은 네 가지 주요 정책 분야를 구분하고 다음과 같은 기능을 수행한다.[21]

---

20) 전게서, p.152.

21) 김정해, 『기후변화대응을 위한 정부대응체계구축: 녹색거버넌스 구축을 중심으로』, KIPA 연구보고서, 2009, p.120 참조.

• 전 지구적 기후변화와 에너지 정책

전 지구적인 기후변화 문제를 극복해 나가기 위하여 국제적으로 일하는 것이 주요 임무이다. 또한 앞으로 영국은 보다 많은 에너지를 수입해야 하기 때문에 안전하고 신뢰할 만한 에너지의 공급과 폭넓은 에너지 원천으로부터의 에너지 공급을 확보하는 것 역시 중요한 임무이다.

• 안정적인 에너지 공급

경쟁력 있는 가격을 확보하기 위한 적절한 시장을 형성하고 다양한 에너지원과 저탄소 에너지의 활용을 통해 효율적인 에너지믹스 정책을 수행하는 임무를 지닌다.

• 소비자의 지원

DECC는 모든 가정에서 에너지를 절약하여 이산화탄소를 감축하도록 하고 이를 통해서 경제적인 이익을 얻을 수 있다는 점을 강조한 캠페인을 벌이는 데 앞장을 서는 임무를 지닌다. 이를 위해 다양한 가정에서의 에너지 절약 프로그램을 집행하고 스마트 에너지계량기를 보급하는 등 다양한 정책수단을 개발하고 집행한다.

• 저탄소 영국 만들기

DECC는 영국이 저탄소 경제로 이동하는 데 도움을 주는 중요한 역할을 수행하고자 한다. 저탄소 기술의 도입을 촉진시키기 위해 환경전환기금과 같은 인센티브를 제공하거나 규제를 도입하여 이러한 기회를 기업이 잘 활용할 수 있도록 하는 임무를 지닌다. 또한 탄소예산의 도입 및 중요성을 더욱 확대할 임무를 수행할 예정이다.

2) 환경·식품·농업부
(Department for Environment, Food and Rural Affairs)

DEFRA는 영국의 기후변화정책을 이끌어 온 주무부처였으나 최근에는 이러한 책임을 DECC로 이관하고 현재 기후변화정책 중 적응정책을 담당하는 주무부처로 일하고 있다. 이에 따라 탄소저감과 관련된 여러 가지 완화정책들은 DECC로 넘겨주었다. 그러나 영국 내 기후변화로 인한 위험을 평가하고 이에 대한 적응조치를 수행하는 중요한 기후변화정책 업무를 중점적으로 추진하게 되었다. 최근 기후변화와 관련한 지속 가능하고 저탄소의 자원효율적인 경제를 촉진시키는 것이 Defra의 중요한 임무로 부각되었다. Defra는 기후변화법안을 성공적으로 도입하고 기후변화완화정책과 관련된 책임을 DECC에 이관하였지만 가정과 기업의 돈을 절약하는 정책을 지원하고 자원을 효율적으로 사용하는 것은 폭넓은 환경목표를 달성하는 Defra의 목표와 부합한다. 그러나 기후변화의 즉각적인 결과들에 대해 대처하고 보다 광범위한 환경목적을 달성하는 데 중점을 두고 있다.[22]

2. 지방정부

최근에는 기후변화에 대한 적응문제가 지방정부에서 중요한 이슈로 등장하고 있다. 이 과정에서 지방정부의 행동을 유도하기 위한 중

---

22) 전게서, p.124.

앙정부 차원에서의 정책조정 수단을 살펴보면 다음과 같다.[23]

(1) 기후변화법 협정(Concordat)

2008년 기후변화법은 협정(Concordat) 체결을 통해 웨일즈, 스코틀랜드, 북아일랜드 지역의 기후변화정책에 대한 통일성을 유지하도록 하였다. 이에 따라 이들 지역 정부들이 지원하는 의회 차원에서의 기후변화위원회가 만들어졌으며 각 지역의 자발적인 정책 수행을 유도하는 수단으로 효과가 있다고 판단된다.

(2) 지방협정 2008(Local Area Agreements 2008)

2008년 6월 30일 전체 잉글랜드지역을 포괄하는 150개 지방협정이 중앙정부와 지방정부 사이에 발표되었다. 이 지방협정은 특정지역에서 조치를 취해야 할 우선순위를 설정하는 것이다. 협정의 주체는 중앙정부 차원의 지역 통합행정청(the Regional Government Office)과 지방 수준의 지방정부와 기타 중요 기관들이 된다. 보건기구, 경찰, 기업, 자발적 조직과 같은 중요 기관들은 지방전략파트너십(LSP, Local Strategic Partnership)으로 알려진 그룹 내에서 합의된다. LSP는 전체 커뮤니티가 지역협정과 지속 가능한 커뮤니티 전략의 개발과 집행에 포함되도록 하는 것이 주된 목적이다. 이러한 지역협정은 기후변화에서 쓰레기 문제까지 커뮤니티에 영향을 미치는 이슈들을 확실히 하는 데 매우 중요한 초석이 되었다.

영국은 이와 같은 지방정부에 대한 여러 가지 성책조징 수단과 제도

---

23) 전게서, p.138.

들을 개발하여 운영하고 있다. 그러나 영국은 매우 중앙집권적인 체제이기 때문에 실제로 지방정부가 중앙에서 내놓는 정책에 순응하게 되는 경우가 많다. 중앙정부의 집권적인 통제가 가능한데 그 원인은 영국 지방정부 예산의 90%가 중앙에서 나오기 때문으로 분석할 수 있다.

독일의 기후변화대응 관련 법제 및 정책

이정률

Ⅰ. 개관

독일은 기후변화대응 문제에 있어 오래전부터 선도자적인 위치를 차지하고 있으며 EU 회원국들 중에서도 가장 능동적으로 온실가스 감축 노력을 전개해 왔다. 국제적으로는 2007년 G-8 의장국으로서 기후변화 문제를 G-8 정상회의의 주요 의제로 설정하여 논의를 주도하고 2007년 상반기 EU 의장국으로서 EU 차원의 기후변화대응 방향을 정립한 'EU 기후변화 패키지' 수립을 주도하는 등 기후 변화 문제에 있어 국제 사회에서 선도적인 역할을 담당해 왔다. 뿐만 아니라 국내적으로는 온실가스 감축 등 기후변화대응성과에 있어 국제사회에서 선두에 나서 있다. 2007년 기준 독일의 온실가스 배출량은 9억 5천7백만 톤으로 1990년 대비 22.4%가 감소되어 교토의정서상의 감축목표치인 21%를 초과 달성하였다.[1] 1990년 당시 독일은 부속서 Ⅰ

---

1) 주독 대한민국 대사관 홈페이지, http://deu.mofat.go.kr/korean/eu/deu/policy/condition

국가 중 4번째로 온실가스 배출량이 많은 국가였다. 그러나 꾸준한 온실가스 감축으로 이산화탄소 배출량이 2007년 기준 세계 6위를 차지하고 있다. 독일의 온실가스 배출 감축은 독일 통일에 의한 영향도 없지 않지만 환경세 도입, 재생에너지 관련법의 제정, 온실가스 배출권거래제도 운용 등과 같은 다양한 정책 수단에 의한 결과물이기도 하다. 연구에 따르면 독일 온실가스 배출 감축분의 약 50%가 장벽 붕괴에 따른 감축분이며 나머지는 여러 기후변화, 에너지 정책의 시행을 통한 것으로 알려지고 있다.[2]

독일의 기후변화, 에너지 정책은 주로 독일 환경부(Bundesministerium für Umwelt, Naturschutz und Reaktorsicherhiet)가 주도하여 만들어진다. 아래에서 독일의 정책을 기후변화와 에너지 정책으로 나누어 보고 각각에 해당하는 법률과 정책에는 무엇이 있는지 알아본다. 이를 통해 독일이 기후변화대응 선진국으로서 녹색성장을 중요한 정부정책으로 시행하고 있는 한국에 어떠한 함의를 던져 주는지 알아볼 수 있을 것이다.

2012년 2월 7일 검색.

2) Bailey, Ian and Susanne Rupp. 2005. "Geography and Climate Policy: A Comparative Assessment of New Environmental Policy Instruments in the UK and Germany", *Geoforum*. Vol.36: 387 - 401.

II. 기후변화

1. 법률

1) 프로젝트 – 메커니즘법(Projekt – Mechanismen – Gesetz – ProMechG)[3]

    교토의정서는 선진국들이 자국에서보다 더 낮은 비용으로 다른 나라에서 배출 감축목표를 달성할 수 있도록 공동이행제도(JI, Joint Implementation), 청정개발체제(CDM, Clean Development Mechanism)와 같은 협력메커니즘을 규정하고 있다. 공동이행제도(JI)라 교토의정서 제6조에 규정하고 있는데 부속서 I 국가들이 온실가스를 감축하는 사업을 공동으로 수행하는 것을 인정하는 것으로 한 국가가 다른 국가에 투자하여 온실가스를 감축하고 이를 확인받아 발급받은 인증배출 감소분의 일부분을 투자국의 감축실적으로 인정하는 제도이다. 여기서 나오는 크레딧을 ERU(Emission Reduction Unit)이라고 한다.[4] 청정개발체제(CDM)는 교토의정서 제12조에 규정되어 있다. 이는 부속서 I 국가가 비부속서국가(Non – Annex I 국가)에 투자하여 얻는 인증배출 감소분을 선진국의 감축실적으로 인정받는 제도이다.[5]

    프로젝트 – 메커니즘법은 독일 기업들이 교토의정서상의 협력메커니즘을 통해 온실가스 배출을 감축할 경우 이를 독일 내의 감축으로 인정하는 내용을 담고 있다. 프로젝트 – 메커니즘법에 따라 인정된 온

---

3) 2005년 5월 4일 발효.

4) 김도경, 윤용희, "배출권거래제 도입에 따른 자본시장법의 적용상 한계와 개선방안", 『증권법연구』 제11권 제1호, 2010년, p.165.

5) *Ibid.*, p.166.

실가스 배출 감축분은 배출권 거래에서 사용될 수도 있다.[6] 구체적으로 동 법률은 "온실가스 배출권을 발급받기 위한 프로젝트의 개발과 실행, 국제배출권거래에서 인정받는 데 필요한 활동에 관하여 규정하고 있으며 독일은 관련 법률 개정을 통해 기업이 온실가스 배출 감축 프로젝트의 수행으로 획득한 배출권이 독일 내의 배출권 거래에 사용할 수 있도록 하였다."[7]

2) 온실가스 배출권거래법(TEHG, Treibhausgas Emissionshandelsgesetz)[8]

(1) 제정

온실가스 배출거래제도는 기후변화에 대응하는 대표적인 법적·정책적 수단 중 하나이다. 독일 또한 교토의정서상의 감축목표를 실현하기 위하여 배출권거래제도를 적극적으로 도입하였다. 독일은 배출권거거래제도를 형성하면서 크게 두 개의 법률에서 이를 나누어 규율하였다. 첫째는 온실가스 배출권거래법(Treibhausgas Emissionshandelsgesetz: 이하 TEHG)이고 다른 하나는 배분법(Zuteilungsgesetz: 이하 ZuG)이다.[9] 독일의 배출권거래제도는 EU의 배출권거래제도(EU-ETS)를 바탕으로 수립되었다. 독일의 배출권거래법은 EU-ETS를 독일 국내법으로 전환시키는 법률에 해당한다. 이 중 온실가스 배출권거래법(TEHG)은 EU 배출권거래지침(「유럽연합 안에서 온실가스 배출인증서의 거

---

6) http://www.bmu.de/english/emissions_trading/doc/36281.php, 2012년 2월 6일 검색.
7) 박광수, "EU-ETS하에서 독일의 배출권거래제에 관한 연구". 『한독사회과학논총』 제20권 제3호, 2010년, p.52.
8) 2004년 7월 15일 발효.
9) *Ibid,*. p.47.

래 시스템에 관한 유럽연합 지침 2003/87/EG」)을 거의 그대로 국내법
화한 것으로 동 지침을 독일 법으로 이행한 법률이다.[10] 동 법률은 2003
년 9월 초안이 작성되고 의회에서 심사가 진행된 후 2004년 3월 12일
연방의회에서 통과되었다. 이후 2004년 7월 15일 발효되었다. 이후
동 법률 집행에 필요한 시행령이 제정되었는데 「온실가스 배출권거
래법 시행령」과 「2007 배분법의 비용에 관한 시행령」이 제정되었다.[11]

(2) 내용

온실가스 배출권거래법(TEHG)은 배출기래의 대강적인 요건과 절
차만을 규정하고 있다. 동 법률의 적용범위는 법률 [부속서 1]에서 규
정하고 있는 온실가스의 배출과 행위이다. 제2장에서는 배출허가와
배출량 파악의무 및 배출보고를 규정하고 있다. 제3장에서는 「온실가
스 배출권거래법」에서 규정된 국가배분계획에 대한 사항 외에 배출
권 배분에 관한 기본적인 문제, 교토의정서에 의한 청정개발체제
(CDM)와 공동이행제도(JI)에서 획득한 배출권의 인정을 규정하고 있
다. 제4장은 배출권의 거래에 관한 내용이고, 제5장은 벌칙에 관한 사
항, 제6장은 공통규정으로서 행정청에 의한 감독, 관할 및 비용에 관
하여 규정하고 있다.[12]

---

10) 한귀현, "환경법상 배출권거래제노에 관힌 언구", 『공법학연구』, 제9권 제2호, 2008년,
　　p.360.
11) 이종영, 백옥선, "독일 온실가스 배출권거래법의 제정배경과 체계", 『중앙법학』 제10집
　　제1호, 2008년, p.411.
12) *Ibid.*

3) 온실가스 배출권배분법(ZuG, Zuteilungsgesetz)

(1) 개요

온실가스 배출권배분법(ZuG)은 온실가스 배출권한의 할당 방식과 절차를 별도로 규율하는 법률로 국가배출량할당계획에서 규정하고 있는 사항을 독일 안에서 법적 구속력을 부여하는 기능을 한다. 또한 온실가스 배출권거래법(TEHG)과 함께 독일의 온실가스 배출거래제도의 두 기둥을 이룬다. "온실가스 배출권배분법(ZuG)을 별도의 법률로 제정하여 규율하고 있는 이유 중의 하나는 배출권한 할당에 대한 규율이 한시적인 성격을 갖는 법률이기 때문이다. 즉 국내 할당계획 수립의 구체적 절차와 기준을 정하고 있는 배분법은 배출 감축목표의 추진 일정에 따라 그 기간 내의 할당방식을 규율하게 된다."[13] 2004년 7월 처음으로 발효된 배분법 2007(ZuG 2007)은 2005~2007년에 걸쳐 적용된 이후 종료되었고, 새로 제정된 배분법 2012(ZuG 2012)는 2008~2012년에 적용되고 있다.

(2) 배분법 2007(ZuG 2007)

배분법은 국가배분계획(NAP)에서 규정하고 있는 사항을 독일에서 법적 구속력을 부여하는 기능을 한다. 배분법 2007은 2005~2007년에 적용된 것으로 2004년 7월 9일 연방의회의 특별회의에서 의결되어 2004년 8월 31일에 발효되었다.[14] 배분법 2007은 2005~2007년 기간

---

13) 조홍식, 이재협, 허성욱, 『기후변화와 법의 지배』, 서울: 박영사, 2010년, p.193.

14) 이종영, 백옥선, "독일 온실가스 배출권거래법의 제정배경과 체계", 『중앙법학』 제10집 제1호, 2008년, p.415.

동안 개별 공장에 대한 배출권의 배분에 대한 규정에 구속력을 갖는 것이었다. 배분법 2007에 따른 배출권 배분은 아래와 같다.

〈표 5-1〉 2005~2007년 배출권의 배분[15]

분야	세부 분야	총량(Mio. ton 이산화탄소/년)
에너지와 산업 분야		503
기타 분야	수송과 주거 분야	298
	상업, 유통 및 서비스 분야	58
	계	356

(3) 배분법 2012

배분법 2007에서는 배출권을 무상배분 하였으나 배분법 2012에서는 무상배분을 없애고 정부가 시장에 관여하지 않는 경매방식을 택했다. "배분법 2012는 이산화탄소 배출권의 배분에 관한 개별 실질규정을 포함하였고, 기존 공장, 신규공장 및 공장운행정치에 대한 일반 배분규정을 포함하고 있으며, 특별 배분규정은 이전의 배출 감축의 인정, 공정과정상 발생하는 배출, 발전소의 특별배분인정 및 원자력발전소의 운영 중단 시에 발생하는 특별배분에 관하여 다루고 있다."[16] 배분법 2012에 따른 배출권 배분은 아래와 같다.

---

15) *Ibid,*. p.416.

16) 박광수, "EU-ETS하에서 독일의 배출권거래제에 관한 연구", 『한독사회과학논총』 제20권 제3호, 2010년, p.50.

분야	세부 분야	총량(Mio. ton 이산화탄소/년)
에너지와 산업 분야		495
기타 분야	수송과 주거 분야	291
	상업, 유통 및 서비스 분야	58
	계	349

2. 정책

1) 에너지 기후 통합 프로그램(Integrated Energy and Climate Program)

독일 정부는 에너지 공급 및 기후변화에 대한 정부 차원의 종합적 대응책 마련을 위해 에너지 기업·경제계, 노조 및 기타 관련 인사 등이 참여하는 정상회담을 3차례 개최하여 합의된 사항을 바탕으로 2007년 6월 '에너지 기후 통합 프로그램'을 수립하였다.[18] '에너지 기후 통합프로그램'을 통해 독일 정부는 다음과 같은 강력한 정책목표를 설정하였다. ① 2020년까지 온실가스 배출량을 1990년 대비 40% 감축하며, ② 2020년까지 에너지 효율을 1990년 대비 20% 개선시키며 ③ 2020년까지 전력생산 중 신재생에너지 비율을 30%로 확대하고 ④ 2020년까지 신재생에너지를 이용한 난방비율을 14%로 확대하는 목표를 설정하였다.[19] 또한 '에너지 기후 통합 프로그램'에는 재생에너지법, 재생에너지난방법, 열병합발전법 등의 개정 사항이 포함되었

---

17) 이종영, 백옥선, "독일 온실가스 배출권거래법의 제정배경과 체계", 『중앙법학』 제10집 제1호, 2008년, p.417.

18) 주독 대한민국 대사관 홈페이지, http://deu.mofat.go.kr/korean/eu/deu/policy/condition, 2012년 2월 7일 검색.

19) 한국원자력산업회의, "기후변화협약과 우리나라의 녹색에너지 정책", 『2009 원자력연감』, pp.51-52.

다. 동 프로그램은 세계 최초로 정부 차원의 포괄적 기후보호 프로그
램으로 평가되고 있다.[20]

2) 국가기후보호 프로그램 2005
(Nationales Klimaschutzprogramm 2005)

'독일 국가기후보호 프로그램 2005'는 2000년 8월 15일 독일 연방
내각이 국제사회에서 독일의 기후보호 의무를 성실히 수행하기 위하
여 수립한 '독일 국가기후보호 프로그램 2000'에 이어 2005년 8월 독
일연방환경부(BMU)의 '이신회탄소 감축연구팀'이 수립한 기후보호
국가중장기계획이다. 이 프로그램은 '기후보호프로그램 2000'의 계획
에 따라 진행된 독일 기후보호노력의 현황을 평가, 보완하였고 이 프
로그램을 통해 독일도 본격적으로 기후보호정책에 대한 구체적 목표
를 설정하고, 이 목표를 달성하기 위한 구체적인 정책들을 소개하고
있다.[21] 동 프로그램에서는 이산화탄소 감축을 위한 핵심수단으로
신재생에너지법과 열병합발전 등을 제시하고 있다.[22]

3) 산업체의 자발적 약속(Self-Commitment)

독일의 기후변화 대처 노력 중 중요한 한 가지는 산업계의 자발적
공약이다. 이는 독일 산업연합(BDI, the Federation of German Industries)
산하에 조직되어 있는 대다수 독일 산업협의체가 정부의 규제를 막기

---

20) 주독 대한민국 내사관 홈페이지, http://dcu.mofat.go.kr/korean/eu/deu/policy/condition,
   2012년 2월 7일 검색.
21) "외국의 기후변화관련법 제정동향", www.konetic.or.kr 참조.
22) 임성진, "지구온난화방지를 위한 독일의 에너지 정책", 『국제정치논총』 제45집 3호,
   2005년, p.292.

위해 1995년, 1996년, 2000년에 구체적인 감축목표를 자발적으로 약속한 일방적 선언(Unilateral Agreement)이다.[23] 1996년 BDI의 35개 회원협회 중 14개 회원협회가 참여해 2005년까지 탄소배출을 20% 감축하는데 합의하였다.[24] 2000년 11월, 교토의정서의 서명과 유럽연합의 부담배분협약에 뒤이어 19개 산업협회는 2012년까지 탄소배출을 28% 삭감할 것과 탄소 이외의 온실가스를 25% 삭감한다는 새로운 자체목표를 채택하는 보다 포괄적인 협약을 정부와 체결한 바 있다.[25]

III. 에너지

독일의 에너지 정책은 온실가스 감축에 있어 핵심적인 위치를 차지하고 있다. 독일은 실제 현재까지 강력하고 적극적인 에너지 정책을 통해 온실가스를 상당량 감축해 왔다. 독일의 에너지 정책은 크게 두 가지로 요약된다. 하나는 신재생에너지 이용의 확대이고 다른 하나는 에너지 효율의 향상이다. 이를 위해 독일 정부는 여러 가지 구체적 조치들을 취해 왔다. 아래서 법률과 정책으로 나누어 독일의 에너지 정책을 살펴본다.

---

23) 윤순진, "영국과 독일의 기후변화정책", 『ECO』 제11권 1호, 2007년, p.65.
24) 이는 약 4천4백여 개의 기업을 포함하며 독일 에너지 사용 산업의 70% 이상이 속한다.
25) Bailey, Ian and Susanne Rupp. 2005. "Geography and Climate Policy: A Comparative Assessment of New Environmental Policy Instruments in the UK and Germany", *Geoforum*. Vol.36: 387 – 401.

1. 법률

1) 재생에너지법(EEG, Erneuerbare – Energie – Gesetz)

(1) 입법 취지 및 내용

재생에너지법(EEG)은 독일 에너지 법안의 근간을 이루는 법안이며 CO_2를 배출하지 않는 풍력, 태양열 에너지 등과 같은 재생에너지 사용을 촉진시키기 위한 목적으로 입법되었다. 1998년 적－녹 연정이 들어선 이후 전력구매법(Stromeinspeisungsgesetz)을 대체하는 법안으로 2000년 4월부터 시행된 재생에너지법은 재생에너지로부터 생산된 전기를 전력망 운영 회사(Grid Operator)가 우선적으로 구입하도록 의무화한 법이다.[26] 동법에 따르면 전력 회사는 재생에너지를 통해 생산된 전기를 재생에너지법에 규정된 금액(tariff)으로 의무적으로 구입해야 한다. 또한 재생에너지 발전 전력의 매입가를 전력 판매가격과 연동시키지 않고 실 생산비를 보장하는 수준에서 매입하도록 규정하며 매입 금액을 20년간 고정시키도록 했다.[27] 이를 통해 소규모 영세 전기생산자(재생에너지시설 운영자)는 전력 공급 대기업과 별도의 판매계약을 체결할 필요 없이 안정적이고 장기적인 수익을 올릴 수 있게 되었다.[28] 구체적인 재생에너지 종류별 전력생산 지원 내용은 다음과 같다.

---

26) Ibid., p.297.

27) 윤순진, "영국과 독일의 기후변화정책", 『ECO』 제11권 1호, 2007년, p.63.

28) 주독 대한민국 대사관 홈페이지, http://deu.mofat.go.kr/korean/eu/deu/policy/condition, 2012년 2월 7일 검색.

〈표 5-3〉 재생에너지 종류별 전력생산 지원 내용[29]

에너지 원천별	KWh당 구매금액
수력발전	시설규모별 5센트에서 10센트 20년 지원
풍력발전	시설규모별 5센트부터 차등 지원
태양열발전	시설규모별 40센트에서 55센트 20년 지원
지열발전	시설규모별 7센트에서 15센트 20년 지원
바이오발전	에너지종류별로 8센트에서 10센트 지원

규정된 금액(tariff)은 매년 5%씩 감축되는데 이는 설비 투자를 조기에 하도록 유도함과 동시에 자체 기술개발을 통해 전력생산비용을 낮추는 노력을 촉진하기 위한 것이다.[30] 전력회사는 재생에너지법에 따라 높은 가격에 전력을 구입하게 되는데 높은 가격으로 전력을 매입한 비용은 전체 일반 전력 소비자에게 전가한다.

(2) 효과

동법은 풍력에너지의 성장세를 유지시키고 태양에너지나 바이오에너지와 같은 다른 재생에너지원의 보급을 촉진시키는 계기를 마련하였다. 재생에너지를 통한 전력은 1998년까지 독일 내 총 전력생산의 5.2%만을 차지했으나 재생에너지법 도입 이후 2003년 7.9%, 2004년 9.3%로 비중이 늘어났으며 2010년에는 11%를 차지하였다.[31] 전력

---

29) *Ibid.*

30) 매년 5% 감축은 기존 생산자가 매년 더 적은 금액을 받는다는 의미는 아니다. 예를 들어, 특정 사업자가 재생에너지를 통해 2008년부터 전력을 생산하고 있다면 EEG 법에 따라 kwh당 10cent로 판매하고 있다면 동 금액은 20년 동안 유효하며, 새로운 사업자가 2009년부터 전력을 생산할 경우 동 사업자는 kwh당 9.5cent의 금액으로 20년간 판매한다는 의미이다.

31) 주독 대한민국 대사관 홈페이지, http://deu.mofat.go.kr/korean/eu/deu/policy/condition, 2012년 2월 7일 검색.

량으로는 법 도입 이전보다 2003년까지 재생에너지 전력 생산이 44배 증가하였다.[32] 또한 독일은 2003년 재생에너지를 이용해 5천3백만 톤의 이산화탄소 배출을 감축할 수 있었는데 이 중 재생에너지법이 가져다준 효과만 2천3백만 톤에 이르렀다. 2010년 재생에너지 발전량은 1천20억kWh인데 이 중 약 80%인 약 8백억kWh는 재생에너지법에 의해 사용 및 지원되었다.[33]

(3) 개정과 향후 전망

2011년 확정된 재생에너지법 개정안에 따르면 재생에너지원에 따라 기본 보상가가 상향 조정될 것으로 예상된다. 이는 재생에너지원 종류별로 편익이 상이하게 나타남에 따라 에너지원별 정책 지원을 조정할 필요성이 대두됨에 따라 취해지는 것이다. 또한 재생에너지법 개정안의 특징은 바이오 에너지 지원을 확대하는 것과 재생에너지 저장기술에 대한 투자를 확대하는 것에 있다.[34]

2007년 8월 수립된 에너지·기후 통합프로그램을 통해 독일 정부는 2020년까지 전력 생산 중 재생에너지 비율을 30%까지 확대하는 정책 목표를 제시하였다. 기존 독일 정부의 목표는 2020년까지 20%였으나 2007년 말 동 비율이 14%를 달성함에 따라 목표치를 상향 조정하였다. 재생에너지법의 개정을 통해 동 목표치 달성을 위한 법적 기반이 개선되었다고 볼 수 있다.

---

32) 윤순진, "영국과 독일의 기후변화정책", 『ECO』 제11권 1호, 2007년, p.64.

33) 주독 대한민국 대사관 홈페이지, http://deu.mofat.go.kr/korean/eu/deu/policy/condition, 2012년 2월 7일 검색.

34) 박소영, "독일 재생에너지법(EEG) 개정으로 녹색성장에 박차", http://www.globalwindow.org, 2012년 6일 검색.

2) 재생에너지 난방법(EWG, Erneuerbare－Energie－Wärmegesetz)

독일 에너지 소비의 약 40%는 건물 부문, 특히 난방에 사용된다. 따라서 재생가능에너지법이 난방 부문에서도 효과를 거두는 것은 독일 정부가 온실가스 배출량 감축목표를 달성하는 데 필수적이다. 또한 전력 부문에서는 재생에너지법을 통해 재생에너지의 비중이 지속적으로 증가하였으나 난방부문에서는 재생에너지법에 상응하는 정책적 지원을 규정한 법이 존재하지 않았다. 이에 따라 독일 정부는 재생에너지에 의한 난방을 촉진하기 위해 재생에너지난방법을 2008년 통과시켰다. 동법에 따르면 2008년 12월 31일 이후 완공되는 신축건물은 난방과 온수에 사용되는 에너지의 15%를 재생에너지로 충당해야 하며, 기존 주택의 경우 재생에너지에 의한 난방 시설을 설치하는 경우 보조금 또는 저리융자 등 혜택을 제공한다.[35][36] 동법은 2007년 6.6%였던 재생에너지에 의한 난방비율을 2020년까지 14%로 증가시키는 것을 목표로 한다.[37]

3) 열병합발전법(Kraft－Wärme－Kopplungsgesetz)

열병합발전법[38]은 독일 정부가 에너지 효율의 향상과 절약을 위해 제정한 법이다. 열병합발전은 발전과정에서 대기 중에 버려진 열을 회

---

35) 주독 대한민국 대사관 홈페이지, http://deu.mofat.go.kr/korean/eu/deu/policy/condition, 2012년 2월 7일 검색.

36) "[지구온난화 기획연재] 독일 시민은 에너지 생산자", 한겨레 21, http://h21.hani.co.kr/section－021046000/2008/08/021046000200808280725039.html, 2012년 2월 6일 검색.

37) "'새는 열 잡기' 저에너지 주택 열올리는 독일", 한겨레신문, http://www.hani.co.kr/arti/society/ environment/309575.html 2012년 2월 6일 검색.

38) Gesetz für die Erhaltung, die Modernisierung und den Ausbau der Kraft－Wärme－Kopplung(KWKG).

수하여 활용함으로써 에너지 효율을 높임과 동시에 이산화탄소 배출을 줄일 수 있는 방식이다. 동법은 열병합 발전소 건설에 대한 초기투자비용이 높고 자본 회수기간이 길어 기존발전방식과 경쟁하기 어려운 점을 고려하여 세제 감면 혜택과 재정지원을 규정하고 있다.[39]

그러나 독일전력시장 규제 완화로 전기요금이 급격하게 하락함에 따라 열병합발전 전력의 경쟁력이 더욱 약화되어 2010년까지 열병합발전을 2배로 하려던 정책이 난관에 봉착하게 되었다. 이러한 정책 환경 변화에 따라 법을 개정하여 2000년 1월 1일부터 열병합발전 전력은 kWh당 1.53유로 센트를 보상해 주도록 했다. 이 법을 통해 2020년까지 이산화탄소 배출이 1천1백만 톤 감소할 것으로 예상되고 있다.[40]

2. 정책

1) 에너지 정책 개관 - 에너지 정책 로드맵 2020

독일은 에너지 정책에서 기후변화 문제를 충분히 고려하고 있다. 2009년 2월 수립한 '에너지정책 2020 로드맵'에서 재생에너지 확대와 에너지 효율의 획기적 개선을 에너지 정책의 핵심목표로 다루고 있다. 동 로드맵은 10대 중점 추진과제 ① 지속적인 에너지 공급의 안정성 확보, ② 에너지 비용 감소와 50만 개의 새로운 일자리 창출, ③ 전력 부분에서 재생에너지 비율 30% 이상 실현, ④ 2022년까지 원자력발전 중단 실현, ⑤ 고효율 화력발전소를 통해 40% 전력 공급, ⑥ 전국적인 통합송전망 회사 설립과 환경친화적이고 효율적인 전력망

---

39) 조홍식, 이재협, 허성욱, 『기후변화와 법의 지배』, 서울: 박영사, 2010, p.191.
40) 윤순진, "영국과 독일의 기후변화정책", 『ECO』 제11권 1호, 2007년, p.62.

확대, ⑦ 2005년 대비 전력소비량 11% 감축, ⑧ 화석 연료를 통한 난방 수요 최소 25% 감축 및 연간 총 전력 생산량 중 열병합발전을 통한 전력생산 비율 2배 증대(25%), ⑨ 운송 분야에서 이산화탄소 배출량 최소 20% 감축, ⑩ 국제 기후 협상의 성공적인 주도를 선정하여 추진하고 있다.[41]

2) 에너지 효율 증진 정책

(1) 개관

독일 정부는 에너지 공급 측면에서 재생에너지 개발·이용 확대를 통해 에너지 공급의 안정성을 도모하는 한편, 에너지 수요 측면에서는 에너지 절감 및 에너지 효율 증대를 위한 제반 정책을 지속적으로 추진하고 있다. 이는 재생에너지 사용 확대가 단기간 내에 이루어질 수 없는 상황에서 독일 정부가 취할 수 있는 현실적인 정책 방안이다. 독일 정부는 2020년까지 에너지 효율을 20% 증진한다는 목표를 설정하고, 법 규정 및 각종 제도적 지원정책을 통해 에너지 효율 증진을 도모하고 있다. 기존 건물을 보다 열효율적인 방식으로 개축하는 데 보조금, 저리 대출 등 각종 지원 정책을 시행하고 있으며 2009년 1월부터 신축 건물은 현행보다 에너지를 30% 절감할 수 있는 방식으로 건축되도록 의무화하였다.[42]

---

41) 2009 원자력연감, 『기후변화협약과 우리나라의 녹색에너지 정책』, 한국원자력산업회의, p.52.
42) 주독 대한민국 대사관 홈페이지, http://deu.mofat.go.kr/korean/eu/deu/policy/condition, 2012년 2월 7일 검색.

(2) CO₂ 감축 건물 개조 프로그램(CO₂−Gebäudesanierungsprogramm)

독일 정부는 건축물의 열(에너지)효율 개선 및 이를 통한 CO₂ 배출을 감소시키기 위해 2001년 동 프로그램을 도입하였다. 동 프로그램은 건물 소유주가 기존 건물을 보다 열효율적인 방식으로 개축할 경우 장기 저금리 융자 및 보조금 등의 인센티브를 제공하는 것을 핵심 내용으로 한다. 동 프로그램 도입 이후 열효율 개선 방식의 건물 개축이 매년 증가세를 기록하고 관련 예산도 확대되는 등 독일의 건축물 열효율성 증대에 큰 기여를 한 것으로 평가되고 있다. 동 프로그램에 따라 건물 개조를 한 주택은 2001년 이래 총 52만 채에 달한다.[43]

3) 생태적 세제 개혁(Ecological Tax Reform)

(1) 입법 취지 및 내용

생태적 세제 개혁은 독일 정부가 에너지 절약과 재생에너지의 확대를 촉진하고 일자리를 창출할 목적으로 1999년 단행하였다. 새로운 세제 하에서는 석유와 가스에 대한 세율이 단계적으로 상승하고 전기에 대해서는 세금이 부과되는 반면 신재생에너지원에 의한 전기는 세금이 면제되었다. 생태적 세제 개혁은 "시장가격이 생태계에 가하는 손상을 회복하는 데 들어가는 비용을 반영할 수 있도록 환경세를 부과하여 환경친화적인 행위를 유도함으로써 환경을 보전할 뿐 아니라 세수 중립적 접근을 통해 고용부문의 세금을 감면해 줌으로써 고용창출 효과까지도 유발할 수 있다는 이중배당가설(Double−Dividend

---

43) *Ibid.*

Hypothesis)에 기초를 둔다."[44] 납세자는 환경오염을 적게 하여 환경세 납부를 줄이려고 하므로 환경 보호의 효과를 거둘 수 있게 된다.[45] 독일 정부는 생태적 세제 개혁의 지속적인 추진을 위해 2003년「생태적 세제 개혁을 지속 발전시키기 위한 법(Gesetz zur Fortentwicklung der Ökologischen Steuerreform)」을 제정하였다. 새 법은 환경을 오염하는 부문임에도 불구하고 경제적인 이유로 인해 주어졌던 조세혜택을 축소 또는 제거하는 조치를 포함하고 있다.[46]

(2) 효과

생태적 세제 개혁은 온실가스 배출량이나 경제적 측면에서 성공적으로 받아들여지고 있다. 자동차용 석유의 경우 동 개혁으로 인해 가격이 상승해 소비량이 2000년 이후 지속적으로 감소하고 있는 반면 친환경적인 교통수단과 에너지의 이용은 크게 확대되고 있다.

〈표 5-4〉 자동차용 석유 소비 감소 추세[47]

연도	2000년	2001년	2002년	2003년
감소비율	-2.8%	-1%	-2.3%	-2.9%

독일 경제연구소(DIW)의 연구에 따르면 생태적 세제 개혁의 시행으로 2005년에 CO_2 배출량이 2% 이상 감소하였다.[48]

---

44) 윤순진, "영국과 독일의 기후변화정책",『ECO』제11권 1호, 2007년, p.64.

45) 조홍식, 이재협, 허성욱,『기후변화와 법의 지배』, 서울: 박영사, 2010, p.191.

46) 임성진, "지구온난화방지를 위한 독일의 에너지 정책",『국제정치논총』제45집 3호, 2005년, p.303.

47) *Ibid.*

48) 윤순진, "영국과 독일의 기후변화정책",『ECO』제11권 1호, 2007년, p.65.

4) 건축물에 대한 '에너지 증서' 제도

독일 정부는 에너지 절감 정책의 일환으로 모든 주택건물에 대해 에너지 증서 제도를 시행함으로써 개별 건물의 에너지 효율을 알 수 있도록 의무화하고 있다. 임차인이나 구매자는 건물소유자에게 에너지 증서의 열람을 요구할 수 있도록 하여 에너지 효율이 건물 가치의 중요 부분을 차지하도록 하였다.[49]

5) 10만 태양지붕 프로그램

"10만 태양지붕 프로그램은 1999년 4월에 5년 안에 평균 최대 용량이 3kW인 10만 개의 태양광발전시설을 독일 전역에 설치할 목적으로 추진된 것이다. 주택이나 공공건물의 태양광발전설비 설치비용을 연방 정부에서 전액 무이자로 대여해 주고 대출금의 90퍼센트 정도만 7년 동안 상환하도록 하였다. 8년째에도 발전설비에서 전력을 생산하면 나머지 10%는 탕감해 주었다. 이 제도의 시행으로 높은 초기 투자비용이 진입장벽으로 작용했던 태양광발전시설이 확대될 수 있었다."[50]

---

49) 주독 대한민국 대사관 홈페이지, *http://deu.mofat.go.kr/korean/eu/deu/policy/condition*, 2012년 2월 7일 검색.

50) 이필렬, "독일의 재생에너지", 『FES-Information Series』, 2003년.

프랑스의 기후변화대응 관련 법제 및 정책

한지희

Ⅰ. 개관

'여름철 정오부터 오후 4시까지 외출하지 말 것. 목이 마르지 않더라도 물을 마실 수 있는 만큼 많이 마실 것.' 이라크 파병군의 수칙 같은 이 지침은 폭염으로 인해 여름 한낮 기온이 섭씨 49도까지 상승하면서 1만 5천 명의 노인들이 세상을 떠난 몇 해 전 폭염의 충격으로 파리 시가 노인들에게 당부하는 권고문이다.[1] 최근 프랑스는 백 년 만의 따뜻한 겨울, 여름의 폭염과 이상저온현상 등 계절별로 이상 기온현상이 나타나고 있다. 프랑스의 기후변화 예측모델과 프랑스 기상청의 기후변화 시뮬레이션에 따르면 21세기 말 이후 남부지방은 1.1도, 북부지방은 0.6도로 평균 1도가 상승할 것으로 예측하였다.[2]

---

1) 김정선, "[기후변화 현장을 가다] 2부 - ② 더운 프랑스, 재앙을 부른다", 『경향신문』(2008. 2.4).

2) 김정해 외, "기후변화대응을 위한 정부대응체계 구축: 녹색거버넌스 구축을 중심으로", 『한국행정연구원』, 경제・인문사회연구회 협동연구총서 09-06-47(2009.12).

또한 2050년에는 평균기온이 섭씨 3.5도 오르고 기후도 훨씬 불규칙적으로 변할 것이며, 특히 여름철 폭염은 더 자주 닥칠 것이라고 예측하였다.[3]

이러한 프랑스의 기후변화는 프랑스의 사회, 경제, 문화, 생활 등 다양한 측면에서 부정적인 영향을 미치고 있다. 특히 프랑스의 대표적인 생산품인 와인은 기온에 따라 맛이 달라지기 때문에 기온의 편차가 해가 갈수록 커지면서 전체적인 와인 품질이 떨어지고 있어 중요한 사회, 경제적 문제로 대두되고 있다. 또한 기후변화로 인해 기온 변동폭이 크고 날씨가 좋지 않아 밀가루, 쌀, 시금치 등 곡물이나 채소의 생산량이 낮아져 품질에 비해 가격이 비싸졌으며, 프랑스 사람들이 주식처럼 먹는 바게트 빵의 가격도 0.9유로에서 1유로로 인상되었다.

프랑스 정부는 기후변화로 인해 파생된 여러 문제들을 피부로 느끼며, 기후변화의 영향을 최소화하면서 향후 기후변화정책들을 경제성장과 연계시키고, 2050년까지 탄소배출을 75%까지 줄이기로 법에 명시하는 등 기후변화 및 에너지 등을 포괄하는 녹색정책을 적극적으로 추진하고 있다. 이러한 노력에도 불구하고 세부적인 집행계획은 다소 부족한 것으로 평가받고 있으며, 실제로 이산화탄소 배출량이 줄어들지 않은 것으로 드러나기도 했으나,[4] 2007년 국민적 대합의를

---

3) 김정선, 전게서.

4) 프랑스 지속가능개발부에 따르면, 생산과 소비 분야에서 에너지 효율은 향상되었지만 경제 규모가 커지면서 그 효과가 사라져, 결과적으로는 1990년부터 2007년까지 CO_2 배출총량은 4억 3천8백만 톤에서 4억 3천9백만 톤으로 다소 증가했다. 부문별로 보면 산업계의 CO_2 배출량은 10% 감소했으나, 서비스와 소송부문에서 각각 25%, 35% 증가한 것으로 나타났으며, 가정에서 난방 및 자동차 운행에 따른 배출량 역시 증가해 국가 CO_2 배출총량의 1/3을 차지하고 있다. 자세한 내용은 http://climateaction.re.kr/5146 참조 (2011.12.26. 검색).

통해 이끌어 낸 환경 그르넬 법안을 통해 기후변화가 프랑스의 최우
선 과제들 중 하나이며, 지속적으로 기후변화에 대응하기 위한 정책
을 고안 및 강화하고 있음을 보여 주고 있다.[5] 이를 통해 특히 산업,
주거, 재생에너지 분야에서 어느 정도 성과를 거두고 있으며 최근에
는 탄소세 도입을 적극적으로 고려하며 기후변화에 적극적으로 대응
하고 있다.

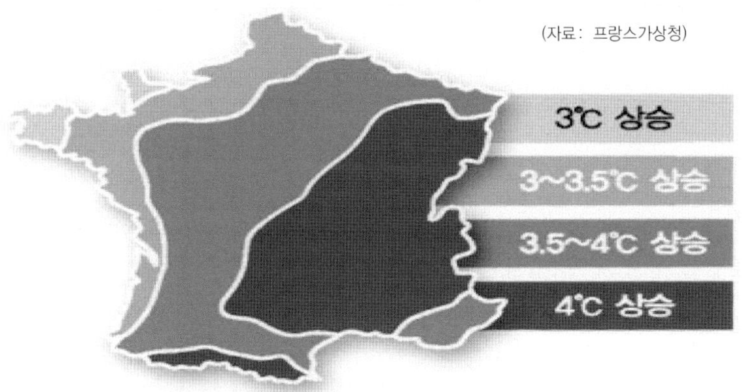

〈그림 6-1〉 2001년 대비 2100년 프랑스 기온변화 예상도[6]

---

5) 사르코지 대통령은 "우리는 더 이상 기후도전을 무시하고, 우리의 생존 조건이 파괴되고 있
   다는 상황을 무시하고 정책을 세울 수 없음을 인식할 용기가 필요하다"고 말한 바 있다. 김
   정해 외, 앞의 책, p.161.
6) 김정선, 전게서.

II. 기후변화법률

1. 기후변화대응의 기본원칙

프랑스는 4가지 중요원칙에 따라 기후변화에 대응하고 있는데, 그 내용은 다음과 같다.[7]

첫째, 국가의 에너지 자립과 에너지 공급의 안정성을 확보해야 한다.
프랑스는 현재 비축 에너지의 양이 턱없이 부족해 그 수요를 충족하지 못하고 있다. 이로 인해 에너지가격 변동에 따라 프랑스 경제 전반이 흔들리는 위험이 초래될 가능성이 크다. 이러한 위기를 극복하기 위해서는 물리적 재고확보 차원에서 전력 분야에서는 발전수준이나 발전용량, 전력배송단계 수준에서, 가스의 경우에는 저장량과 관련하여, 그리고 석유와 관련해서는 안정적으로 저장량을 관리하는 등 각 분야에서 에너지 자립과 에너지 공급의 안정성을 확보하기 위한 충분한 역량을 확보해야 한다.

둘째, 에너지의 경쟁력 있는 가격을 보장해야 한다.
에너지의 가격, 품질과 가용성은 기업들의, 나아가 국가의 경쟁력을 결정하는 결정적 요소들 중 하나이다. 따라서 프랑스 에너지 정책은 특히 강력한 국제적 경쟁에 직면한 프랑스 기업들에게 경쟁력 있는 에너지 가격을 보장해 주어야 한다.

---

7) 자세한 내용은 다음의 논문 참조. 장－마리－퐁티에, 전훈(역), "프랑스의 에너지 정책, 에너지법 그리고 기후변화", 『환경법연구』, 제30권 제2호(2008), p.75－77.

셋째, 인간의 건강과 자연을 보전해야 한다.

특히 온실효과 증가의 방지대책에 있다. 에너지의 생산과 소비는 환경에 지대한 영향을 끼치며, 특히 온실효과를 초래하는 가스(GES)의 배출은 그중에서 으뜸을 차지하며, 또한 대기질의 악화 혹은 방사능 폐기물에 기여하는 오염원이다. 따라서 프랑스는 인간의 건강과 자연을 보전하기 위해 온실가스 배출을 감소시키고 기후변화에 대응하기 위한 에너지 정책을 시행해야 한다.

넷째, 에너지에 대한 접근성을 높여 사회적 통합과 지역통합을 보장해야 한다.

에너지는 인간생활에 있어 최우선적인 필수재이다. 따라서 프랑스의 에너지 정책은 모든 프랑스인들, 특히 최빈층이 양질의, 그리고 합리적인 가격의 에너지원에 접근할 수 있도록 해야 한다.

프랑스는 이러한 기본원칙을 2005년 6월 13일 계획법률(La Loi de Programme du 13 Juillet 2005)에서 4가지 기본행동지침을 규정함으로써 다시 한 번 확인하고 있다. 첫째, 에너지 소비·절약 인증규정(Certificat D'énergie)이나 재정상 유인책 등 여러 조치와 실행계획을 통해 에너지 수요를 만족시키는 것이다. 둘째, 개방적인 원자력 선택을 지원하고 보다 일반적 방법으로 에너지 생활설비를 개발하면서 에너지 공급원을 다양화하는 것이다. 셋째, 수요에 부합하는 에너지의 비축과 공급수단을 확보하는 것인데, 특히 전력의 질과 공급을 보장하고 전기와 가스망의 안정을 공고히 함으로써 프랑스의 에너지 수급의 안정을 개선하는 것이다. 마지막으로, 바이오에너지, 연료전지, 청정자

동차, 태양전지, 이산화탄소의 포집과 지하저장 4세대 원자로나 전력
저장 등과 같은 장기도전과제의 연구를 활성화한 것이다.[8]

2. 프랑스 기후변화정책 추진기관

프랑스의 기후변화정책을 이끌어 나가는 기관에는 크게 지속가능
발전부, 환경 및 에너지 통제청, 국립 기후온난화 영향 관측소 등이
있다.

(1) 지속가능발전부

생태, 에너지, 지속 가능한 발전 및 해양부(MEEDDM, Ministrère de
l'Écologie, de l'Énergie, du Développement Durable et de la Mer), 속칭 지
속가능발전부는 1971년에 설립된 환경부(Ministrère de l'Énvironnement)
가 여러 차례의 조직 개편을 통하여 지금의 복합적 기능을 가진 기관
으로 확대되었으며, 현재 지속 가능한 개발, 환경, 에너지 및 원재료,
교통 및 그 기반시설, 공공시설, 도시계획, 해양, 주거라는 주요 국정
정책 전반을 다루고 있다.[9]

---

8) 2005년 6월 13일 계획법률은 프랑스의 에너지 정책방향을 규정한 것으로, 다양한 에너지
   원을 제시함과 동시에 현재 14%인 재생에너지원의 국내전력생산량을 2010년에는 21%로
   끌어올릴 것을 제시하고 있다. 이러한 에너지 개발을 강화하기 위해 동 법률은 자치단체에
   미치는 광범위한 영향력과 환경상의 문제사항을 최대한 배려하여, 특히 대륙본토의 대규모
   도시에서 풍력발전에 의한 전력의 의무구입 체제로 변경하고 시행령에서 풍력발전소 계획
   을 수립하도록 규정하고 있다. 자세한 내용은 다음의 논문 참조. 장－마리－퐁티에, 전훈
   (역), 앞의 논문, p.79－80.
9) 김현희, 『프랑스의 녹색성장법제에 관한 비교법적 연구－「환경 그르넬법1」의 기후변화대
   응을 중심으로－』, 한국법제연구원(2010.7.), p.23－25. 지속 가능발전부의 조직도는 이
   책 25쪽에 자세히 나와 있다.

(2) 환경 및 에너지 통제청

1990년 12월 19일자 법률 제90-1130호로 구성된 프랑스의 산업 및 상업적 성격을 가진 당시의 환경부, 고등교육 및 연구 산하기관인 환경 및 에너지 통제청(ADEME, Agence de l'Énvironnement et de la Maitrise de l'Énergie)은 대기질 관리청(AQA), 프랑스 에너지 통제청(AFME), 프랑스 폐기물 회수 및 제거청(ANRED) 및 태양에너지위원(COMES) 등 기존의 여러 단체 또는 기관들을 융합하여 출범시킨 것으로, 주요 임무는 환경보호 및 에너지 통제를 목적으로 하는 사업을 계획하고, 활성하며, 협력하고, 시행하는 것이지만, 그 외에도 에너지, 기후변화, 에너지 절약, 신재생에너지, 대기, 소음, 교통, 폐기물, 오염지역-토양, 환경관리, 건설 등 여러 분야를 아우르는 업무를 담당하고 있다.[10]

(3) 국리 기후온난화 영향 관측소

국립 기후온난화 영향 관측소(ONERC, Observatoire National sur les Effet du Rechauffement Climatique)는 정부와 의회의 온실가스 및 기후변화문제에 대한 연구 및 해결의지를 구체적으로 실현하기 위하여 2001년에 설립된 기관으로, 지구온난화 및 이상기후 현상과 관련된 정보 및 연구자료 등을 수집 및 배포하고, 기후변화에 관한 위험을 감소시키기 위해 적응 및 예방대책을 마련하며, 개발도상국을 대상으로 기후변화 연구 관련 노하우를 제공한다. 설립 이래 다양한 주제로 기후변화 관련 보고서를 발간해 오고 있다.[11]

---

10) 국립 기후온난화 영향 관측소에서 발간된 보고서로는 2002년 기후변화와 프랑스에서의 물 관리, 2008년 알프스의 기후변화, 그 영향과 자연위기, 2008년 프랑스에서의 기후변화 영향, 적응 및 비용이 대표적이다. 자세한 사항은 위의 책, 26쪽 참조.

11) 전게서, p.27.

3. 2004~2012 기후계획

EU는 교토의정서에 따라 2012년까지 온실가스의 배출을 1990년 수준에 비하여 8% 낮춰야 한다. 이를 위해 EU 회원국들의 환경법제 및 정책은 기본적으로 교토의정서 합의를 이행하기 위한 국가계획의 수립에 있었다. 프랑스도 마찬가지로 교토의정서 합의사항을 이행하기 위해 세 가지 기후계획을 세웠는데, '기후변화에 대한 국가계획(PNLCC, Plan National de Lutte contre le Changement Climatique)', '에너지 효율성 개선을 위한 국가계획(PNAEE, Plan National d'Amélioration de l'Efficacité Energétique)', 그리고 '주거건설과 지속 가능한 발전 국가계획(PNHCDD, Plan National Habitat Construction et Développement Durable)'이 그것이다.[12]

이러한 2004~2012 기후계획은 2010년부터 교토의정서의 목표를 달성하거나 보다 상회하는 결과를 도출하기 위한 기후변화에 대응방안을 고양하는 프랑스 정부의 실천계획이다. 동 계획은 주거, 교통, 산업, 폐기물 등 일상경제생활부문을 총망라하여 연간 54백만 톤의 이산화탄소를 절감시킬 것을 규정하고 있으며, 2010년 이후에는 2050년까지 온실가스 배출을 1/4 내지는 1/5로 줄이는 기술연구에 대한 장기 전략을 추진하는 내용을 담고 있다.[13]

---

12) 이하 '2004 - 2012 기후계획'으로 약칭하도록 한다. 이에 대한 자세한 설명은 다음의 사이트 참조. EurActive. fr, *Actualisation du Plan Climat France 2004 - 2012*(2007.6.5), http://www.euractiv.fr/actualisation - plan - climat - france - 2004 - 2012(2012.1.2. 검색).

13) *Ibid.*

기후계획의 8가지 중점사항은 다음과 같다.[14]

(1) 기후변화에 대한 홍보와 적응

2004년 5월 말부터 '환경에너지 관리청(ADEME, Agence de l'Environnement et de la Maîtrise de l'Energie)'이 추진하여 매년 시행하고 있는 기후변화에 대한 홍보 캠페인은 텔레비전과 라디오를 통하여 프랑스 국민들에게 정보를 제공함과 동시에 교육의 기능을 담당하고 있다.

(2) 지속 가능한 교통

자동차 등 현대사회의 교통수단은 온실가스를 가장 많이 발생시키는 요인들 중 하나이므로 기후변화에 대응하기 위해서는 이에 대한 대응책 마련이 시급하다. 따라서 대중교통 이용을 장려하는 등 운전자들과 소비자들의 인식을 바꾸려 노력하고, 보다 적절한 운송 수단을 장려하기 위한 다양한 실천계획들을 마련하고 있다.

(3) 건물과 친환경주거

극빈층을 포함한 모든 프랑스인에게 친환경적 주거에서 살 수 있는 기회를 부여하는 것이 동 기후계획의 목표 중 하나이다. 이를 위해 건물을 짓거나 리모델링할 때 태양열이나 절연재 등 보다 좋은 재료를 사용하면 에너지의 사용을 감소시킬 수 있고, 동시에 주거자의 경제적 부담 또한 덜어 줄 수 있다.

---

14) 김정해 외, 전게서, p.167－171.

(4) 산업, 에너지, 폐기물

탄소배출권시장의 도입으로 좀 더 적은 비용으로 이산화탄소를 줄일 수 있는 방안을 마련하였으며, 또한 생산과정에서 발생되는 온실가스를 감축하는 조치를 강화하였다. 이와 함께 장기적 차원에서 재생에너지, 특히 풍력과 태양열, 생물열, 지열 등 천연자원을 통한 에너지 자원 개발에 힘쓰고 있다.

(5) 지속 가능한 농업과 산림

나무로 만드는 바이오연료, 바이오열, 바이오물질들의 생산 등을 위한 산림 이용과 재생에너지의 시설 부지 및 산림 사용과 관련하여 지속 가능한 발전을 위한 토지이용 계획을 세우고, 또한 온실효과를 줄이는 농업기술의 개발에 임하고 있다.

(6) 지속 가능한 에어컨의 사용

소비자들로 하여금 가능한 한 에어컨 사용시간 및 빈도를 줄이도록 하고, 직업 활동에 따라 적절히 사용을 하도록 하는 등 환경친화적으로 에어컨을 사용하도록 에어컨 사용에 대한 EU의 통제제도를 도입하려는 내용을 포함하고 있다.

(7) 지방기후계획과 국가표본

지방자치단체들이 온실효과에 적극적으로 대응하도록 유도하기 위하여 이들 지방자치단체들로 하여금 자체적인 '지방기후계획'을 수립하도록 한다.

(8) 연구와 2010년 후의 전망

2050년까지 온실가스의 배출을 1/4 내지 1/5로 줄이기 위해 장기적 전략을 세우도록 하며, 운송, 건물, 산업 등 다양한 분야에서 지속 가능한 발전을 위한 기후변화대응 기술의 개발에 박차를 가하도록 한다.

4. 2007 환경 그르넬 법안

(1) 경과와 그 배경

프랑스의 사르코지 정부는 프랑스 환경대책 및 지속 가능한 발전에 관한 협의를 위해 2007년 7월 15일부터 10월 25일까지 '환경 그르넬(Grenelle de l'environnement)' 간담회를 개최하였다. 이 간담회에는 2007년 6월 발족한 '지속 가능한 발전·국토개발부(MEDDTL, Ministere de l'Ecologie, de l'Energie, du Developpement Durable des Transports et du Logement)'를 비롯해 환경보호단체, 지방자치단체, 기업 대표들이 참가했으며, 6개 작업반으로 나뉘어 다음과 같은 테마로 다양한 분야의 환경대책에 대하여 논의하였다.[15]

- 기후변화정책과 에너지 수요 억제
- 생물 다양성과 천연자원의 보호
- 건강을 배려한 환경조성
- 지속적인 생산과 소비 형태의 채용
- 생태 민주주의의 구축

---

15) "탄소라벨링제도 시행 및 운영현황 Ⅳ : 프랑스의 CFP제도 운영체제", 『그린팩토리저널』 (2011.11).

• 고용과 경쟁력에 유리한 환경보호를 도입한 개발방법 추진과 장려

간담회가 종료된 후에 사르코지 대통령은 환경정책을 발표하였는데, 이 환경정책의 중기목표는 '온실가스 배출량을 2020년까지 현재보다 최저 20% 감축'하는 것이고, 장기목표는 '온실가스 배출량을 2050년까지 1990년 대비 75% 절감'하는 것이다. 이후 이를 실천하기 위한 세 가지 법적 기반이 정비되었는데, 이것이 바로 '환경 그르넬 법안'이다. 현재 간담회에서 채택된 행동계획을 실천하기 위해 세 가지 법적 기반이 정비되어 있다. 그 첫 번째는 통칭 '그르넬 1'인 「그르넬 환경회의 실시 계획법」이고, 그 두 번째는 통칭 '그르넬 2'인 「환경에 관한 국가 커미트먼트법」이며, 마지막 세 번째는 통칭 '그르넬 3'인 「녹색세 2009년 재정법」이다.

2009년 8월에 공표된 '그르넬 1', 즉 「환경 그르넬 간담회의 성과 도입 및 실시에 관한 법률」은 기후변화, 생물다양성 등에 관한 목표를 정한 것이며, 2010년 7월 공표된 '그르넬 2'는 '그르넬 1'에서 정한 목표를 달성하기 위한 법적·경제적 조치를 취할 수 있는 법적인 틀을 규정한 것이다. 이 '그르넬 2'는 2011년 1월부터 제품에 대한 환경표시 의무화를 포함하고 있어 탄소발자국(CFP) 제도화를 추진하는 근거가 마련된 것이라 할 수 있다. 그러나 2010년 4월, 의회에서 대폭적인 수정이 가해져 최종적으로 환경표시 의무화가 보류된 결과, 2011년 7월부터 1년간 시험적으로 라벨링을 실시하고(국가 실험) 본격 도입을 검토하도록 되었다.[16]

---

16) 상게서.

시기	항목	내용
2007.7.15.~10.25.	환경 그르넬 간담회	프랑스의 향후 환경대책 및 지속 가능한 발전을 위한 대응책에 관한 협의
2009.7.23.	그르넬 환경회의 실시 계획법(그르넬 1)	환경 그르넬 간담회에서 도입하여 정리한 행동 계획을 법적으로 유효하게 하기 위한 법안
2009.8.3.	그르넬 1 발표	
2009.10.	환경에 관한 국가 커미트먼트법(그르넬 2)	
2010.4.27.	원로원에서 가결	정부가 그르넬 2에 포함되어 있는 환경부하 표시 의무를 2011년 1월에서 동년 7월 이후로 연기 방침 발표. 2011년 7월부터 1년간의 시행 기간을 두고, 그 이후 본격적인 도입을 검토한다.
2010.5.11.	그르넬 2 국민회의에서 가결	당초 그르넬 2에 포함할 계획이었던 탄소세의 도입을 포기. 대형 트럭에 대한 환경세도 보류. 또한 환경부하 표시 의무화도 연기하여 2011년 7월부터 시험적으로 도입할 계획으로 되었다.
2010.7.11.	그르넬 2 발표	
2010.11.3.~12.	환경부하표시실험 참가자 모집	2011년 7월부터 환경부하 표시 실험 도입에 참가자를 모집. MEDD와 ADEM이 실험 실시를 지원. 2011년 1월 말 2백30개 기업이 신청하였으며 그중 1/3이 식품 관련 업체이다.
2011.3.8.	환경부하표시실험 참가자 발표	실험참가자로 최종적으로 1백68개 기업 및 단체가 발표되었다.

---

17) 상게서.

〈표 6-2〉 환경정보표시에 관한 개발체제와 활동내용[18]

체제	활동 내용
일반 플랫폼	CFP 산정 및 공표에 관한 일반원칙을 정하여 정리한다. 2008년 6월 『Repository of good practices: General Principles for an environmental communication on mass market products(BP X30-323)』을 AFNOR이 공표
방법론 WG	탄소 저장 및 배분, 컷오프 기준 등의 방법론적 과제를 검토한다. 2010년 가을 BP X30-323의 제1회 개정 실시
부문별 WG	상품 카테고리마다 16개의 WG를 설치하고, 상품 종류별 산정 기준(PCR)을 개발한다.
커뮤니케이션 WG	환경정보의 공개에 관한 검토를 실시한다. 단일/통합 지표, 절대/상대 표시, c가 표시, 정보 갱신 빈도 등을 검토한다.
데이터베이스 관리위원회	환경정보 산정에 필요한 데이터의 개발 및 제공. 공개 데이터베이스는 인터넷에서 무료로 접근할 수 있으며, ELCD 등 다른 데이터베이스의 데이터도 포함한다. 공개 데이터베이스를 2010년 가을에 구축. 2011년 봄부터 데이터 제공을 시작할 예정이다.

(2) 환경 그르넬 1의 주요 내용

환경 그르넬 전반을 관통하는 원칙으로는 첫째, 생태적 긴급성 및 행동의 필요성에 대한 공통된 의지, 둘째, 새로운 장기적인 거버넌스의 필요성, 셋째, 환경친화적인 대안이 합리적인 비용으로는 불가능하다는 입증이 있다는 것을 전제로 하여 환경에 대한 공적인 결정에 있어서는 입증책임을 전환한다는 데에 있다.[19]

환경 그르넬 1의 구성은 다음과 같다.

---

18) 상게서.

19) MEEDDM, Les 13 domaines d'action, *le journal du ministrère*, septembre 2009, p.3.

〈표 6 - 3〉 환경 그르넬 1

제1장 기후변화에 대한 대응		
제1절		건축물의 에너지 소비 감축
제2절		도시계획
	제1관	목적에 관한 규정
	제2관	국내 교통기본법(LOTI)에 대한 개정조치
제4절		에너지
제5절		지속 가능한 분야의 연구
제2장 생물다양성, 생태계, 자연지역		
제1절		야생 및 사육 생물다양성의 상실방지, 진화능력의 회복과 유지
제2절		수자원의 생태적 품질 회복 및 환경 속에서 재생 가능하고 시민이 저렴하게 이용할 수 있는 특성 확보
제3설		다양하고 품질 좋은, 그리고 생산적이고 지속 가능한 농업과 임업
제4절		해양과 연안의 통합관리
제3장 환경과 건강을 위한 위험방지, 폐기물 예방		
제1절		환경과 건강
제2절		폐기물
제4장 국가의 시범		
제5장 거버넌스, 정보 및 교육		
제6장 해외영토에 적용되는 규정		

기후변화에 대한 대응은 동법 제1장에서 자세히 규정하고 있다. 동법 제2조 제Ⅰ항은 기후변화에 대한 대응 목표치를 규정하고 있다. 즉 기후변화에 대한 대응을 최우선적 과제로 규정하고 있으며, 이러한 관점에서 1990년에서 2050년까지 대기 중 온실가스 배출량을 연평균 3%씩 감축함으로써 이 기간 동안 1억 4천만 톤에 해당하는 이산화탄소 배출량을 1/4로 줄이기로 한 약속을 확인하고 있다. 그리고 2020년까지 유럽공동체 내에서 가장 효율적인 탄소 감축이 이루어질 것을 목표로 하고 있으며, 이러한 목표를 위해 유럽공동체의 온실가스 배출량을 최소한 20% 감축하기 위하여 최선을 다할 것이며 유럽

공동체 이외의 다른 선진국가가 이에 상당하는 목표를 약속하고 가장 선진화된 개발도상국이 그에 적절하게 기여하는 한 이 목표는 30%로 할 수 있다고 규정하고 있다. 또한 유럽공동체의 에너지 효율을 20% 향상한다는 목표를 실현함과 동시에 2020년까지 신재생에너지의 비율이 최소한 최종 에너지 소비의 23%에 이르도록 할 것을 약속하고 있다.[20]

이어 제Ⅱ항에서는 기후변화에 대한 국가적 차원의 대응조치에 대해 규정하고 있으며, 이러한 조치는 건축물의 에너지 소비 감축과 교통 및 에너지부문의 온실가스 배출 감소조치를 우선으로 할 것을 천명하고 있다. 또한 제Ⅰ항의 목표를 집행하기 위한 국가적 조치로서 상품 및 서비스의 가격결정에 온실가스 배출비용을 포함시키며, 특히 상품 및 서비스의 생태적 비용에 대한 소비자 정보의 개선, 신규규제의 채택, 타 회원국이 취한 국가적 조치를 고려하여 온실가스 배출권의 거래에 관한 유럽제도를 새로운 분야로 확대, 관련 분야의 업계가 직면한 국제 경쟁에 있어 경매의 영향을 고려하여 기업에 할당된 쿼터의 일부분을 경매, 경매에 의해 할당되는 쿼터는 2013년부터 관련 부문이 시장점유율의 상당 부분을 잃지 않고 그 결과를 극복할 수 있는 수용능력을 가지는 한, 동 공동체 내 온실가스 배출권거래제도에 관한 2003년 10월 13일자 유럽의회와 이사회의 지침 2003/87/CE이 정하는 일정에 따라 100%에 이를 수 있음을 포함하고 있다.[21]

이와 더불어 국가는 탄소 및 에너지 절약을 장려하기 위하여 소위

---

20) 녹색성장위원회, 『주요국가의 녹색성장·기후변화 법령집 Ⅰ』, 한국법제연구원(2010.11.), p.119-122.
21) 상게서, p.121-122

'기후-에너지'라고 하는 세제의 창설을 검토할 것을 규정하고 있다. 즉 화석 에너지의 소비에 대한 과세를 통하여 가격 시스템에 온실가스의 결과를 통합하고자 하는 것으로 이에 대한 연구결과는 본 법이 공포된 때로부터 6개월 이내에 공개되고 의회에 송부한다고 규정하고 있다.[22]

이를 위한 구체적 수단으로는 제4절 '에너지'에서 구체적으로 다루고 있다. 제18조는 에너지 소비감소 목표에 도달하기 위해 소비기준의 적정화, 에너지 절약 상품에 대한 세금 등 우대조치, 소비량이 많은 모든 기구돌에 대한 에너지 효율 표시의 확대, 평가 후 에너지 절약확인증 제도의 강화 및 소비자가 가장 많은 상품, 기술, 기계 및 차량의 회수 등을 포함하여 국가가 동원하여야 하는 다양한 수단을 소개한다. 그리고 제19조는 신재생에너지, 열에너지 등 에너지원을 다양화하고 온실가스를 방출하는 화석에너지에 대한 의존도를 낮추며, 경제적으로나 생태학적으로 지원할 수 있는 조건하에서 2020년에는 최종 에너지 소비로부터 신재생에너지의 양을 2005년과 비교하여 적어도 그 두 배에 해당하는 23%가 되도록 모든 신재생에너지 관련 산업의 개발을 촉진한다고 선언하고 있다. 또한 제20조에서는 수력발전에 대해서, 그리고 제21조는 바이오 연료에 대해서 규정하고 있다.[23]

---

22) 상게서, p.122.
23) 상게서, p.141 - 144.

Ⅲ. 기후변화정책

1. 프랑스의 기후친화적인 승용차 구입 유도 정책

MEEDDM은 자동차로 인한 온실가스 배출을 줄이기 위하여 CO_2 배출량에 연계한 생태적 보너스(Le Bonus écologique) 제도를 2007~2008년에 시행하였다. 동 정책은 프랑스 또는 해외에서 직접 구입한 9인승(운전자 포함) 이하, 3.5톤 이하의 신형 승용차에 대하여 CO_2를 적게 배출하는 신규 차량 구매자에 대해서는 녹색 보너스(bonus)를 통해 보상하고, 이산화탄소를 많이 배출하는 오염 차량 구매자에 대해서 생태적 벌금(penalty)을 부과하는 것으로, 오염차량 구매자의 벌금으로 조성된 돈을 보너스 재원으로 사용함으로써 자동차 구매의 생태적 환경성을 증대시키는 것을 목표로 한다.[24]

녹색 보너스는 2007년 12월 5일 주문 차량부터 적용되며, 2007년 12월 30일 관보 게재(Decree No.2007 − 1873)되었으나, 2007년 12월 5일부터 시행된다. 생태적 벌금은 2008년 1월 1일 등록 차량부터 적용되며, 2007년 예산법령에서 벌금 도입을 법률로 정하여 의회를 통과하여 2007년 12월 28일 관보에 게재(Act No.2007 − 1824)되었다.

(1) 녹색 보너스(Green Bonus): 2백~5천 유로 인센티브 제공[25]
　－이산화탄소(CO_2) 배출량 121~130g/㎞ 사이: 2백 유로

---

24) 『저탄소 녹색성장 각국 정책 사례집』, 외교통상부(2008.11.), p.3 − 4.
25) 초과 보너스는 저공해 자동차를 구입하면서 15년 이상 되어 심하게 오염을 유발하는 차량을 폐기할 때, 추가로 3백 유로의 보너스를 받는다.

- 이산화탄소(CO₂) 배출량 101~120g/㎞ 사이: 7백 유로
- 이산화탄소(CO₂) 배출량 100g/㎞ 이하: 1천 유로
- 이산화탄소(CO₂) 배출량 60g/㎞ 이하(전기 자동차): 5천 유로
- 초과 보너스(super-bonus) 또는 폐차 지원금(premium): 3백 유로

(2) 생태적 벌금(Ecological Penalty): 2백~2천6백 유로 구입가격
   증가
- 이산화탄소(CO₂) 배출량 161~165g/㎞ 사이: 2백 유로
- 이산화딘소(CO₂) 배출량 166~200g/㎞ 사이: 7백50유로
- 이산화탄소(CO₂) 배출량 201~250g/㎞ 사이: 1천6백 유로
- 이산화탄소(CO₂) 배출량 250g/㎞ 초과: 2천6백 유로

2. 자동차 이산화탄소 배출량 표시제도(CO₂ Labelling)

프랑스는 2006년 5월부터 자동차의 '연료 소비량과 이산화탄소 배출량' 표시제도를 의무화하고 있다. 이에 따라 프랑스에서 판매되는 승용차는 쉽게 알아볼 수 있도록 마크를 부착하여야 하는데, 이산화탄소 배출량은 백㎞ 운행 시 이산화탄소의 배출량을(X.X g/100km) A~F까지 7단계로 등급을 표시하고, 연료 소비량은 백㎞ 운행 시 연료 소비량을 리터 단위로(X.X l/100km) 표시한다.[26]

---

26) 외교통상부, 전게서, p.3-4.

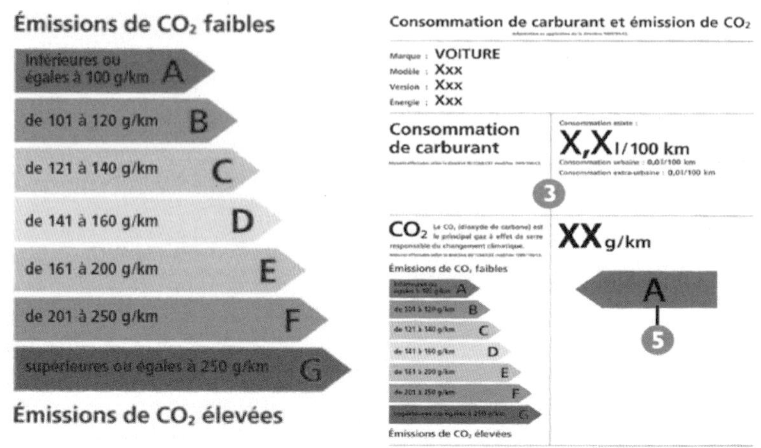

〈그림 6-2〉 이산화탄소 및 연비 표시 방법[27]

3. 가정용 소형 풍력발전기 설비 지원정책

프랑스는 신재생에너지 활용을 권장하기 위해 최근 보급되기 시작한 가정용 소형 풍력발전기 설치가정에 대하여 설비비 총액의 50%까지 소득세 감면, 일반세율 19.6%를 5.5%로 인하하여 부가가치세 감면, 프랑스 남부 해안지역인 랑그독 루시용 레종 25% 지원, 산악지역인 론 알프스 레종 30% 지원하는 등 설비비 지원, 잉여전력을 구매[28] 하는 등 각종 인센티브를 제공하고 있다.[29]

---

27) http://www.ademe.fr/auto-diag/transports/rubrique/CarLabelling/ 참조.

28) 현재 EDF(프랑스전력공사)에서 1kw당 0.0835유로에 구매하고 있으나 조만간 상향 조정될 전망된다.

29) 산업용 풍력발전기의 일반적인 높이(기둥+날개)가 50m에 달하는 데 비해 가정용 발전기는 3~12m까지 다양한 모델이 존재하는데, 이러한 풍력발전기는 전선망 연결이 어려운 산간, 전원지역의 단독주택 위주로 보급되기 시작하여 2008년 당시 프랑스에 3~5백기가 가동 중에 있었다. 풍력발전기의 설비비용은 규모와 전력량에 따라 다양하지만 1kwh 출력의 발전기 설치에 약 1만 유로, 20kwh 발전기는 4만 5천 유로가 소요되며, 보통

4. 파리 건물 외벽의 수직녹화사업정책

프랑스는 여러 세기에 걸쳐 형성된 구도심 지역의 후미지고 폐쇄된 공간을 친환경적으로 미화하는 동시에 부족한 녹지공간을 확충하기 위해 건물 외벽에 수직녹화사업을 시작하였다. 이 정책에 따라 2009년 1월까지 완공된 수직정원 수는 84개에 달하며 현재 백20여 개의 사업 계획이 건물소유주와 검토 중에 있다. 이러한 수직녹화사업을 통해 적외선 방지 및 비 피해 예방, 열 제어, 건물 외벽 수명 연장 등 긍정적인 효과가 발생했으며 지역 미관 향상과 도심환경 정비 효과가 있다는 것이 확인되었다.[30]

수직녹화사업정책은 파리 시청 기획 또는 건물 소유주의 신청으로 사업 가능성을 사전 평가한 후, 평가 결과가 긍정적일 경우 건물 소유주와 연계하여 세부 계획 수립하고 건물 소유주의 동의를 획득하게 되면 외벽 상태 확인 등 사전 준비 작업에 이어 공사를 시행한다. 수직정원을 조성하기 위해서는 해당 건물의 외벽 대로변 토양이 공유지이고, 지하에 기술 관리시설이 없으며, 대로변에서 잘 보이는 공간이고, 외벽이 최소 3m 이상이며, 외벽 상태가 양호하고 지하는 폐쇄된 공간이고, 광고 간판이 설치되지 않은 곳이어야 한다.[31]

20kwh 발전기는 보통 연면적 약 2백m^2 정도의 가정에 전체 전력 소비를 충당할 수 있다고 알려져 있다. 이러한 풍력발진기는 초기 설비비용이 적지 않은데다가 풍량에 따라 경제성도 큰 차이가 나기 때문에 바람이 많은 지역 위주로 제한적으로 설치되고 있다. "해외 녹색성장기술 정책사례", 한국지방자치단체 국제화재단(2009.4.), p.7.

30) 상게서, p.8.

31) 상게서, p.8.

〈그림 6-3〉 파리 8구, 19구 수직정원 조성 사례

러시아의 기후변화대응 관련 법제 및 정책

김인나 · 이태화

Ⅰ. 개관

1992년에 브라질 리우데자네이로에서 열린 유엔환경개발회의에서 다른 178개국들과 더불어 러시아는 지속 가능한 개발과 지구의 생태계를 보호하기 위한 정책을 만들 것을 전 세계 많은 국가들이 동의하는 여러 개 국제협약에 가입하였다. 지속 가능한 개발로의 전환을 위해서는 국가가 환경의 안정성을 보장하여 자연 생태계의 점차적인 복구를 이루어 나가야만 한다. 이러한 것은 모든 인류의 공동노력으로 달성되어야 하지만 개별 국가는 이 목표를 달성하기 위해 그들 각각이 독자적인 출발을 하여야만 한다. 그러나 지속 가능한 개발로의 전환은 생태계의 허용 가능 용량의 한계에 전혀 주의를 기울이지 않는 현재의 획일화된 사고를 포기하지 않고서는 이루어지지 않는다. 또한 환경에 대한 안정성을 보장할 필요나 환경에 대한 무책임한 태도를 기업과 개인들이 유지하는 한 지속 가능한 개발로의 전환은 이루어지지 않는다.

지속 가능한 개발에 대한 사상은 러시아의 전통 및 정신과 일맥상통한다. 이 사상은 러시아 사회의 통합, 사회 및 경제적인 전환의 방향과 국가의 우선정책을 결정하는 데 중요한 역할을 할 수 있다. 러시아의 현실에 지속 가능한 개발을 촉진하고 그 원칙들을 이행하는 것과 관련한 중요한 것으로는 다음과 같은 두 개의 대통령령들이 있다.[1]

- 대통령령 제236호(1994) '지속 가능한 개발보장과 환경보호에 관한 러시아 연방 국가전략(On National Strategy of the Russian Federation on Environmental Protection and Guaranteeing the Sustainable Development)'
- 대통령령 제440호(1996) '러시아연방 지속 가능한 개발전환에 대한 개념(On Concept of the Russian Federation Transition to Sustainable Development)'

1. 러시아의 환경법

러시아 환경법의 발달단계는 1917년 이전, 소련연방 시기, 소련연방 이후 세 시기로 나누어 볼 수 있다. 1970년대까지 환경보호의 문제는 생태적인 문제로 다루어진 것이 아니라 위생에 관한 영역에서 다루어졌다. 그러나 1970년대와 1980년대를 거쳐 우선순위에 변화가 일어남에 따라 자연 보존과 관련된 새로운 법들이 제정되었다. 1980년대 초반에 시작된 대규모 생태계보호활동이 환경법을 제정하고, 환경보호와 자연자원의 이용에 관한 관리와 관련한 국가 행정부의 특

별 조직을 만드는 데 기여하였다. 1990년대 초반에 환경보호부(Ministry of Environmental Protection)가 설립되었고, 현재는 자연자원과 환경부(Ministry of Natural Resources and Environment)로 이름이 바뀌었다. 소련 연방이 해체되고 난 이후 환경과 관련한 사안에 관하여 약 30개의 법령이 제정되었다. 이 법령들은 환경과 자연자원보호에 관한 것이며 환경, 인간의 생명, 건강과 재산에 대한 상품과 서비스의 안전을 보장하려는 목표를 가지고 있다.

한편 러시아의 환경법들에서 정하고 있는 환경보호에 관한 주요한 원칙들은 다음과 같은 특징들을 가지고 있다.[2]

- 국민의 삶, 노동, 여가생활과 관련하여 우호적인 환경조건들을 국민들에게 제공하고 국민의 생명과 건강을 보호하는 데 우선한다.
- 건강하고 우호적인 환경에 대한 인권과 지속 가능한 개발을 실제적으로 보장하는 사회의 생태적 및 경제적인 이익 간의 균형을 고려한다.
- 자연, 환경자원, 자연자원의 재생과 관련하여 자연자원을 이성적으로 사용한다.
- 환경법 관련한 의무사항들을 준수하고 위반할 경우 그 책임을 지도록 한다.
- 환경보호목적을 정하는 데 있어 공공기관과 국민이 밀접한 연계를 맺고 활동의 투명성을 보장한다.
- 환경보호의 국제협력을 추진한다.

---

2) Article 3 Federal Law "On environmental protection".

환경법을 제정하는 데 있어 그 근거는 러시아 연방헌법에 기준하고 있다. 헌법의 제42조는 다음과 같이 정하고 있다.

> 모든 국민은 우호적인 환경, 믿을 만한 정보의 접근성, 생태계의 교란으로 인한 재산과 건강에 영향을 미치는 피해보상에 관한 권리를 가진다.

연방 법률에 있는 유사한 조항들은 다음과 같다.

- 환경보호에 관한 연방법(Federal Law on Environmental Protection) (2002):[3] 이 법은 환경보호와 관련한 다음과 같은 국가정책의 법적 근거를 정하고 있다. a) 사회 경제적 목표에 관한 균형 잡힌 해법을 제공한다. b) 현재와 미래 세대의 필요를 충족시키기 위해 우호적인 환경, 생물다양성과 자연자원을 보전한다. c) 환경보호에 관한 법적 질서를 강화한다. d) 생태적 안정성을 제공한다.
- 생산과 소비 폐기물에 관한 연방법(Federal Law on Wastes of Production and Consumption)(1998):[4] 이 법은 인간의 건강과 환경에 미치는 피해를 방지하기 위하여 산업 폐기물과 소비하는 과정에서 나오는 폐기물의 관리와 그러한 폐기물을 재활용하는 것에 관한 법적 근거를 규정하고 있다.
- 대기보호 연방법(Federal Law on Atmospheric Air Protection) (1999):[5] 이 법은 대기보호의 법적 근거를 정하고 우호적인 환경

---

3) http://www.rg.ru/2002/01/12/oxranasredy-dok.html 참조. 2011년 10월 10일 검색.
4) http://www.legis.ru/misc/doc/928/ 참조. 2011년 10월 10일 검색.
5) http://www.legis.ru/misc/doc/1252/ 참조. 2011년 10월 10일 검색.

과 그 상태에 관한 믿을 수 있는 정보에 접근할 수 있는 헌법적
인 권리를 이행하는 것에 관해 규정하고 있다.

- 수질법(Water Code)(2006):[6] 이 법은 러시아의 수자원 이용과 관
  련한 규정들을 포함하고 있다.
- 토지법(Land Code)(2001):[7] 이 법은 러시아의 토지 이용과 관련한
  규정들을 포함하고 있다.
- 산림법(Forest Code)(2006):[8] 이 법은 러시아의 산림 이용과 관련한
  규정들을 포함하고 있다.
- 도시계획법(Urban Planning Code)(2004):[9] 이 법은 러시아의 도시
  계획과 관련한 규정들을 포함하고 있다.

II. 기후변화

1. 정책

국제적인 차원에서의 기후변화문제에 관하여 러시아 정부는 특별
한 관심을 기울이고 있다. 그러나 그 문제를 해결하려는 노력은 그
관심에 비해서는 미흡한 편이다. 따라서 전 세계에서 가장 큰 국가
중 하나인 러시아는 기후변화 문제를 해결하기 위해 더 노력해야만

---

6) http://www.zakonrf.info/vodniy-kodeks/1/ 참조. 2011년 10월 10일 검색.
7) http://www.zakonrf.info/zk/ 참조. 2011년 10월 10일 검색.
8) http://www.zakonrf.info/lesnoy-kodeks/ 참조. 2011년 10월 11일 검색.
9) http://www.rg.ru/2004/12/30/gradostroitelniy-kodeks.html 참조. 2011년 10월 11
   일 검색.

한다. 러시아가 더욱 경제 개발을 진행시켜 갈수록 이러한 국제적인 환경문제 때문에 점점 더 환경보호에 관심을 기울이도록 요구받고 있다. 온실가스 배출은 가장 중요한 이슈들 중 하나이다. 세계 온실가스의 거의 6%를 러시아가 배출하고 있다. 러시아는 중국, 미국, 유럽연합 그리고 인도 다음으로 배출량이 많다. 러시아의 온실가스 배출의 가장 큰 부분을 차지하는 것은 에너지 분야이다. 다음은 석탄 광업, 원유 및 가스 채굴사업이다. 그 다음으로 온실가스 배출이 많은 것은 산업 부분과 건설 부분이다.[10] 그러므로 에너지 효율을 증가시키는 것은 온실가스 배출을 줄이는 가장 중요한 방법 중 하나이다. 또한 생태적으로 청정하고 재생 가능한 에너지 자원을 개발하고 확대하는 것을 촉진하는 것은 효율적인 조치들 중 하나로 보인다. 기후변화에 관한 국가정책의 주요 원칙들은 다음과 같다.[11]

- 기후변화와 그것의 결과와 관련하여 러시아가 관심을 가지는 것이 국제적으로 중요하다.
- 기후와 관련한 정책을 준비하고 실현시킬 것을 국가의 우선정책으로 한다.
- 정책에 관한 정보를 대중에게 투명하게 공개한다.
- 국가 내 행동의 필요성에 대한 접근과 기후변화문제에 대한 국제적인 연구프로그램과 프로젝트에 러시아 정부가 국제적인 협력을 추진한다.
- 기후변화로 인한 잠재적인 손실과 이익이 무엇인지 확인한다.

---

10) http://climatechange.ru/node/55 참조. 2011년 10월 15일 검색.
11) Article. 7 Climate Doctrine of Russia.

- 기후변화의 부정적인 결과에 대하여 국민, 경제, 국가를 보호하기 위한 조치들을 계획하고 실행하는 데 사전주의 원칙을 적용한다.

기후변화문제와 러시아의 관련성은 그 영토 안에 한정되는 것이 아니라 국제적인 성격을 가진다. 이것은 기후변화문제가 국제적인 성격을 가지고 그 문제를 해결하는 것도 국제적인 협력이 필요하기 때문이다. 러시아는 1994년 유엔기후변화협약에 가입하였으며 2004년 비준하였다. 교토의징서 하에서 전환경제국가의 지위를 가지고 Annex-I 국가군에 속한 러시아의 주요 목표는 2008년에서 2012년 사이 1990년 수준으로 온실가스 배출수준을 안정화시키는 것이다. 러시아가 에너지 효율로 줄일 수 있는 에너지의 양은 현재 에너지 소비의 39~47%이다. 이것의 반 이상은 연료-에너지 복합, 에너지 소비산업에서 이루어질 수 있다.[12] 러시아가 에너지 절약을 한다면, 절약한 쿼터분만큼 일본이나 유럽연합과 같은 선진국에 팔 수 있다. 온실가스 배출을 교토의정서의 약속이행 할당량만큼 줄이기 힘든 국가들은 다른 국가로부터 쿼터를 사는 데 관심이 있다. 쿼터를 판매할 수 있는 잠재적인 판매자인 러시아는 배출권거래제나 공동이행제도와 같은 메커니즘에 참여할 수 있다. 이 두 제도는 교토의정서 하에서 얼마간의 의무 감축을 해야 하는 선진국과 전환경제국가들 간에 이루어진다. 특히 녹색투자를 하고 친환경적인 사업을 촉진하는 데 러시아가 이익을 볼 수 있다는 전망 때문에 공동이행제도는 러시아가 매우 관심을 가지고 있다.

---

12) http://www.electroenergetika.ru/energy/article-6561.html 참조. 2011년 10월 10일 검색.

2007년부터 러시아 정부는 기후변화를 완화하고 기후변화에 적응하기 위해 더 많은 조치들을 실행하는 다음과 같은 정책들을 만들어오고 있다.

- 2020년까지 장기적인 사회 - 경제 개발계획[13]
- 러시아 기후 독트린(2009): 이 독트린은 기후변화와 관련하여 러시아 정부의 정책을 실현하는 방법, 관점, 원칙, 내용 등을 담은 전략적인 지침이다. 이 원칙은 기후분석, 기후위험, 기후변화 적응조치 등에 관한 주요 요소들을 포함하고 있다.[14]

러시아 기후 독트린은 2009년 12월 17일 법으로 제정되었다. 이는 기후변화와 기후변화로 인한 결과 등을 포함하며 러시아의 미래 기후변화정책의 실행과 개발을 위한 근거가 되는 법이다. 따라서 러시아 국내의 기후변화 관련 법률과 국제표준들 간의 조화, 기후모니터링의 향상, 더욱 강력한 환경기준과 에너지 효율 및 에너지 절약 조치들의 채택, 재생 가능한 에너지를 포함한 대안에너지를 더 많이 사용하는 것을 위한 청사진이 될 것으로 기대되었다.

이 독트린 하에서, 러시아는 2030년까지 천연가스로 생산한 전력을 현재의 50%에서 46%나 47%로 감소시키려고 하고 원자력발전소의 용량을 두 배로 증가시키려 한다. 이 독트린은 또한 원유시추지에서 발생하는 천연가스를 태우는 것을 제한하고 있고 재생에너지로부

---

13) http://www.economy.gov.ru/minec/activity/sections/strategicPlanning/concept/indexdocs 참조. 2011년 10월 5일 검색.

14) http://президент.рф/news/6365 검색. 2011년 10월 10일 검색.

터 생산되는 전력을 2010년 1.5%, 2015년 2.5% 그리고 2020년 4.5%로 증가할 계획이다. 이 독트린은 기후정책의 전략적 목표를 안전하고 지속 가능한 개발을 달성하는 것으로 설정하고 있다. 또한 다음과 같은 영역에 있어 기후정책을 강조한다. 첫째, 기후시스템을 더 잘 이해하고 미래의 영향과 위험을 평가하기 위한 연구를 향상시킨다. 둘째, 기후변화 완화와 적응을 위한 단기 및 장기 조치들을 개발하고 실행한다. 셋째, 국제사회와 협력한다. 독트린에는 다음과 같은 기후변화 완화를 위한 조치들이 포함되어 있다.

- 경제 전반에 걸쳐 에너지 효율성을 확대한다.
- 재생에너지 사용을 확대한다.
- 시장 왜곡을 줄이고 기후변화 완화를 장력하기 위한 재정정책을 실행한다.
- 탄소흡수원들을 향상시키고 보호한다.
- 또한 독트린에는 에너지 효율, 재생에너지, 환경친화적 기술 및 온실가스 흡수기술들을 확대할 계획이 포함되어 있다.[15]

---

15) http://www.iea.org/Textbase/pm/?mode=pm&id=4484&action=detail 참조. 2012년 1월 26일 검색.

III. 에너지

1. 에너지 효율관련 법률 및 정책

러시아는 국제적으로 주요 에너지 공급국가 중 하나이다. 러시아가 공급하는 주요에너지원은 석유와 천연가스이다. 그러나 기후변화와 지구온난화 문제로 인해 국가가 지속 가능한 개발을 위해 새로운 에너지원을 찾아야 할 뿐만 아니라 전통적인 에너지원을 절약하도록 요구받고 있다. 따라서 에너지 효율과 관련한 프로그램은 국내적인 차원에서 중요하며 에너지 효율과 관련한 주요 법들은 다음과 같다.

- 에너지 절약 및 에너지 효율증가와 러시아 정부의 일부 법령 개정에 관한 연방법률(Federal Law on Saving Energy and Increasing Energy Efficiency Increase and Amending Certain Legislative Acts of the Russian Federation)(2009):[16] 이 법은 사업체들이 에너지 절약 기술로 전환하도록 유도하는 조치들을 다루고 있다. 이 조치들에는 세금우대, 투자세 credits, 에너지 절약 프로젝트에 대한 보상제도 등을 포함하고 있다. 또한 이 법에 따라, 러시아내에서 생산되는 모든 상품과 수입되는 상품은 라벨링을 부착해 에너지 절약에 대한 정보를 제공하고 있다. 가전제품은 2011년부터 시행되고 컴퓨터와 사무기기는 2012년 1월부터 시행되었다.
- 2020년까지의 러시아 에너지전략(Energy Strategy of Russia for a

---

16) http://www.rg.ru/2009/11/27/energo-dok.html 참조. 2011년 10월 20일 검색.

Period Till 2020):[17] 이것은 행정부와 회사가 재생에너지를 이용해 전력을 생산하는 것에 관해 정부와 사업체가 만들어야만 하는 노력의 형태, 방향, 목적을 제공한다. 이 전략에서 밝히는 러시아 에너지 정책의 목적은 천연에너지 자원의 최대효율적인 이용과 국가경제 개발 중 에너지 분야의 잠재성 그리고 국민의 삶의 질 증가이다. 또한 이 전략은 에너지의 생태적인 안정성, 에너지 효율, 에너지 분야의 지속 가능성이 러시아 에너지 정책의 주요 원칙들이라고 밝히고 있다.

- 대통령령 제889호 '러시아 경제의 에너지 및 환경 효율성을 증가시키기 위한 조치들(On Measures to Improve Energy and Environmental Efficiency of Russia's Economy)'(2008):[18] 이 법은 2007년과 비교하여 2020년에 GDP의 에너지집중도를 40% 감소시키는 것을 목표로 하고 있다.

2009년 러시아의 대통령 메드베데프는 에너지율과 관련한 활동에 있어 가장 중요한 여섯 가지 방향을 설정하고 있는 규약에 서명했다. 이들 방향은 경제적 이익을 위한 목표를 가질 뿐만 아니라 에너지 보전 수준을 증가시키고 효율적인 에너지 소비를 촉진시킬 목적도 가지고 있다. 여섯 가지 방향은 다음과 같다.[19]

1) 새로운 조명: 구식 전구를 에너지 효율적인 조명 기기로 전환하

---

17) http://www.minprom.gov.ru/docs/strateg/1 참조. 2011년 10월 12일 검색.
18) http://www.rg.ru/2008/06/07/ukaz－dok.html 참조. 2011년 10월 12일 검색.
19) http://www.medvedev－newsline.ru/5205.html 참조. 2011년 10월 8일 검색.

고 그런 효율적인 상품들을 국내업체들이 제조하도록 장려한다. 2011년 1월 1일 이후 백W보다 더 높은 전력을 사용하는 구식 전구의 사용을 금지하였다.

2) 에너지 효율적인 도시지구: 처음에는 도시의 지구들과 소도시들을 나중에는 국가 전체를 현대화하도록 촉진한다. 에너지 자원 가격을 감소시키고 난방과 조명의 질을 증가시킴으로써 국민의 삶의 질을 증가시키는 것이 목적이다. 이를 위해 국가 전 지역에 에너지 효율과 관련하여 재정을 지원하는 전형적인 메커니즘을 제공한다.

3) 계산하고, 경제화하고 그리고 지불하라: 소비자에게 지불하는 것뿐만 아니라 에너지 소비를 감소시키는 것을 규제하는 장비를 제공하는 것을 장려한다. 소비자들의 습관을 변화시키는 것이 주요 목적이다. 만약 이것이 성공적으로 실행된다면, 주거 및 상업 부문의 에너지 소비가 20% 감소할 것이다.

4) 에너지 혁신: 바이오연료 소비와 관련하여 효율적인 혁신 아이디어를 실행하려는 것을 장려한다. 또한 풍력, 조력, 바이오매스, 태양에너지, 지열 등을 포함한다.

5) 에너지 효율 적용 확대: 에너지 효율적인 사회부문을 설립하는 것을 장려한다. 처음에는 병원과 학교에 에너지 효율기기와 기술을 보급한다. 미래에 이것이 성공적으로 실현되면, 모든 사회 분야로 확대되어 실행될 수 있다.

6) 소규모 복합에너지: 지역의 에너지를 위해 에너지 효율적인 장비를 생산하고 실행하는 것을 고려한다. 특히, 이것은 비효율적인 구식 난방 기술을 천연가스를 사용하는 새로운 기술로 대체하도

록 장려한다. 이것의 목적은 지역별로 실험단계를 거쳐 전국으로 확대하여 러시아 연료－에너지 균형을 향상시키는 것이다.

2. 재생에너지 관련 법률 및 정책

러시아가 재생에너지원을 개발하고 확대하려는 노력은 매년 증가하고 있다. 그러나 여전히, 국가재정의 가장 큰 부분이 전통적인 자연자원에 기대고 있는 현실에서는 상황을 변화시키는 것이 쉬워 보이지 않는다. 지리적 위치, 크기, 기후의 다양성 및 지형학적 특질 때문에 러시아는 재생에너지원에 엄청난 잠재성을 가지고 있다. 연구자들에 따르면, 모든 에너지 소비의 약 30%를 충당할 수 있는 양이라고 한다. 그러나 이 잠재성은 아직 사용되지 않고 있다. 대규모 수력발전을 제외한다면, 오직 1%의 재생에너지만이 사용되고 있을 뿐이다. 사회 경제적인 측면에서 매우 중요하고 러시아 전체 에너지 소비의 약 40%를 차지하고 있는 난방 공급 분야에서조차도 전통적인 에너지원이 선점하고 있다.[20] 에너지 이용의 전통적인 접근방식에서 재생에너지 개발을 촉진하고 지지하는 것으로의 전환은 국가의 지원과 효과적인 법률을 제정하는 것 없이는 되지 않는다.[21] 현재 재생에너지 관련법은 다음과 같다.

---

20) http://www.energieforum.ru/ru/archiv_novostej/vozobnovljaemaja_yenergija_v_rossii_528.html 참조. 2011년 10월 10일 검색.
21) http://minenergo.gov.ru/activity/vie/ 참조. 2011년 11월 28일 검색.

- 전력산업에 관한 연방법(Federal Law on Power Industry)(2003): 이 법은 전력산업 분야의 경제적 관계에 대한 법적인 근거를 제공한다. 그리고 이 법은 규제 및 전력사업의 주체와 소비자의 의무와 권리를 정하고 있다. 또한 이 법은 재생에너지원이 무엇인지 정하고 있다. 이 법이 정하고 있는 재생에너지원은 태양에너지, 풍력, 조력, 수력, 지력, 바이오연료, 바이오매스이다.

- 전력산업에 관한 연방법 개정법률(Amendments to the Federal Law 'On Power Industry')(2007): 이 개정안은 재생에너지 이용을 촉진하는 방법과 원칙들을 정하고 있다.

- 결의안 N 426 '재생에너지원에 근거한 발전사업자의 자질에 대한 결의안(On Qualification a Generating Object Based on Renewable Energy Sources)'(2008):[22] 이 결의안은 국가의 지원을 받는 전력생산업체의 권리에 대하여 정한다.

- 2020년까지 재생에너지의 이용을 통한 에너지 효율증가에 관한 국가정책에 관한 행정령 N1-p(State Policy of Energy Efficiency Increase Through Use of Renewables for the Period up to 2020)(2009):[23] 이 가이드라인은 2020년까지 재생에너지원으로부터 생산되는 전력분에 대한 목표를 설정한다.

---

22) http://www.garant.ru/products/ipo/prime/doc/93385/ 참조. 2011년 10월 8일 검색.
23) http://www.energosovet.ru/npb1165.html 참조. 2011년 10월 8일 검색.

PART 04

오세아니아의 기후변화대응 관련 법제 및 정책

08

호주의 기후변화대응 관련 법제 및 정책

이소영

I. 개관

1. 호주와 환경보호

호주는 UNFCCC의 당사국이며, 1998년 4월 24일 교토의정서에 서명하였지만 미국과 함께 교토의정서에 반대해왔다. 하지만 2007년 11월 정권 교체 후 기후변화정책에 큰 변화가 오고 교토의정서는 2007년 12월에야 비준되었다.

2007년 12월 3일, 호주는 The Prime Minister and Cabinet Portfolio의 일부로 기후변화부(Department of Climate Change)를 설립하였다. 이로 인하여 환경수자원부(Department of the Environment and Water Resources), 총리부(Department of the Prime Minister and Cabinet), 외교통상부(Department of Foreign Affairs and Trade)의 기능을 기후변화부에 이양하였다. 또한, 환경수자원부는 재생에너지 감독사무소(Office of the Renewable Energy

Regulator)에 대한 감독책임을 기후변화부에 이양하였다. 기후변화부
의 기능은 기후변화정책 개발 및 조정, 국제협상을 비롯하여 배출권거
래제 고안 및 시행, 의무적 신재생에너지 사용정책 입안, 규제 및 조
정, 온실가스 배출 및 에너지 소비효율 보고, 기후변화 적응 전략 도출
및 정책 조정, 기후변화 관련 연구개발 활동의 조정 등을 포함한다.

기후변화부를 설립한 이후에 호주는 '기후변화규제기관(Australian
Climate Change Regulatory Authority)' 설립을 추진하였다. 기후변화규
제기관은 탄소오염감축제도(Carbon Pollution Reduction Scheme Act 2009),
국가온실가스와 에너지보고법(National Greenhouse and Energy Reporting
Act 2009), 그리고 신재생에너지법(Renewable Energy Act 2000)이 수행
해야 할 기능을 행사하도록 되어 있다. 기존의 재생에너지 감독사무
소(Office of the Renewable Energy Regulator)와 기후변화부 내부조직인
Greenhouse and Energy Data Officer(GEDO)로 운영되었던 기후변화대응
규제기관에 대하여 Carbon Pollution Reduction Scheme의 운영을 추가함
으로써, 새로운 기관이 필요하게 되었다. 기후변화규제기관은 기존 2
개 기관을 폐지하고 3개 기능을 수행하고, 관련 법률의 집행과 운영
을 독립적으로 수행하기 위한 전담부처의 설립을 위해 마련된 것이
다. 2009년 6월 29일 기후변화규제기관 설립을 위해 ACCRA Group이
설립되었다.[1]

---

1) http://www.climatechange.gov.au/about/accountability/annual-reports/annual-report-
0809/overview/departmental-overview.aspx

2. 입법절차

호주의 기후변화 관련법 및 정책에 앞서 우선 호주의 입법절차를 살펴보자면, 양원제 국가인 호주는 상원과 하원으로 구성된 의회가 입법권을 가진다. 상원이나 하원에서 상정된 법안은 서기가 법안의 제목을 낭독하는 것으로 첫 번째 심의, 'First Reading'이 시작된다. 'Second Reading'은 상정된 법안의 목적 등을 검토하고 심의함으로써 시작된다. 두 번째 심의단계는 법 제정에 있어서 가장 중요한 단계로서, 심의가 끝나게 되면 표결에 부쳐진다. 두 번째 심의를 통과하면 법안을 발의한 상원 또는 하원은 위원회를 구성하게 된다. 이 위원회를 통하여 관련 법안은 조항별로 검토 및 분석되며 필요한 경우 수정안이 제시된다. 위원회 절차를 통과하면, 'Third Reading'을 거치게 되는데 이것은 대부분 형식적인 것에 지나지 않는다. 이 절차가 끝나면 다른 원에서 동일한 절차를 거치게 된다. 양원에서 관련 법안이 통과되면 관련 법안은 주지사에게 전달되고, 서명 후 관련 법안은 Act of Parliament가 된다. 관련 법안의 수정안에 대한 합의가 이루어지지 않을 경우, 각 원은 각자 위원을 임명하여 Conference of Managers 절차를 통하여 이를 해결하고자 할 수 있는데, 실패하게 되면 관련 법안은 채택되지 않는다.

II. 기후변화

1. 법률

1) 기후변화대응 동향

호주는 미국과 함께 교토의정서에 반대해 왔지만, 호주의 기후변화 관련 정책은 2007년 11월 정권이 바뀌면서 교토의정서 비준 및 기후변화와 에너지 정책에 변화를 가져왔다. 호주의 이산화탄소 배출량은 지속적으로 증가해 온 추세를 보이고 있는데, 2000년과 2020년 사이에 배출량이 22% 증가할 것으로 예측되고, 이에 대한 대응책을 마련하지 못할 경우, 더 빠른 속도로 증가할 것으로 예상된다. 호주 정부의 청정에너지미래계획안(Clean Energy Future Plan)에 따르면 호주는 2020년까지 2000년 배출량 대비 적어도 5%까지 감축해야 한다. 또한 전 지구적인 대응동향에 따라 2000년 배출량 대비 15~25%까지 감축할 수 있게 되어 있다. 장기목표로는 2050년까지 2000년 배출량 대비 80%를 감축하는 것이다. 청정에너지미래계획안에 따르면 2011년에서 2050년 사이에 4억 6천만 톤의 이산화탄소 오염을 저감할 것으로 계획되어 있다.[2]

호주는 이러한 목표를 위해 이산화탄소 배출을 감축하고 청정에너지 미래를 위해 포괄적인 계획안을 개발해 왔다. 2007년 12월 호주는 교토의정서를 비준하면서 2008~2012년 동안 연간 이산화탄소 배출량을 1990년 배출량의 108%로 제한할 것에 동의하였다. 그리고 2010

---

2) http://www.climatechange.gov.au/government.aspx

년 1월에 호주는 공식적으로 완전한 목표치를 코펜하겐 합의에 제출한 바 있다. 호주의 기후변화정책에 따른 시장변화는 최근 20~30년 내 호주에서 가장 중요한 경제상 변화로 평가받고 있다.

2007년 호주는 국가온실가스와에너지보고법(NGER, National Greenhouse and Energy Reporting Act 2007)을 제정하여 시행함으로써, 탄소배출권 거래제도의 도입이 될 수 있는 법제환경적 기반을 형성하였다. 2008년 7월 기후오염감축계획 녹서(Green Paper)[3]를 발표하여 의견을 수렴하였고, 2008년 9월 기후변화의 대응에 의한 호주의 영향과 중기 국가 온실가스 배출목표에 대한 정책보고서인 Garnaut Climate Change Review를 발간하였다. 이 두 정책보고서는 향후 호주가 기후변화에 대응하고 녹색성장을 추진할 수 있는 방향을 제시하였다. 특히 Garnaut Climate Change Review는 2007년 Rudd 총리가 집권하기 이전부터 경제학자 Ross Garnaut에게 의뢰하여 이미 작업이 착수되어 진행되어 온 보고서로서, 2007년 4월 정권교체 후 보고서가 완성되어 이후 일련의 정책보고서에 많은 영향을 주었다. 2008년 10월에 발표된 재무부의 국가 온실가스 배출목표 달성에 필요한 비용을 평가한 보고서(Australia's Low Pollution Future: The Economics of Climate Change)는 동년 12월 '백서(White Paper)'[4]라는 명칭으로 발표되었다.

---

3) 2008년 7월 발표된 '녹서'는 탄소배출 감소에 관한 국가적 목표량의 설정을 중심으로 하여, 법제개정의 중요한 정책보고서로 평가받고 있다. 녹서는 ① 환경적 통합성, ② 경제적 효율성, ③ 시행위험의 최소화, ④ 정책 탄력성, ⑤ 국제적 목표의 증진, ⑥ 무역산업과 비무역산업 간 경쟁력에 미치는 영향, ⑦책임성과 투명성 확보, ⑧ 공정성 확보를 고려한다. Department of Climate Change, Green Paper Carbon Pollution Reduction Scheme, July 2008.

4) 녹서 발표 이후 녹색성장정책에 대한 내용을 수정·보완한 보고서로서, 녹서 발표에 대한 기업 및 여러 단체들의 제안 수렴을 바탕으로 중기적(2020년) 감축목표치를 명시하고 탄소배출권거래제에 대한 최종적인 방향을 제시한다.

2) 국가 온실가스와 에너지보고법
(NGER, National Greenhouse and Energy Reporting Act 2007)[5]

(1) 개요

2008년 7월 1일부터 시행된 NGER법은 호주 산업계의 역량을 증대하고 배출권거래제를 지탱하기 위한 목적으로 시행하였다. NGER법은 호주 기후변화부(Australian Government Department of Climate Change)에 의하여 집행되는 법으로서 대규모 기업에 의한 온실가스 배출 및 에너지 소비에 관하여 보고하도록 한다. 또한 기업의 온실가스 배출과 에너지 소비 수준에 관한 정보를 공개하고, 탄소배출에 의한 오염 저감을 추진하기 위한 정책결정에 이용될 수 있는 데이터를 수집함으로써 국가적 관리시스템을 수립하는 것이다. NGER법은 시행 당시 8백 개 기업과 사업장을 포함할 예정이었으며, 이는 당시 호주 온실가스 배출의 70%에 해당하는 수치였다. NGER법 시행 이전에 2007년 4월 13일 COAG(Council of Australian Governments)[6]는 정부와 산업계 그리고 일반 대중의 현재 및 예상되는 수요를 충족시킬 수 있는 의무적인 온실가스와 에너지 보고시스템(NGER System, National Greenhouse and Energy Reporting System)의 구축을 승인한 바 있는데, NGER법은 이 보고시스템 정책을 시행하기 위한 근거법률로서 제정된 것이었다.

---

5) 본 내용은 이준호, "주요 국가의 녹색성장 법제에 관한 비교법적 연구(Ⅱ)", 한국법제연구원 (2009)과 http://www.comlaw.gov.au/Details/F2011C00947을 참조하여 정리하였다.

6) 연방정부 및 주정부간 최고의 회의체로 Prime Minister, State Premiers, Territory Chief Ministers, President of the Australian Local Government Association(ALGA)로 구성된다.

(2) 주요 내용

① 보고기준(Reporting Thresholds)

기업이 등록과 보고를 신청하기 위해서는 회사 관련 기준과 시설 관련 기준을 모두 충족해야 한다. 지배회사는 등록을 위한 신청을 하여야 하고, GEDO(Greenhouse and Energy Data Officer)에게 온실가스 배출과 에너지 데이터를 보고해야 한다. 온실가스는 CO_2-e(carbon dioxide equivalents)로 측정되는데, CO_2-e는 가스의 지구온난화지수(GWP, Global Warming Potential)를 계산함으로써 측정될 수 있다. GWP는 지구온난화에 영향을 미치는 온실가스의 양을 측정하는 수단으로 일정한 시간적 간격을 통해 계산된다.

② 회사에 대한 정의

NGER법에 의하여 주요 의무를 부담하는 대상은 지배회사(Controlling Corporation)로, 지주회사를 갖고 있지 않으면서 설립된 'Constitutional Corporation'을 의미한다.[7] 즉 모자회사와 같은 기업의 계층에 있어서 가장 최상위에 해당되는 회사를 의미하며, 외국회사의 경우에도 지배회사로 취급된다. 지배회사 그룹은 지배회사 자체와 자회사, Joint Venture, 파트너십과 같은 회사로 구성된다. 다만, 특정한 자회사나 Joint Venture 또는 파트너십 지배회사 그룹의 구성이 되는지를 판단하는 기준에 따라야 한다.[8] Joint Venture와 파트너십에 대한 보고 책

---

7) 호주 헌법 para.51(xx)에 의하면, 호주 의회는 연방의 권한 범위 내에서, 외국회사와 무역회사 또는 금융회사에 관한 법을 제정할 수 있는 권한을 갖고 있다. 이러한 회사를 'Constitutional Corporation'이라고 한다.

8) NGER법상에 규정되어 있는 자회사(Subsidiary)의 개념은 호주 회사법 2001의 제46조에서 규정하고 있는 내용과 의미가 동일하다. 회사법상에 의한 자회사는 지배회사 그룹의 일

임과 관련, Joint Venture와 파트너십은 이 회사들이 시설에 대한 운영 통제(Operational Control of Facilities)를 행사하는 경우에만 지배회사 그룹과 관련하여 중요한 의미를 갖는다고 규정되어 있다.

③ 시설에 대한 정의

NGER법에 의하면, GEDO에 의하여 등록된 기업들은 당해 기업 또는 지배회사 그룹의 구성기업에 의한 운영통제에 의하여 운영되는 시설과 관련 발생되는 모든 온실가스 배출과 에너지 생산 및 소비에 관한 정보를 보고해야 한다. 일정한 경우에, 시설의 운영에 의하여 발생되는 온실가스 배출과 에너지 생산 및 소비에 관한 데이터는 등록된 기업그룹의 구성기업에 의하여 제공되어야 한다. 시설에 해당되는지를 결정하는 판단기준으로 (1) 시설에 의한 활동이 온실가스 배출[9] 또는 에너지 생산 또는 소비와 관련되는가, (2) 시설에 의한 활동이 생산공정의 일부인가,[10] (3) 시설에 의한 활동이 단일한 장소(Single Site)에서 발생하는가,[11] 그리고 (4) 시설에 의한 활동이 단일한 산업

부로서 고려되어야 한다. 이준호, p.61 - 63.

9) NGER의 목적상 배출은 대기 중에 온실가스를 배출하는 것을 의미하며 이것은 온실가스의 직접적인 배출과 경우에 따라 간접적인 배출을 의미한다. 온실가스의 직접적인 배출은 시설에 의한 활동 또는 이에 기인한 활동에 의하여 생산된 배출(Scope 1emissions)이거나 혹은 다른 장소(당해 시설의 일부에서 형성되지 않는)에서 생산되는 전기의 소비(Scope 2emissions) 등을 의미한다. 보고의 의무가 없어서 NGER법상 정의되지 않은 Scope 3에 관한 배출은, 시설에 관한 활동의 결과로서 보다 더 광범위한 산업계와 다른 시설에 의한 활동으로 물리적으로 생산된 온실가스 배출 등을 의미한다. NGER Regulations 2.23.

10) 활동이 하나 또는 그 이상의 상품/서비스를 생산하는 경우, 이러한 활동은 단일한 작업진행 또는 기업활동의 일부를 형성해야 한다. 또한, 다른 생산공정(다른 특정된 장소이지만, 생산공정과 분리되지 않은 장소에서 발생하는 활동)은, 이러한 생산공정이 동일한 기업의 전반적인 통제(overall)에 의한 경우에, 단일한 시설의 일부로 고려된다. 기업은 시설에 관련된 행위에 대한 운영, 환경, 보건, 안전에 관한 정책을 수립하고 시행하는 권한을 갖고 있는 경우, 시설에 관한 활동에 대하여 전반적인 통제를 하고 있다고 할 수 있다. NGER Regulations 2.14.

분야(Single Industry Sector)[12]에 기여하는가[13]가 있다.

④ 시설에 대한 운영통제 여부

개별적인 시설에 대하여 지배기업 그룹이 운영통제를 갖는지는 강제적인 보고의무를 결정하는 데 매우 중요하다. 운영통제의 판단은 개별적인 시설의 온실가스 배출과 에너지에 관한 데이터를 보고하는 데 있어서 책임을 분배하는 데 이용된다. NGER의 목적상 기업은 경영과 보건 그리고 안전과 환경에 관한 정책을 수립하여 시행할 수 있는 권한을 보유하고 있는 경우에 운영통제권한을 보유하고 있다고 고려된다.[14] 하나 이상의 기업이 이러한 운영통제권한을 보유함에 따라 운영통제권한이 불확실한 경우에는 운영과 환경에 관한 정책을 수립하고 시행하는 데 가장 강력한 상위의 권한(Greatest Authority)을 갖고 있는 기업이 시설에 대하여 운영통제를 가지고 있다고 인정될 수 있다.[15]

운영통제가 정립되기 어려운 상황으로서 시설에 대하여 (1) 제3자가 경영자 또는 운영자인 경우와 (2) 시설에 계약자 또는 하위계약자

---

11) 하나 또는 그 이상의 제품/서비스를 생산하는 활동(주 생산공정과정)이 단일한 장소에서 발생하는 경우에는 일반적으로 단일한 시설의 일부로 고려된다. 주 생산공정과정에 대하여 전반적인 통제를 하는 기업이 다른 활동(주 생산공정과정이 아닌 다른 공정과정)에 대해서도 전반적인 통제를 하는 경우, 그리고 주 생산공정과정을 위한 제품/서비스를 생산하는 경우에는, 다른 생산공정과정과 주 생산공정과정이 동일한 장소에서 이루어지는 한, 그로 인한 모든 활동은 단일한 시설의 일부로 고려된다. NGER Regulations 2.16.

12) NGER Regulation Schedule 2에서 산업 분야를 결정하고 있다.

13) 일정한 시설에 대한 운영통제를 수행하는 기업은 시설의 주요활동에 관하여 결정을 하여야 하고, 그 활동이 하나의 산입 분야에 관련을 가져야 한다. 주요활동이란 시장에서 거래되는 제품 또는 서비스를 창출하고, 모든 활동 중에서 가장 최고의 가치를 창출하는 활동으로 정의된다.

14) NGER Sec. 11(1).

15) NGER Sec. 11(4).

가 존재하는 경우가 있다. 제3자가 소유자를 대표하여 시설에 대한 경영 또는 운영이 계약에 의하여 이루어지는 경우, 정책 도입권한이 소유자와 제3자 간의 특정된 계약조건에 의하여 소유자와 경영자 또는 운영자 간에 분배될 수 있는 가능성이 발생한다. 따라서 정책 도입권한은 당사자 간의 계약조건에 의존하게 된다. 시설기준을 만족하는 시설에 대한 운영통제를 가지고 있는 지배기업은 온실가스와 에너지에 관한 모든 정보를 보고하는 것에 대한 책임을 부담한다. 보고 내용에는 계약자 또는 하위계약자의 행위에 의하여 생산되고 이용되는 온실가스 배출과 에너지에 관한 정보도 포함되기 때문에, 계약자와 하위계약자에 관한 정보수집에 관해서도 책임을 부담하게 되고, 이러한 정보를 종합하여 보고하여야 한다.[16]

　⑤ 시설기준의 충족 여부

일단 시설에 대한 정의와 부합되고 운영통제 여부가 결정된 경우, 기업들은 시설이 시설기준을 충족하는지를 판단해야 한다. 시설기준에는 (1) 25Kt CO_2-e 이상의 온실가스 배출, (2) 백 Terajoule 이상의 에너지 생산, (3) 백 Terajoule 이상의 에너지 소비가 있다.[17] 이 기준의 어느 하나에 해당되는 경우, 지배기업은 등록을 신청해야 하며, 온실가스 배출과 에너지 생산 및 소비에 관한 모든 정보를 보고해야 한다. 기업기준의 경우, 회계연도 2008년 7월 1일을 기준으로 기업의 구성기업이 운영통제를 가지고 있는 시설이 125Kt CO_2-e 이상의 온실가스를 배출하거나 5백 Terajoule 이상의 에너지 생산 또는 소비를 하는

---

16) 이준호, p.75.
17) NGER Sec. 13(1)(d).

경우 기업기준을 충족한 것으로 고려된다.[18] 기업기준이 충족되지 않거나 시설이 온실가스 배출 기준과 에너지 소비 또는 생산기준을 충족하지 못하는 경우, 지배기업은 등록신청 또는 보고의무를 부담하지 않는다.

⑥ 보고의무[19]

온실가스 배출과 에너지 생산 및 소비의 측정은 다음과 같은 원칙에 입각하여 수행되어야 한다. (1) 투명성(Transparency): 배출량 측정은 문서화되고 확인 가능하여야 한다. (2) 비교가능성(Comparability): 일정한 산업 분야에서 등록된 기업에 의하여 산출되고 특정한 수단에 이용된 배출량 측정은 동일한 산업 분야에서 유사한 기업이 동일한 수단으로 산출된 배출량 측정과 비교 가능해야 하며, National Greenhouse Accounts의 기후변화부에서 산출한 배출량 측정과 일치되어야 한다. (3) 정확성(Accuracy): 등록된 기업에 의한 합리적인 정보의 이용성 등 요건을 만족해야 하는 데 있어서, 배출량 측정의 불확실성은 최대한 감소되어야 하며, 어떠한 측정도 95%의 신뢰도 이하로 되어서는 안 된다. (4) 완결성(Completeness): National Inventory Report에 의하여 확인된 에너지, 산업공정, 폐기물 분야 등 모든 확인 가능한 배출원을 확인해야 한다.[20]

시설 또는 기업 기준을 충족하는 기업은 보고의무가 있다.[21] 시설

---

18) NGER Sec. 13(1).

19) NGER Part 3 and Part 3E.

20) National Greenhouse and Energy Reporting(Measurement) Determination 2008, Part 1.2, Division 1.2.1, Sec. 1.13.

의 수준과 기준 충족 여부 확인절차와 관련, 기업은 우선 시설 또는
기업 기준이 만족되었는지에 기초하여 보고되어야 할 시설을 결정해
야 한다. 즉 시설기준이 충족되는 경우에 기업은 시설에 대한 온실가
스 배출과 에너지원에 대한 데이터를 GEDO에 보고한다. 기업그룹이
기업 기준을 충족하는 경우, 지배기업은 기업그룹의 구성기업이 운영
통제권한을 갖고 있는 모든 시설에 대하여 보고해야 하며, 기업그룹과
기업그룹 내 구성기업의 운영통제권한을 갖고 있는 모든 시설물에 대
한 온실가스 배출과 에너지에 관한 데이터를 나타내고 있어야 한다.

둘째, 보고되어야 할 시설에서 발생되는 온실가스 배출과 에너지
원을 확인해야 한다. 온실가스 배출과 에너지원에 대한 사항 확인과
관련, 해당 기업은 해당 시설에서 에너지 유형에 따라 소비된 에너지,
에너지 유형에 따라 생산된 에너지, 발생원에 의한 온실가스 배출(석
유와 가스, 폐기물, 화학제품, 수소불화탄소와 육불화항 등)에 관한
활동 데이터를 수집해야 한다.[22] 온실가스 배출과 에너지원에 대한
확인보고는 에너지 유형에 따른 보고만 요구된다.

셋째, 시설의 규모, 즉 대규모, 중간규모, 소규모 여부와 각각의 규
모에 따른 특별한 보고요건 결정 관련 항목을 검토해야 한다. 대규모
시설은 1년에 25Kt CO2-e 이상의 온실가스를 배출하며, 백 Terajoule
이상의 에너지 생산 및 소비를 하는 시설을 말한다. 중간규모 시설은
1년에 3Kt CO2-e 이상의 온실가스를 배출하거나 15Terajoule 이상의
에너지 생산 및 소비를 하는 시설 또는 25Kt CO2-e 이상의 온실가
스를 배출하거나 백 Terajoule 이하의 에너지 생산 및 소비를 하는 시

---

21) 모든 경우에 있어서 NGER법에 의하여 기본적인 보고단위는 시설이라고 할 수 있다.
22) NGER Regulations, Part 4, Division 4.4.

설을 말한다. 소규모 시설은 온실가스 배출이 3Kt CO2−e 이하이며, 에너지양이 15Terajoule 이하인 시설을 의미한다.

마지막으로 GEDO에 보고서를 제출해야 한다. 기업은 GEDO에 의하여 등록된 이후에, OSCAR(Online System for Comprehensive Activity Reporting)시스템을 통하여 세부사항을 등록한다. 등록된 기업은 기준을 만족하고 있는 회계연도 동안에 온실가스 배출과 에너지양에 관한 데이터를 의무적으로 보고해야 한다. 지배기업은 등록이 취소되는 날까지 최초로 기준이 만족된 연도 이후에 매년 GEDO에 보고서를 제출해야 한다. 등록된 기업 또는 기업그룹의 구성기업이 일정 기간 동안만 시설에 대한 운영통제를 갖고 있는 경우(예를 들어서, 보고기간 동안 시설이 매입되거나 매수된 경우), 관련 보고는 기업 또는 기업그룹의 구성기업이 운영통제를 갖고 있었던 기간 동안에 관한 내용만을 보고한다.

⑦ 기록의 보존

NGER법의 규정을 준수하기 위하여, 등록된 기업은 온실가스 배출 및 에너지양과 관련된 기업그룹의 활동을 자세하게 기록하여 유지하여야 한다. 기업은 적정한 수준으로 2008년 7월 1일부터 기록 등을 관리 및 유지하여야 한다. 활동에 관한 기록은 GEDO에 제공되었으며, 등록된 기업이 법령의 내용을 준수하였다는 충분한 증거들에 관한 정보를 포함하고 있어야 한다. 온실가스 배출과 에너지양에 대하여 사용된 데이터 분석방법과 계산방법에 관한 세부사항들은 (1) 관리감독된 모든 배출원에 대한 목록, (2) 절차와 연료 유형에 의하여 분류된 각각의 배출원에 대하여 온실가스 배출의 계산에 이용된 활동 데이터, (3) 계산과 관련된 서면 증거(영수증, 인보이스, 세부지출 내역 등), (4) 온실가스 배출과 에너지양의 평가를 위하여 사용된 방법, (5) 관리감독에 관한 방법의 선택을 정당화시켜 주는 문서, (6) 시설과 시설의 배출원에 대한 활동 데이터를 수집하는 절차, (7) 보고범위와 정확성과 관련된 영역에서 높은 위험을 부담하는 등과 같은 사업결정을 지원해 주는 기록 관련 내용을 포함하여 반드시 기록되어야 한다.

⑧ 등록 취소

등록된 기업은 연속되는 3년간(등록한 회계연도로부터) 기준을 충족하지 못할 것이 예상되는 경우에, 등록취소를 신청할 수 있다. 등록이 취소되면 지배기업의 명칭은 GEDO 등록부에서 삭제되고, 명칭이 삭제된 기업은 온실가스와 에너지에 관한 보고서 제출의 법적 의무를 면하게 된다. 등록된 기업이 등록을 취소하기 위해서는 기업그룹이 등록신청을 한 회계연도부터 시작하여 연속되는 3년의 회계연도 동안 기준을 만족하지 못할 것이라는 점이 GEDO에 의하여 납득되어야 한다. 기업그룹이 해당 회계연도에 기준을 만족하지 못하는 이유에 관하여 설명해야 하는 것뿐만 아니라, 등록된 기업은 온실가스 배출 및 이에 관련된 활동과 에너지 생산이나 소비에 관련된 관찰된 자료 및 평가서 등을 근거자료로서 제공해야 한다. 등록된 기업이 등록이 취소되었지만 다음 연도에 기업이 다시 그 기준을 충족하게 되는 경우, 해당 기업은 다시 등록 신청을 해야 한다.[23]

---

23) NGER Regulations, Part 3, Division 3.4, Sec. 3.05 and 3.06.

3) 배출권거래제 관련 법제

(1) 배출권거래제 도입 배경

호주는 2008년 2월 6일 신정권의 지구온난화정책을 발표하면서, 그 중심적인 내용으로서 호주 내 탄소오염감축제도(CPRS, Carbon Pollution Reduction Scheme)를 발표하였다. 2009년 3월, 호주 정부는 CPRS 법안의 초안을 공표하였고, 4월 14일까지의 의견 수렴을 기한으로 의회에 상정하였지만, 동년 5월 기후변화부 장관은 CPRS의 시행을 1년 연기하여 2011년 7월에 시행할 것을 발표함과 동시에, CPRS의 법안내용에 세계경기의 불황에 대한 대응책을 포함시켰다. 동년 5월 14일, 호주 정부는 해당 대응책이 포함된 CPRS 관련 법안을 의회에 제출하였고, 동년 6월 4일 동 법안은 의회 하원을 통과하였다.

2009년 6월 상원의 경제상설위원회(Senate Standing Committee on Economics) 는 상원에 대해, CPRS 법안의 가결을 권고하는 취지의 보고서를 공표하였지만, 같은 날 상원의 기후정책특별위원회(Senate Select Committee on Climate Policy)는 CPRS 법안의 경제성 영향평가를 재검토하였고, 메탄회수 사업의 추진 및 주정부의 에너지 정책의 촉진과 관련된 규정을 포함시키는 등 조치를 강구하지 않는 이상, CPRS 법안이 정부 원안대로 가결되기 힘들 것이라는 내용의 보고서를 발표하였다. 동년 8월 CPRS 법안이 재상정되었으나 상원에서 부결되었다.

2010년 2월 수정안과 함께 재상정되었으나, 동년 4월 호주 연방정부는 CPRS의 시행을 2012년 이후로 잠정 연기한다고 발표하였다. 신규 탄소배출 감축을 위한 국제적 합의를 도출하지 못하고 야당의 정책적 반대로 인해 CPRS의 실시를 2012년 이후로 잠정적으로 연기하는 것이 바람직하다고 판단한 것이다. 원래 CPRS 법안은 RET 법안과 패키지로 상정되었으나 예정보다 시행이 늦어지자, 여야의 공감대 형성 및 관련 업체들의 조속한 법안의 통과 요구로 2009년 8월 RET 법안이 CPRS 법안과 분리하여 상정되었고, RET 법안만이 최종적으로 통과되었던 것이다.

2010년 9월, 호주 정부는 초당적 기후변화위원회(Multi－Party Climate Change Committee)의 설립을 발표하였다. 관련 위원회는 호주 내 탄소가격제 시행과 관련 합의된 옵션에 대하여 협의, 협상 그리고 보고 의무가 있다. 또한 기후변화대응에 대한 컨센서스의 형성에 참여하고 그에 대한 조언을 제공하는 역할을 한다. 2011년 2월 정부는 위원회를 통하여 탄소가격체제의 광범위한 양식을 발표하였다. 또한 동년 7월 정부가 발표한 청정에너지계획(Clean Energy Plan)에는 탄소가격제 관련 내용이 포함되어 있다.[24] 정부가 발표한 바에 따르면 호주는 2020년까지 약 1억 5천9백만 톤의 이산화탄소를 감축할 것이고, 이 계획안의 주 내용을 살펴보면, 호주 정부는 (1) 탄소가격제를 실시하고, (2) 재생에너지의 혁신과 투자를 장려하고, (3) 에너지 효율을 개선하고, (4) 오염을 줄이기 위하여 토지분야에 기회를 창출한다. 더 나아가 호주는, 탄소가격제는 현재의 생활수준을 유지하고 미래의 경쟁력을 키우기 위한 효과적인 방법임을 강조하며, 풍력과 태양력과 같은 재생에너지에의 투자와 청정에너지의 사용을 장려함으로써 호주의 발전량에 영향을 미칠 것임을 지적하였다.

---

24) http://www.climatechange.gov.au/government/reduce/carbon－pricing.aspx

(2) 배출권거래제 주요 내용-CPRS을 중심으로[25]

① 개요

호주의 탄소배출권거래제도는 EU-ETS 제도를 기본적인 골격으로 호주 자국의 특성에 부합할 수 있는 탄소배출권거래제도의 정착화를 시도하고자 했다. 특히, 녹서와 백서에서 제시된 호주의 탄소배출권 거래제도는 EU의 EU-ETS 제도를 모델로 했다고 볼 수 있는데, 호주의 경우 EU-ETS의 배출총량규제·거래제 방식에 추가하여 'cap and gateway' 방식을 도입했다는 특징이 있다.[26] 이러한 cap and gateway 방식을 사용한 이유는 탄소배출권 거래에 있어서 일정한 기간 동안 고정된 방식으로 운용되는 배출총량규제·거래제 방식의 문제점을 해결하기 위한 것이라고 볼 수 있다. 일반적으로 배출총량규제·거래제 방식에 의하면, 정부에 의한 배출상한 설정에 있어서 탄력적인 결정이 어렵고, 이러한 설정은 국제적인 협상과 환경에 의하여 결정되기 때문에, 향후 예측가능성이 어렵다. 호주 정부는 이러한 점을 고려하여 일정한 기간 동안은 'gateway'라는 일정한 범위를 설정하여, 이 범위 내에서 배출상한을 결정하는 방법을 도입하려 했던 것이다.[27] 내용은 초당적 기후변화위원회가 제공한 정보이며, 이전에 제안된 CPRS를 참고한 것이다.

---

25) http://www.climatechange.gov.au/government/reduce/carbon-pricing/cprs-overview.aspx

26) 배출총량규제·거래제 방식은 제도 개시연도 이후, 규제대상이 되는 배출업체에 전체 매년의 총량규제가 설정되고 그것이 점차적으로 축소되는 구조를 이루고 있다. 연간 총량규제에 대해서는 적어도 5개년분이 설정되어 매년 새로운 연도의 규제량이 추가된다. 더욱이, 이 5개년에 더하여 최대 10년분의 일정한 폭을 가진 총량규제예측이 공표되고, 이것은 각 5년마다 갱신되는데, 이것이 Cap and Gateway 방식이다.

27) 이준호, p.111.

② 참여대상

호주의 CPRS는 호주 전체 온실가스 오염배출원의 약 80%에 적용될 예정으로 고안되었다. 배출원은 연료연소를 통해 온실가스를 배출하는 고정배출원(52%), 수송(14%), 탈루성배출(7%),[28] 산업공정(5%), 폐기물(2%)을 포함한다. 교토의정서에 포함되어 있는 6개의 가스가 적용대상이다.[29] 조림(reforestation)의 경우 CPRS에 따라 자발적인 참여로 배출권거래에 참여할 수 있다. 농업은 배출량 산정 및 감독의 어려움으로 인해 2015년까지 정책 시행대상에서 제외될 방침이지만 2013년 정부의 결정에 따라 농업에 대한 정책 시행이 이뤄질 예정이다. 실제 배출권 거래에 참여하는 대상은 연간 온실가스 배출량이 2만 5천 톤 이상인 호주 내 1천여 개 시설과 사업장이다.[30] 이들 시설과 사업장은 호주 전체 온실가스 배출의 약 75%를 차지하고 있다.

③ 배출권가격

CPRS는 잠정적으로 배출권거래제가 시행되는 첫해에는 톤당 10호주달러로 고정가격을 유지하며 시작될 예정이었다. 배출권 AEU 1 단위는 탄소배출 1톤과 같다. 첫해에는 무제한의 AEU를 의무 부담기업에 AEU 한 위를 고정가격인 10달러에 제공할 계획이었다. 2012/2013년부터는 시장원리에 따라 가격이 결정되지만, 2011~2015년까지는 톤당 40호주달러의 배출권 가격상한을 설정할 예정이었다. 이 배출권

---

28) 탈루성배출의 예로 석유 및 가스추출과정에서의 누출, 파이프라인으로부터의 누출, 광산에서 발생하는 메탄가스 등이 있다.

29) 교토의정서는 이산화탄소(CO2), 메탄(CH4), 아산화질소(N2O), 수소불화탄소(HFCs), 과불화탄소(PFCs), 육불화유황(SF6) 등 6개 가스를 감축대상가스로 설정하였다.

30) 단, 배출기준은 기업단위가 아닌 시설단위로 적용되기 때문에 예를 들어, 어떤 기업이 2천5백 톤 배출규모의 시설을 11개 가지고 있어도 의무자가 되지 않는 것으로 하고 있다.

가격상한은 2014/2015년까지 5%(소비자 물가상승률을 고려하여)만큼 매년 상승될 예정이었지만, 2015/2016 이후의 메커니즘은 정해지지 않았었다.

④ 배출권 배분방법

기본적인 배분은 경매를 통하지만, 국가경쟁력을 유지하기 위한 방안으로 특정부문에 대한 무상배분을 실시한다. 무상배분 대상은 배출집약도가 높고 무역에 노출되어 있는 산업에 대한 지원 프로그램과 관련되어 있는 업체, 석탄화력 발전, 조림, 합성화학물질의 파괴와 관련되어 있는 업체 등이다. 특히 CPRS에서는 탄소배출허용량의 66%[31] 또는 95%[32]를 배출집약적 무역업체에 무상배분한다. 한편 AEU의 65~70%는 경매방식이 될 것이며, 1년에 12번 개최된다.

⑤ 크레디트 활용 여부

교토의정서상의 크레디트(CER, ERU, RMU) 활용을 인정한다. 교토의정서에서 인정되지 않는 해외 감축실적은 사용이 금지된다. 즉 CERs/ERUs 등은 무제한적 사용이 가능하지만, AAUs(Assigned Amount Units) 및 기타 ETS에서 사용되고 있는 해외 배출권은 사용할 수 없다. 타국 또는 타 지역에서 발행된 배출권 등에 관하여, 교토의정서 이외의 크레디트도 활용할 수 있다. 호주 정부가 발행한 배출권을 해외에 수출

---

31) 매출이 백만 호주달러당 탄소배출이 1천~1천9백99톤이거나 창출 부가가치가 1백만 호주달러당 3천~5천9백99톤인 경우 배출량의 66%에 대하여 무상배분한다. http://www.climatechange.gov.au

32) 매출이 백만 호주달러당 탄소배출이 2천 톤 이상이거나 창출 부가가치가 백만 호주달러당 6천 톤 이상인 경우 배출량의 94.5%에 대하여 무상배분한다. http://www.climatechange.gov.au

하는 것은 제도 시행 시부터 금지된다.

⑥ 배출량의 검증 및 보고

배출량 검증은 감사 및 보증 표준 위원회(Auditing and Assurance Standards Board)에서 정하는 기준과 국가 온실가스 및 에너지 소비량 보고체계에 관한 법률에서 정할 예정이다. 연간 12만 5천 톤의 CO2－e 이상의 대규모 배출원은 독립적 인증기관의 인증을 거친 연간 온실가스 배출 보고서를 제출할 의무가 있다. 또한 배출권 감독기관에 참여사업장의 배출량에 대한 검증과 검토를 할 수 있는 권한을 부여한다.

⑦ CPRS 시행으로 인한 경제적 피해 보상 추진

CPRS의 거시경제학적 효과는 크지 않을 것으로 측정되었지만(연 경제성장률이 0.1% 줄어들 것으로 예상됨), 이 효과가 특정 산업과 지역에 더 많은 영향을 미칠 것이라는 것을 고려하여, CPRS는 특정 가구, 지역 그리고 산업 분야를 대상으로 한 경매나 무상배분을 통한 지원패키지를 포함시켰다. 가계보조패키지의 경우 CPRS에 의하여 중, 저소득 가구의 생활비용이 증가할 것을 고려하여 CPRS으로부터 얻은 수익금의 반을 현금으로 보상하고자 하였다. 또한 중소기업과 지역공동체가 CPRS 실시 이후의 가격 상승 등에 대응하여 저탄소 경제로 원만히 이행할 수 있도록 지원하는 27.5억 호주달러 규모의 Climate Change Action Fund를 조성하였다.[33]

---

33) Climate Change Action Fund는 사업체와 공공영역에 대하여 정부시책에 관한 자세한 정보 제공을 기초로 하며, 탄소감축 시행 및 절차와 에너지 효율에 대하여 장애가 되는 정보 제공 실패를 정부가 직접적으로 보정하는 환경을 기본으로 하고 있다. 관련 펀드는 정보 제공, 에너지 효율과 탄소감축 기술에 대한 투자, 근로자와 지역사회 공동체에 대한

이 외에도 탄소배출량이 많은 산업의 경우 무상배분을 통한 지원을 제공하는데, 여기에 해당되는 분야는 CPRS의 시행으로 인하여 단기 영향을 받을 가능성이 높은 분야로, 배출집중-무역노출(EITEs, Emission Intensive-Trade Exposed) 산업, 석탄연소에 의한 발전 사업자(전력 분야에 관한 조정계획, Electricity Sector Adjustment Scheme) 등이 포함된다. 이러한 조치는 제도정착을 위한 경과조치로 이러한 지원을 받은 산업이 시간에 걸쳐 이산화탄소 오염을 저감하도록 인센티브를 제공하고자 하는 데에 목적이 있었다. EITE 산업에의 무상 할당은 매년 1.3%의 비율로 감소시긴다.

⑧ 기후변화규제기관

독립 규제기관으로 Australian Climate Change Regulatory Authority (ACCRA)가 설치되고, CPRS, NGER 체제, 그리고 RET를 관리할 예정이었다.

(3) 새로운 탄소가격제의 도입안 통과

지난 코펜하겐 정상회의에서 국제적 합의 도출에 실패하고, 미국이 배출권거래제를 추진하지 않기로 결정함에 따라, 호주 연방정부도 더 이상 CPRS를 추진할 수 있는 명분을 잃게 된 상태에서 2010년 4월에 CPRS를 잠정 연기한 바 있다.[34] 그러나 2011년 2월 호주는 그동안

구조적 조정, 그리고 석탄산업 분야에 대한 조정인 4가지의 핵심적인 사안을 중심으로 구성된다. 특히 에너지 효율과 탄소저감기술에 대한 투사는 세 부분으로 구성되는데, 첫째, 소규모자본을 가진 기업에 대하여 에너지 효율을 증진시킬 수 있는 설비 투자에 우선한다. 둘째, 공공기관에 대한 투자를 수행함으로써 소규모 지역단위의 에너지 효율 설비를 확충한다. 마지막으로 기후변화대응에 혁신을 가져올 수 있는 기술과 생산방법 그리고 고효율 에너지 프로젝트 등에 투자하는 것을 원칙으로 한다. 이준호, p.201-203.

지속적으로 논란이 되어 왔던 탄소가격제를 2012년을 시작으로 약 3년간 실시할 예정이라고 발표하였다. 탄소가격제를 포함한 청정에너지 관련 법안이 2011년 10월 12일에 하원을 통과하고, 11월 8일 상원에서 최종 가결됨으로써 탄소가격제가 실시될 예정이다.

탄소가격제 실시에 관한 호주 정부의 구체적인 발표내용을 살펴보면, 우선 고정 탄소가격제를 3년간 실시한 후 탄소가격제 정착이 원활하게 진행되면 과도기를 거쳐 CPRS 법안이 제시한 배출권거래제와 비슷한 배출총량규제·거래제로 전환하게 된다. 이것은 본격적인 탄소거래제 실시에 앞서 탄소배출 기업 및 가계의 부담을 덜어 주기 위해 과도기를 두겠다는 의도라고 볼 수 있다. 탄소가격은 에너지, 운송, 산업 폐기물 부문에 적용될 예정이다. 호주의 탄소배출량 감축목표는 코펜하겐 합의에서 호주가 약속한 것처럼, 기후변화협상의 추이를 고려하여 2020년까지 2000년 배출량 대비 5~15%를 감축할 예정이다.[35]

탄소가격제의 적용대상은 고정연소, 폐기물, 산업공정, 탈루성배출로서 연간 2만 5천 톤 이상을 배출하는 직접 배출이다. 1단계 기간 동안 배출량의 제한은 없으며, 에너지 다소비 기업인 시멘트, 철강, 알루미늄, 석탄 등은 배출권의 일부를 무상할당한다. 2012년 7월~2015년 6월까지 1단계에서는 개별 기업이 정부가 설정한 가격으로 온실가스 배출량에 상응하는 비용을 지불하는 고정가격제가 실시된다. 대상업체에 대해서는 2012년 7월부터 1톤당 23호주달러, 2013년에는 1

---

34) http://www.theaustralian.com.au/news/kevin-rudd-delays-emissions-trading-scheme-until-kyoto-expires-in-2012/story-e6frg6xf-1225858894753, accessed on September 10, 2011.

35) World Bank, "State and Trends of the Carbon Market", 2011, p.71.

톤당 24.15호주달러, 2014년에는 25.40호주달러의 탄소가격제가 실시된다. 2015년 7월부터는 유동가격제인 탄소가격이 배출권 수급에 의해 결정되는 온실가스 배출권거래제도가 시행될 예정이다.[36]

호주는 탄소가격제의 도입으로 인한 부정적 영향을 완화시키기 위하여 탄소가격제 도입으로 인한 국가 수익의 40%를 산업계에, 50%를 가정에 지원할 예정이다. 또한 고용 및 경쟁력 지원책(jobs and competitiveness program), 철강산업 지원책(steel transformation plan), 석탄산업 지원책(coal sector jobs package), 녹색기술 지원책(clean technology program) 등을 통하여 3년간 탄소집약도와 무역집약도가 높은 산업활동을 지원할 방침이다. 이 외에도 가정 부문과 관련, 연금확대, 소득세 감면 등 재정적 지원을 제공할 예정이다.[37]

호주 정부는 현재 시점에서 탄소배출을 절감하기 위한 행동을 취해야 '경제발전과 탄소배출량 절감'이라는 두 가지 목적의 달성이 가능하다는 입장을 취하고 있다. 또한 시장체제에 기반을 둔 탄소가격제의 추진은 정부의 직접 개입 또는 규제정책보다 투명하고 비용 면에서도 효과적임을 강조한다. 이 외에도 탄소가격제 도입을 통한 호주 정부의 노력이 기후변화에 대한 다른 국가들에 긍정적인 영향을 미쳐 탄소배출량 감축을 위한 국제적인 행동에 영향을 줄 것이라고 강조한다.

---

36) http://ten-info.com/Sub_Modules/tei/policyPollutantsView.asp?loc=&dir=5&num=4910 accessed on November 29, 2011.

37) http://www.climatechange.gov.au/government/clean-energy-future/legislation.aspx

4) 최근 청정에너지 관련 법제

2011년 11월 탄소배출권을 도입하여 장래 호주에서 청정에너지를
사용하고 탄소의 오염을 저감하려는 목적인 청정에너지 법안들이 호
주 상원에서 별도의 수정 없이 통과되었다. 청정에너지 패키지법은
Clean Energy Act 2011, Clean Energy(Consequential Amendments) Act 2011,
Clean Energy Regulator Act 2011, Climate Change Authority Act 2011의 핵
심 법안과 Clean Energy(Household Assistance Amendments) Act 2011를
포함하여 18개의 법으로 구성되어 있다. 동법은 호주의 5백여 개 탄
소배출업체에 탄소가격제를 적용하고 이를 통하여 2020년까지 탄소
배출량을 2000년 배출량 대비 5% 감축하고 2050년까지 약 80% 감축
하고자 한다.[38] 탄소가격제로 늘어나는 세원 중 일부는 경쟁력 악화
가 예상되는 광산 및 철강업계 등에 한시적인 보조금 지급에 쓰일 예
정이다. 또한 일반 노동자에게는 연간 1인당 약 3백 호주달러가량의
세금을 경감해 주는 등 경제적 부담을 완화하는 데에 사용될 예정이
다. 호주 정부는 석탄에 대한 규제가 강화되면서 천연가스나 신재생
에너지 분야에서 기업들의 대규모 투자가 이루어질 것으로 기대하고
있다.[39]

청정에너지 패키지법의 핵심내용을 살펴보자면, 탄소가격제와 배
출집중-무역노출업체와 석탄연소에 의한 발전 사업자에 대한 지원
을 다루고 있는 Clean Energy Act 2011은 청정에너지 패키지법의 가장
핵심적인 내용을 담고 있다. 동법은 탄소가격제의 적용대상이 되는

---

38) *Ibid.*

39) http://www.pressian.com/article/article.asp?article_num=30111108165757 accessed
   on November 29, 2011.

업체와 탄소배출의 종류, 배출권의 양도, 배출권 발행 한도, 타 배출권거래제와의 연계 가능성, 감독과 시행 등의 조항을 담고 있으며, 2012년 4월 2일부로 적용된다.[40] Clean Energy(Consequential Amendments) Act 2011은 NGER, 탄소영농 이니셔티브 등을 포함한 현존하는 규제제도와 절차와의 통합을 보장하기 위한 수정을 포함한다.[41] Climate Change Authority Act 2011은 정부의 기후변화정책에 조언을 할 기관을 수립하며 2012년 7월 1일부로 적용된다.[42] 이 외에도 Clean Energy Regulator Act 2011은 탄소가격제, NGER, RET와 탄소영농 이니셔티브를 관리 및 운영할 운영기관을 수립하며 2012년 4월 2일부로 적용된다.[43]

2. 정책[44]

1) 국가기후변화적응기본정책(2006)

국가기후변화적응기본정책(National Climate Change Adaptation Framework)의 목적은 기업과 지역 사회의 기후변화영향에 대한 목표 정보 수요에 대처하는 것이다. 가장 중점을 두는 부분은 의사 결정자들이 기후변화를 이해하고 정책과 경영 결정 사항에 이러한 내용을 반영할 수

---

40) http://parlinfo.aph.gov.au/parlInfo/search/display/display.w3p;query%3Did%3A%22le
gislation%2Fbillhome%2Fr4653%22;rec=0

41) http://parlinfo.aph.gov.au/parlInfo/search/display/display.w3p;query=Id%3A%22legisl
ation%2Fbills%2Fr4655_third − reps%2F0000%22

42) http://parlinfo.aph.gov.au/parlInfo/search/display/display.w3p;query=Id%3A%22legisl
ation%2Fbills%2Fr4663_first − reps%2F0000%22

43) http://parlinfo.aph.gov.au/parlInfo/search/display/display.w3p;query%3Did%3A%
22legislation%2Fbillhome%2Fr4657%22;rec=0

44) OECD, "Eco − Innovation Policies in Australia", Environment Directorate, 2008.

있도록 지원하는 것이다. 동 기본정책은 특히 새로운 적응 기술에 대해 언급하고 있다.

2) 호주 국가연구우선사항

호주 국가연구우선사항(The Australian National Research Priorities)은 2002년에 발표되었으며 '환경적으로 지속 가능한 호주(Environmentally Sustainable Australia)'에 대해 언급하고 있다. 핵심목표는 (1) 기존 산업의 변환을 위해 자원 기반 산업의 지속 가능성을 증대시킬 수 있는 새로운 기술이 필요하며 토지와 해양에 대한 환경적 영향을 최소화하고, (2) 대안 교통 기술, 청정 연소, 효율적인 신전력 생산 시스템, 이산화탄소 포집 및 격리 기술 등을 통해 교통 및 에너지 생산에서 생겨나는 온실가스 배출을 감소하고 포집할 수 있어야 한다.[45]

III. 에너지

1. 법률

1) 재생에너지발전목표(RET, Renewable Energy Target)

이산화탄소 배출을 달성하기 위한 호주의 가장 중요한 정책은 탄소배출권거래제(CPRS)이며, 또 다른 중요 정책으로는 2020년까지 전체 발전량의 20%를 재생에너지로 충당한다는 RET를 꼽을 수 있다.

---

45) http://www.dest.gov.au/NR/rdonlyres/AF4621AA-9F10-4752-A26F-580EDFC644F2/2846/goals.pdf

CPRS 법안은 여야 간의 입장 차이로 의회에서 통과되지 못한 상태이고, CPRS 정착시점까지의 보완책으로 RET가 마련되었던 것이다. 2009년 8월 호주는 2020년까지 전체 발전량의 20%를 태양광, 풍력, 지열에너지 등 신재생에너지원에서 충당한다는 RET 법안을 통과시켰다. RET는 2001년에 도입된 기존의 재생에너지의무발전목표(MRET, Mandatory Renewable Energy Target)에서 확대된 것이다.[46]

재생에너지 목표 달성 방법은 감독당국은 의무 부담자(전력도매구입자)에게 재생에너지 발전증명서(RECs, Renewable Energy Certificates) 구입목표를 부여하고, 의무 부담자는 시장에서 목표량만큼의 조달증명서를 구입하여 감독기구에 제출하는 방식으로 시장메커니즘을 통해서 이루어진다. 이 제도는 의무 부담자가 재생에너지원에 의해 생산된 전력을 구입해야 함을 의미하는 것은 아니며 재생에너지원에 의한 발전 확대를 위한 지원비용을 전력 도매구입자에게 부담시킨 것으로 볼 수 있다. 할당량만큼의 REC를 구입하지 못한 의무자는 벌금을 부담하여야 한다.

호주 정부는 2020년까지 전체 발전량의 20%를 신재생에너지 발전으로 대체하겠다는 RET 달성이 불투명할 것이라는 각계의 의견을 수

---

46) 2010년까지 연간 재생에너지원에 의해 생산된 전력조달을 기존 1만 6천GWh에서 2만 5천5백GWh까지 높인다는 목표(+9천5백GWh)를 설정하였다. 이는 전체 전력 조달에서 차지하는 비중을 10.5%에서 12.5%로 높인 것으로 평가된다. 이 목표 달성을 위하여 전력의 도매구입자(Wholesale Purchaser)에 대하여 시장점유율에 따라 재생에너지발전증명서(RECs, Renewable Energy Certificates) 구입목표를 할당한다. 전력 도매구입자는 Energy Australia, Origin Energy, AGL 등 전력소매상을 의미하는네, 이들은 일종의 가상도매시장인 National Electricity Market에서 발전소와 전력을 거래하게 된다. 의무자(전력의 도매구입자)들은 각각의 재생에너지발전증명서 구입목표에 상응하는 증명서를 구입하여 감독당국에 제출하여야 한다. 여기서 의미하는 RECs 1단위는 재생에너지원으로 생산되는 전력 1MWh에 상응한다. 이준호, p.224-225.

렴해 2월 26일 신재생에너지 개선방안을 발표하였다.[47] 2010년 6월 의회는 RET를 두 부분으로 구분하기 위해 강화된 신재생에너지발전 목표(eRET, Enhancements to the Renewable Energy Target)를 통과시켰고, 이것은 2011년 1월 1일부로 시행되었다.[48] eRET로 명명된 개정안을 보면, 풍력으로 대표되는 대형 신재생에너지발전(LRET, Large-scale Renewable Energy Target)프로젝트와 가정용 태양광 온수, PV로 이뤄진 소형 재생에너지발전프로젝트(SRES, Small-scale Renewable Energy Scheme)로 구분하였다. 이 새로운 eRET는 기존의 4만 5천GWh로 예상되는 RET 목표 발전량보다 더 많은 발전량을 달성할 수 있을 것으로 호주 정부는 예상하고 있다.[49]

---

47) 지난 몇 년간 호주의 재생에너지 사업 중 풍력발전단지 개발은 활발히 이뤄졌다. 개발업체들도 신재생에너지 의무구입자인 전기 도소매업체들에 장기 전기공급계약(PPA)과 신재생에너지증명서(RECs) 판매 등으로 상당한 이익을 거두었다. 하지만 최근 몇 년간 정부의 지원에 힘입은 가정용 태양광온수시스템, 히트펌프, 지붕용 PV 패널 등의 설치가 급격히 증가하고, 이들로부터 생산되는 REC가 시장에 유입돼 상대적으로 정부의 지원 없이 REC로 수익의 절반을 운영하던 LRET 프로젝트, 특히 풍력단지개발이 취소 혹은 보류되는 상황에 봉착하였다. 이로 인해 풍력발전단지 개발업체, 전기소매업체 등 LRET프로젝트 개발업체들이 개발 계획을 보류, 취소하였고, 특히 호주에서 가장 큰 전력도소매업체이면서 가장 큰 풍력발전단지개발업체인 AGL사는 이미 계획한 남반구 최대의 풍력발전단지인 3백65㎿ 용량, 총 8억 달러 규모의 Macarthur Wind Farm 건설계획을 보류시키기도 하였다. AGL, Origin Energy 등 전력 공급업체, Vestas, Suzlon, Repower 등 해외 터빈공급업체, Epuron, Union Fenosa 등 풍력발전단지 개발업체들은 정부에서 2020년까지 총 발전량 20%의 RET를 달성하기 위해서는 RECs 가격이 최소 50달러 이상이 되어야 한다며 이에 대한 조치를 정부에 지속적으로 요구해 왔었다. http://www.emerics.org/posts/postPrint/23/1248318/VN.do, accessed on September 10, 2011.

48) http://www.climatechange.gov.au/government/initiatives/renewable-target.aspx

49) eRET에 따르면 LRET에서 2020년까지 4만 1천GWh를 달성하고, SRES에서 4천GWh를 달성하겠다는 목표가 설정되었다. 이는 LRET로 정부에서 RET 목표로 하는 총발전량의 20%를 거의 달성하고 SRES는 추가적인 발전량 증대를 의미하게 된다. 따라서 eRET를 통하여 호주 정부가 20%를 훨씬 상회해 목표를 달성하겠다는 의지를 표현한 것이라고 평가되고 있다. http://www.emerics.org/posts/postPrint/23/1248318/VN.do, accessed on September 10, 2011.

2. 정책

호주는 기후변화의 대응방안으로 신재생에너지 활용과 에너지 효율성 제고방안을 추진한다. 2020년까지 재생에너지를 이용한 전기 생산을 20%로 확대하고 석탄 등 에너지원에 대하여 이산화탄소 포집과 저장기술을 적용한다. 탄소감축이나 대체에너지는 에너지 생산에서 온실가스 생산과 배출을 줄이기 위한 것이지만 에너지를 보다 효율적으로 사용함으로써 온실가스 감축비용을 줄이고 이를 통하여 저탄소 경제로의 체세 진환을 보다 용이하게 하기 위한 것이라고 볼 수 있다. 호주는 이외에도 연료세 인하 등 온실가스 규제로 인하여 피해를 입는 호주 업체와 가정에 대하여 과도기적 지원을 제공하고자 한다.

1) 에너지 효율 향상을 위한 국가종합대책
(NFEE, National Framework for Energy Efficiency)

과거 2004년 8월 호주의 Ministerial Council on Energy에서 에너지효율 향상을 위한 국가종합대책을 발표하였다. NFEE의 1단계에서의 8가지의 부문에 대한 에너지효율 증진 정책을 추진하였다. (1) 주택과 상업건물의 에너지효율 성과 제고, (2) 상업과 산업 분야의 에너지 효율 정책, (3) 관련제품과 기계설비의 에너지효율 정책, (4) 상업과 산업부문의 에너지효율 정책 추진, (5) 정부에 의한 에너지효율 향상에 정책추진, (6) 에너지효율 관련 전문가 훈련, (7) 일반 소비자 능력 향상, (8) 금융 분야에 의한 에너지효율 향상 인식이다. 2007년 NFEE의 2단계에서는 다음과 같은 조치를 추진하였다. (1) 최소에너지 효율기준(MEPS, Minimum Energy Performance Standards) 프로그램에 대한 고양과 예산지출, (2) 난방, 에어컨디션 등의 고효율화 시스템 전략, (3) 백열등 조명에 대한 단계적 폐지, (4) 그린리스(Green Lease)에 의한 정부의 리더십 고양, (5) 국가 온수전략에 관한 조치의 전개이다.[50]

2) 에너지 효율 의제[51]

현재 호주 정부는 광범위한 에너지 효율 의제를 가지고 있다. 의제는 보다 효율적인 산업을 위한 규제, 인센티브 프로그램 제공, 보다 효율적인 에너지 공급원의 시도, 다양하고 광범위한 정보의 제공과 정부 차원 활동의 에너지 효율을 개선하기 위한 노력 등이 포함된다.

(1) 에너지 효율 전략

연방정부, 주정부 그리고 지역정부(특별지구/행정자치구역) 간 획기적인 협정으로서 호주 경제의 전 분야에 걸쳐 에너지 효율의 개선을 위한 계획을 담은 에너지 효율 개선을 위한 국가전략(National Strategy on Energy Efficiency)이 있다. 관련 전략은 빌딩과 가전제품의 에너지 효율 개선을 조정하는 공동 정부 그룹의 도움을 받는다. 호주의 총리는 에너지 효율을 위한 Task Group을 설립하였고, 이 집단의 역할은 호주의 에너지 효율 개선을 위한 옵션과 관련, 조언을 제공을 하는 데에 있다.

(2) 보다 효율적인 산업을 위한 규제

연방정부, 주정부 그리고 지역정부는 정기적으로 빌딩, 가전제품과 장비의 에너지 효율을 개선하고 규제하고자 한다. 가정, 업무현장, 그

---

50) http://www.ret.gov.au/documents/mce/energy - eff/nfee/default.html
51) http://www.climatechange.gov.au/government/reduce/energy - efficiency.aspx

리고 정부 건물에서 배출하는 온실가스는 호주의 총 온실가스 배출량의 1/5를 차지한다. 이를 해결하기 위해 빌딩코드의 에너지 효율 기준을 높이고, 부동산 시장에서 환경관련 정보를 얻을 수 있도록 보장하고자 한다. 이 외에도 정부는 다양한 제품에 대하여 에너지 효율 기준을 정기적으로 검토하고 기준을 강화시키고자 한다. 현재 의무적 MEPS와 에너지라벨링의 적용을 받는 제품군은 10개가 넘으며, 3만 개 이상의 제품모델이 등록되어 있다. 이러한 조치로 인하여 2020년까지 매년 약 3만 2천GWh의 에너지가 절약될 것으로 추정되고, 이것은 호주 내에서 발생하는 총 전력의 14%에 해당된다.

(3) 프로그램

호주 정부는 에너지를 절약하고 보다 에너지 효율적으로 될 수 있도록 다양한 프로그램과 리베이트를 제공하고 있다.[52] 사업체의 경우 Clean Business Australia and the Green Car Innovation Fund Programs를 통해 혁신산업과학연구부(Department of Innovation, Industry, Science and Research)의 지원을 받을 수 있고, Energy Efficiency Opportunities Program를 통해 관광자산부(Department of Resources, Energy and Tourism)의 지원도 받을 수 있도록 되어 있다.

(4) 스마트 전력 공급

기존의 전력망에 IT기술을 접목하여 전력 공급자와 소비자가 양방향으로 실시간 정보를 교환함으로써 에너지 효율을 최적화하는 차세

---

52) http://www.climatechange.gov.au/government/programs - and - rebates.aspx

대 지능형 전력망인 Smart Grid 기술 개발을 위해 호주 정부는 약 1억 호주달러 정도의 예산을 할당하였으며, 주정부 차원에서도 스마트그리드 보급을 위한 목표 도입 및 프로젝트를 추진하고 있다.

3) 건물부문 에너지 효율 개선 방안[53]

(1) 에너지 효율을 위한 국가 차원의 전략

8천8백만 달러를 투입하여 기존의 자원과 재정지원을 기반으로 주거용 건물과 상업용 건물을 개선하고자 한다. 호주 정부가 추구하는 전략은 다음과 같다. (1) 에너지 효율기준을 높임으로써 새로운 건물의 에너지 효율을 높인다. (2) 주택소유자들에게 주택구매자나 임차인에게 에너지, 이산화탄소 및 수질효율에 관한 정보를 제공(2012년 에너지 효율을 시작으로)하도록 함으로써 부동산 시장에 정보를 제공한다. (3) 2010년 11월 1일부로 상업용 건물과 정부 건물의 경우 구매자나 임차인에게 에너지 효율 수준을 공개하도록 요구한다. (4) 에너지 효율적인 주거용 건물과 상업용 건물이 미래 정책에 어떠한 도움을 줄 수 있는가에 관한 전반적인 정보를 수집한다. (5) 건물용 에너지 효율과 등급의 평가방식에 있어서 일관성을 유지하고, 시간에 걸쳐 새로운 그리고 기존 건물에 적용할 보다 엄격한 최저 소비효율기준을 세우기 위한 국가적 차원의 틀을 마련한다. (6) 건물에 사용될 가전제품 및 장비/기기의 에너지 효율을 개선한다. (7) 주거용 건물과 상업용 건물에 재정적 지원과 정보를 제공한다.

---

53) http://www.climatechange.gov.au/en/what-you-need-to-know/buildings.aspx

(2) 건물 국가종합대책(National Buildings Framework)

관련 제도는 에너지 효율과 관련하여, 건물들이 평가되고 등급이 매겨지는 방식에 일관성을 지키고자 한다. 또한 시간에 걸쳐 최소 소비효율기준을 강화시키기 위한 경로를 제공하고자 한다. 이 제도는 에너지 효율 개선을 위한 국가전략에 따라 연방정부, 주정부, 그리고 지역정부의 협력에 의해 탄생된 것으로, 제도 발전을 위해 전문가집단(Expert Reference Group)과 작업반이 설치되었으며 주요 목적은 다음과 같다. (1) 새로운 건물과 대규모 개보수에 대하여 시간에 걸쳐 보다 엄격한 최소소비효율기준을 세우고자 한다. 관련 기준은 정기적으로 검토될 것이다. (2) 모든 종류의 거주용 건물과 상업용 건물은 적용대상에 포함될 것이다. (3) 또한 새로운 건물과 기존의 건물도 적용대상에 포함될 것이다. (4) 건물의 지붕, 벽, 문 그리고 창문도 적용대상에 포함될 것이다. (5) 새로운 건물과 기존의 건물에 대한 검토와 등급방식을 조화시키고자 한다. (6) 건물 기준과 건물의 에너지 소비효율을 검토하기 위한 공통의 측정방식과 보고방식을 마련하고자 한다. (7) 정확하고 투명하며, 사용하기 쉽다는 전제하에 시장에서 개발된 에너지 효율 등급방식을 허용하고자 한다. (8) 규정된 소비효율기준을 달성하기 위한 혁신을 추구하고자 한다. (9) Star Ratings를 사용하여 에너지 효율 개선에 노력하고 효과적인 모니터링과 기준 준수를 용이하게 한다.

건물부문 에너지 등급제도에는 MEPS와 국가 주택 에너지 등급제도(NatHERS, Nationwide House Energy Rating Scheme)가 대표적이다. MEPS는 온실가스 감축 전략의 일환으로 에너지 효율을 강화하기 위해 2006년 5월 개정된 호주건설법(Building Code of Australia)에 포함되었고, 건물 전 부문에 적용된다. NatHERS는 주택 구매자가 에너지 효율을 감안해 주택을 구매할 수 있도록 정보를 제공하는 제도로서, 주택 임대 및 매매 시 NatHERS 등급을 표시해야 한다.[54] 2001년부터는 사무용 건물의 온실가스집약도에 따라 1~5스타까지 등급을 매기는 제도와 창문 제품에 대한 에너지 성능 라벨링 시스템인 WERS(Window Energy Rating Scheme)제도를 시행해 오고 있다. WERS는 건물 내 창문의 열성능 향상을 통해 에너지를 절약하고 온실가스 배출 저감에 기여하고자 한다.

4) 조명부문 에너지 효율 개선방안[55]

조명 분야에 있어서는, 호주 내 온실가스 배출 중 가정용 조명이 12%, 상업용 조명이 25%를 차지하고 있어, 기존 조명등에 비해 에너지 친환경, 고효율, 유지보수비용이 적게 드는 LED 조명으로 시장의 중심이 급격히 이동하고 있다. 2009년 2월부터 호주 정부는 일반 가정용 백열등 수입을 전면 금지시켰으며, 백열등 사용 및 유통도 단계적으로 금지시키고 있으며, 백열등 사용금지정책에 따라 현지 할로겐 램프 및 콤팩트 형광등의 품질규정이 새로 마련되고 있다. 이와 아울러 호주 정부는 에너지 절약형 전구 사용을 촉진시키기 위해 최근 품질인증기준(최소소비효율기준, MEPS)을 마련하고 MEPS 품질기준을 충족시키지 못하는 제품은 판매를 금지시키고자 한다.

---

54) http://www.nathers.gov.au/eer/index.html accessed on September 10, 2011.
55) http://www.climatechange.gov.au/what-you-need-to-know/lighting.aspx

(1) 비효율적인 백열등의 단계적인 금지

연방정부는 주정부와 지역정부와의 공동작업을 통하여 단계적으로 백열등의 사용을 금지시키고자 한다. 전 지역에 걸쳐 보다 효율적인 조명(콤팩트 형광등과 같은)으로의 이동은 2008년에서 2020년에 걸치는 기간 동안 약 30TWh의 전력을 절약하고 2천8백만 톤의 온실가스를 감축할 것으로 예상된다(이것은 도로에서 운행되는 약 50만 대의 차량을 영구적으로 없애는 것과도 같다). 이것은 2020년까지 매년 약 3억 8천만 달러를 절약하는 것과도 같고, 백열등에서 콤팩트 형광등으로 교체한 경우 각 가구당 매년 약 50달러를 절약하는 것과도 같다.

(2) 단계적 금지정책추진

단계적 금지정책의 첫 단계는 비효율적인 일반가정용 백열등의 수입을 금지한 2009년 2월 1일부터 시작되었다. 2009년 11월 1일부터 콤팩트 형광등, 일반가정용 형광등, 초저전압 할로겐 비반사판 램프에 MEPS이 적용되고 있다. 이와 더불어 2010년 10월 1일부로 MEPS이 초저전압 할로겐 반사판 램프와 40W 이상의 초모양 장식용 램프에 적용되기 시작했다. 이러한 군에 있는 제품들은 MEPS에 합치해야 하고, 합법적으로 판매되기 위해서 관련 규제당국에 등록되어야 한다. 2011년 1월 1일부로 일반전압 할로겐 비반사판 램프 역시 MEPS의 적용을 받게 되는데, 2012년 9월 30일까지 개정된 MEPS 기준이 적용될 것이다.

〈표 8-1〉 호주 정부의 백열등 전면 사용금지 및
에너지 절약형 전구의 품질인증 적용일정[56]

기간	적용대상	추진내용
2009년 2월	일반 가정용 백열등	수입금지
2009년 11월	일반 백열등	국내 판매금지
2009년 11월	반사 장치가 없는 초저전압 할로겐램프, 콤팩트 형광등	MEPS 기준 적용/ 기준 미달의 제품 판매 금지
2009년 10월	MEPS 기준미달 비효율적 전구 40W 초모양 장식용 백열등, 반사장치가 있는 초저전압 할로겐램프, 반사장치가 없는 일반전압 할로겐램프	수입금지
2010년 10월	MEPS 기준미달 비효율적 전구 40W 초모양 장식용 백열등, 반사장치가 있는 초저전압 할로겐램프, 반사장치가 없는 일반전압 할로겐램프	판매금지
2011년 10월	MEPS 기준미달 비효율적 전구 반사장치가 있는 일반전압 할로겐램프, 24W 초모양 장식용 백열등	수입금지
2012년 10월	MEPS 기준미달 비효율적 전구 반사장치가 있는 일반전압 할로겐램프, 24W 초모양 장식용 백열등	판매금지
금지기간 미정	25W 이하의 파일럿램프	
2015년	모든 비효율적 백열등	전면적 수입 및 판매 금지

5) 가전제품 및 장비부문 에너지 효율 개선방안

(1) 텔레비전-에너지 등급제 라벨과 에너지 소비효율기준[57]

제조업체와의 협력을 통해, 호주 정부는 자발적인 에너지 효율 라벨링제도를 2008년 중반기에 도입하였다. 연방정부는 주정부와 지역정부와의 협력을 통해 2009년 10월 1일부터 모든 텔레비전에 에너지 등급제 라벨링과 MEPS를 적용하도록 하였다.

---

56) http://www.energyrating.gov.au/wp-content/uploads/Energy_Rating_Documents/ Library/Lighting/Compact_Fluorescent_Lamps/200718-phaseout-incandescent- lamps.pdf

57) http://www.cedia.com.au/index.cfm/page/news_detail/id/207 accessed on September 10, 2011.

(2) 온수시스템

온수시스템은 대부분 가구가 배출하는 온실가스의 가장 큰 원인이
다. 평균적으로 전기온수시스템은 매년 4톤의 온실가스를 배출한다.
전기 온수시스템은 태양광 또는 가스를 사용한 온수시스템처럼 보다
더 효율적인 기술을 이용한 온수시스템에 비하여 적어도 세 배가 되
는 양의 온실가스를 배출한다. 연방정부, 주정부와 지역정부는 온실
가스 집약적인 온수시스템을 단계적으로 금지하기 위해 협력하고 있
다. 단계적 금지를 통하여 2010년에서 2030년에 걸치는 기간 동안 약
7억 8천7백만 돈의 온실기스가 감축될 것으로 예상된다.

(3) 에너지 효율 라벨

에너지 등급제 라벨과 수질등급제 라벨이 있다. 호주는 지난 2005
년부터 Water Efficiency Labelling and Standards(WELS)안에 따라 각종 제
품의 물 소비효율, 소비유량을 보여 주는 라멜 인증방식 등급제를 실
시하고 있고, 대상제품으로는 변기, 샤워기, 유량 제어계, 세탁기, 식
기세척기 등이 있다.[58]

6) 녹색성장정책 관련

현재 호주는 1인당 탄소배출량이 세계 최대 온실가스 배출국인 미
국 수준으로 평가되고 있다. 따라서 호주 정부는 2050년까지 호주 전
체의 탄소배출량을 2000년 수준의 80%로 감축한다는 장기적인 목표
를 설정하고 탄소배출권 거래제 도입과 동시에 친환경 기업문화 정

---

58) http://www.climatechange.gov.au/what‐you‐need‐to‐know/appliances‐and‐
equipment.aspx

착을 추진하고 있으며, 제도적으로 이를 뒷받침하기 위하여 녹색금융의 제도적 정비 및 발전을 도모하고 있다. 이에 따라 호주 정부는 경제적 부담 완화를 위해 탄소배출량이 높은 산업과 가계 등에 대한 지원대책을 마련하고 있다. 그리고 이러한 호주 정부의 지원대책을 뒷받침할 수 있는 제도적 장치로서 녹색금융의 활성화를 통하여 재원확보 및 금융산업의 발전과 사회의 경제적 부담을 완화시키려는 정책을 추진하고 있다. 또한 연료비 상승에 따른 자동차운전자들의 부담을 경감해 주기 위해 연료비 상승분에 상응하는 세금인하 등 조치를 취할 예정이다. 탄소배출량이 많은 산업에 대해서는 배출권 규제로 인한 비용증가에 따른 정부 차원의 보상 및 지원을 허용할 방침이며, 이외에도 Climate Change Action Fund를 조성함으로써 제도도입으로 인해 경쟁력이 약화될 기업들을 지원할 방침을 마련하고 있다.

더 나아가 기후변화에 대한 대응방안으로 호주 정부는 2008년 11월 친환경자동차 관련 정책인 녹색미래를 위한 신자동차 계획(A New Car Plan for a Greener Future)을 발표하였다.[59] 2008년에서 2021년에 걸치는 기간 동안 약 62억 달러가 지원되는 동 정책의 목적은 2020년까지 호주 자동차 산업을 보다 경제적이고 환경친화적으로 만드는데에 있다. 동 정책은 약 13억 달러 규모의 친환경 자동차 혁신 펀드(Green Car Innovation Fund)를 수립하고, 자동차산업 전환 정책(Automotive Transformation Scheme)을 수립하여 친환경 자동차 산업을 추구하는 지원프로그램을 2011년부터 2020년까지 시행한다. 이 외에도 2009년부

---

59) 친환경자동차 관련 정책은 크게 ① 지속적인 자동차 생산 및 장기적인투자 유치, ② 연료 효율성 개선 및 이산화탄소 배출 감소를 통한 자동차 산업의 친환경화, ③ 호주 국내 공급망 강화와 기술력 강화, ④ 국제 공급망과의 연계 및 호주 자동차 생산업체를 위한 시장 진출 개선 분야를 다룬다.

터 향후 10년간 친환경 자동차 생산을 지원하기 위해 자동차 생산기업에 3 : 1의 비율로 자금을 지원한다. 특히 LPG차량에 대한 지원을 강화하여 차량 구입 시 지급되는 보조금 액수를 두 배로 증가시켰고, 이것은 LPG 생산국인 호주의 에너지 수입의존도를 낮추는 데도 도움이 될 것으로 평가되고 있다. 또한 동 정책은 자동차 부품 산업의 합병을 통한 부품산업의 구조조정 유도 및 노동인력 조정에 대한 지원도 제공하여, 호주의 녹생성장에 기여하고자 한다.[60]

---

60) 이준호, p.217 - 218.

뉴질랜드의 기후변화대응 관련 법제 및 정책

이소영

Ⅰ. 개관

1. 뉴질랜드와 환경보호

뉴질랜드 정부는 1988년에 뉴질랜드 환경부의 주관 하에 기후변화 프로그램을 설립하면서 기후변화에 대한 대응방안을 마련하기 시작하였다. 기후변화와 관련하여 뉴질랜드 환경부는 현재 지역정부에게 상세한 내용의 과학적·기술적 그리고 정책적 지침은 물론 기후변화로 인한 잠재적 효과에 대비하기 위하여 관련 자료를 제공한다. 또한 기후변화가 주는 경제적 효과를 계속적으로 연구하고 있으며, 특정 지역에 기후변화가 미칠 영향과 이에 대한 대응방안 관련 지침을 제공하고 있다. 이 외에도 기후변화로 인해 발생하는 일자리 및 사업 기회를 파악하는 데에 지속적인 노력을 하고 있다.

2002년 12월 19일에 교토의정서를 비준한 뉴질랜드는 지속적으로 기후변화에 대응하기 위한 노력을 해왔고, 2008년에서 2009년 동안 정부는 기후변화정책과 관련 프로그램을 포괄적으로 검토해 왔으며, 특히 뉴질랜드 배출권거래제를 중심으로 노력해 왔다. 뉴질랜드 배출권거래제의 경우 경제개발부의 소관으로, 경제개발부는 2002년 기후변화대응법을 관리하고, 배출량 단위 분배와 관련 규정을 고안해야 할 의무가 있다. 다만 산림과 관련해서는 농림부가 관리하고 있는 상황이다.[1] 에너지와 관련, 경제개발부는 에너지 사용을 둘러싼 경제적 이슈를 소관하고 환경부는 에너지 사용으로 인한 환경적 효과를 다룬다.

2. 입법절차

뉴질랜드의 기후변화 관련법 및 정책에 앞서 우선 뉴질랜드의 입법절차를 살펴보자면, 단원제의 의원 내각제로 운영되는 뉴질랜드 입법절차는 국회에 상정된 법안이 'First Reading'에 들어가는 것으로부터 시작된다. 법안이 상정된 후 적어도 3일이 지나야 첫 심의가 시작되는데, 의원들에게 이 기간 동안 법안을 재검토하고 법무장관이 관련 법안이 뉴질랜드 권리장전법(New Zealand Bill of Rights Act 1990)에 합치하는가를 검토할 기회를 주기 위한 것이다. 이 기간 동안 의원들은 법안을 추진할 것인지를 결정하기 위해 표결에 부친다. 이 표결에서 과반수의 득표를 하지 못한다면 법안은 말 그대로 법안으로 남게 된다, 추진이 결정되면 특별위원회(Select Committee)에 상정된다. 이 경우 특별위위원회에게는 법안을 검토하고 의회에 보고서를 제출할

---

1) http://www.mfe.govt.nz/issues/climate/index.html

수 있는 약 6개월의 기간이 주어진다.

특별위원회는 법안에 대한 국민의 의견을 수렴하는 등 관련 법안에 수정이 필요한가를 판단한 후에 보고서를 작성한다. 국회가 특별위원회의 보고를 받고 난 후에는 두 번째 심의 'Second Reading'이 시작되는데 수정된 사항들과 위원회에서 발견된 다른 세부사항에 관한 토론이 진행된다. 이 단계에서 의원들은 법안의 주요 원칙을 검토하고 관련 위원회가 제안한 수정안을 검토할 수 있다. 모든 토론이 끝난 후에 의원들이 다시 한 번 표결을 하는데 과반수의 의원이 동의하면 이 법안은 거의 법으로 통과된디고 보아도 무방하다.

법안이 'Second Reading'을 통과하게 되면 모든 위원회 구성원들이 지지하는 수정안은 법안에 반영되지만, 반대의견이 있었던 수정안은 표결에 부쳐지고, 과반수의 득표에 실패할 경우 관련 법안은 법안으로 남게 된다. 'Second Reading'을 통과하면 관련 법안은 초과 과세 본위원회(Committee of the Whole House)에 상정된다. 이 과정은 심층도 있는 토론보다는 법안을 순서에 맞게 정리하는 수순이며 역시 의원들의 표결에서 과반수의 동의를 얻어야 한다. 마지막 단계는 모든 군주제 국가에서 국왕의 승인을 받아야 하듯이, 뉴질랜드에서는 총리의 건의하에 총독이 승인을 하게 된다.

II. 기후변화

1. 법률

1) 기후변화대응동향

교토의정서에 따라 뉴질랜드는 2008~2012년에 걸치는 기간 동안 온실가스 배출량을 1990년 배출량 수준으로 제한해야 한다. 이 목표치를 달성하지 못할 경우에 뉴질랜드는 추가 배출량에 대해서 책임을 지도록 되어 있다. 환경부는 매년 총배출량 관련 보고서를 작성하는데, 관련 보고서는 교토의정서에 따른 제1차 의무 이행기간(2008~2012) 동안의 배출량 단위의 잔고가 어느 정도 될 것인가에 대하여 예측하고자 한다. 관련 보고서들은 2005, 2007 그리고 2009년에 전문가로 구성된 컨설턴트에 의해 검토되었다.[2]

뉴질랜드 정부는 뉴질랜드의 온실가스 배출 저감을 위한 장기목표와 중기목표를 설정하였다. 2011년 3월 정부는 2050년까지 1990년 배출량 기준 총 온실가스의 50%를 감축할 것이라는 장기목표를 발표하였다. 2009년 8월, 뉴질랜드는 2020년까지 1990년 배출량을 기준으로 하여 10~20% 감축이라는 중기목표를 밝히며, 조건부적 의무목표(Conditional Responsibility Target)를 선언하였다.[3] 즉 뉴질랜드의 2020년 목표 달성치는 국제협상과 토지이용, 산림 관련 국제규정, 그리고

---

2) http://www.mfe.govt.nz/issues/climate/greenhouse-gas-emissions/net-position/index.html

3) 의무목표(Responsibility Target)란 뉴질랜드가 국내 배출 감축, 산림의 탄소저장, 그리고 다른 국가로부터 배출 감축량 단위(ERU, Emission Reduction Units)의 구매를 통하여 목표치를 달성하겠다는 것을 뜻한다.

탄소시장의 이용 등에 대한 국제적 합의의 수준에 따라 달라질 수 있다. 뉴질랜드 정부는 기후변화와 뉴질랜드의 온실가스를 감축하기 위해 노력하고 있다. 기후변화에 대한 정부의 주요 정책은 2002년 기후변화대응법(Climate Change Response Act 2002)[4]을 통해 처음 발의된 뉴질랜드 배출권거래제이다.

뉴질랜드는 온실가스 감축목표를 달성함에 있어서 기타 선진국들에 비하여 특정적인 어려움이 있는데, 그 이유는 뉴질랜드의 배출 프로필(Emission Profile)에 있다. 뉴질랜드 총 배출량의 50%는 농업으로부터 발생한다. 단기적으로 보있을 때, 농업 분야로부터 발생하는 온실가스 저감은 다른 분야에 비해 선택의 폭이 좁은 편이다. 따라서 뉴질랜드 정부는 이러한 선택의 폭을 넓히기 위한 방법으로 국제적인 연구를 지원하고자 한다. 즉 뉴질랜드 정부는 기후변화에 대한 대응방안으로 온실가스 저감을 위한 연구 및 조사를 통해서 혁신적이고 기술적인 해결방안을 모색하고자 한다. 기후변화와 관련 가장 많이 논의되고 있는 농업 분야라는 점을 고려하여, 농장에서의 메탄과 아산화질소의 배출을 저감하기 위한 조사 및 연구에 많은 투자를 하고 있는 실정이다.

농업 분야에서의 온실가스에 관한 Global Research Alliance는 기후변화대응에 가장 많이 기여하는 부분이며, 관련 분야에서의 국제협력을 가져올 것으로 평가되고 있다. 뉴질랜드의 기후변화에 대한 대응책에는 Global Research Alliance 이외에도 Primary Growth Partnership(PGP)이 있다. PGP는 정부와 산업 간 협력 이니셔티브로서, 뉴질랜드의 1차 산업 분야, 농업 분야 그리고 산림 분야에서의 경제성장과 지속 가능

---

4) 배출권거래제 관련 법제 부분에서 살펴보도록 한다.

성을 위한 혁신적인 연구프로그램이다. PGP는 프로그램이 시행되는 기간 동안 최소 50만NZD의 자금을 지원한다. 2009년에 정부는 PGP 기금과 관련하여 2012/2013년부터 매년 7천백만NZD의 자금을 지원하기로 하였다. PGP에 따라 농업 온실가스 조사센터(Centre for Agricultural Greenhouse Gas Research)가 수립되었고, 동 센터는 매년 PGP로부터 100% 정부지원인 5백만NZD를 제공받게 된다.[5]

2) 배출권거래제

(1) 서론

뉴질랜드는 근본적인 탄소개혁을 위하여 조심스럽고 절제된 방안을 선택하였다. 뉴질랜드의 배출권거래제(NZ ETS)는 경제적 생산성을 유지하면서 온실가스를 감축하기 위한 전 지구적인 노력에 동참하기 위해 고안되었다. 배출권거래제는 경제개발부의 소관으로 경제개발부는 배출권거래제가 제대로 시행되고 있는지를 감독해야 할 의무가 있다. 경제개발부는 기후변화대응법을 관리하고, 배출량 단위 분배와 관련 규정을 고안해야 할 의무가 있다. 다만 산림과 관련해서는 농림부가 관리한다.

(2) 뉴질랜드 배출권거래제의 주요 내용[6]

NZ ETS는 2002년 기후변화대응법을 통해 처음 발의되었다. 이후 3

---

5) http://www.mfe.govt.nz/issues/climate/policies - initiatives/index.html

6) http://www.climatechange.govt.nz/emissions - trading - scheme/about/basics.html
서정민 외 4인, 『포스트교토체제하에서 한국의 대응전략 : 탄소배출권시장의 국제적 연계를 중심으로』, 경제·인문사회연구회(2010.2.)를 참조하여 정리하였다.

번의 개정안을 거쳐 2009년 11월 25일 기후변화대응법 제4차 개정안이 뉴질랜드 의회에서 최종 통과되었다.[7] 관련 개정안의 목적은 NZ ETS가 뉴질랜드의 경제에 미치는, 특히 전이단계를 거치는 기간 동안, 영향을 완화하기 위한 것이었다. 이에 따라 배출권거래제의 참여 대상은 현재 운용 중에 있는 산림산업과 산업용/수송용 연료 부문 및 전력 분야에서 점차적으로 확대되어 2015년까지 전 산업에 걸쳐 시행될 예정이다.[8]

NZ ETS는 이산화탄소의 배출을 감축시키고 이산화탄소를 흡수하도록 숲을 조성할 동기를 부여히고자 온실가스 배출에 가격을 설정한다. 2009년 NZ ETS는 일반 가구에 드는 비용과 일자리에 미치는 영향을 감소하기 위하여 개정되었다. 이에 따라 NZ ETS는 2015년까지 경제 모든 분야와 교토의정서가 적용되는 모든 온실가스를 포함하게 될 것이다. NZ ETS는 2008년 1월 1일부터 근본적인 전환을 추진하도록 탄소를 격리시킬 경제적 인센티브를 주며 산림산업에 운용 중에 있고,[9] 2010년 7월 1일에 산업용/수송용 연료 부문 및 전력에 대한 배

---

7) Climate Change Response Amendment Act 2011 No 15, Public Act; Climate Change Response(Emissions Trading Forestry Sector) Amendment Act 2009 No 19, Public Act; Climate Change Response Act 2002 No 40(as at 08 December 2009), Public Act; Climate Change Response Amendment Act 2006 No 59, Public Act; Climate Change Response(Emissions Trading) Amendment Act 2008 No 85, Public Act; Climate Change Response(Moderated Emissions Trading) Amendment Act 2009 No 57, Public Act. Registrar을 임명할 EPA의 권리, chief executive의 기능, chief executive의 의무 위임사항 등의 내용을 담은 개정안이 2011년 5월 동의되었지만, 아직 효력 발생 전이다. http://www.legislation.govt.nz/act/public/2011/0015/latest/whole.html#dlm3718903

8) http://www.climatechange.govt.nz/emissions-trading-scheme/building/policy-and-legislation/acts-and-amendments.html

9) 이는 산림 분야가 뉴질랜드의 가장 큰 잠재적인 탄소 흡수원(sink)으로 교토의정서의 온실가스 배출에 대한 국제적인 의무를 이행하는 데 Carbon Reservoir 생성과 같은 중요한

출이 의무화되어 본격적으로 시작되었으며, 2013년 1월 1일에 폐기물과 합성가스 분야, 그리고 2015년 1월 1일에 농업 분야에 배출이 의무화된다. 특정 분야는 배출권거래제를 도입하기 이전에 그들의 배출량을 보고하도록 규정되어 있기도 하다.[10]

NZ ETS의 시행으로 인해 배출권거래제에 참여하는 분야가 관련 제도의 영향을 받음으로써 일반가구가 비용을 부담하지 않을 수 없게 된다. 뉴질랜드 대부분의 사업체 역시 배출권을 거래하도록 요구되지 않는다. NZ ETS는 2011년 전이단계를 평가하는 첫 번째 검토를 시작으로 5년마다 검토될 것이며, 검토 단계에서 UN의 새로운 글로벌 기후 협약의 행보 및 선진국의 탄소가격 협약 등을 고려할 것으로 보인다. 뉴질랜드는 준비과정을 통해 민간 배출권거래제를 정착시킨 후 배출권거래제를 시행하고 있는 다른 나라들과 연계할 계획인데, 어떤 방식으로 국제적 연계 작업을 할 것인가의 구체적인 내용은 2012년 이후에 확정될 것으로 보인다. 뉴질랜드는 배출권거래제 도입 당시 국제 경제상황이 제도 시행을 순조롭게 도와 불과 1년 만에 배출권거래제를 정착시키는 나라가 되었다.[11]

① 배출권 가격

뉴질랜드 배출권거래제도 내에서의 거래단위는 NZU이다.[12] 이행

역할을 담당하고 있기 때문이다. 산림 분야(토지이용 변화 및 임업 LULUCF)는 2008년 뉴질랜드 총 배출량의 약 35%에 상당하는 온실가스를 상쇄하였다. New Zealand's Greenhouse Gas Inventory 1990~2008.

10) Ministry for the Environment, "Emissions Trading Scheme Review 2011: Issues statement and call for written submission", *Emissions Trading Scheme Review Panel*, Wellington: Ministry for the Environment, 2011, pp.10 - 11.

11) http://www.sciencetimes.co.kr/article.do?todo=view&atidx=0000053042, accessed on September 9, 2011.

기간인 2010년 7월 1일부터 2012년 12월 31일까지 뉴질랜드의 탄소 배출권 가격은 25NZD로 고정되며, 이 기간 동안 고정에너지, 산업공정, 액체화석연료 부문에서의 참가자들은 이산화탄소 배출 2톤당 하나의 배출권으로 상각하게 된다. 그 결과, 참가자들은 아직까지 완전한 의무를 부담하지 않는다. 하지만 동 조치는 2012년 이후에는 폐지될 예정이다.

② 배출권 할당

NZ ETS에서 NZU는 무상배분을 통해 할당된다. 배출권은 농업을 비롯한 주요 에너지 사용업체에 무상으로 공급하고, 그 이후에는 점진적으로 무상지원을 축소하기로 하였다.[13] 부문별로 NZUs의 무상배분을 살펴보면, 산림의 경우, ETS에 자발적으로 참가한 1989년 이후의 산림소유주들은 2008년 1월 1일부터 수목재배(Tree Growth)를 위해 NZUs를 무상으로 할당받는다.[14] 산업의 경우, 배출권거래제의 도입으로 가장 큰 피해가 발생할 것으로 예상되는 배출집약적－무역노출업체(EITE, Emission Intensive, Trade－Exposed Industries)에 대해 국제경쟁력 유지를 위해 배출권을 무상으로 배분한다. EITE에 대한 배출권 무상배분 규모는 각 산업의 평균배출 집약도를 기준으로 기준배출량(Emissions Baseline)의 60% 또는 90% 수준에서 결정되고,[15] 이는

---

12) 1NZU=1 tonne of Carbon Dioxide equivalent(CO_2-e).

13) 고정에너지, 액체화석연료, 폐기물 부문은 무상배분을 받을 수 없다.

14) 뉴질랜드 배출권거래제도에서 산림 분야가 규제대상으로 참여하는지는 시기에 따라 달라진다. 1990년 이전에 개간한 산림의 소유주들은 벌목이나 전용에 따른 배출량 규제를 받게 되는 강제적 참여대상인 반면, 1989년 이후의 산림 소유주들은 자발적 참여대상으로 흡수한 온실가스양만큼 배출권이 주어진다.

15) 평균배출 집약도는 산업평균에 기초한 생산 unit당 배출되는 이산화탄소로 배출량/생산량으로 나타난다.

2013년부터 매년 1.3%씩 단계적으로 폐지한다. 농업부문도 산업부문과 마찬가지로 무상배분은 평균배출 집약도를 기준으로 기준배출량의 90% 수준으로 배분하고, 2016년부터 매년 1.3%씩 단계적으로 폐지한다. 이와 같이 농업을 포함한 배출량이 많은 배출집약적 무역업체의 경우, 온실가스 집약도 기준(Intensity Basis)에 따른 무상배분이 점진적으로 폐지된다. 집약도 기준에 따른 무상배분은 생산증가에 대한 제약 없이 또는 국제시장에서 경쟁에 대한 불이익 없이 효율성 개선을 촉진하는 데 목적이 있다.

③ 탄소상쇄(오프셋)

가격 안정화를 위한 이전 오프셋으로 우선 교토체제에서 인정되고 있는 CERs와 ERUs, RMUs가 있으며, 이들의 사용은 무제한적이다. 단, 핵발전 프로젝트에서의 CERs과 ERUs, 임시CER(tCERs), 장기CER(lCERs)[16]은 NZ ETS에서 사용될 수 없다.[17] 또한 교토의정서상의 감축실적을 해외에 판매하는 것은 금지하고 있으나, 이행기간 동안인 2010년 7월에서 2012년 12월까지는 산림프로젝트와 연계된 NZUs는 AAUs의 형태로 국내나 해외에 판매할 수 있다.[18]

---

16) tCERs과 lCERs는 산림 분야의 조림과 재조림 CDM 프로젝트에서 발생되는 배출 흡수에 대해 발행되는 credit이다.

17) Ministry for the Environment, "Units of trade in the New Zealand emissions trading scheme", Factsheet 27 INFO 329, October 2008.

18) 수출 가능한 NZUs는 자동적으로 수출용 AAUs로 전환된다. 뉴질랜드의 주요 감축실적 거래현황을 살펴보면, ① 2008년 풍력 및 매립지 사업에서 발행된 약 3백만ERU(당시 약 3천만USD)가 선도거래 형태로 유럽, 일본에 판매, ② 2009년 3월 일본에 5만AAU(당시 AAU당 약 8유로)를 판매한 첫 번째 AAU 선도거래 발생, ③ 2009년 국제 공공 및 민간 구매자들이 약 14USD(당시 약 10유로)로 추정되는 가격으로 현물시장에서 뉴질랜드의 산림 NZU를 총 60만까지 구매, ④ 노르웨이 정부는 지금까지 가장 규모가 큰 거래에서 52만AAU 구매 등을 들 수 있다. World Bank, "State and Trends of the Carbon Market", 2010.

④ 이월 및 차입

차입은 금지되며, 이행기간 동안 모든 분야에서 배출권 이월이 허용된다. NZUs, 뉴질랜드 AAUs, ERUs, CERs은 일반적으로 다음 이행기간으로 이월할 수 있지만, 수입된 AAUs는 이월될 수 없다.

⑤ 패널티

NZ ETS에서 참가자가 감축의무를 준수하지 못한 경우 미준수 양에 대해서 배출권당 30NZD의 벌금이 부과된다. 또한 의도적으로 ETS상의 의무 위반 시에는 벌금 5 NZD가 부과되고, 5년의 징역형에 처해진다.

⑥ 기후변화대응법에 따른 제1차 탄소배출권거래제 보고서

2011년 상반기 기후변화대응법에 따라 패널이 설치되어 NZ ETS에 대한 심사에 들어갔다. 관련 심사는 ETS가 효율적으로 그리고 효과적으로 그 기능을 다 하고 있는지를 판단하고 2012년 이후에 어떠한 방향으로 나아가야 하는지를 검토하기 위한 것으로, 패널은 2월부터 심사에 들어갔고 6월 30일 최종보고서가 완성되어 기후변화 장관 Nick Smith에게 보고서가 전달되었다. 심사분야는 농업, NZU의 배분기제, 25NZD의 고정가격 배출상한(Fixed Price Cap) 유지 여부, 합성 온실가스를 ETS에 포함할 것인가 등이다. 또한 ETS가 투자 및 운영 결정에 어떠한 영향을 미치는가도 심사대상이 되었다.[19]

2011년 8월 기후변화부 장관은 제1차 뉴질랜드 탄소배출권거래제 보고서 발간을 발표하였다. 보고서에 의하면 뉴질랜드의 탄소배출량

---

19) Ministry for the Environment(2011), pp.5 - 6.

은 감소하고 있으며 삼림과 재생에너지에 대한 새로운 투자를 촉진하고 있는 것으로 전했다. 또한 지난 1년 동안 NZU 시장은 17NZD에서 22NZD 사이에서 거래되면서 상대적으로 변동이 없었고, CER 가격과 비교했을 때 약 10%에서 15% 할인된 가격으로 거래되고 있다고 평가되었다. NZ ETS상 수요는 주로 지역시설, 지역산업, 그리고 석유회사로부터 발생하며, 정부기관에서도 적지 않게 수요가 발생한다. 그러나 공급 부분에 있어서는 아직 시장으로 유입되지 않은 NZU는 배분된 총 NZU의 상당한 부분을 차지하고 있는 것으로 판단되었다. 현재까지는 예상했던 공급과잉은 현실화되지 못하고 있는 상태이다.[20]

또한 보고서는 현재 NZ ETS는 2013년에는 에너지, 수송, 그리고 산업 분야에 대한 모든 배출이 의무화되는데, 이것을 2013, 2014, 2015년 세 단계로 나누어서 단계적인 의무화를 도입하자는 안을 제시하였다. 패널은 단계적인 의무화가 일반 가구와 사업체에 미치는 가격 효과의 속도를 늦추는 방법이고, 단계적인 의무화를 도입한다고 해서 저탄소 기술에 대한 투자가 영향을 받지는 않을 것이라고 보았다. 이 외에도 2015년에 배출이 의무화되는 농업에 대해서도 마찬가지로 점진적인 도입을 제안하였다. 이에 대하여 기후변화부 장관은 농부들의 온실가스 배출을 저감할 수 있도록 하는 실질적인 기술이 가능하고 다른 나라들의 온실가스 배출 저감 조치에 더 많은 진전이 있는 경우에만 농업 분야의 배출 의무화가 가능하다고 하였다.[21]

---

20) World Bank, "State and Trends of the Carbon Market", 2011, pp.29－30.

21) http://www.beehive.govt.nz/release/slowing－ets－recommended－review－panel, accessed on October 22, 2011.

⑦ 뉴질랜드와 호주의 배출권거래제 연계운영

뉴질랜드는 2011년 12월 국제탄소시장의 확대와 유동성 증가를 위하여 2015년 7월 1일부터 호주와 배출권거래제를 연계하여 운영하겠다고 발표한 바 있다. 양국은 호주의 배출권거래제가 유동가격제로 전환되는 2015년 7월 1일부로 배출권거래제 연계 운영이 착수될 수 있도록 합의하였다고 밝혔다. 양국 간 배출권거래제가 연계가 되면 EU에 이어 세계에서 두 번째로 큰 탄소시장이 될 것으로 예상되고 있다.[22]

III. 에너지

1. 정책

에너지 관련 정책은 경제개발부가 결정한다. 뉴질랜드의 에너지전략 2011~2021(Energy Strategy 2011~2021)은 에너지 분야에서 나아가야 할 방향성과 에너지가 뉴질랜드 경제에 미치는 효과를 제시하고자 한다.[23] 뉴질랜드 정부의 목적은 친환경적인 발전과 국가 내 다양한 에너지 자원의 효율적인 사용으로 풍부한 잠재에너지를 활용하는 데에 있다. 이 외에도 뉴질랜드 에너지 효율과 보존전략(NZEECS: New Zealand Energy Efficiency and Conservation Strategy)은 구체적으로 에너지

---

22) http://www.reuters.com/article/2011/12/05/us-australia-newzealand-carbon-idUSTRE7B40AK20111205, accessed on March 6, 2012.

23) 동 전략은 다양한 자원의 개발, 환경적인 책임감, 에너지의 효율적인 사용, 그리고 가용성이 높은 에너지의 확보를 우선적인 목표로 삼는다.

효율, 에너지보존과 재생에너지의 촉진을 중점적으로 다루고 있다. 에너지효율과 보존법(Energy Efficiency and Conservation Act 2000)에 따르는 NZEECS는 수송, 비즈니스, 가정, 제품, 전력체제, 공공부문에서 각각의 목표를 내세우고 있는데, 이것은 전반적으로 뉴질랜드 에너지전략 2011~2021에 기여할 것으로 평가되고 있다.[24] 이 외에도 에너지를 포함한 다양한 분야에서, 뉴질랜드 정부는 온실가스 저감을 위한 다양한 정책과 조치를 취하고자 한다.[25]

1) 에너지 공급과 재생에너지

뉴질랜드는 풍부하고 다양한 재생에너지 자원을 가지고 있고, 뉴질랜드에서 생산되는 전력의 2/3 정도가 재생자원에서 나온다. 그리고 이것의 대부분은 수력에 의한 것이고, 여기에는 전력생산, 원유를 대체할 수 있는 원료, 그리고 열 생산을 위한 재생에너지원을 더 개발시킬 수 있는 상당한 가능성이 있다. 뉴질랜드 정부는 에너지 분야에서 2025년까지 뉴질랜드에서 생산되는 90%의 전력을 재생자원으로부터 발생시킬 것을 목적으로 한다. 정부의 역할은 전력시장을 감독하고 재생전력의 발전에 장애가 될 수 있는 불필요한 규제적 장애물을 제거하는 것에 있다. 새로운 전력생산에 대한 정부 보조금은 제공되지 않는다. 대부분의 프로젝트는 비용 면에서 가장 효율적인 지열에너지와 풍력을 사용하고 있다. 에너지 공급과 재생에너지에 대한 인식을 높이기 위하여 정부는 소비자와 산업에 현재 이용 가능한 기

---

24) http://www.med.govt.nz/templates/ContentTopicSummary_46214.aspx accessed on September 8, 2011.
25) http://www.mfe.govt.nz/publications/climate/nz-fifth-national-communication/page5.html accessed on September 8, 2011.

술과 바이오연료의 장점에 대한 정보를 제공하고 있으며, 재생기술의
발전을 위한 자금을 제공해 주고 있다. 관련 기금으로는 Marine Energy
Deployment Fund[26]와 Distributed Generation Fund[27]가 있다.

2) 에너지 효율 개선

EECA(Energy Efficiency and Conservation Authority)는 에너지의 보다
효율적인 사용을 촉진하고자 한다. 동 기관은 에너지 효율을 개선시
키고 재생에너지 자원의 사용과 개발을 위해 다양한 분야에서 프로
그램을 시행하고 있다. Electricity Commission 역시 전력의 효율적인 사
용을 장려하기 위하여 구체적인 프로그램을 시행하고 있다.

3) 에너지 효율 제품 관련 프로그램

뉴질랜드는 호주와 Equipment Energy Efficiency(E3)라고 불리는 연합
프로그램을 시행하고 있다. 2006년 이후 관련 프로그램은 통상적으로
사용되는 거주용과 상업용 전력제품에 대한 에너지 효율 라벨기준과
의무에너지효율표준(Mandatory Performance Standards)을 설립해 왔다.
이를 통하여 두 국가는 에너지 효율에 대한 일관적인 기준을 세우고

---

26) 2007년 10월 정부는 4년간 지속될 8백만NZD의 Marine Energy Deployment Fund를
　　설립하였다. 동 펀드는 파동에너지 또는 조력에너지를 전력으로 전환시키는 장비배치를
　　지원하는 데에 목적이 있다. 동 펀드는 뉴질랜드의 해양환경에서 실증용 장비(Pre-
　　Commercial Devices)를 배치하기 위해 자금을 제공한다.

27) 분산형 전원은 소규모의 전력기술(대체로 3kW에서 1만kW까지)로서 규모가 작은 자원으
　　로부터 전력을 생산하는 것을 말한다. 분산형 전원 프로젝트는 풍력발전기, 태양광, 수력
　　발전기, 지열, 바이오에너지, 디젤 또는 가스발전기, 열병합발전기의 사용을 포함한다.
　　2008년에 수립된 동 펀드는 재생에너지원을 이용한 분산형 전원의 가능성을 검토 및 조
　　사를 하기 위해 착수된 연구에 재정적 지원을 한다. 동 펀드에 따라 EECA는 부분적(75%
　　까지 혹은 2만NZD까지)으로 자금을 지원한다.

조치를 취해 왔다. 동 프로그램은 소비자로 하여금 제품 구매 시 제품의 에너지 효율을 비교 평가함으로써 전력 발생으로 인한 온실가스 배출을 감축하고자 한다. 뉴질랜드는 소비자들로 하여금 보다 더 에너지 효율적인 제품을 구매하도록 하기 위하여 자발적인 승인제도(ENERGY STAR)를 시행하고 있다.

(1) 최소에너지효율기준

(MEPS, Minimum Energy Performance Standards)

MEPS는 가장 에너지 비효율적인 제품이 시중에 판매되지 않도록 이를 보장하고자 한다. 이에 따르면, 제품이 시중에 판매되기 전에 최소에너지효율기준을 통과해야 한다. MEPS는 현재 뉴질랜드에서 8개의 제품군, 즉, 냉방장치/열펌프, 분배변압기, 냉장고와 냉동고, 전기온수실린더, 형광등, 형광등용 전자식 안정기, 냉장진열캐비닛, 그리고 삼상 전동기에 적용된다.

(2) 의무적 제품라벨링제도

제품라벨링제도는 모든 백색가전과 열펌프 소매업자들에게 소비자들에게 제품을 판매하는 시점에서 에너지 효율 관련 정보를 제공하도록 규정한다. 제품라벨링은 제품이 평균적으로 1년에 어느 정도의 전력을 사용할 것인지와 동종의 다른 제품의 에너지 효율을 비교 및 평가하고자 한다.[28]

---

28) MEPS와 라벨링제도가 적용되는 제품군은 Energy Efficiency Regulations 2002의 Schedule 1과 2에 열거되어 있다. 동 규정은 MEPS 및 라벨링제도를 위한 일반적 요건과 위반 시 부과되는 벌금 등을 규정한다.

(3) 자발적 제품라벨링제도 - ENERGY STAR®

ENERGY STAR®는 시중에 판매되는 제품 중 가장 에너지 효율적인 제품에 라벨을 부착하는 독립적이고 국제적인 프로그램으로 EECA의 관할이다.[29] 미국의 에너지부에 의해 수립된 동 프로그램은 제품 평가 시 다양한 환경적 기준을 고려한다. 이러한 라벨링은 소비자로 하여금 에너지 효율적인 제품의 확인 및 구매와 전력사용의 감소를 원활하게 한다. ENERGY STAR®가 뉴질랜드에서 처음으로 시행된 것은 2005년으로, 2008년 11월에 관련 제도가 적용되는 제품군은 13개에 달하였다. 2012년 말까지 12개의 제품군이 추가될 것으로 예상된다. 현재 관련 프로그램의 적용을 받는 제품은 식기세척기, 냉장고, 냉동고, 세탁기, 오디오 장비, DVD 플레이어, 텔레비전, 셋탑박스, 영상장비, 컴퓨터, 모니터, 열펌프와 소형 형광등이다.

4) 비즈니스 관련 프로그램

EECA는 사업체들이 에너지를 보다 효율적으로 사용하도록 다양한 프로그램을 시행하고 있다. EECA는 신기술과 에너지 관리, 에너지 감사와 신기술을 위한 자금과 에너지 집약적 사업체[30]에 대한 1:1의 지원에 관한 정보를 제공하고자 한다. 에너지 감사는 사업체의 현재 에너지 사용을 분석하고 에너지를 절약할 수 있는 방안을 마련해 주고자 한다. 디자인 감사는 건설 예정인 주거지 또는 시설의 에너지 효율을 분석하여 보다 효율적이 될 수 있도록 디자인 변경을 제안하고자

---

29) ENERGY STAR®는 에너지 효율에 따라 각 제품군의 상위 25%에 드는 제품에만 적용된다.

30) 에너지 집약적인 사업체는 연간 에너지에 50만NZD 이상을 소비하는 사업체를 말한다.

한다. 자금 지원은 새로운 또는 충분히 이용되지 않은 기술 개설의 경우에도 가능하다. 프로젝트 총 비용의 40%까지(10만NZD까지) 혹은 신기술을 위한 타당성 및 가능성 조사에 드는 총 비용의 75%까지(1만 NZD까지) 자금 지원이 가능하다. 최근에 자금을 지원받은 기술의 예로는 풍량과 보일러 조절기(Fan and Boiler Controls), 생체소화기와 열회수 시스템(Heat Recovery Systems)이 있다. EECA는 에너지 관리에 있어서 에너지 집약적 사업체와 직접적으로 작업하며, 효율적인 에너지 관리를 위해 에너지 집약적 산업 내 연합조직과 함께 작업한다.

5) ENERGYWISE 프로그램

EECA의 ENERGYWISE 프로그램은 정보, 에너지 효율 이니셔티브에 대한 자금 지원과 보조금의 제공을 통하여 가정의 에너지 효율을 높이고자 한다. 관련 프로그램은 청정 난방옵션, 태양력 난방과 수력 난방을 위한 열펌프의 설치를 포함하여, 에너지 소비를 감소하기 위한 자금 지원 관련 정보를 제공하고자 한다. Heat Smart는 주거단지에 적용되는 주 에너지 효율 프로그램이다. 프로그램의 목표는 2000년 이전에 지어진 주택에 에너지 효율 관련 조치와 청정 난방기구를 설치함에 있어서 그에 대한 정보를 제공하고 자금을 지원하고자 한다. 또한 소득의 제한 없이 천장과 바닥 밑 단열에 드는 총 비용의 1/3(1천3백NZD까지)을 지원해 주고자 한다. 천장과 바닥 밑 단열이 충분한 주택의 경우, 청정 난방기구에 대하여 5백NZD까지 지원받을 수 있다. 소득이 낮은 가구에 대해서는 더 많은 자금을 지원해 주고 있는데, 단열의 경우 총 비용의 60%까지 지원해 주고 있고, 청정 난방기구 설치의 경우 총 1천2백NZD까지 지원해 주고 있다(단 주택이 이미 단열되어야 한다). 저소득층에 속하는 임차인에게 세를 주는 경우, 임대인은 60%의 보조금을 지원받을 수 있고 청정 난방기구에 대하여 5백NZD까지 지원받을 수 있다.

6) 전력효율 관련 프로그램

전기위원회(Electricity Commission)는 전기 사용의 효율을 개선시키기 위하여 절약 가능성이 가장 큰 분야에 집약적으로 관련 프로그램을 시행하고 있다.

(1) 효율적 조명 프로그램

KEMA Potentials Study에 의하면 에너지를 절약할 가능성이 가장 큰 부분은 조명이다. 뉴질랜드 가정에서 소비되는 전력의 8%가 조명에 의한 것이고, 상업적 그리고 공공건물에서 사용되는 전력의 14%가 조명에 의한 것이다. 매년 뉴질랜드의 조명의 수요를 충족시키기 위하여 약 2억 6천5백 톤의 온실가스가 배출되고 있는 것으로 추정된다. 2008년에 Efficient Lighting Strategy가 발표되었고, 그것은 비효율적인 조명을 제거하고, 모든 분야에 걸쳐 효율적인 조명 디자인과 조절기의 사용을 늘리고자 한다. 효율적인 조명의 사용을 위하여, 전기위원회는 에너지 효율적인 전구에 보조금을 지급한다. 2007년과 2008년에 걸쳐 전기위원회는 2천2백만 개의 에너지 효율 전구에 보조금을 지급하였고, 이것은 시장점유율과 에너지 효율 전구에 대한 소비자의 인식을 증가시켰다.

(2) 상업 분야 프로그램

전기위원회는 전력 효율을 개선시키기 위하여 상업 분야의 사업체에 재정지원을 한다. 관련 프로그램은 사업체들에게 현재 진행이 제지되고 있는 전력 효율 프로젝트를 위해 부분적으로 자금을 지원받을 수 있도록 한다. 관련 프로그램은 상업용 빌딩을 위한 효율성 프로젝트를 포함한다.[31] 지금까지 자금을 지원받은 프로젝트에는 병원, 사무용 건물, 고등교육기관, 소매점포의 전력 효율 개선이 포함되는데, 이 프로젝트는 건물관리시스템의 업그레이드, 조명교체, 비효율적인 냉각기 시스템, 그리고 감시시스템의 교체와 같이 에너지 효율을 목적으로 한다.

(3) 산업 분야 프로그램

전기위원회의 산업 분야 전력효율 프로그램은 모터체제 효율에 관한 것이다. Electric Motors Bounty Scheme은 전기자동차를 업그레이드하도록 직접적 동기를 부여하고자 한다. 관련 프로그램에 따르면, 효율성이 떨어지는 삼단 모터를 MEPS 2006에 합치하는 모터와 교체하는 자동차 사용자들에게 대가를 지불한다. 관련 프로그램은 22kW에서 백85kW까지의 성능을 가진 삼단 모터에 적용된다. 이 외에도 Compressed Air Systems 프로그램을 시행하는데, 이에 따르면 압축공기시스템의 감사에 대하여 보조금이 지급된다. 또한 전기위원회는 압축공기시스템의 에너지 감사 착수를 위해 감사원들을 훈련시키고 인가하고자 한다.

---

31) 2009년 6월까지 75개의 프로젝트가 수립되었다.

7) 정부 차원의 에너지 효율

EECA는 중앙정부와 지역정부/기관이 에너지 효율 이니셔티브를 이행할 수 있도록 지원하고자 한다. Crown Energy Efficiency Loans Scheme에 따라 정부기관은 에너지 효율과 재생에너지 관련 프로젝트를 위하여 자금을 지원받을 수 있는데, 비용효율적인 프로젝트에 우선권이 주어진다.[32]

8) 녹색성장 관련

2011년 1월 뉴질랜드 정부는 녹색청정 브랜드의 향상과 동시에 경제성장을 가능케 하는 녹색성장에 대한 고문단의 설립을 선언하였다. 이 새로운 이니셔티브는 더 빠른 경제성장을 위한 정부의 계획 중 하나로서, 특히 수출산업 분야가 뉴질랜드의 녹색청정 브랜드에 기여하고, 새로운 청정기술의 개발을 통하여 저탄소 경제를 달성하기 위한 것이다. 뉴질랜드 정부는 녹색성장 이니셔티브에 대한 최고의 조언을 얻는 것이 중요하기 때문에 고문단이 설립되었음을 선언하였다. 정부에 의하면 이 고문단은 수출산업에 가치를 부여하고, 청정기술을 포함한 기술과 혁신의 현명한 사용을 보장하고, 중소기업들이 에너지 효율적으로 될 수 있도록 지원할 수 있는 방법을 모색하고자 한다. 현재 뉴질랜드 정부는 탄소배출의 가격 설정, 폐기물 감축과 재활용

---

32) 관련 프로그램에 따라 진행된 프로젝트로 Waitemata District Health Board에 의한 West Auckland 병원 개발이 있다. EECA는 건물디자인에 대한 에너지 감사에 대하여 자금을 제공하고, 추가적 에너지 효율 관련 조치를 위해 29만 3천NZD를 대부해 주었다. 여기에는 단열, 고효율 조명과 통풍/환기를 위한 저손실 덕트시스템, 난방과 냉방이 포함되어 있었다. 이로 인해 매년 약 7만 6천NZD 정도의 가스 및 전기비가 절약되는 것으로 나타났고, 4년 안에 대출상환이 가능한 것으로 되었다. 그리고 이러한 에너지 절약은 매년 약 4백76톤의 이산화탄소의 배출을 막을 수 있다.

에 대한 지원, 수질관리 향상과 재생에너지 활용 등 다양한 정부 차
원의 이니셔티브를 마련하고자 하고 있는데, 이 새로운 고문단은 이
니셔티브에 보완적인 것이라고 볼 수 있다. 고문단은 2011년 정기적
으로 소집되고 연말에 최종보고서를 제출할 것이 예정되어 있다.[33]

---

33) http://www.nzherald.co.nz/nz/news/article.cfm?c_id=1&objectid=10703103 accessed
    on September 15, 2011.

PART 05

아시아 주요국의 기후변화대응 관련 법제 및 정책

10

일본의 기후변화대응 관련 법제 및 정책

유형정

Ⅰ. 개관

일본은 유엔기후변화협약 부속서 Ⅰ의 국가로서, 이 협약의 제4조 2항 (a)는, 부속서 Ⅰ에 해당하는 국가는 기후변화의 완화를 위한 국가적 정책과 수단을 채택하여야 한다고 규정하고 있다.[1] 실제로 일본은 1990년부터 지구온난화에 관한 국가적 정책을 내어 놓았고 1997년 교토에서 제3차 당사국회의를 개최한 이후로 지구온난화에 대처하기 위한 움직임을 더욱 활발히 하고 있다. 1997년 교토회의 이후 일본 정부는 개최국으로서 책임감을 느끼고 온실가스 배출 감축을 '2012년까지 1990년 대비 6% 감축'이라는 목표를 제시하였고, 온실가스 배출의 감축은 2008년 '후쿠다 비전'을 시작으로 '저탄소 사회'를 구체적으로 지향하게 되었다. 이후 2009년에 민주당이 집권을 하게 되면서 온실효과가스 감축의 목표는 상향조정이 되었는데 2010년에 통과

---

[1] UNFCCC Art. 4(2)(a); UNFCCC Annex Ⅰ 참조.

된「지구온난화대책기본법」에서 1990년 대비 25% 감축목표를 명시하였다.

일본 환경성은 종합환경국·지구환경국·수질 및 대기환경국을 설치하여 각 분야별로 정책을 내고 있으며 '종합환경국'은 정부 차원의 입법을 추진하게 된다.[2] '지구환경국'은 기후변화와 관련하여 정부 전체의 정책을 추진하고 있다. 또한 환경성에 관련된 국제기구, 외국의 행정기관 등과의 교섭·조정하고 개발도상국에 대한 환경협력 관련 업무를 하고 있다.

1. 지구온난화대책의 흐름

일본은 고도성장기(1945~1973년)를 거치면서 석유중심의 에너지 공급구조를 구축하였다. 하지만 1973년의 제4차 중동전쟁으로 인한 석유위기로 석유에너지의 공급에 대한 불안을 느끼고 에너지 공급 안정을 위하여 에너지 정책의 전환기를 맞이하게 된다. 에너지의 안정적인 공급을 위해 석유의존도를 낮추고 석유대체에너지 개발 등으로 에너지원 다양화와 신에너지 개발에 초점을 두고 1979년에「에너지 사용 합리화에 관한 법률」을 제정하였으며 1980년에는「석유대체에너지 개발 및 도입 촉진에 관한 법률」을 제정하는 등 석유에너지에 대한 의존도를 낮추기 위한 노력을 하였다. 이러한 노력의 결과로 일본의 석유의존도는 1980년대 중반에 약 55% 수준까지 감소하였다.

---

2) 환경관련법에 관해서는 내각입법과 의원입법으로 나눌 수 있는데, 정부는 각의결정을 거쳐 의회심사를 통과하게 되면 법률안을 제출할 수 있으며, 의원이나 정당이 독자적으로 법률안을 제출할 수 있다.

에너지 수급에 대한 노력에 의하여 일본의 석유의존도는 1980년대 중반에 약 55% 수준까지 저하되었다.[3] 그러나 1985년 플라자 합의 이후, 국제유가가 하향 안정화되고 엔고현상이 계속되면서 석유를 낮은 비용으로 수입할 수 있게 되자 일본의 에너지 소비는 증가하게 되었고, 이에 따라 일본의 석유에 대한 의존도는 높아졌다. 이러한 현상은 교토의정서가 채택되는 1990년대 중반까지 계속되었다.

1997년 교토의정서 채택으로 일본은 의무 감축국이 되었고, 따라서 좀 더 적극적인 법제 및 정책을 내놓기 시작하였다. 일본의 온실가스 배출량의 약 90%가 에너지 사용에서 비롯된 이산화탄소 배출이 차지하고 있기 때문에 에너지 정책의 강화가 교토의정서의 목표 달성에 중요한 역할을 하게 되었다. 이에 따라 에너지 사용의 감축과 기후변화에 대한 대응을 위하여 1998년에 「에너지 사용의 합리화에 관한 법률」을 개정하게 되었다. 이를 통하여 에너지 관리 지정공장을 세분화하게 되었고, '톱 러너(Top Runner)' 방식의 규제가 도입되었다.[4] 이후 2002년, 2005년, 그리고 2008년에 계속 개정되어 에너지 관리 지정대상을 확대하고 규제가 강화되었으며, 주택이나 건축물의 에너지 효율 향상을 위한 규제 강화가 추진되었다.[5]

한편 일본 정부는 1990년부터 '지구온난화'에 대하여 관심을 두기 시작한 것으로 보인다. 그 실례로서 1990년 10월 '지구온난화방지대책계획'을 책정하여 발표한 것을 들 수 있다. 이는 일본에서 최초로

---

3) 정성춘 외, 『일본의 저탄소사회 전략에 관한 연구』, 대외경제정책연구원(2009), p.82.
4) 에너지를 소비하는 기계기구의 성능 기준으로 현재 상품화되어 있는 기기 중 가장 에너지 효율이 좋은 기기의 성능 이상으로 개선하도록 요구하는 제도이다. *Ibid.*, p.83.
5) 에너지 사용 상황의 보고의무 확대와 사업자 단위의 에너지 관리를 도입하였다.

시행된 체계적인 온난화 방지대책으로서, 1인당 이산화탄소 배출량 및 이산화탄소 총배출량을 2000년 이후 1990년대 수준으로 안정화시키겠다는 목표로 한 것이었다. 그러나 이 정책은 실패하였다고 평가되었는데, 2000년 일본의 이산화탄소 환산 온실가스 배출량은 13억 3천4백80만 톤으로 1990년에 13억 3천2백90톤을 배출한 것에 비교하면 8.0% 증가한 수치를 나타내었기 때문이다.[6] 온실가스의 90%를 차지하는 이산화탄소 배출량도 12억 3천7백만 톤으로 1990년 대비 10.5% 증가하였고 1인당 이산화탄소 배출량도 7.6% 증가하였다.[7] 그러나 앞서 언급한 바와 같이, 1997년 교토의정서가 채택되면서 일본은 1990년 배출량 대비 6%를 1차 공약기간인 2008년부터 2012년까지 달성하여야 하는 의무를 부담하게 되었다.[8]

이러한 국제적 약속을 달성하기 위한 방안으로 1998년에 '지구온난화대책추진대강'을 책정하였고 「지구온난화 추진에 관한 법률(이하 온난화 추진법)」을 제정하였다. 주요 정책은 ① 국가에 종합적이고 계획적인 지구온난화 대책을 책정하고 실시할 의무를 부과, ② '교토의정서 목표 달성계획'을 책정, ③ '지구온난화대책추진본부'를

---

6) *National Greenhouse Gas Inventory Report*, Center for Global Environment Research (2007), Ch. 2, p.1. 주의할 점은 이 시기의 온난화대책은 사회 전반의 구조를 유지하면서 온실가스 배출을 줄이는 데 중점을 두었다는 것이다. 즉 최근 일본이 추진하는 '저탄소 사회'와는 다른 성격인 것이다. '저탄소 사회'라는 개념은 사회 전반적인 구조의 근본적인 변화가 필요하다는 인식에서부터 시작하기 때문이다.

7) 정성춘 외, 전게서. p.58.

8) 한편 2011년 더반에서 열린 제17차 기후변화협약 당사국총회(COP 17)의 결과로 제2차 교토의정서 공약기간을 2013년 1월부터 2017년 12월까지 새로 정함에 따라 일본의 배출량 감축 의무 부담은 5년 연장되었다. 이하는 2010년까지 일본에서 배출된 이산화탄소 배출량을 도표로 나타낸 것이다. 표에서 확인할 수 있듯이, 2010년의 이산화탄소 배출량은 1990년 대비 0.4%가 감소하였으나 그 목표치를 달성하기 위해서는 여전히 부족한 수치임을 알 수 있다.

설치, 종합조정 역할, ④ 교토의정서 목표 달성계획에 의거하여 중앙
정부 및 지방정부는 각각 '정부시행계획' 및 '지방공공단체 실행계획'
을 책정, ⑤ 사업활동에 의해 상당히 많은 양의 온실가스를 배출하는
자(특정배출자)에 대해 온실가스의 산정배출량을 보고하도록 의무화
가 있다.

1998년 이후에 온난화 추진법은 2010년 「지구온난화대책기본법」
이 통과되기 전인 2008년까지 총 네 차례에 걸쳐 개정되었다. 이러한
개정법을 바탕으로 추진된 정책의 추이를 살펴보면 다음과 같다.
2002년에 일본은 1998년의 '지구온난화대책 추진대강'을 바탕으로 새
로운 '지구온난화대책 추진대강'을 책정하였다. 온실가스 배출량의
90%가 에너지 사용에 기한 것이므로 배출량을 감축하기 위해서는 에
너지 사용을 규제하는 것이 가장 중요한 문제로 부각됨에 따라 그 내
용에서도 에너지 사용으로 인한 이산화탄소 배출량에 중점을 두고
있다.

2002년의 신대강을 바탕으로 2005년 '교토의정서 목표 달성계획'
이 책정되었다. 2007년에는 이 계획의 진척 상황을 점검하였고 검토

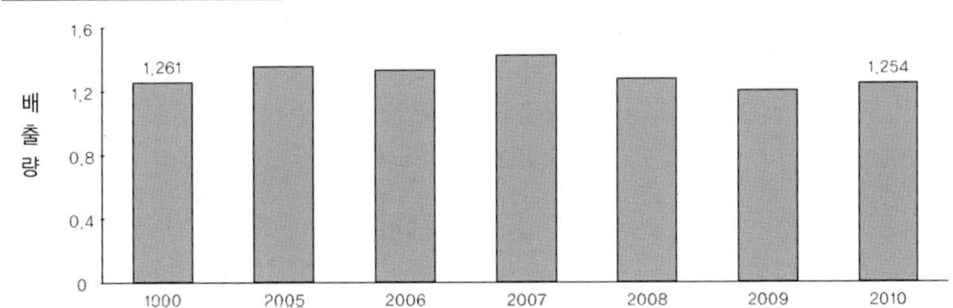

* 단위: Bilion ton−CO2 eq.
* 자료: "Japan's National Greenhouse Gas Emissions in Fiscal Year 2010", National Institute for Environmental Studies, 〈http://www.nies.go.jp/whatsnew/2011/20111213/gaiyo−e.pdf〉의 표를 참조.

〈일본 이산화탄소 배출량〉

결과를 반영하여 2008년 6월에는 '저탄소사회 일본을 지향하며(후쿠다 비전)'를 발표하였고 같은 해 8월 '저탄소사회 구축을 위한 행동계획'을 발표하였다.[9] 후쿠다 비전 발표 이후 일본에서는 저탄소사회라는 용어가 본격적으로 사용되기 시작하였다.[10] 이후 2008년에는 「에너지 사용 합리화에 관한 법률」의 개정을 통하여 에너지 사용규제를 강화였으며, 2010년에는 「지구온난화대책기본법」이 국회를 통과하면서 일본은 2020년까지 25% 감축이라는 목표를 제시하였다.[11]

2. 일본 정부의 비전

1) Cool Earth 50

2007년 5월 국제교류회의의 '아시아의 미래'에서 일본 아베 전 총리는 일본의 기후변화정책에 대하여 다음 3가지 부분을 골자로 한 전략을 제시하였다. ① 장기전략으로 세계의 온실가스 배출량의 삭감을 들었다. 아베 전 총리는 세계 전체의 배출량을 현재 대비 2050년까지 50%로 줄이는 것을 제안하였고, 이에 더하여 혁신적인 기술개발과

---

9) *Ibid.*, p.61.

10) '저탄소 사회'라는 용어는 유럽에서 처음 사용된 것으로 추정되는데, 영국의 공식문서에서 'Low Carbon Economy'라는 용어를 사용해 왔다. *Ibid.*

11) 현재까지의 정책은 1990년의 정책과 마찬가지로 실패로 평가되고 있다. 그 원인은 각 분야별로 감축 계획은 쏟아내고 있었지만, 이에 대한 강제력이 부족하고 각 부처 간 및 산업계와의 마찰을 해소할 리더십의 부재에 있다고 볼 수 있다. 정성춘 외, 전게서, p.62. 또한 2010년 11월 OECD는 '일본 환경성과 평가보고서'에서 일본은 2002년 교토의정서 비준으로 2008~2012년 평균 온실가스 배출을 1990년 대비 6%를 감축하여야 하지만, 2007년 일본 온실가스 배출량은 13억 7천 톤 CO2로 2000년에 비해 1.8%, 1990년 대비 9% 증가하였다고 보고하였다. http://oecd.mofat.go.kr 참조. 이 보고서에 따르면, 일본이 2012년까지 의무 감축률을 달성한다는 것은 불가능해 보인다. 실제로 2010년의 이산화탄소 배출량은 1990년 대비 0.4%가 감소했음에도 불구하고 2012년 현재 그 목표량의 5.6%를 달성하지 못하였다. 위 각주 8의 표를 참고.

저탄소사회의 구축이라는 장기적인 비전을 제시하였다. ② 지구온난화의 문제해결을 위하여 국제적인 체제를 형성하기 위한 3가지 원칙을 제안하였다. 그 내용은 2013년 이후의 지구온난화 문제를 해결하기 위한 구체적인 체제를 위한 원칙으로서, ⅰ) 주요 배출국 전체가 교토의정서를 넘어 세계 전체의 배출 감축을 이끌 수 있도록 참여하여야 하며, ⅱ) 각국의 사정을 배려한 유연하고 다양한 체제여야 하고,[12] ⅲ) 온실가스 감축에 적극적인 개발도상국에 추가적으로 자금을 지원하기 위한 새로운 '자금메커니즘'을 제안함으로써 에너지 절약 등 기술을 활용하여 환경보진과 경제발전의 양립가능성을 달성하는 것이다. ③ 마지막으로 교토의정서 목표를 달성하기 위한 국가적인 캠페인을 시작한다는 것이었다. 지방 지자체와 주요 산업체가 배출량 감소를 위한 조치를 가속화시킬 것을 촉구하였고, '1인, 1일, 1kg'을 모토로 내세워 국가적인 캠페인을 시작한다는 내용을 포함하고 있다.[13]

2) Cool Earth 추진구상(Cool Earth Promotion Prgramme)

후쿠다 전 총리는 2008년 1월 다보스에서 개최된 '세계경제포럼(World Economic Forum)'에서 'Cool Earth 50'에서 제안된 2050년까지 세계 전체의 배출량을 현재 대비 50%로 감축한다는 목표를 실현하기

---

12) 이 발표에서 제안에 앞서 제기한 세 가지 이슈 중 하나는 개도국에 대책을 요구하는 것이 공평한가에 관한 의문이었다. 즉 선진국과 개도국이 동일한 대책을 추진하는 것이 아니라 개도국의 사정을 고려한 유연한 대처가 필요하다는 점을 시사하는 것이다. 정성춘 외, 전게서, p.87.

13) "Invitation to Cool Earth 50", May 24, 2007, http://www.mofa.go.jp/policy/environment/warm/coolearth50/speech0705.html 참고.

위하여 'Cool Earth 추진 프로그램'을 대응책으로 제안하였다. 2020년까지 세계 전체의 에너지 효율을 30% 개선한다는 목표를 제안하면서, 일본은 세계 배출량 감축과 경제성장 그리고 기후안정화를 위하여 미화 백억 달러 규모의 자금메커니즘을 통하여 개도국을 지원하는 'Cool Earth Partnership'을 제안하였다. 또한 국별 수량목표(Quantified National Target)의 수용에 대한 분명한 의사 표명하였다.[14] 후쿠다 전 총리는 온실가스 배출량을 반으로 줄이기 위해서는 기술 분야의 비약적인 발전이 중요하다고 강조하였다. 이를 위하여 환경·에너지 분야의 연구개발투자를 중시하면서 향후 5년간 3백억 달러 정도의 자금을 혁신기술개발 투입을 제안하였으며, 일본이 '저탄소 사회'로 전환하기 위하여 사회구조 전반을 재고하여 저탄소 사회를 확장할 방법을 모색할 것을 제시하였다.[15]

3) '저탄소사회 일본'을 지향하며(후쿠다 비전)[16]

후쿠다 전 총리는 저탄소사회의 실현을 '일본경제의 새로운 경제성장기회'로 보아야 한다고 강조하였다. 온난화에 대한 대응책은 새

---

14) 미국과 개발도상국은 국별 수량목표 설정에 반대하였다. 다만 일본은 이에 대한 전제조건을 제시하였는데, ① 에너지 효율 등 과학적이고 투명한 척도를 이용하여 부문별로 감축 잠재력을 계산하고 이를 합산하는 방식을 통해 공평하고 공정한 감축목표를 설정한다는 것, ② 복수의 기준년을 설정하는 것이다. 정성춘 외, 전게서, p.89.

15) "ダボス会議における福田内閣総理大臣特別講演", 2008년 1월 26일, http://www.kantei.go.jp/jp/hukudaspeech/2008/01/26speech.html 및 http://www.mofa.go.jp/policy/economy/wef/2008/address−s.html 참조. 그러나 최근 일본은 이러한 저탄소사회에 역점을 둔 목표 설정에 역행하는 행동을 보였는데, 2010년 칸쿤 회의에서 일본은 목표 설정 자체를 거부하고 자발적 약속에 의한 감축을 수용하였다.

16) "福田内閣総理大臣スピーチ「低炭素社会・日本」をめざして日本記者クラブにて", 2008년 6월 9일, http://www.kantei.go.jp/jp/hukudaspeech/2008/06/09speech.html 참고.

로운 수요와 고용을 창출할 것이고 저탄소사회는 환경과 양립할 수 있는 경제활동을 위한 기회 중 하나가 될 것임을 시사하였다. 특히 일본의 높은 에너지·환경기술을 활용하여 일본의 국제경쟁력을 향상시킬 것이라는 자신감을 내비치었다. 먼저 온실가스 배출량의 감축에 있어 선진국의 역할이 보다 중요함을 언급하면서 저탄소 사회로 전환하기 위하여 2050년까지 현재 배출량 대비 60~80%의 감축을 장기적 목표로 제시하였다.

한편 일본은 이 비전을 통해 2020년까지 달성 가능한 일본의 감축수준은 2005년 대비 14%로, 일본의 감축 잠재력을 피력하였다. 14% 감축은 일본에 의무 감축량의 달성을 가져다줄 수 있으나 2020년까지 그 이상의 감축을 달성하여야 한다고 강조하였다. 이러한 수치는 부문별 접근법으로 계산한 것으로서 각 부문별로 향후 예상되는 에너지 절약기술 혹은 신에너지 기술의 도입수준을 고려하여 부문별 감축잠재량을 계산하고 이를 모두 합산하는 방식으로 한 국가의 감축잠재량을 산출하여 얻어 낸 수치이다.

후쿠다 비전에서는 탁상공론식의 정책발표를 배제하고 실제로 온실가스 배출량을 줄이기 위한 실질적 조치를 구상하는 것에 역점을 두고 있다. 중요 골자는 ① 혁신적 기술개발과 기존 선진기술의 보급, ② 국가 전체를 저탄소사회로 전환하기 위한 체제 구축, ③ 지방 지자체의 활발한 활동, ④ 국민이 중심적 역할을 하는 저탄소화이다. 2050년까지 최대 80%를 감축한다는 상기 목표는 현재의 기술만으로 달성될 수 없으므로 혁신적인 기술개발이 필요하며, 또한 적극적인 연구개발투자가 필요함을 역설하였다.

이 비전은 아베 전 총리가 제시한 포괄적인 목표 설정을 구체화시켰다는 점에서 높이 평가할 수 있다. 반면 기술 혁신에 대한 구제척인 시책이 마련되어 있지 않고 또한 2020년까지의 감축목표를 국제사회에 약속하지 않은 점에서 한계를 보여 주고 있다. 그러나 후쿠다 비전을 통하여 일본사회는 본격적인 '저탄소 사회'로의 행보를 시작하였으며 상기에 기술한 정책들이 이후의 정책에 중요한 밑거름이 된 점에 그 의의가 있다고 생각한다.

4) 새로운 성장을 향하여[17)

2009년 4월 아소 전 총리는 '새로운 성장을 향해'라는 제목으로 일본경제의 미래에 대한 3가지를 제시하였는데, 그중 첫째로 '저탄소 혁명으로 세계를 선도하는 나라'에 대하여 연설을 하였다. 2020년까지 실질 GDP 백20조 엔과 4백만 명의 고용기회의 창출을 위하여 기존에 일본의 경제성장의 주요 상품이었던 '3종 신기(神器)', 즉 세탁기, TV 등 가전제품을 대신하여 태양에너지, 전기자동차, 에너지 절약형 가전을 새로운 '3종의 신기'로 제시하면서 '저탄소혁명'을 강조하였다. 이는 현재 성장의 한계에 직면한 일본의 경제성장을 끌어올리는 데 새로운 기술과 사회 시스템의 변혁이 필요함을 지적한 것이다. 이 연설에서 저탄소사회 혁명의 실현을 위하여 구체적인 시책을 발표하였는데, 태양광 발전 계획과 친환경 자동차 보급에 역점을 두고 있다.

우선 태양광 발전 규모를 2020년까지 태양광발전의 누적 도입량

---

17) "麻生内閣総理大臣講演「新たな成長に向けて」", 2009년 4월 9일,
　　http://www.kantei.go.jp/jp/asospeech/2009/04/09speech.html 참고.

10배 증가목표를 세웠으나 아소 전 총리는 이 목표를 20배 증가 목표
로 수정하였는데 이를 위해서는 수요와 가격의 악순환 고리를 끊어
야 한다고 주장하였다. 그 구체적인 시책은 가정에서 생산된 태양광
전력을 전력회사가 2배 정도 가격으로 구매하는 고정가격구매제도를
새로이 창설하는 것이었다. 또한 차세대 자동차 보급을 위한 대책으
로 2020년까지 신차 두 대 중 한 대는 차세대 자동차로 하는 것을 목
표로 하고 있다. 이를 위해 2009년 4월부터 차세대 자동차의 자동차
중량세, 자동차 취득세를 면제시켰고, 보조금제도를 도입하여 1년간
백만 대 정도의 친환경 자동차 전환구매를 지원함으로써 세계 최단
기간 친환경 자동차 보급계획에 대한 포부를 밝히고 있다. 이에 더하
여 TV 등 에너지 절약형 가전을 구매하는 경우 '에코 포인트' 환원제
도를 활용하여 1년에 3천만 대 정도의 에너지 절약형 가전의 보급을
지원하겠다고 밝혔다.

II. 기후변화

1. 법률

1) 일본 환경정책의 기본 이념

일본은 1993년 11월 19일에 환경기본법(이하 기본법)을 통과시켰
다.[18] 동법 제5조에서 환경정책의 기본 이념을 확인할 수 있는데, '국

---

18) 이 법은 1992년 6월에 브라질 리오 지구정상회의의 성과를 발판으로 환경정책의 틀을
　　재구축하기 위한 것으로, 1992년 7월 이후로 구체적인 법제에 대한 검토가 진행되었지

제협조에 의한 지구환경보전을 위한 적극적 추진'에 관하여 규정하고 있다. 즉 "지구환경보전이 인류공통의 과제이며 국민의 건강하고 문화적인 생활을 장래에 걸쳐서 확보하기 위한 과제이며, 그리고 일본의 경제사회가 구제적인 밀접한 상호 의존관계 속에서 영위되고 있는 것을 고려하여 지구환경보전은 일본의 능력을 살리고 국제사회에 있어서의 일본이 점하는 지위에 대응하여 국제적인 협조 아래에서 적극적으로 추진해야 한다"고 규정하고 있다.

2) 환경기본계획

기본법 제2절 제15조에는 환경기본계획에 관한 내용을 담고 있다. 동 조 제1항은 정부가 환경보전에 관한 종합적이고 계획적인 시책을 정할 의무를 규정하고 있다.[19] 동 조의 환경에 대한 기본계획에 대하여 제2항에서 다음과 같이 정하고 있다. ① 환경보전에 관한 종합적이고 장기적인 시책의 대강, ② 그 외의 환경보전에 관한 종합적이고 계획적인 추진을 위한 사항, ③ 환경대신은 중앙환경심의회의 의견을 듣고, 환경기본계획의 안을 작성하고 각의의 결정을 얻어야 하고 공표 및 시행하여야 한다는 내용을 담고 있다.[20] 이에 따라 1994년에

만 법안 제출 후 1993년 6월에 중의원해산으로 일단 폐안되었다. 그러나 그 후의 임시 국회에서 양 의원들이 전원일치로 가결시켰고, 11월 12일에 성립하여 같은 달 19일에 공포·시행되었다. 환경기본법 제정 이전에도 국가 차원에 있어 환경행정의 종합화를 위한 틀로서 당시 환경청이 단독으로 정한 '환경보전장기계획(1977년)' 및 '환경보전장기구상(1976년)'이 있었지만, 정부 전체가 환경보전에 관한 시책의 기본법 방향을 제시하는 것은 환경기본법에 의해 처음으로 정해졌다. http://env.go.jp/kr/policy 참고.

19) 환경기본법 제15조 제1항: "정부는 환경보전에 관한 시책의 종합적이며 계획적인 추진을 도모하기 위하여 환경보전에 관한 기본적인 계획(이하 '환경기본계획'이라 함)을 정하지 않으면 안 된다."

20) 환경기본법 제15조 제2항.

제1차 계획이, 2000년에 제2차 계획이 책정되고 2006년 4월에 제3차 환경기준이 각의 결정되었다.

제1차 환경기본계획(1994년)은 환경정책을 '순환', '공생', '참가', '국제대처'를 실현하는 사회를 구축하는 것을 장기목표로 하고 있었다. 이는 환경부담이 적은 순환을 기조로 하는 경제사회시스템이 실현되도록 인간이 다양한 자연·생물과 함께 살아갈 수 있도록 하기 위하여 모든 사람들이 환경보전을 위한 행동에 참가하며 국제적으로 대처해 가도록 하기 위해 의도되었다. 제2차 환경기본계획은 2000년에 정해진 깃으로 '이념에서 실행으로 전개'와 '계획의 실효성확보'라고 하는 두 가지 점에 주목하였다. '이념에서 실행으로의 전개'라는 점에서 지구온난화대책 등 중점적으로 대처해야 할 11가지 항목의 전략프로그램의 설정에 의해 중점과제의 명확화와 실효성을 확보하였다. '계획의 실효성의 확보'의 차원에서 정부 전체의 대처체제를 강화하기 위해 추진체제의 강화(각부성에 의한 환경배려방침의 작성 등)와 진척사항의 점검을 강화하였다. 또한 제1차 계획에서 취급하지 않았던 화학물질로 인한 토양오염이나 POB 등의 환경상의 '부(否)의 유산' 해소와 IT를 활용한 환경투자의 추진 등도 포함하고 있었다. 제3차 환경기본계획에서는 2050년을 바라보는 장기적인 비전이 제시되고 있다. 향후의 환경정책의 전개방향으로써 환경적 측면, 경제적 측면 그리고 사회적 측면의 종합적인 향상을 제시하고 있다.[21]

---

21) 위의 내용은 일본 환경성 홈페이지 http://env.go.jp의 한국어 웹페이지에 게시된 '환경정책개요'를 재정리한 내용이다.

3) 지구온난화대책의 추진에 관한 법률

1998년 교토의정서가 채택된 이후 일본은 지구온난화방지대책에 적극적으로 참여하기 위해서 '지구온난화 대책추진대강'을 책정하였고, 이후 「지구온난화대책 추진에 관한 법률(이하 온난화대책법)」을 제정하였다. 이 법의 성립 후 개정작업을 거치면서 좀 더 구체적이고 강한 규제를 도입하였다. 2002년의 개정에서는 교토의정서 목표 달성 계획을 책정하였고, 2005년에는 온실가스 배출량에 대한 보고를 의무화하였으며, 2006년에는 할당량계좌부의 정비와 크레디트 거래의 안전 확보를 위한 개정이 진행되었다. 2008년 6월에 최종 개정된 온난화대책은 2009년 4월부터 시행되었다.

(1) 총칙

이 법 제1조는 온실가스농도의 안정화를 통하여 지구온난화를 방지하는 것은 인류공통의 과제이며 자주적이고 적극적으로 대처해야 한다는 중요성을 확인하고 있다. 또한 교토의정서 목표 달성 계획을 책정하여 지구온난화대책의 추진을 도모하고 국민의 건강하고 문화적인 생활의 확보에 기여함과 동시에 인류복지에 공헌하는 것을 목적으로 한다고 밝히고 있다.[22] 제2조에서는 지구온난화 문제에 관련된 주요용어들에 대한 정의를 내리고 있다. 제3조에서는 국가에 종합적이고 계획적인 지구온난화대책을 책정하고 실시할 의무를 정하고 있다.[23] 이에 더하여 제4조부터 제6조는 국가, 지방공공단체, 사업자

---

22) 지구온난화대책 추진에 관한 법률 제1조. 본 법률의 우리말 해석은 법제처에서 제공하는 번역문에 따랐다.

23) 온난화대책법 제3조의 내용은 다음과 같다. "국가는 대기 중에서의 온실효과가스의 농도 변화상황과 이와 관련된 기후변동 및 생태계 상황을 파악하기 위한 관측 및 감시를 실시

및 국민이 온실가스 배출의 억제를 위한 협력에 관한 책무를 규정하고 있다. 이는 1990년에 책정된 행동계획은 관계각료회의에서 결정된 것으로 법률적 근거가 없어 강제력이 없었던 것에 반하여, 이 법률의 제정으로 국가가 책정하는 온난화대책이 강제력을 가지게 되었음을 의미한다.[24]

(2) 교토의정서 목표 달성계획[25]

2005년에 책정된 '교토의정서 목표 달성계획'은 2002년에 책정된 '신지구온난화대책 추진대깅'을 비탕으로 작성되었고, 2007년에는 계획의 진척상황을 점검하였다. 그 검토결과를 반영하여 2008년 3월 '개정 교토의정서 목표 달성계획'이 채택되었다. 이 계획의 주요 내용을 보면 다음과 같다. ① 교토의정서의 6% 삭감약속을 이행하기 위한 지구온난화대책의 추진에 관한 기본방향, ② 국가·지방공공단체, 사업자 및 국민 각각의 온실가스 배출 억제 등을 위한 조치에 관한 기본사항, ③ 온실효과가스별로 목표와 대책 및 그 실시 일정에 관한 것이다. 그 외에 ④ 개개의 대책에 대한 일본국 전체에 있어서의 도입 목표량, 배출 삭감예상량 및 대책을 추진하기 위한 시책을 포함한다.[26] 이렇게 정해진 목표 달성계획은 2009년에 온실효과가스의 배출 및 흡수량 상황을 감안하여 변경할 수 있도록 규정하고 있다.[27]

함과 동시에 종합적이고 계획적인 지구온난화대책을 책정하고 이를 실시하도록 한다."

24) 정성춘 외, 전게서, p.59.

25) '교토의정서 목표 달성계획'은 2010년 「지구온난화대책기본법」에 의하여 '실시계획'으로 수정되었다.

26) 온난화대책법 제3조 2항.

27) 온난화대책법 제9조.

(3) 지구온난화대책본부

지구온난화대책을 종합적이고 계획적으로 추진하기 위하여 내각에 지구온난화대책추진본부를 설치하고 있다. 이 본부는 교토의정서 목표 달성 계획안의 작성 및 실시의 추진 및 장기적인 전망에서 지구온난화대책의 실시 추진에 관한 종합조정에 관한 업무를 담당한다.[28]

(4) 온실효과가스의 배출 억제 등을 위한 시책

국가는 온실가스 배출의 억제를 위한 기술, 정보, 지방공공단체와 연계 등 필요한 시책을 종합적이고 효과적으로 추진하고 노력해야 한다. 도도부현 및 시정촌은 교토의정서 목표 달성 계획을 감안하고 그 구역 내에 온실가스 배출의 억제 등 지방공공단체 실행계획을 책정하여 실시하고자 노력하도록 한다고 규정하고 있다.[29] 또한 정부실행계획 및 지방공공단체실행계획에 있어 계획기간, 목표, 조치의 내용 및 실행계획 실시에 관한 필요한 사항에 대하여 정하도록 규정하고 있다.[30] 제21조의 2에서는 사업활동에 따라 상당히 많은 온실효과가스를 배출하는 자로서 시행령이 정하는 자(특정배출자라 함)에 대하여 온실효과가스 산정배출량의 보고를 의무화하는 규정을 두고 있다.

(5) 온난화방지활동의 추진

제23조~제26조는 온난화방지활동을 추진하기 위한 추진센터 및 지역협

---

28) 온난화대책법 제11조. '지구온난화대책본부'에 관하여 정하고 있는 제3장은 『지구온난화기본법』의 제정으로 일부 개정되면서 삭제되었다.

29) 온난화대책법 제20조.

30) 온난화대책법 제20조의 2, 제20조의 3.

의회를 둘 수 있도록 규정을 하고 있는데 그 내용은 다음의 표와 같다.[31]

〈표 10-1〉

	사업내용
도도부현 추진위원	주민에 대한 지도, 조언, 협력
도도부현 방지활동추진센터	계발, 홍보, 조언, 정보 제공
전국온난화방지활동추진센터	광역계발, 홍보, 조사연구
지구온난화대책지역협의회	지자체와 상기단체의 배출억제에 필요한 조치 협의

(6) 산림 정비·보전 등에 따른 온실효과가스 흡수원 대책

정부 및 지방공공단체는 교토의정서 목표 달성계획에서 규성한 온실가스 흡수량에 관한 목표를 달성하기 위하여 「삼림·임업기본법」에서 규정한 삼림·임업기본계획, 산림의 정비 및 보전 또는 녹지의 보전 및 녹화의 추진에 관한 계획에 근거하여 흡수작용의 보전 및 강화를 도모한다.[32]

(7) 할당량 계좌부

제29조는 환경대신 및 경제산업대신은 교토의정서 제7조 4항에 따른 할당량의 계산방법에 관한 국제결정에 따라서 할당량 계좌부를 작성하여 산정할당량의 취득, 보유 및 이전을 위한 계좌를 개설하도록 규정하고 있다. 이러한 산정할당량의 신청과 관리에 관한 구체적인 사항을 제30조~제41조 및 제44조에서 규정하고 있다.

---

31) 온난화대책법 제23조~제26조.
32) 온난화대책법 제28조.

(8) 기타 규정 및 벌칙

제42조~제47조에서는 정부가 지방공공단체 및 민간단체 등이 온실가스의 배출 억제 등을 위한 조치의 실시상황을 자체적으로 파악하고 평가 방법의 개발 및 성과의 보급에 노력하도록 하며, 관계행정기관의 협력·수수료·자기디스크에 의한 보고 등을 처리하도록 하고 있다. 또한 제48조~제50조에서는 할당량계좌 개설에 관련하여 허위신청 등 위반에 관하여 벌금에 처하는 규정을 두고 있다.

4) 지구온난화대책기본법

일본 민주당은 이전부터 1990년 대비 25% 감축을 중기목표로 해야한다고 주장해 왔고, 「지구온난화대책기본법안(이하 온난화대책기본법안)」을 2008년 6월에 참의원에 제출하였다. 당시 민주당은 야당이었고 이 법안을 통과시키는 데 실패하였다. 그러나 정권이 교체되면서 2010년 3월에 법안이 통과되었다. 본 법안은 민주당이 애초부터 주장해 오던 25% 감축목표를 그대로 반영하였고 2050년까지 80% 감축을 목표로 하고 있다. 이러한 중기목표를 달성하기 위해서 모든 정책을 총동원할 것과 그 정책을 체계화하는 것이 중요하다고 밝히고 있다. 더욱이 2013년 이후 '포스트 교토체제'를 준비하기 위하여 국제적인 교섭을 지향하며 지구온난화대책의 기본적인 방향을 법률로 정하는 것에 대한 중요성을 나타내고 있다. 이와 같이 지구온난화대책에 관하여 기본원칙을 정하고 국가, 지방공동단체 및 국민의 책무를 명시하였으며, 온실효과가스의 배출의 양을 감축하는 것에 관한 중장기 목표를 설정하고, 기본적인 사항을 정한다는 취지를 밝히고 있다.

(1) 기본원칙 및 책무

「온난화대책기본법안」은 현재의 국민생활과 경제를 영위하면서 온실효과가스배출의 양을 감축하는 점에 초점을 두고 사회의 전반적인 생활양식의 전환을 시도하고 있다. 지구온난화의 문제는 전 지구적인 과제로 온난화 문제해결을 위한 국제적인 협조를 강조하고 있으며 지구온난화 방지에 이바지하는 연구 성과와 산업 발전을 도모하는 것에 기본원칙을 두고 있다. 또한 에너지의 안정적인 공급을 확보하는 것과 더불어 경제활동 및 국민생활에 미치는 효과 및 영향에 대해 사업자 및 국민의 이해를 얻으며 적절한 재정 운영을 고려하여 행해져야 한다고 규정하고 있다.33) 또한 제4조부터 제7조에서는 온실효과가스 감축을 위한 국가, 지방공동체, 사업자 및 국민의 책무를 정하고 있다.

(2) 중장기적 수치목표

동법 제10조에서는 2020년까지 온실가스 총배출량을 1990년 대비 25% 감축목표를 제시하였다. 반면 동 조 제2항에서는 주요 국가의 의욕적인 삭감목표를 제시하고 지구온난화 방지를 위한 공평하고 실효성 있는 국제적 합의가 있는 경우에 설정하는 전제를 두어, 25% 감축목표의 달성에 있어 발뺌을 할 수 있는 요소를 두고 있다.34)

---

33) 온난화대책기본법안 제3조. 본 법안의 내용은 한국법제연구원에서 배포한 국문번역본에 따라 작성되었다.

34) 실제로 일본은 2020년까지 온실가스 25% 삭감목표에서 후퇴할 조짐을 보이고 있다. 아토야마 전 일본총리가 유엔연설에서 25% 삭감목표를 제시하였고, 본 기본법안에도 그 목표가 그대로 반영되었으나 오자와 사키히토 전 환경상 등은 이 삭감목표를 삭제한 수정법안을 만들어 자민당에 제시하였다. 이 수정안은 온난화대책세 도입시기명기를 포기하고 배출거래제도 도입도 유보하는 등 당초 법안에서 대폭 후퇴하였다. 자민당도 후쿠시마 일

동 조 제3항은 2050년까지 온실가스 총 배출량을 1990년 대비 80%
삭감하고 2050년까지 세계 전체 온실가스 배출량 최소 50% 삭감을
목표로 전 세계 국가들과 노력을 공유할 것을 제시하고 있다. 또한
제11조는 2020년까지 1차 에너지 총 공급량 대비 재생에너지 비율을
10%로 확대할 것을 규정하고 있다.

(3) 기본시책

이 법안에서는 자주적으로 실시하고 있던 국내 배출량거래제도를
창설하기로 하고 이를 위해 필요한 법제상의 조치를 지구온난화대책
세와 병행하여 검토하기로 하였다.[35] 이와 함께 지구온난화대책세(환
경세)를 2011년도에 도입할 것을 적극적으로 검토하는 한편 세제 전
체의 그린화도 추진한다.[36] 에너지 부분에 관해서는 재생가능에너지
에 대한 이용촉진을 위하여 발전 전량에 대한 '고정가격구매제도'를
창설하였으며,[37] 원자력에 관련한 시책에 관해서는 그 안정성에 대
한 대국민 신뢰 회복에 중점을 두고 실시한다고 규정하고 있다.[38] 또
한 지구온난화 방지 및 지구온난화 적응에 기여하는 재생에너지의
이용 등 에너지에 관련된 혁신적인 기술개발을 촉진하고, 이산화탄소

본대지진의 피해로 원자력발전소 운전 정지로 인하여 온실가스 삭감목표 달성이 어려워진
만큼 25% 삭감목표를 명시한 본 기본법안의 철회를 요구하고 있다. 현재 이 법안은 오자
와 전 환경상이 위원장인 중의원 환경위원회에서 심의를 하고 있으며, 산업계에서도 현재
의 여건상 25% 삭감목표 달성이 무리인 만큼 목표를 대폭 완화하여야 한다는 입장을 표
명하고 있다. '日, 온실가스 25%감축 목표는 어디가고?', 그린데일리 2011년 6월 7일
기사에서 발췌.

35) 온난화대책법 제13조.
36) 온난화대책법 제14조.
37) 온난화대책법 제15조.
38) 온난화대책법 제16조.

이외의 온실가스 배출을 억제하기 위한 시책을 강구할 것을 규정하
고 있다.[39]

(4) 시행기일

이 법안은 공포일부터 시행하지만, 온실가스 배출량 감축에 관한
중장기적 목표에 관해서는 단서에 따라 국제적인 목표의 합의가 있
다고 인정되는 날 이후의 정령으로 정한 날부터 시행한다.[40]

2. 정책

1) 그린구입

(1) 그린구입의 목적

'그린구입'이란 구입의 필요성을 충분히 고려하여 구입이 필요할 경
우에는 할 수 있는 한 환경부담이 적은 제품이나 서비스(친환경상품)를
우선적으로 구입하는 것을 말한다.[41] 친환경상품[42]으로 수요의 전환을
촉진하기 위해 2001년 4월부터「국가 등에 의한 친환경상품 등의 조달
추진 등에 관한 법률(그린구입법)」에 입각하여, 국가 등의 공적 부문에

---

39) 온난화대책법 제19조~제21조.

40) 온난화대책법 부칙 제1조.

41) 〈http://www.env.go.jp/kr/policy/index.html〉 참고.

42) 친환경상품은 (i) '환경적 영향'의 감소에 기여하는 재료 또는 부품을 포함하는 재활용
자원이거나 (ii) 환경적 영향감소에 기여하는 재료가 사용되거나 상품의 사용으로 배출되
는 온실효과 가스의 환경적 영향이 크지 않거나 혹은 상품의 전체 또는 일부분이 쉽게 재
사용 또는 재활용이 되어 폐기물의 발생을 제한할 수 있는 것 등의 기준 중 하나의 요건
을 만족시켜야 한다. 그린구입법 제2조 참고.

있어 그린구입을 추진하고 있다. 환경성에서는 일반소비자에 대해서도 그린구입을 할 때 참고가 되도록 에코마크를 비롯해 여러 가지 환경라벨 등 정보를 정리한 데이터베이스로 정보 제공을 하고 있다.[43]

(2) 그린구입법의 내용

친환경상품으로 소비를 장려하기 위하여 정부 및 행정부서는 친환경상품을 선택하도록 노력하여야 하며 적절한 예산을 분배하여야 한다. 정부 차원에서는 사업자와 시민들이 교육활동과 홍보활동을 통하여 친환경상품으로의 전환에 대한 중요성을 이해하도록 하여야 한다. 지역정부는 친환경상품의 구매를 촉진하기 위한 수단을 마련하여야 하며, 사업자와 시민들은 이러한 노력에 협조하여야 한다.

(3) 그린구매를 위한 정책

그린구매법 제6조는 그린구매정책의 근거가 된다. 이 기본정책은 환경성장관이 각 부처의 장들과 협의하여 기본정책과 달성정책을 정하여야 하며, 동법이 정하는 사항을 포함하여야 한다. 또한 연말마다 친환경상품의 달성기록 요약을 환경성 장관에게 제출하여야 한다.

(4) 그린구매를 촉진하기 위한 기본정책

일본 환경성은 2011년 2월에 '그린구매를 촉진하기 위한 기본정책(이하 기본정책)'을 발표하였다. 이 기본정책은 친환경상품으로 소비

---

43) 그린구입에 대해서는 http://www.env.go.jp/policy/hozen/green/g－law/index.html를 참고. 또한 환경라벨 데이터베이스는 http://www.env.go.jp/policy/hozen/green/ecolabel/index.htmlfmf 참고.

패턴의 전환을 도모하고 그에 따라 소비자가 친환경상품을 선택할 수 있도록 그 기준을 제시하였다. 또한 종이에서 서비스에 이르기까지 친환경상품의 평가기준을 구체적으로 열거하고 있다.[44]

2) 배출량거래제도: 동경도의 배출권거래제도를 중심으로

일본 정부는 배출량거래제도에 관하여 소극적인 태도를 취해 왔으며 현재도 이 제도에 대한 검토를 진행하고 있을 뿐, 제도의 도입이라는 결과물은 내어 놓지 못하고 있다.[45] 실제로 일본 환경성은 2005년도부터 '자주참가형의 국내배출권거래제도(JVETS, Japan's Voluntary Emissions Trading Scheme)'를 실시하고 있다.[46] 이 제도는 자율적으로 운영되고 있으며 더불어 국내 크레디트 제도[47]를 통해서 탄소배출량을 감축하는 통로를 열어 두기는 하였지만 자율적인 참여가 온실가스 감축에 어느 정도 기여를 할지에 대해서는 회의적으로 보인다.

반면 동경도의 경우 2008년 6월 「도민의 건강과 안전을 확보하는

---

44) 구체적인 기준과 내용은 http://www.env.go.jp/en/laws/policy/green/2.pdf을 참고.

45) 2008년 3월 배출권거래제도의 도입 여부를 판단하기 위한 검토회가 발족되었고, 동년 7월에 개최된 도야코 G8정상회의 직전에 배출권거래제도의 도입을 선언하였다. 그러나 동년 10월부터 이 제도는 시범적으로 시행되고 있을 뿐, 현재까지도 도입검토의 단계를 벗어나지 못하고 있다.

46) 2005년부터 일본 환경성이 주관하여 시행해 온 제도로서 온실가스의 배출 삭감에 자주적이고 적극적으로 참여하는 사업자에 대하여 CO_2 배출억제설비 정비를 위한 보조금 교부를 지원한다. 참가사업자는 목표보유참가자와 거래참가자로 분류하며, 목표보유 참가자는 다시 A · B · C타입으로 구분한다. A타입은 CO_2 배출억제설비 도입을 위한 보조금 지원을 인센티브로 일정량의 배출 삭감을 약속하고 배출권을 교부받은 참가자이고, B · C타입은 설비보조를 받는 것 없이 기준연도배출량에 비하여 적어도 1% 배출 삭감을 약속하는 참가자이다. 그리고 거래참가자는 배출권의 거래를 행할 목적으로 등록부시스템에 계좌를 두고 거래하는 자를 말한다.

47) 대기업이 중소기업의 탄소감축을 재정적으로 지원하고 그 대가로 국내크레디트를 얻는 방식이지만 이 역시 자율적으로 운영되고 있는 실정이다.

환경에 관한 조례(이하 개정환경조례)」를 개정하여 일본에서 처음으로 이산화탄소 감축을 의무화하고 배출량거래제도를 도입하기로 하였다.[48] 현재 일본 정부가 국내 통합적인 배출권거래제도를 실시하지 못하고 있는 점을 미루어 볼 때 동경도의 적극적인 행동은 일본의 최대의 도시로서 그 파급 효과가 있을 것으로 예상된다. 또한 동경도는 세계에서 세 번째로 배출권거래제도를 채택한 도시로서 2009년 3월에 아시아에서는 처음으로 ICAP의 정식 회원이 되었다. 동경도는 2010년 3월에 배출거래제도에 대한 계획을 발표하고 4월부터 실시하였다. 이러한 동경도의 배출권거래제도에서 주목해야 할 점은 EU-ETS(European Union Greenhouse Gas Emission Trading System)과 미국의 RGGI(Regional Greenhouse Gas Initiatives)와는 달리 세계 최초로 상업부문에서 사무실과 같은 시설을 제도 내에 포함하고 있다는 점이다. 이하에서는 동경도의 배출거래제도의 내용을 살펴보도록 한다.

(1) 동경도 개정환경조례[49]

동경도의 배출권거래제도는 2008년 개정환경조례에 근거한다. 개정조례 제3조는 "지구환경보존은 사업 활동과 일상생활 모두에 있어 촉진되어야 한다"고 규정하고 있고, 이에 따라 제9조에서는 동경도지사가 '동경도 환경대계획'을 세울 것을 요구한다. 또한 동 조례 제10조는 기존의 환경조례의 내용을 강화하여 온실효과 가스의 총 배출량을 감축할 것과 배출권거래제도를 촉진하기 위한 수단의 도입을

의무화하고 있다.[50) 장기적으로 2050년까지 현재 배출량의 50% 삭감을 목표로 하며, 2020년까지 2000년 대비 25% 삭감을 목표로 한다. 이는 1990년 대비 19% 삭감과 같은 양이다.

(2) 배출제한의 대상

2010년부터 의무적으로 시행되는 배출권거래제도는 산업부문과 상업부문을 그 대상으로 한다. 배출제한은 화석연료, 난방 그리고 전기의 총사용량이 최소한 1년당 천5백kl가 되는 대규모의 시설(건물 또는 공장)에 적용된다.[51) 이때 대상이 되는 온실가스는 동경의 온실가스 배출에 95%를 차지하는 에너지 관련 CO_2만을 대상으로 하고 필요한 경우 그 외의 온실가스로 확대될 전망이다. 또한 동경은 대규모의 상업지구로 동경 내의 약 80% 정도의 건물이 배출 제한대상에 포함된다.[52)

(3) 이행기간(Compliance Period)

동경도는 온실효과가스를 2020년 대비 25% 감축을 목표로 하고 2009년에 배출권거래제도의 첫 이행기를 2010년에서 2014년으로 지정하여 총 배출량 6% 감축을 목표로 하였다. 제2 이행기는 2015년에

---

50) "Tokyo Cap-and-Trade Program: Japan's first mandatory emissions trading scheme", 2010. 3. p.14, http://www.kankyo.metro.tokyo.jp/en/attachment/Tokyo-cap_and_trade_program-march_2010_TMG.pdf 2011년 10월 20일 검색.

51) 현재 동경도의 내규보시실에 포힘되는 건물의 수는 약 1천4백 개이다. 이는 도내 사업소의 1%에도 이르지 않는 수이지만, CO_2 배출량의 합계는 도내의 업무·산업부문의 약 40%를 차지하고, 동시에 1개 사업소당 평균배출량은 일반가정의 약 3천3백 세대분의 규모에 상당한다. 문상덕, 전게논문, p.235.

52) 이러한 상업부문의 건물에는 중앙정부의 입법 및 행정기관의 건물도 포함된다.

서 2019년으로 17% 감축을 목표로 하고 있다. 배출 제한의 적용범위 내에 있는 시설은 주어진 이행기간 동안 배출권(The Emission Allowance)보다 적은 양의 온실가스를 배출하였을 때 그 잉여량을 이월(banking)할 수 있다. 하지만 지속적인 온실가스 삭감을 위하여 배출권의 차입(borrowing)은 금지하고 있다.[53]

(4) 배출 제한의 설정

2020년까지 에너지 사용에 관련된 CO_2의 목표를 다음과 같이 정한다.

〈표 10-2〉 에너지 사용에 관련된 CO_2의 목표

(단위: 만 톤)

	FY1990	FY2000	FY2020	1990년 대비 삭감량	2000년 대비 삭감량
산업 및 상업부문	2,555	2,570	2,146	16%	17%
주거부문	1,300	1,433	1,158	11%	19%
교통부문	1,485	1,766	1,022	31%	42%
에너지 관련 CO_2 전체량	5,340	5,768	4,326	19%	25%

* 출처: 동경도 배출권거래제도 프로그램

기준배출량은 지난 3년 동안의 평균배출량으로 하며 배출권(allowance)은 '기준배출량×삭감의무율×5(이행기간)'으로 계산되어 설정한다. 삭감의무율은 동경도지사가 정하며 지난 2009년에 확정된 제1이행기간의 의무율은 다음과 같다.[54]

---

53) '배출권 차입(borrowing)'이란, 현재 이행기간 동안 다음 이행기의 배출권을 미리 사용하는 것을 의미한다.

54) http://www.iges.or.jp/en/cdm/pdf/regional/20110311/Kimura.pdf p.15의 표를 인용함. 2011년 10월 20일 검색.

〈표 10 - 3〉 제1이행기간의 의무율

구 분		삭감의무율
Ⅰ-1	오피스빌딩과 그와 유사한 시설 및 지역 냉난방 시설(*1)	8%
Ⅰ-2	지역 냉난방시설로부터 에너지를 자주 이용하는 오피스빌딩과 그와 유사한 사업시설(*2)	6%
Ⅱ	Ⅰ-1 또는 Ⅰ-2에 포함되지 않는 공장과 그와 유사한 사업시설(*3)	6%

*1. 오피스빌딩, 관공청사, 상업시설, 숙박시설, 교육시설, 의료시설 등
*2. 에너지의 총 소비량에서 지역냉난방시설로부터 공급받는 에너지의 양이 20% 또는 그 이상이 되는 경우
*3. 공장, 상하수시설, 폐기물 처리시설 등

(5) 모니터링(monitoring), 보고(report) 및 검증(verification)

배출제한의 대상이 되는 시설은 이행기간이 종료되기 1년 전에 도지사에게 온실가스 배출을 보고하고 그 데이터를 매년 공개할 의무가 있다. 이에 대한 검증은 동경도 도지사가 등록한 검증소에서 실시된다.

(6) 벌칙

배출권 적용을 받는 시설은 그 배출량을 배출량 제한 이하로 유지하여야 하는데 이는 강제적인 의무(Mandatory Obligation)이다. 따라서 이러한 의무를 위반하였을 경우 벌칙이 적용된다. 벌칙의 종류에는 ① 벌금(상한 5만 엔), ② 위반의 공개 그리고 ③ 의무를 이행하지 못한 부분에 대하여 부족량을 위반자에게 청구하는 것이 있다. 하지만 시설의 할당된 배출량은 유지해야 할 의무는 벌금을 낸 후에도 피할 수 없다.

(7) 상쇄(offset)

배출권 할당량을 부여받은 시설은 그 의무를 만족시키기 위해서 다음과 같은 상쇄를 적용할 수 있다.

（ⅰ) 배출권거래제도에 의무가 있는 시설을 제외하고 동경지역 내 에 있는 중소규모의 시설들이 에너지 절감 수단을 통해 배출량을 감소하였을 경우.

（ⅱ) 동경도 이외의 대규모사업소에가 에너지 절감 수단을 통하여 배출량을 감소한 경우. 동경이외의 지역에서 발생한 삭감량을 거래할 수 있는데 이때 상한선은 동경도지사가 정한다.

（ⅲ) 재생가능에너지 증서가 있는 경우, 이때 에너지 형태는 태양력, 풍력발전, 열이용(Heat Utilization)이 있다. 그 증서에는 그린전력증서, 생(生)그린전력, 도(都)의 태양에너지뱅크 등이 있다.

Ⅲ. 에너지

1. 법률

1) 에너지정책기본법

이 법은 에너지는 국민의 삶의 안정성과 국가 경제의 발전과 유지에 본질적인 사항이며, 에너지의 사용으로 지역 및 지구환경에 영향을 미칠 수 있다는 점을 고려하여 다음과 같은 사항을 목적으로 하고 있다. 에너지 수급정책의 기본방침을 정하고, 에너지 공급과 수요에 관한 조치에 대하여 국가·지방공공단체의 책무를 밝히며, 이에 더하여 에너지 공급과 수요에 관한 조치의 관한 기본적인 사항을 기

술하는 것이다.[55]

　에너지 수급에 관련된 구체적인 내용으로는 안정적인 공급의 확보(제2조), 환경적합성(제3조), 시장원리의 활용(제4조), 기본 에너지계획(제12조)이 규정되어 있다. 또한 국가·지방공공단체·사업자·국민의 책무와 상호협력 등을 규정하고 있다.[56]

2) 에너지 사용의 합리화에 관한 법률

　석유위기 이후인 1979년에 「에너지 사용 합리화에 관한 법률」이 제정되었는데, 일본 안팎에 에너지에 관련한 경제적·사회적 환경에 따라 석유자원의 효율적인 사용을 확보하기 위하여 제정되었다. 이 법률은 에너지에 관한 규제정책의 근거가 된다. 규제의 대상은 공장·사업장, 수송, 주택·건축물, 기계기구로 구분하고 에너지 사용을 합리화함으로써 에너지 소비를 억제하고 나아가 에너지 기원 이산화탄소 배출량을 감축할 수 있다. 현재까지 2008년 5월의 개정을 포함하여 다섯 차례에 걸친 법 개정이 이루어졌고, 2008년에는 기존의 법률에서 규정하였던 의무내용의 범위를 넓히면서 에너지 절약에 대한 규제를 강화되었다.

　규제대상 사업자는 다음과 같다.

---

55) 에너지정책기본법 제1조.
56) 에너지정책기본법 제5조～제9조.

〈표 10-4〉 에너지 사용 합리화에 관한 법률의 규제대상 사업자[57]

분야	대상사업자
공장·사업장	• 공장을 설치하여 사업을 하는 자 • 사업장(병원, 호텔, 학교 등)을 설치하여 사업하는 자
건축물·주택	• 건축 시: 주택·건축물의 건축주 • 기축물의 증개축·대규모 개보수 시: 주택·건축물의 소유자 및 관리자
수송	• 수송사업자: 화물과 여객의 수송사업을 하는 자 • 화물주: 자신의 화물을 수송사업자에게 수송시키는 자
기계기구	• 에너지를 소비하는 기계기구의 제조업자 및 수입업자

이하에서는 각 규제대상에 따른 규제내용을 살펴보도록 한다.

(1) 공장·사업장 등의 에너지 효율 개선 규제

1년간 에너지 사용량이 1천5백kl(원유환산) 이상인 공장·사업장을 설치하는 자는 이 법의 규제대상이 된다. 이러한 규제대상 범위가 개정 이후 변경되었는데, 기존 법률은 개별공장과 사업장의 에너지 소비량을 기준으로 하여 규제대상을 정하였지만, 개정 후에는 전체 사업장의 총 에너지 소비량이 1천5백kl 이상일 경우 전체 사업장이 그 규제대상이 된다.[58] 본 법에 의거하여 에너지 사용 상황을 신고하여야 하며, 에너지 관리자 또는 에너지 관리원을 선임하는 의무가 부과된다.[59] 1년간 에너지 사용량이 1천5백kl 이상인 경우 다음 해 4월 말까지 경제산업장관에게 '에너지 사용상황 신고서'를 제출해야 한다.[60] 이때 연간 에너지 사용량이 3천kl 이상인 경우 제1종 에너지 관

---

57) 정성춘 외, 전게서, p.128의 표 인용.

58) 자세한 내용은 http://www.asiaeec-col.eccj.or.jp/archive/info/pdf/strengthened_regulatory_measures.pdf 참고.

59) 에너지 사용의 합리화에 관한 법률 제6조 및 제7조.

60) 에너지 사용의 합리화에 관한 법률 제15조.

리 지정공장, 1천5백㎘ 이상 3천㎘ 미만인 경우 제2종 에너지 관리 지정공장으로 지정된다.[61] 제조업, 광업, 전기공급업, 가스공급업, 열공급업 5업종에서 제1종 공장을 설치한 사업자는 제1종 특정사업자로 지정되며, 제조업 등 5업종 이외의 업종에서 제1종 공장을 설치한 사업자는 제1종 지정사업자로 지정된다.[62] 모든 업종에서 제2종 지정공장을 설치한 사업자는 제2종 특정 사업자로 지정된다.[63]

또한 2008년 개정에서는 산업부문만이 아니라 사무실이나 편의점 등 업무부문에 있어서의 에너지 절약 대책을 강화하기 위해 사업자단위의 에너지 관리의무를 도입하고 프랜차이즈 체인에 대해서도 개개 사업자로 이해하며 사업자단위의 규제와 동일한 규제를 도입하였다.[64]

(2) 주택·건축물규제

본 법은 2천㎡ 이상의 주택·건축물에 대하여 에너지 절약대책을 요구하고 있다. 그러나 개정 이전에는 이러한 조치를 규제당국이 강제적으로 건물주에게 요구할 수 없었지만 2008년에 개정에서는 특정 대책의 실시를 명령할 수 있는 권한을 규제당국에게 부여함으로써 규제당국이 온실가스 배출규제를 더 강화할 수 있게 되었다.[65]

규제대상이 되는 주택·건축물은 제1종 특정건축물과 제2종 특정

---

61) 정성춘 외, 전게서, p.129.

62) 5업종 이외의 업종으로는 호텔, 병원, 학교 등이 있다. *Ibid.*

63) 2009년 3월까지 제1종 지정공장은 7,820개, 제2종 지정공장은 6,883개가 지정되어 있으며, 지역별로는 간토(40.1%), 주부(14.5%), 주부(14.5%), 긴키(16.8%) 지역에 70% 이상이 분포한다. 정성춘 외, 전게서, pp.129-132.

64) 에너지 사용의 합리화에 관한 법률 제74조; 최우용, 전게논문, p.117.

65) 정성춘 외, 전게서, p.139.

건축물로 분류된다. 전자는 건축물 면적이 2천㎡ 이상인 건축물이 해당되며, 후자는 3백㎡ 이상 2천㎡ 미만의 건축물이 해당된다.[66] 제1종 특정건축물의 신축, 증개축 및 대규모 수리를 할 경우에는 에너지 절약조치를 소관 행정청에 신고하도록 하고 있다.[67] 제2종 특정건물의 경우 신축, 증개축할 때 에너지 절약조치를 소관 행정청에 신고하도록 하고 있으며 이러한 제도는 중소건물에 대해서도 규제할 수 있는 제도적 근거를 마련하게 되었다.[68] 뿐만 아니라 특정건문을 신축하는 건축주에 대한 규정도 두고 있다.[69] 이 규정은 주택사업 건축주가 주택을 신축할 때 고려해야 할 에너지 절약 기준을 두고 있으며 특정호수 이상을 공급하는 건축주에 대해서는 이를 권고, 공표, 명령하는 제도를 도입하였다.[70]

(3) 수송 분야 에너지 효율 개선 규제

최근 자동차와 관련된 에너지 소비 급증으로 인한 온실가스 배출량이 크게 증가함에 따라 수송 분야에서의 에너지 효율 개선도 중요한 사항으로 부각되고 있다. 따라서 일본 정부는 수송 분야 사업자에 대해서도 에너지 사용에 대한 규제를 하고 있다. 수송 분야에서 규제 대상은 여객수송사업자와 화물수송업자로 구분된다. 화물수송업자란 일본의 지역에서 출발하거나 도착하는 자신 또는 타인의 화물을 운송하는 사업자를 의미하며, 수송사업자란 자신 또는 타인의 일본 내

---

66) *Ibid*.
67) 에너지 사용의 합리화에 관한 법률 제75조.
68) 에너지 사용의 합리화에 관한 법률 제75 - 2조.
69) 에너지 사용의 합리화에 관한 법률 제76 - 4조.
70) 에너지 사용의 합리화에 관한 법률 제76 - 6조.

의 지역에서 출발하거나 도착하는 여객을 운반하는 사업자를 말한
다.71) 수송 수단별로 보유한 수송능력이 일정 규모 이상인 경우, 그
사업자를 특정수송사업자로 지정한다.72) 또한 스스로의 사업활동에
따르는 화물수송을 위탁하는 양이 연간 3천만 톤 이상의 사업자는 특
정화물주로 지정하고 규제대상으로 하고 있다.73)

특정화물수송업자에 대해서는 연 1회 에너지 절약계획을 책정하여
이를 국토교통장관에게 제출해야 한다.74) 국토교통성은 수송사업자
의 에너지 절약에 대한 판단기준을 정하여 공표하는데, 이 판단기준
에는 에너지 절약목표, 에너지 절약조치, 저연비 자동차 도입, 에코드
라이브 추진, 화물적재 효율 향상, 공공 수송 저감 등이 포함되어 있
다.75) 이런 판단에 근거하여 특정수송사업자는 에너지 절약을 위한
계획을 작성하여 제출하는데, 이 계획이 충분하지 않다고 판단될 경
우에는 필요한 조치를 권고할 수 있다.76)

---

71) 에너지 사용의 합리화에 관한 법률 제52조, 제66조.
72) 에너지 사용의 합리화에 관한 법률 제52조.
73) 정성춘, 전게서, p.141.
74) 에너지 사용의 합리화에 관한 법률 제56조.
75) 수송수단별 기준은 다음과 같다.

수송수단	기준	화물	여객
철도	차량 수	3백 량	3백 량
트럭, 버스, 승용차	대수	2백 대	버스: 2백 대 택시: 3백50대
선박	총 선박량	총 2만 톤	총 2만 톤
항공기	총 최대이륙 중량	총 최대이륙 중량	9천 톤

출처: 정성춘 외, 전게서 p.141의 표 인용.

76) *Ibid.*, 142.

(4) 기계 및 기구에 관한 규제

제조업자 또는 수입업자는 기계 및 기구의 에너지 소비가 향상되도록 함으로써 에너지의 합리적인 사용에 기여할 수 있도록 노력하여야 한다.[77] 이러한 기계 및 기구에 관한 규제는 '톱 러너' 규제와 관련하여 기준이 측정된다. 톱 러너 규제는 에너지 소비가 많은 가전 및 운송수단(이하 특정기기)의 분산을 위하여 「에너지 사용 합리화에 관한 법률」의 개정을 통하여 제조업자 및 수입업자들이 에너지 소비효율 목표기준치를 충족시키는 것을 의무화하는 제도를 말한다. 특정기기는 ① 대량으로 사용되고 ② 상당한 양의 에너지를 소비하며 ③ 에너지 소비효율 향상이 특별히 필요한 기기일 것을 요한다.[78] 목표 달성 여부에 대한 판정은 제조업자 혹은 수입업자별로 실시한다. 특정기기는 시장에서 이용 가능한 가장 고효율의 상품을 기준으로 하여 설정된다.[79] 이러한 목표기준 가치는 각 상품별 크기와 기능의 다양성을 고려하여 설정되며 제품군들의 에너지 소비효율을 가중평균하여 목표 달성 여부를 판정한다. 이는 제조업자 및 수입업자가 다양

---

77) 에너지 사용의 합리화에 관한 법률 제77조.

78) 특정기기로 지정된 제품은 2009년을 기준으로 승용자동차, 에어컨디셔너, 형광등만을 주광원으로 하는 조명기구, TV, 복사기, 전자계산기, 자기디스크 장치, 화물자동차, 비디오테이프리코더, 전기냉장고, 전기냉동고, 스토브, 가스조리기기, 가스온수기, 석유온수기, 전기변좌, 자동판매기, 변압기, 전기밥솥, 전자레인지, DVD 리코더 루팅기기, 스위칭기기로 23가지이다. http://www.eccj.or.jp/qanda/machine/qa01.html#01 참조.

79) 톱 러너 기준의 책정되는 절차는 다음과 같다. 먼저 경제산업성 장관의 자문기구인 '종합자원에너지조사회'의 하부조직으로 설치된 에너지 '절약기준부회'가 톱 러너 기준의 대상으로 적절한 기기를 선정한다. 이 부회는 학계, 산업계, 노동조합, 소비자 단체 등으로 구성되며, 대상기기를 선정한 후 각 기기별로 '판단기준소위원회'를 설치하여 목표기준치 등에 대해 세부적인 검토를 실시한다. 소위원회는 학계, 업계단체, 수입사업자단체, 소비자단체로 구성되며 1년에서 2년 반 정도의 심의기간을 거쳐 목표기준치를 설정한다. 소위원회가 제시한 목표기준치는 국민 의견청취를 거쳐 에너지 절약기준부회에 보고되고 심의를 거쳐 확정된다. 정성춘 외, 전게서, p.137.

한 제품을 제조·판매할 수 있는 유연성을 부여하며, 목표를 달성하는 제품을 더 많이 판매하도록 하는 인센티브 효과도 가지고 있다.[80]

또한 에너지 절약 라벨링 시스템이 2000년 이후에 도입되었는데, 소비자들에게 가전제품의 에너지 효율에 대한 더 나은 정보를 제공하기 위한 것이다. 본 법률에서도 제조업자는 특정기기의 카탈로그나 본체에 에너지 소비효율을 표시할 의무를 규정하고 있다. 또한 2010년까지 18개의 상품이 이 라벨링 시스템에 적용된다. 라벨링은 기준치를 달성한 제품과 그렇지 못한 제품을 녹색과 오렌지색으로 구별할 수 있게 된다. 또한 목표기준연도를 기입하여 에너지 효율기준에 어느 정도 달성하였는지 퍼센트로 나타내며 연간 전기소비량도 기재된다.

(5) 벌금규정

본 법률은 제8장에 벌칙규정을 두고 있는데 대강의 내용을 살펴보면 다음과 같다. 주택·건물 규제와 관련하여 특별 신고된 조치가 충분하지 못할 경우, 당 행정청은 새로운 조치를 지시·공표·명령할 수 있도록 하였다. 명령을 이행하지 않을 경우에는 백만 엔 이하의 벌금을 과하도록 하고 있다. 또한 특정수송업자가 이 권고를 따르지 않을 경우 기업명 등을 공표할 수 있고 권고를 따르도록 명령할 수 있으며, 명령을 위반할 경우 백만 엔 이하 벌금을 부과할 수 있도록 하였다. 이러한 내용은 특정화물주에 대해서도 비슷하게 적용된다. 제조업자 및 수입업자는 목표연도에 목표기준치를 달성하지 못한 제조업자 등에 대해서는 권고·공표·명령·벌금부과 등 조치를 취할

---

80) *Ibid.*, p.136.

수 있다. 이러한 벌칙규정이 적용된 사례는 아직 없지만, 이 규정을 통하여 관련 행정처의 규제를 더욱 강화할 수 있게 된 것으로 보인다.

3) 석유대체에너지의 개발 및 보급의 촉진에 관한 법률

석유대체에너지법은 환경적인 측면에서 제정된 법률이라고 하기보다는 에너지의 안정적이며 적절한 보급이라는 관점에서 석유대체에너지의 개발 및 도입을 촉진하는 법적 구조로 제정되었다. 그러나 석유대체에너지 개발은 그 자체로 온실가스 배출량을 감축시킬 수 있는 요소가 될 수 있다. 이 법률의 내용은 '석유대체에너지의 공급목표'의 책정·공표 등과 신에너지·산업기술종합개발지구가 실시하는 각종 사업을 구상에 관한 것이다. 또한, 석유대체에너지의 공급목표는 에너지 수요 및 석유 공급의 장기전망, 석유대체에너지 개발의 상황 그 밖의 사정을 감안하고, 환경보전에 유의하면서 정하는 것으로 하고 있다. 위와 같은 사정의 변동이 있고 필요하다고 인정될 때에는 공급목표를 개정하도록 하고 있다.[81]

4) 재생에너지 특별조치법안

2010년 6월 의회 의결을 통해 결정된 일본 에너지 기본계획에 따르면, 2030년까지 현재 18%에 불과한 에너지 자급률을 두 배로 끌어올리고, 탄소배출을 하지 않는 에너지원(원자력발전, 재생에너지) 비율을 현재의 34%에서 70%까지 대폭 확대하는 것을 목표로 하고 있다. 이를 바탕으로 일본 중의원 경제산업위원회는 2011년 8월 23일에 태

---

81) 최우영, 전게논문, pp.117~118 참조.

양열 등 신재생에너지원에 대한 투자를 촉진하는 신재생에너지 특별
조치 법안의 수정안을 만장일치로 통과시켰다. 이는 후쿠시마 원전
사태를 기점으로 하여 원자력에 대한 공신력이 무너짐으로써 태양열
등 신재생에너지원을 활성화하는 에너지 정책이 이 법에 근거하여
나올 것으로 예상된다. 이 법안에서 주목할 내용은 전력회사에 태양
광이나 풍력 등 신재생에너지원에서 발생한 전력을 최대 20년까지
고정가격으로 매입하여 전기요금에 추가하도록 요구하는 것이다. 동
법안은 참의원에서 2011년 8월 26일에 통과되었으며, 2012년 7월부터
발효 예정이다.

2. 정책

아소 전 총리가 2009년 연설에서 밝힌 바와 같이, 일본 정부는「전
력회사에 의한 재생에너지전력 구매법(Act on Purchase of Renewable
Energy Electricity by Electric Utilities)」를 통과시켰다. 따라서 그동안 시
행해 오던 신재생에너지의무할당제(RPS)는 폐지되고 2012년 7월부터
발전차액지원제도(FIT)를 도입하게 되었다. 이 법안은 전기 사업자에
게 재생가능에너지로부터 발생된 전기 매입을 의무화한다. 즉 태양
광, 풍력, 수력, 지열, 바이오매스를 이용해 생산된 전기는 고정된 가
격으로 일정기간 동안 매입 조달해야 하는 의무를 전기사업자에게
부여하는 것이다. 이러한 전기를 생산하는 자는 경제산업성이 발급한
자격증을 취득할 것이 요구된다. 따라서 자격요선을 지닌 전기생산자
가 공급한 전기만 구매할 수 있다.[82]

전기 매입에 필요한 비용 충당을 위해 각 전기사업자가 각각의 수

용가격에 대해 사용전력량에 비례하는 부과금(할증료)을 청구하는 것을 인정하고, 동시에 일본 정부가 지역 간 할증료 부담에 불균형이 발생하지 않도록 필요한 조치를 강구하기로 했다.[83) 신재생에너지원을 사용해 생산된 전기를 전력회사가 전량 매입하고 이 매입분으로 인한 전력회사의 손실은 전기요금 인상을 통해 보완한다는 것이다. 법안은 최소 3년마다 재생가능에너지 도입량과 할증료 부담이 끼치는 영향, 특히 전력 다소비 산업에 미치는 영향을 감안해 제도에 대한 재검토를 실시함과 동시에 2020년도 폐지를 목표로 하고 있다. 아울러 FIT 도입에 따라 RPS는 폐지하고 기존 발전설비의 운전에 영향을 주지 않도록 필요한 조치도 마련하기로 했다.[84)

<표 10-5> 재생에너지법의 주요 내용

구분	태양광발전 이외	태양광 발전	
	태양광발전 이외	주택용	주택 이외의 사업장, 발전 사업용 등
매입가격	15~20엔/kw의 범위 이내	초기에는 높은 매입가격을 설정하고 태양광 발전시스템의 가격 하락에 따라 점차 감소	
매입기간	15~20년의 범위 이내	10년	15~20년의 범위 이내

* 자료: 에너지 관리공단 신재생에너지센터

---

82) "Feed-in Tariff Scheme for Renewable Energy", http://www.meti.go.jp/english/policy/energy_environment/renewable/pdf/summary201109.pdf 참고.

83) '日, RPS폐지하고 FIT전격도입', 그린데일리(2011.8.22.), http://www.greendaily.co.kr/news/articleView.html?idxno=15777 2011년 10월 1일 검색.

84) http://naretis.energy.or.kr:9001/kportal/pages/board/nNoticeView.jsp?dest=portlet&boardNum=7&isAdmin=&boardId=N1154 참고.

11

중국의 기후변화대응 관련 법제 및 정책

마 광

I. 개관

중국은 1992년 11월 7일 '기후변화협약'을 비준하였고 이어서 2002년 8월 30일 유엔에 '교토의정서'의 승인서류를 기탁함으로써 기후변화와 관련된 관련 조약에 모두 가입하였다.

2011년 10월 현재, 중국은 「농업법(農業法)」, 「초원법(草原法)」, 「어업법(漁業法)」, 「토지관리법(土地管理法)」, 「삼림법(森林法)」, 「야생동물보호법(野生動物保護法)」, 「수법(水法)」, 「전력법(電力法)」, 「석탄법[煤炭法]」, 「환경보호법(環境保護法)」, 「환경영향평가법(環境影響評價法)」, 「대기오염방지법[大氣汚染防治法]」, 「수질오염방지법[水汚染防治法]」, 「환경소음오염방지법[環境噪聲汚染防治法]」, 「해양환경보호법(海洋環境保護法)」, 「해역사용관리법(海域使用管理法)」, 「에너지 절약법[節約能源法]」, 「재생가능에너지법[可再生能源法]」, 「순환경제촉진법(循環經濟促進法)」, 「청결생산촉진법(淸潔生産促進法)」 등 27개의

환경과 자원보호 및 에너지 절약과 관련된 법률 및 '기후변화에 적극
대응하는 것에 관한 결의[關于積極應對氣候變化的決議]'[1]를 공포하
였고, 환경과 자원보호 및 에너지 절약과 관련된 행정법규 50여 개를
출범하였으며, 지방성법규와 부문규정 및 지방정부규정[2]은 6백60여
개, 국가기준은 8백여 개 제정하여, 농업·삼림과 기타 자연생태계,
수자원 등 분야에서 녹색성장 및 기후변화대응에 대해 규제를 하고
있다. 또한 중국은 현재 「에너지법[能源法]」의 초안을 작성 중에 있으며
「대기오염방지법」과 「청결생산촉진법」의 개정작업을 진행하고 있다.
　상술한 법률 외에도 중국정부는 기후변화대응 및 녹색성장과 관련
하여 다음과 같은 다양한 정책[3]들을 제정하여 시행하고 있다.
　2007년 6월 3일, 중국정부는 '기후변화대응국가방안[中國應對氣候
變化國家方案]'[4]을 출범하여, 기후변화의 기본원칙, 구체목표, 중점
분야, 정책조치와 순서를 명확히 하였으며, 기후변화대응의 업무시스
템을 완벽화하였고, 기후변화대응의 실제 행동도 일부 시행하였다.

---

1) 동 결의는 중국의 입법기관인 전국인민대표대회 상무위원회에서 제정한 것으로서 법률과
　동등한 지위에 있다.

2) 현재 중국 법의 공식연원은 헌법, 법률, 행정법규, 지방성법규, 경제특구의 규범성문서, 특
　별행정구의 법률·법규, 규정[規章], 국제조약, 국제관습 등으로 나뉜다. 법률, 행정법규,
　지방성법규, 부문규정과 지방정부규정의 효력 순위는 전국인민대표대회 및 그 상무위원회
　가 제정하는 법률이 우선하고 다음으로 국무원이 제정하는 행정법규의 효력이 높다. 동일
　한 지방의 경우, 지방 인민대표대회가 제정하는 지방성법규가 지방정부규정에 비해 우위이
　며, 지방성법규, 부문규정과 지방정부규정 3자 사이에는 정해진 효력순위가 없고, 충돌의
　소지가 있을 경우, 전국인민대표대회 상무위원회가 그 최종 결정권을 갖는다. 중국 법의 연
　원에 대해서는 마광, "중국 법의 연원에 대한 연구", 『인권과정의』 2007년 제7호, pp.185
　- 192 참조.

3) 이들 정책은 그 제정 또는 채택부서에 따라 법률, 행정법규, 부문규정과 동등한 효력을 가
　지므로 법률로 볼 수도 있겠지만, 그 내용을 보면 원칙적인 방향성 규정을 주로 두고 있기
　에 시행되려면 별도의 시행세칙을 제정해야 한다. 따라서 이들을 본 연구의 편리상 정책으
　로 구분하여 설명하고자 한다.

4) 동 방안은 국무원에 의해 제정된 법규성 문건으로서 행정법규와 동등한 지위에 있다.

동 국가방안의 시행을 지원하기 위하여, 과학기술부·국가발전개혁위원회·외교부·교육부·재정부·수리부·농업부·국가환경보호총국·국가임업국·중국과학원·중국기상국·국가자연과학기금위원회·국가해양국·중국과학기술협회 등 부서는 2007년 6월 13일 공동으로 '기후변화대응과학기술전문행동[中國應對氣候變化科技專項行動]'[5]을 공포하였다. 동 행동은 기후변화대응의 기술과 조치를 자세히 기술하고 있다.

2011년 3월 14일 전국인민대표대회에서 비준된 '국민경제와 사회발전 제12차 5개년계획개요[國民經濟和社會發展第十二個五年規劃綱要]'[6]에서는 에너지 절약과 이산화탄소 배출 감소의 목표임무를 확정하였다. 동 계획의 제6편은 '녹색발전, 자원절약형 및 환경친화형 사회의 건설'이라는 주제하에 '세계기후변화에 대한 적극적 대응', '자원절약과 관리의 강화', '순환경제의 대폭 발전', '환경보호의 강화', '생태보호와 회복 촉진', '수리와 재해방지 및 재해감소 시스템의 구축 강화' 등 내용을 제21장~제26장에서 규정하고 있다.

'환경보호법규제정절차방법[環境保護法規制定程序辦法]' 제2조에 의하면 환경보호부(環境保護部)는 전국인민대표대회 관련 기관의 위탁 또는 법률, 행정법규의 수권에 의하거나 직권에 의해 다음의 규범성문건을 제정한다. (ⅰ) 전국인민대표대회 관련기관의 위탁을 받고 환경보호법률의 초안을 작성한다. (ⅱ) 국무원에 송부할 환경보호법률 또는 행정법규의 초안을 작성한다. (ⅲ) 환경보호부문규정을 제정

---

5) 동 행동은 여러 부서에서 공동으로 제정한 부서 규범성 문건으로서 부문규정과 동등한 지위에 있다.

6) 동 계획개요는 중앙정부인 국무원에서 초안을 작성한 후 입법기관인 전국인민대표대회에 의해 비준된 것으로서 법률과 동등한 지위에 있는 법률성 문건이다.

한다. 또한 동 방법의 제3조에 의하면 환경보호 법률, 행정법규의 입법절차는 입안, 초안작성, 심사, 심의송부, 심의, 통과, 공포의 순서로 이루어지며, 환경보호 부문규정의 입법절차는 입안, 초안 작성, 심사, 결정, 공포, 등록과 해석의 순서로 이루어진다. 환경 관련 법률은 전국인민대표대회 및 그 상무위원회가 제정하고, 행정법규는 국무원이 제정하며, 부문규정은 환경보호부 등 각 부문에서 제정한다.

II. 기후변화

1. 법률

1) 기후변화에 적극 대응하는 것에 관한 결의

'기후변화에 적극 대응하는 것에 관한 결의'는 2009년 8월 27일 전국인민대표대회 상무위원회에 의해 통과되었으며 7개 부분으로 구성되었는데 제3부분과 제4부분에서는 각각 기후변화대응 관련 조치의 시행과 법제 건설에 대해서 규정하고 있다.

(1) 온실가스의 배출 통제

에너지 절약기술과 에너지 절약제품을 대폭 보급시키고, 에너지 생산과 소비구조를 개선하며, 청결석탄기술의 사용을 고무 및 지원한다. 수력발전, 풍력발전, 태양에너지, 생물에너지 등 재생가능에너지를 적극 발전시키고, 원자력발전소의 건설을 추진한다. 순환경제를 대폭 발전하게 하여 낙후한 생산능력과 제품을 도태시키며, 에너지의 종합이용효율을 제고한다. 중점생태건설공정을 실시하여 이산화탄소 흡수계 능력을 강화시킨다. 식수조림을 계속 추진하고 이산화탄소 흡수계 임업을 적극 발전시키며 삼림의 이산화탄소 흡수계 기능을 강화시킨다. 보호적 경작, 초원생태건설 등 조치를 취하여 농지와 초지의 이산화탄소 흡수계를 강화시킨다.[7]

(2) 기후변화적응능력 강화

각종 극단적 날씨와 기후사건에 대한 모니터링, 사전경보, 예보를 강화하고, 극난석 날씨와 기후재해 및 파생재해에 대비 및 대응한다. 농지기초시설건설을 강화하고 농업구조조정을 추진하며 농업종합생산능력을 제고한다. 수자원 관리를 강화하고 종합적인 물 절약 등 기술의 연구 개발과 보급을 강화한다. 해양과 해안지대 생태시스템에 대한 모니터링과 보호를 강화하고 연해지구의 해양재해 저지능력을 강화한다.[8]

(3) 기후변화대응 관련 과학기술의 발전

기후변화대응 분야의 중대한 기술, 특히 에너지 절약과 효율 제고, 청결석탄, 재생가능에너지, 원자력 및 관련 저탄소 등 기술의 연구 개발과 보급을 촉진하고 탄소포획 및 그 밀봉보존, 이용기술을 발전시킨다.[9]

---

7) 기후변화에 적극 대응하는 것에 관한 결의 제3부분 제1단.
8) 기후변화에 적극 대응하는 것에 관한 결의 제3부분 제2단.
9) 기후변화에 적극 대응하는 것에 관한 결의 제3부분 제3단.

(4) 녹색경제와 저탄소 경제의 발전

녹색투자를 확대하고 녹색소비를 유도하며 녹색성장을 촉진한다. 고탄소 에너지의 저탄소화 이용과 저탄소산업의 발전을 촉진하고, 저탄소형 공업, 건축과 교통시스템을 건설하며, 청결에너지자동차, 궤도교통을 대폭 발전시킨다. 저탄소배출을 특징으로 하는 새로운 경제성장을 이룩하고, 경제발전모델이 고효율, 저에너지 소모, 저배출의 모델로 전환하도록 한다.[10]

(5) 기후변화대응 시스템의 구축

기후변화대응을 국민경제와 사회발전계획에 포함시키며, 경제·과학기술·법률·행정 등 수단을 종합적으로 이용하여 기후변화대응 능력을 강화시킨다. 각급 정부의 예산에서 상응하는 배치를 하여 지원을 강화한다. 산업정책, 재정세수정책, 신용대출정책, 투자정책을 완벽하게 하고, 생태보상제도를 도입한다.[11]

(6) 기후변화대응 관련 입법의 강화

기후변화대응, 환경보호와 관련되는 법률을 적시적으로 개정하고, 부대법규를 제때에 출범시키며 실제 상황에 근거하여 새로운 법률, 법규를 제정함으로써 기후변화대응에 유력한 법제도적인 보장을 해 준다. 기후변화 적극대응의 전반적 요구에 따라,「에너지 절약법」,「재생가능에너지법」,「순환경제촉진법」,「청결생산촉진법」,「삼림법」,「초원법」 등 관련 법률·법규를 엄격히 집행하며, 법에 의해 중국의 기후

---

10) 기후변화에 적극 대응하는 것에 관한 결의 제3부분 제4단.
11) 기후변화에 적극 대응하는 것에 관한 결의 제3부분 제5단.

변화대응업무를 추진한다. 기후변화대응 측면의 업무를 인민대표대회 감독업무의 중점으로 삼고, 관련 법률의 시행상황에 대한 감독과 검사를 강화하며, 법률·법규의 효과적인 시행을 담보한다.[12]

2) 대기오염방지법

중국의 「대기오염방지법」은 1988년 6월 1일부터 시행되었고, 1995년과 2000년 두 차례 개정을 거쳐 현재 2000년 개정법률이 적용되고 있으며, 제3차 개정이 논의 중에 있다. 현행 「대기오염방지법」은 7개 장에 66개 조항으로 구성되었고, 대기오염방지의 감독관리제도, 주요한 법률제도, 연소로 발생된 대기오염의 방지, 자동차와 선박의 배출로 인한 대기오염의 방지, 폐기·먼지·악취의 오염을 방지하기 위한 주요 조치, 법적 책임 등에 대해 모두 비교적 명확하고 구체적인 규정을 하였다.

(1) 대기오염물질 배출의 총량통제와 허가증제도

이는 대기오염의 방지를 위한 하나의 중요한 제도로서, 2000년의 개정에서 새로 확립된 법률규범이다. 정부는 조치를 취하여 각 지방 주요 대기오염물의 배출총량을 계획적으로 관리하고 점차적으로 삭감하여야 한다. 또한 지방 각급 정부는 관할구역의 대기환경에 대하여 책임을 지며, 계획을 수립하고 조치를 취하여 관할구역 내의 대기환경질이 규정된 기준에 도달하도록 하여야 한다.[13] 국무원과 성·자치구·직할시 정부는 아직 규정된 대기환경질 기준에 미달한 지역

---

12) 기후변화에 적극 대응하는 것에 관한 결의 제4부분.
13) 대기오염방지법 제3조.

과 국무원이 비준하여 확정한 산성비 통제지역, 이산화황오염 통제지역에 대해 주요 대기오염물질 배출 총량통제지역으로 확정할 수 있다. 대기오염물질 총량통제지역 내의 관련 지방정부는 국무원이 규정한 조건과 절차에 따라 공개·공평·공정의 원칙에 입각하여 기업사업단위의 주요 대기오염물질 배출총량을 결정하고, 주요 대기오염물질 배출허가증을 발급한다. 대기오염물질 총량통제 임무가 있는 기업사업단위는 반드시 결정된 주요 대기오염물질 배출총량과 허가증에 규정된 배출조건에 따라 오염물질을 배출하여야 한다.[14)]

(2) 오염물질 과도배출 시의 책임

대기환경질량기준의 제정과 대기오염물질배출기준의 제정에 대해 규정하였고,[15)] 기타 환경오염방지 법률에 비해 먼저 오염물질 과도배출 시의 책임을 명확히 규정하였다. 즉 대기 중으로 오염물질을 배출하는 경우 그 오염물 배출농도는 국가나 지방 규정의 배출기준을 초과하여서는 아니 된다.[16)] 규정을 위반하여 대기 중으로 국가나 지방규정의 배출기준을 초과하여 오염물질을 배출하는 경우에는 기한 내 처리하여야 하고, 동시에 소재지의 현급 이상 지방정부 환경보호 행정주관부서가 1만 위안 이상 10만 위안 이하의 벌금에 처한다.[17)]

---

14) 대기오염방지법 제15조.
15) 대기오염방지법 제7조.
16) 대기오염방지법 제13조.
17) 대기오염방지법 제14조.

(3) 오염물질 배출부과금제도

오염물질 배출에 대해 비용을 징수하는 제도는 오염자부담의 원칙을 반영하였고, 또한 오염자로 하여금 적극적으로 오염을 처리하도록 유도하는 효과도 있다. 정부는 대기 중으로 배출하는 오염물질의 종류와 수량에 따라 오염물질 배출부과금제도를 실시하고, 강화된 대기오염방지의 요구와 국가의 경제·기술조건에 근거하여 합리적으로 오염물질 배출부과금 징수기준을 제정한다. 오염물질 배출부과금의 징수는 반드시 국가규정의 기준을 준수하여야 하며, 구체적인 방법과 실시절차는 국무원이 규정한다. 징수된 오염물질 배출부과금은 일률적으로 재정에 계상하여 국무원의 규정에 따라 대기오염방지에 사용하여야 하고, 다른 용도로 사용해서는 아니 되며, 아울러 감사기관은 법에 의거하여 감사를 실시한다.[18]

(4) 기타

기타 주요 내용에는 건축항목의 환경영향평가와 오염방지시설 검수제도,[19] 특별구역보호제도,[20] 대기오염방지 중점도시의 확정제도,[21] 산성비 또는 이산화황오염 통제지역의 확정제도,[22] 낙후한 생산기술과 설비의 도태제도,[23] 오염배출업체에 대한 임검제도,[24] 대기

---

18) 대기오염방지법 제48조.
19) 대기오염방지법 제11조.
20) 대기오염방지법 제16조.
21) 대기오염방지법 제17조.
22) 대기오염방지법 제18조.
23) 대기오염방지법 제19조.
24) 대기오염방지법 제21조.

환경질량상황공보제도[25] 등이 있다.

(5) 개정논의 중인 내용

현재, 중국은 「대기오염방지법」에 대한 개정작업을 추진하고 있는데, 그 개정초안에서는 '온실가스 배출통제'라는 장을 별도로 추가하였으며 그 주요 내용은 다음과 같다. (i) 온실가스 배출통제의 원칙, 지표와 기획을 확정하였다. 즉 국무원은 기후변화의 완화와 적응을 동등하게 중시하는 원칙에 근거하고, 온실가스 배출통제와 지속 가능한 개발능력의 강화를 목표로 하며, 경제발전의 보장을 핵심으로 하여 온실가스 배출통제에 관한 구속력 있는 지표를 확정한다. 국무원과 지방 각급 정부는 온실가스 배출의 구속력 있는 지표를 국민경제와 사회 발전의 중장기 기획에 포함시킨다. (ii) 온실가스 배출에 대해 통일적인 통계, 검사와 심사를 실시한다. 즉 온실가스 배출의 통계, 검사와 심사방법을 제정하고, 온실가스 배출에 대한 검사를 전개하며 온실가스검사의 네트워크구축을 강화한다. (iii) 온실가스 배출의 구속력 있는 지표에 근거하여 주요 산업의 온실가스 배출기준을 제정한다. 즉 온실가스의 구속력 있는 지표와 국민경제, 기술조건에 근거하여 철강, 유색금속, 석유 등 주요 산업의 온실가스 배출에 대한 강도기준을 제정 및 공포한다. (iv) 저탄소 기술을 보급하고, 저탄소 인증을 보급하며 저탄소 소비를 유도한다. 즉 정부는 녹색소비를 유도하고, 저탄소, 문명적 생활방식과 소비모델을 유도하며, 저탄소 지표를 환경라벨제품인증에 포함시켜 에너지 절약제품의 인증과 에너

---

25) 대기오염방지법 제23조.

지 효율 라벨관리를 강화한다. (ⅴ) 중점 생태수림 건설을 실시하고, 식수조림을 추진하여 2020년에 이르러 삼림면적이 2005년 대비 4천만 헥타르 증가하도록 하며, 삼림축적량이 2005년 대비 13억 세제곱미터 증가하도록 한다. (ⅵ) 기후변화 분야에 대한 국제협력사업을 추진한다. 즉 기후변화 분야에 대한 국제협력을 전개하여 국외의 선진적인 저탄소 기술을 효과적으로 도입해서 이를 이용하고, 국외자금을 적극 이용하며, 중국의 기후변화대응능력을 높인다.

2. 정책

1) 기후변화대응국가방안

2007년 6월 3일 중국정부는 '기후변화대응국가방안'을 공포하였다. 5개 부분으로 구성된 동 방안은 제4부분에서 중국의 기후변화대응 관련 정책과 조치를 제시하고 있다.

(1) 온실가스 배출 완화

① 에너지 생산과 전환

(ⅰ) 온실가스 배출 완화에 유리한 관련 법률, 법규를 제정, 개정 및 시행하며 에너지 전략계획의 연구와 제정을 강화한다. (ⅱ) 에너지 체제개혁을 추진하며, 재생가능에너지 발전의 제도 건설을 추진한다. (ⅲ) 에너지 공급산업의 관련 정책조치를 강화한다. 생태보호의 기초 위에 수력발전을 질서 있게 개발하고, 원자력발전의 건설을 적극 추진하며, 화력발전의 기술 진보를 추진한다. 탄광가스 산업을 대폭 발

전시키고, 생물에너지 발전을 추진하며, 풍력, 태양에너지, 지열에너지, 해양에너지 등의 개발과 이용을 적극 지원한다. (iv) 선진적인 적용기술(석탄의 청결과 고효율 개발 및 이용기술, 오일가스자원의 채굴개발이용기술, 원자력발전기술, 재생가능에너지기술, 송전과 배전 및 전력계통 안전기술)의 개발과 보급을 강화한다.

② 에너지 효율 제고와 에너지 절약

(i) 에너지 절약 법률, 법규와 기준의 제정 및 시행을 강화하며, 에너지 절약에 대한 감독검사를 강화한다. (ii) 제도 창조와 건설을 강화한다. 에너지 절약 목표책임과 평가심사제도를 구축하고, 종합자원계획과 전력수요관리를 진행하며 에너지 절약제품의 인증과 라벨관리제도의 시행을 대폭 추진한다. 계약에너지 관리를 추진하여 에너지 절약기술의 보급에 존재하는 시장의 장애를 극복하고, 에너지 절약투자 담보제도를 도입하며, 에너지 절약 자발계약을 추진하여 최대한 기업과 산업협회의 적극성을 동원한다. (iii) 관련 정책조치를 강화한다. 산업구조와 구역의 합리적인 분포를 대폭 조정하고, 에너지 절약 제품 우대정책을 제정하며, 에너지 절약형 소배기량 자동차를 발전시키고, 에너지 소모가 큰 차량의 도태 추진을 고무하는 관련 재정세수 정책을 제정한다. (iv) 중점산업(철강공업, 유색금속공업, 석유화공공업, 건축자재공업, 교통운수, 농업기계, 건축, 상업과 민용)의 에너지 절약기술 개발과 보급을 강화한다. (v) '에너지 중장기 전문계획[節能中長期專項規劃]'에서 지정한 10대 중점 에너지 절약 공정을 가일층 실현한다.

③ 공업생산과정

순환경제를 대폭 발전시키고 철강 절약을 강화하며 철강제품의 수
출을 제한한다. 산적시멘트를 가일층 보급시키고, 시멘트에 폐기물을
섞는 것을 고무하며, 건축재료의 절약을 대폭 전개한다. 아디프산 등
생산기업이 청정개발체제 프로젝트 등 국제협력을 진행하도록 추진
하고, HFCS, PFCS, SF6 등 온실가스 배출의 통제에 필요한 자금과 기
술지원을 모색하여 각종 온실가스의 배출을 감소시킨다.

④ 농업

법률, 법규의 제정과 실시를 강화하고 집약화 정도가 높은 지구의
생태농업건설을 강화하며, 기술개발과 보급 이용을 강화한다.

⑤ 임업

법률, 법규의 제정과 실시를 강화하고, 기존 산업정책을 개혁하며,
임업 중점 생태건설공정을 추진한다.

⑥ 도시폐기물

관련 법률, 법규의 실시를 강화하고 산업기준을 완벽하게 하며, 기
술개발과 이용의 강도를 확대한다. 산업정책의 인도역할을 발휘하고
매립가스 회수 이용을 촉진하는 고무정책을 제정한다.

(2) 기후변화적응

① 농업

농업기초시설건설을 강화하고 농업구조와 재배제도를 조정하며,
내성이 강한 품종을 재배한다. 초지사막화가 가중되는 추세를 억제하

고 새로운 기술의 연구와 개발을 강화한다.

② 삼림과 기타 자연생태계

기후변화적응에 관한 법률과 법규를 제정 및 실시하고 기존 삼림
자원과 기타 자연생태계에 대한 효과적인 보호를 강화하며 기술개발
과 보급 응용을 강화한다.

③ 수자원

수자원 관리를 강화하고 수리기초시설의 계획과 건설을 강화하며
수자원 배치, 종합적인 물 절약 및 해수이용기술의 연구개발과 보급
을 강화한다.

④ 해안지대 및 연해지구

관련 법률, 법규를 완벽하게 하고 기술개발과 보급 응용을 강화한
다. 해양환경의 모니터링과 사전경보능력을 강화하며 해수면 상승의
적응에 대한 대책을 강화한다.

2) 기후변화대응과학기술전문행동

‘기후변화대응과학기술전문행동’은 2007년 6월 13일 공포되었으며,
5개 부분으로 구성되었는데 제4부분은 중점임무를 열거하고 있다.

① 기후변화의 과학문제

차세대 기후시스템모델, 기후변화의 모니터링과 원인, 기후변화 모
니터링과 예측 및 사전경보, 아시아 계절풍 시스템과 기후변화, 중국
의 극단 날씨 및 기후사건과 재해의 형성메커니즘, 얼음권 변화과정과
추세, 생태계 에너지의 전화와 물질순환이 기후변화에 대한 부응.

② 기후변화완화 기술

온실가스 배출 통제와 기후변화완화 기술, 에너지 절약과 에너지 효율 제고 기술, 재생가능에너지와 새로운 에너지 기술, 석탄의 청결 및 고효율적인 개발 이용 기술, 오일가스자원과 탄광가스의 탐사, 선진적인 원자력 기술, 이산화탄소 포획과 이용 및 밀봉 보존 기술, 생물탄소 흡수 기술과 탄소흡수공정기술, 농업과 토지이용방식으로 온실가스 배출을 통제하는 기술.

③ 기후변화적응의 기술과 조치

기후변화영향평가모델, 기후변화가 중국의 주요 취약한 분야에 대한 영향 및 적응기술과 조치, 극단 날씨와 기후사건, 재해의 영향과 적응기술 및 조치, 기후변화영향의 민감한 취약지역과 위험관리시스템의 구축, 기후변화가 중대한 공정에 대한 영향 및 대응조치, 기후변화와 기타 세계적 환경문제의 상호작용 및 대응조치, 기후변화영향의 위험수준 및 적응능력, 기후변화적응사례연구.

④ 기후변화대응의 중대한 전략과 정책

기후변화대응과 중국의 에너지안전전략, 미래 기후변화 국제제도, 중국의 미래에너지 발전과 온실가스 배출정경, 청정개발체제와 배출권거래제도, 기후변화대응과 저탄소 경제발전, 국제상품무역과 온실가스 배출, 기후변화대응의 과학기술전략.

3) 국민경제와 사회발전 제12차 5개년 계획 개요

2011년 3월 14일 비준된 '국민경제와 사회발전 제12차 5개년 계획 개요'의 제21장은 전문 기후변화에 대한 내용을 규정하였다. 즉 기후

변화의 완화와 적응을 동등하게 중시하고, 기술진보의 역할을 발휘하
며, 기후변화대응능력을 제고할 것을 요구하고 있다.

(1) 온실가스 배출 통제

산업구조조정과 에너지 구조조정, 에너지 절약과 에너지 효율 제
고, 삼림의 탄소 흡수계 강화 등 다양한 수단을 종합적으로 이용하여
에너지 소모강도와 이산화탄소의 배출강도를 대폭 감소시키고 온실
가스의 배출을 효과적으로 통제한다. 에너지 소비총량을 합리적으로
통제하고 에너지 사용에 대한 관리를 엄격하게 하며 에너지 발전계
획을 촉진하여 제정하고 총량통제목표와 분해이행체제를 명확히 한
다. 식수조림을 추진하여 삼림면적 1천2백50만 헥타르를 새로 증가시
킨다. 저탄소 기술에 대한 연구개발과 응용을 촉진하고, 공업, 건축,
교통과 농업 등 분야의 온실가스 배출을 통제한다. 저탄소제품의 기
준, 라벨과 인증제도 및 온실가스 배출의 통계계산제도를 구축하며,
탄소배출권거래시장을 점차 구축한다. 저탄소 시범을 추진한다.

(2) 기후변화적응능력 강화

정부의 기후변화적응 총체적 전략을 제정하고 기후변화에 대한 과
학연구, 관측과 영향평가를 강화한다. 생산력분포, 기초시설, 중대한
프로젝트 계획설계 및 건설에 있어서 기후변화요소를 충분히 고려한
다. 기후변화적응, 특히 극단적인 날씨에 대응하는 능력 양성을 강화
하고 적응기술의 연구개발 및 보급을 촉진하며, 농업, 임업, 수자원
등 중점 분야와 연해, 생태 취약지역의 기후변화 적응수준을 제고한
다. 극단적인 날씨와 기후사건에 대한 모니터링, 사전경보와 예방을

강화하며 자연재해를 방어 및 경감시키는 능력을 제고한다.

(3) 국제협력 전개

차별적 공동책임원칙을 견지하고 국제협상에 적극 참여하여 공평하고 합리적인 기후변화대응 국제제도의 구축을 추진한다. 기후변화분야의 국제교류와 전략적 정책대화를 강화하고 과학연구와 기술연구개발 및 능력건설 등 측면에서 실질적인 협력을 전개하며, 자금 마련 및 기술 양도의 국제협력 및 관리제도의 구축을 추진한다. 개발도상국의 기후변화대응에 지원과 도움을 제공한다.

Ⅲ. 에너지

1. 법률

1) 에너지 절약법

중국의 「에너지 절약법」은 1998년 1월 1일부터 시행되었고, 2007년의 개정을 거쳐 현재 2007년 개정법률이 적용되고 있으며, 7개 장에 87개 조항으로 구성되었다.

(1) 에너지 절약 관리

① 에너지 절약 관련 표준의 제정

국무원 표준화 주무부서와 국무원 관련 부서는 법에 따라 관련 국가표준, 산업표준을 제정하고 적시에 수정, 실시함으로써 표준화시스템을 수립하고 건전히 하여야 한다. 국무원 표준화 주무부서는 국무원 에너지 절약 관리부서 및 국무원 관련 부서와 회동하여 에너지 사용제품, 설비의 강제성 에너지 효율표준과 생산과정에 에너지 소모율이 높은 제품 생산단위의 제품 에너지소모 제한표준을 제정하여야 한다. 또한 정부는 기업이 국가표준이나 산업표준보다 엄격한 기업 에너지 절약표준을 제정하도록 권장한다. 성, 자치구, 직할시가 강제성 국가표준이나 산업표준보다 엄격한 지방 에너지 절약표준을 제정한 경우 성, 자치구, 직할시 정부가 국무원에 보고하여 인가를 받아야 한다.[26]

② 에너지 절약 평가 및 심사제도

국무원은 고정자산 투자프로젝트에 대해 에너지 절약 평가 및 심사제도를 실시한다. 법에 따라 프로젝트 심사 인가 또는 확인을 책임진 기관은 강제적으로 에너지 절약표준에 부합되지 않는 프로젝트를 인가하거나 확인하여서는 아니 되며, 건설단위를 착공하여서는 아니 된다. 이미 완공하였을 경우에는 생산에 투입하지 못하고 사용하지 못한다.[27]

③ 낙후설비 등의 도태제도

국무원은 낙후하고 에너지소모율이 높은 에너지 사용제품, 설비, 생산공정에 대해 도태제도를 실시한다. 생산과정에 에너지 소모율이 높은 제품을 생산하는 생산단위는 제품 단위당 에너지 소모율 제한

---

26) 에너지 절약법 제13조.
27) 에너지 절약법 제15조.

표준을 집행하여야 한다. 제품단위당 에너지 소모율 제한표준을 초과하는 생산단위에 대해서는 에너지 절약 관리부서가 국무원이 규정한 권한에 따라 기한부 정비를 명하며, 에너지 소모율이 높은 특종 설비에 대해서는 국무원의 규정에 따라 에너지 절약 심사와 감독을 실시한다.[28]

④ 에너지 효율 라벨제도

국가는 가전제품 등 사용 면이 넓고 에너지 소모량이 많은 에너지 사용제품에 대하여 에너지 효율 라벨관리를 실시한다. 에너지 효율 라벨관리를 실시하는 제품의 리스트와 실시방법은 국무원 에너지 절약 관리부서가 국무원 제품 품질감독부서와 회동하여 제정하고 공포한다.[29]

⑤ 에너지 절약제품 인증제도

에너지 사용제품의 생산업체, 판매자는 자원원칙에 입각하여 국가 에너지 절약제품 인증규정에 따라 국무원 인증인가 감독관리부서의 인가를 받고, 에너지 절약제품 인증에 종사하는 기관에 에너지 절약 제품 인증을 신청할 수 있다. 인증에 합격하여 에너지 절약제품 인증서를 취득한 경우 에너지 사용제품 또는 그 포장에 에너지 절약제품 인증표식을 사용할 수 있으며, 위조한 에너지 절약제품 인증표식의 사용이나 에너지 절약제품 인증표식 도용을 금지한다.[30]

---

28) 에너지 절약법 제16조.
29) 에너지 절약법 제18조.
30) 에너지 절약법 제20조.

(2) 에너지 절약 포함범위

「에너지 절약법」은 에너지 절약의 포함범위에 공업을 제외하고도 에너지 절약 취약 분야인 건축, 교통운수, 공공기관의 에너지 절약 조치도 포함시켰다.

① 공업의 에너지 절약

국무원과 성, 자치구, 직할시 정부는 에너지 자원의 최적화 개발 이용과 합리적 배치를 추진하고, 에너지 절약에 유리한 산업구조조정을 추진하며 에너지 사용구조와 기업구도를 최적화하여야 한다.[31] 또한 국무원 에너지 절약 관리부서는 국무원 관련 부서와 회동하여 전력, 철강, 유색금속, 건재, 석유가공, 화학공업, 석탄 등 주요 에너지 소모업종의 에너지 절약기술정책을 제정하고, 기업의 에너지 절약기술개조를 추진하여야 한다.[32] 정부는 공업기업이 능률적이고 에너지를 절약하는 전동기, 보일러, 각종 가마, 송풍기, 통풍기, 펌프 등 설비 채용, 열·전기의 연합생산, 폐기 열에너지와 압력의 재이용, 청정석탄 및 선진적인 에너지 사용에 대한 감시, 통제 등 기술 채용을 권장한다.[33]

송전망 기업은 국무원 관련 부서가 제정한 발전·배전 에너지 절약 규정에 따라 청정하고 능률적이고 규정에 부합하는 열·전기의 연합생산, 폐기 열에너지와 압력의 재이용 발전기조 및 자원 종합이용 규정에 부합하는 기타 발전기조와 송전망을 배치하여 운영

---

31) 에너지 절약법 제29조.
32) 에너지 절약법 제30조.
33) 에너지 절약법 제31조.

하고 송전망 송전가격은 국가 관련 규정을 집행하여야 한다.[34] 국
가규정에 부합하지 않는 석탄 발전기조, 오일 발전기조, 석탄 열 발
전기조의 신규건설을 금지한다.[35]

② 건설업 에너지 절약

국무원 건설주관부서는 전국 건설에서의 에너지 절약을 감독 관리
하며, 현급 이상 각급 지방정부 건설주관부서는 본 행정구역 내 건설
에서의 에너지 절약을 감독 관리한다. 현급 이상 각급 지방정부 건설
주관부서는 동급 에너지 절약 관리부서와 회동하여 본 행정구역 내
건설에서의 에너지 절약계획을 제정하며, 건설에서의 에너지 절약계
획에는 건물의 에너지 절약 개조계획을 포함시켜야 한다.[36]

건설공사의 건설, 설계, 시공 및 감리단위는 건설에서의 에너지 절
약표준을 준수하여야 하며, 건설주관부서가 건설에서의 에너지 절약
표준에 부합하지 않는 건설공사의 건설을 인가하여서는 아니 된다.
건설을 착공한 경우에는 시공 중지, 기한부 시정을 명하여야 하며, 완
공한 경우에는 분양·사용하지 못한다. 건설주관부서는 건설공사 시
공기간에 건설에서의 에너지 절약표준 집행상황을 감독, 검사하여야
한다.[37] 부동산 개발기업은 가옥 분양 시 구매자에게 분양가옥의 에
너지 절약조치, 보온공사 보수기간 등 정보를 명시하고 가옥매매계
약, 품질보증서, 사용설명서에 이를 명기하는 동시에 그 진실성과 정
확성에 대한 책임을 부담하여야 한다.[38]

---

34) 에너지 절약법 제32조.
35) 에너지 절약법 제33조.
36) 에너지 절약법 제34조.
37) 에너지 절약법 제35조.

에어컨으로 난방·냉방하는 공공건물은 실내온도 통제제도를 실시하여야 한다.[39] 정부는 점차 대책을 강구하여 집중난방 건축물의 가구당 계량, 사용 열량에 따른 수금제도를 실시하도록 하며, 신축 건물 또는 기존 건물의 에너지 절약 개조 시에는 규정에 따라 열에너지 계량장치, 실내온도조절장치, 열에너지 공급시스템 통제장치를 설치하여야 한다.[40]

현급 이상 각급 지방정부의 관련 부서는 도시 전기절약에 대한 관리를 보강하고 공용시설과 대형건물의 장식성 경관조명의 에너지 소모를 엄하게 통제하여야 하며,[41] 정부는 신축건물과 기존건물의 에너지 절약 개조 시 신형 벽체자재 등 에너지 절약 건재와 설비 사용, 태양에너지 등 재생 가능한 에너지 이용시스템 설치를 권장한다.[42]

③ 교통운수업 에너지 절약

국무원 교통운수 관련 주관부서는 각자의 직책에 따라 전국 교통운수 분야의 에너지 절약에 대한 감독관리를 책임지며, 국무원 교통운수 관련 주관부서는 국무원 에너지 절약 관리부서와 회동하여 각각 관련 분야의 에너지 절약계획을 제정한다.[43] 국무원 및 그 관련 부서는 각종 교통운수방식의 조율 발전과 유효한 접속, 교통운수구조의 최적화, 에너지 절약형의 종합교통운수시스템 건설을 지도하고

---

38) 에너지 절약법 제36조.
39) 에너지 절약법 제37조.
40) 에너지 절약법 제38조.
41) 에너지 절약법 제39조.
42) 에너지 절약법 제40조.
43) 에너지 절약법 제41조.

촉진한다.[44)]

현급 이상 각급 지방정부는 대중교통을 우선 발전시키고 대중교통에 대한 투입을 늘리고 대중교통의 서비스시스템을 완벽하게 하여 외출 시 대중교통수단 이용을 권장하며, 자동차 이외의 교통수단 이용을 권장하여야 한다.[45)]

국무원 교통운수 관련 주관부서는 교통운수에 대한 조직, 관리를 보강하고 도로, 수상, 항공 운수기업이 수송 조직화와 집약화 수준을 제고하고 에너지 이용률을 높이도록 인도하여야 한다.[46)] 정부는 에너지 설약형의 자동차, 오토바이, 철도 기관차 차량, 서박, 기타 교통운수수단의 개발·생산·사용을 권장하며, 노후교통운수수단의 폐기갱신제도를 실시한다. 또한 교통운수수단의 청정연료와 오일대체연료의 개발·보급·사용을 권장한다.[47)] 국무원 관련 부서는 교통운수운영 차량과 선박의 연료 소모 제한표준을 제정한다. 표준에 부합하지 않는 차량은 운영하지 못하며, 국무원 교통운수 관련 주관부서는 교통운수 운영 차량과 선박의 연료소모 검측에 대한 감독관리를 보강하여야 한다.[48)]

④ 공공기관의 에너지 절약

공공기관은 절약을 이행하고 낭비를 두절하며 솔선하여 에너지 절약 제품과 설비를 사용하여 에너지 이용률을 제고하여야 한다. 여기에

---

44) 에너지 절약법 제42조.
45) 에너지 절약법 제43조.
46) 에너지 절약법 제44조.
47) 에너지 절약법 제45조.
48) 에너지 절약법 제46조.

서 공공기관이라 함은 전액 또는 일부 재정 자금을 사용하는 국가기관, 사업단위, 단체를 말한다.[49] 국무원과 현급 이상 각급 지방정부의 기관사무 관리기관은 동급 관련 부서와 회동하여 본 급 공공기관의 에너지 절약계획을 제정하고 실시하며, 공공기관의 에너지 절약계획에는 공공기관 기존건물의 에너지 절약 개조계획을 포함하여야 한다.[50]

공공기관은 에너지 절약 연도목표와 실시방안을 제정하고 에너지 소모 계량 및 검측, 관리를 보강하며 본급 정부 기관사무관리기구에 그 전연도 에너지 소비상황을 보고하여야 한다. 국무원과 현급 이상 각급 지방정부의 기관사무관리기관은 동급 관련 부서와 회동하여 관리권한에 따라 본급 공공기관의 에너지 소모정액을 제정하고 재정부서는 그 정액에 근거하여 에너지 소모지출표준을 제정하여야 한다.[51] 공공기관은 본 단위 에너지 사용계통에 대한 관리를 보강하여 에너지 사용계통의 운영이 국가 관련 표준에 부합하도록 보장하여야 하며, 규정에 따라 에너지 감사를 진행하고 에너지 감사결과에 의거하여 에너지 이용률 제고대책을 취하여야 한다.[52]

공공기관은 에너지 사용 제품과 설비를 구입하는 경우 우선 에너지 절약 제품과 설비 정부조달목록에 있는 제품과 설비를 구입하여야 하며, 에너지 절약 제품과 설비 정부조달목록은 성급 이상 정부의 정부조달 감독관리부서가 동급 관련 부서와 회동하여 제정, 공포한다.[53]

---

49) 에너지 절약법 제47조.
50) 에너지 절약법 제48조.
51) 에너지 절약법 제49조.
52) 에너지 절약법 제50조.
53) 에너지 절약법 제51조.

⑤ 에너지 중점 사용단위의 에너지 절약

정부는 에너지 중점 사용단위의 에너지 사용에 대한 관리를 보강하는데 다음의 에너지 사용단위는 에너지 중점 사용단위에 포함된다. (ⅰ) 연간 종합 에너지 소비총량이 표준석탄 1만 톤 이상인 단위, (ⅱ) 국무원 관련 부서 또는 성, 자치구, 직할시 정부 에너지 절약 관리부서가 지정한, 연간 종합 에너지 소비총량이 표준석탄 5천 톤 이상 1만 톤 미만인 에너지 사용단위이다. 에너지 중점 사용단위에 대한 에너지 절약 관리방법은 국무원 에너지 절약 관리부서가 국무원 관련 부서와 회동하여 제징한다.[54] 에너지 중점 사용단위는 매년 에너지 절약 관리부서에 그 전년 에너지 이용 상황보고서를 제출하여야 하며, 에너지 이용상황에는 에너지 소비상황, 에너지 이용효율, 에너지 절약목표 수행상황, 에너지 절약 이익분석, 에너지 절약조치 등 내용을 포함한다.[55]

에너지 절약 관리부서는 에너지 중점 사용단위가 제출한 에너지 이용 상황보고서를 심사하여야 하며, 에너지 절약 관리부서는 에너지 관리제도가 건전하지 못하고 에너지 절약조치가 시행되지 못하며, 에너지 이용효율이 낮은 에너지 중점 사용단위에 대하여 현장조사를 진행하고, 에너지 사용설비의 에너지 사용효율을 검측하고 에너지 감사를 진행하며, 서면정비요구를 제출하여 기한부시정을 명하여야 한다.[56]

에너지 중점 사용단위는 에너지 관리직을 두고 에너지 절약 전문지식과 실천경험이 있는 중급 이상 기술직명을 가진 임원을 에너지

---

54) 에너지 절약법 제52조.
55) 에너지 절약법 제53조.
56) 에너지 절약법 제54조.

관리책임자로 등용한 다음, 에너지 절약 관리부서와 관련 부서에 보고하여 배치하여야 한다. 또한 에너지 관리책임자는 본 단위의 에너지 사용상황을 분석, 평가하고 본 단위 에너지 이용상황 보고서를 작성하며, 본 단위 에너지 절약조치를 개진, 실시한다. 에너지 관리책임자는 에너지 절약훈련을 받아야 한다.[57]

(3) 에너지 정책 장려조치 확대

「에너지 절약법」은 에너지 절약을 촉진하는 재정, 세수, 정부구매, 신용대출, 가격정책을 명확히 실시하였다. 중앙재정과 성급 지방재정은 특별자금을 설정하여 에너지 절약기술 연구, 에너지 절약기술과 제품의 시범과 보급, 중점 에너지 절약 공학의 실시, 에너지 절약 홍보와 훈련, 정보서비스와 표창장려 등을 지원한다.[58]

정부는 보급리스트의 지원이 필요한 에너지 절약기술, 제품의 생산과 사용에 돌리며 세수우대 등 부조정책을 실시하며, 재정보조를 통하여 에너지 절약형 조명기구 등 에너지 절약 제품의 보급과 사용을 지원한다.[59] 정부는 에너지 자원 절약에 유리한 세수정책을 실시하고 에너지 광산자원의 유상사용제도를 건전하게 하며, 에너지 자원의 절약 및 채취수준 제고를 촉진한다.[60] 정부는 세수 등 정책을 운용하여 선진적인 에너지 절약기술, 설비의 수입을 권장하고 생산과정에 에너지 소모율이 높고 오염이 심각한 제품의 수출을 통제한다.[61]

<hr>

57) 에너지 절약법 제55조.
58) 에너지 절약법 제60조.
59) 에너지 절약법 제61조.
60) 에너지 절약법 제62조.
61) 에너지 절약법 제63조.

정부조달 관리부서는 관련 부서와 회동하여 에너지 절약 제품, 설비 조달목록을 제정하며 에너지 절약 인증증서를 취득한 제품, 설비를 우선적으로 목록에 나열한다.[62] 정부는 에너지 절약 프로젝트에 신용대출을 지원하고 조건에 부합하는 에너지 절약 연구개발, 에너지 절약 제품생산 및 에너지 절약 기술개조 등 프로젝트에 우대대출을 제공하도록 금융기관을 지도하며, 사회 관련측이 에너지 절약에 대한 투입을 늘리고 에너지 절약기술 개조를 가속화하도록 추진한다.[63]

정부는 에너지 절약에 유리한 가격정책을 실시하여 에너지 사용단위와 개인의 에너지 질약을 추진하며, 재정세금, 가격 등 정책을 이용하여 전력 수요 측에 대한 관리, 계약에너지 관리, 에너지 절약 자원 협의 등 에너지 절약방법을 지원한다. 또한 전기 수요의 고봉과 저곡 시간가격, 계절가격, 부하중단 가격제도를 실시하고 사용자가 전기 사용 부하를 합리하게 조정하도록 권장하며, 철강, 유색금속, 건재, 화학공업 및 기타 에너지 주요 소모업종에 대해서는 도태, 제한, 허용, 권장의 차별화한 전기가격정책을 실시한다.[64] 각급 정부는 에너지 절약에 대한 관리, 에너지 절약 관련 과학기술연구와 보급에서 뚜렷한 성과가 있고 엄중한 에너지 낭비행위를 고발한 단위와 개인을 표창, 장려한다.[65]

---

62) 에너지 절약법 제64조.
63) 에너지 절약법 제65조.
64) 에너지 절약법 제66조.
65) 에너지 절약법 제67조.

2) 청결생산촉진법

중국의 「청결생산촉진법」은 2003년 1월 1일부터 시행되었으며, 6개 장에 42개 조항으로 구성되었다.

(1) 정부 및 관련 부서의 책임

① 청결생산에 유리한 정책과 청결생산 보급계획의 제정

국무원은 청결생산 실시에 유리한 재정세수 정책을 제정하여야 하며 국무원 및 관련 행정주관부서와 성·자치구·직할시 정부는 청결생산의 실시에 유리한 산업정책과 기술개발, 확대보급 정책을 제정하여야 한다.[66] 현급 이상 정부 경제무역행정 주관부서는 환경보호, 계획, 과학기술, 농업, 건설, 수리 등 관련 행정주관부서와 회동하여 청결생산의 추진계획을 수립하여야 한다.[67] 현급 이상의 지방정부는 당해 행정구역의 경제를 합리적으로 계획하고 산업구조를 조절하며 순환경제를 발전시키고 기업이 자원과 폐기물 종합이용 등 분야에서의 협력을 촉진시키며 자원의 고효율 이용과 순환 사용을 실현하여야 한다.[68]

② 청결생산기술지도목록과 지침의 제정

국무원 경제무역행정주관부서는 국무원 관련 행정주관부서와 회동하여 청결생산 기술과 공법, 설비와 제품 등 추천 목록을 정기적으로 공포한다. 국무원과 성·자치구·직할시 정부의 경제무역행정주

---

66) 청결생산촉진법 제7조.
67) 청결생산촉진법 제8조.
68) 청결생산촉진법 제9조.

관부서와 환경보호, 농업, 건설 등 관련 행정주관부서는 관련 업종 또는 지역의 청결생산 지침과 기술편람을 편성하고 청결생산을 지도 실시하여야 한다.[69]

③ 낙후한 기술, 공법, 설비와 제품의 도태

국가는 자원 낭비와 심각한 환경오염을 야기하는 낙후한 생산기술과 공법, 설비 및 제품에 대해 기한 내 도태제도를 실시한다. 국무원 경제무역행정주관 부서는 국무원 관련 행정주관부서와 회동하여 기한 내에 도태해야 할 생산 기술·공법·설비 및 제품의 목록을 정하여 공포한다.[70]

④ 청결생산정보시스템과 기술자문서비스시스템의 구축

국무원과 성·자치구·직할시 정부의 경제무역, 환경보호, 계획, 과학기술, 농업 등 관련 행정주관부서는 청결생산정보시스템과 기술자문서비스시스템을 구축하여야 하며, 청결생산방법과 기술, 재활용이 가능한 폐기물의 수요공급과 청결생산정책 등에 관한 정보와 서비스를 사회에 제공하여야 한다.[71] 현급 이상 정부 과학기술행정주관부서와 기타 관련 행정주관부서는 청결 생산기술과 환경자원보호에 유리한 상품의 연구·개발 및 청결생산 기술의 시범 및 추진사업을 지도하고 지원하여야 한다.[72]

국무원 교육행정주관부서는 청결생산기술과 관리과정을 관련 고

---

69) 청결생산촉진법 제11조.
70) 청결생산촉진법 제12조.
71) 청결생산촉진법 제10조.
72) 청결생산촉진법 제14조.

등교육, 직업교육과 기술훈련 시스템에 포함시켜야 한다. 현급 이상 정부 관련 행정주관부서는 청결생산의 홍보와 훈련을 전개하며 국가 공무원과 기업경영관리자 및 인민대중의 청결생산의식을 제고시키며 청결생산관리와 기술요원을 배양하여야 한다. 언론출판·방송·문화 등 기관과 관련 사회단체는 각자의 역할을 충분히 발휘하여 청결생산 홍보사업을 전개하여야 한다.[73]

⑤ 청결상품의 우선구매

각급 정부는 절전·절수·폐기물재활용 등 환경과 자원보호에 유리한 제품을 우선적으로 구매하여야 하며 각급 정부는 홍보·교육 등 조치를 통해 대중구매와 절전·절수·폐기물 재활용 등 환경과 자원보호에 이로운 제품의 사용을 장려하여야 한다.[74]

⑥ 오염기업리스트의 공포

성·자치구·직할시 정부 환경보호 행정주관부서는 청결생산 실시의 감독을 강화하여야 하며, 청결생산의 수요에 따라 기업오염물의 배출상황에 근거하여 당해 지역의 주요 언론매체에 오염물이 기준을 초과하여 배출되었거나 오염물 배출총량이 한정된 양을 초과한 오염이 심각한 기업의 명칭을 정기적으로 공포하며, 국민들이 기업들의 청결생산 실시를 감독하는 데 근거를 제공해 주어야 한다.[75]

---

73) 청결생산촉진법 제15조.
74) 청결생산촉진법 제16조.
75) 청결생산촉진법 제17조.

(2) 기업에 대한 청결생산요구

① 지도적 규정

신축·개축·확장 건설하는 프로젝트는 환경영향평가를 실시하여
야 하고, 원료 사용, 자원소모, 자원종합이용 및 오염물 발생과 처리
등에 대해 분석 검토를 실시하여야 하며, 자원이용률이 높고 오염물
발생이 적은 청결생산 기술과 공법 및 설비를 우선적으로 채용하여
야 한다.[76] 제품의 포장물 설계는 그 생명주기 내에 인체건강과 환경
에 대한 영향을 고려해야 하며, 무독·무해하거나 쉽게 분해되고 회
수 이용이 편리한 방안을 우선적으로 선택하여야 한다. 기업은 합리
적인 제품포장으로 포장재의 과도사용과 포장성 폐기물발생을 저감
시켜야 한다.[77] 기업은 생산과 서비스 과정 중의 자원소모 및 폐기물
발생상황에 대하여 감독과 측정을 실시하여야 하며, 필요에 따라 생
산과 서비스에 대한 청결생산 심사허가를 실시한다.[78]

② 자원적 규정

기업은 오염물배출이 국가나 지방이 규정한 배출기준을 달성하는
기초 위에서 관할 경제무역행정주관부서 및 환경보호행정주관부서
와 진일보된 자원절약과 오염물 배출량 삭감에 관한 자율적 협의를
체결할 수 있다. 동 경제무역 행정주관부서와 환경보호행정주관부서
는 당해지 역의 주요 언론매체를 통하여 그 기업의 명칭과 자원절약
및 오염방지 효과를 공포하여야 한다.[79] 기업은 자체 계획에 의거하

---

76) 청결생산촉진법 제18조.

77) 청결생산촉진법 제20조.

78) 청결생산촉진법 제28조 제1항.

여 국가 관련 환경관리체계인증의 규정에 따라 국가 인증인가감독관리부서가 권한을 위임한 인증기관에 인증신청을 제출하고, 환경관리체계 인증을 통과하여 청결생산수준을 제고할 수 있다.[80]

③ 강제적 규정

대형 전기설비, 운수차량 및 국무원 경제무역행정주관부서가 지정한 기타 제품을 생산하는 기업은 국무원 표준화 행정주관부서 또는 위임을 받은 기관이 제정한 기술규범에 따라 제품의 주된 부품에 재료성분의 기준을 명확히 표기하여야 한다.[81] 강제회수목록에 포함된 상품이나 포장물품을 생산·판매하는 기업은 반드시 상품을 폐기하거나 포장물품을 사용한 후에 동 상품이나 포장물품을 회수하여야 한다.[82] 오염물 배출이 국가와 지방정부가 규정한 배출기준을 초과하거나 관련 지방정부의 승인을 얻은 오염물 배출총량지표를 초과하는 기업은 청결생산의 심의를 실시하여야 한다. 유독·유해한 원료를 사용하여 생산하는 과정에서 유독·유해한 물질을 배출하는 기업은 정기적으로 청결생산 심의를 실시하여야 한다.[83] 오염이 심각한 기업명단에 포함된 기업은 국무원 환경보호행정주관부서의 규정에 따라 주요 오염물의 배출상황을 공포하고 대중의 감독을 받아야 한다.[84]

---

79) 청결생산촉진법 제29조.
80) 청결생산촉진법 제30조.
81) 청결생산촉진법 제21조.
82) 청결생산촉진법 제27조.
83) 청결생산촉진법 제28조.
84) 청결생산촉진법 제31조.

3) 재생가능에너지법

중국의 「재생가능에너지법」은 2006년 1월 1일부터 시행되었고, 2009년의 개정을 거쳐 현재 2009년 개정법률이 적용되고 있으며, 8개 장에 33개 조항으로 구성되었다.

(1) 총량목표제도

국가는 재생가능에너지의 개발과 이용을 에너지 발전의 우선영역으로 삼고 재생가능에너지 개발이용의 양적 목표를 제정하며 상응하는 조치를 취하여 재생가능에너지 시장의 건설과 발전을 추진한다. 국가는 각종 소유제형태의 경제 주체가 재생가능에너지의 개발 이용에 참여하는 것을 장려하며, 재생가능에너지 개발이용자의 합법적인 권익을 법에 의해 보호한다.[85] 국무원 에너지 주관부서는 전국 에너지의 수요와 재생가능에너지의 실제 상황에 근거하여 전국 재생가능에너지의 개발 이용 중장기 양적 목표를 제정하고 국무원에 보고하여 비준한 후 집행하며 공표한다. 국무원 에너지 주관부서는 총량목표와 성, 자치구, 직할시 경제 개발과 재생가능에너지 자원의 실제 상황에 근거하여 성, 자치구, 직할시 정부와 회동하여 각 행정구역의 재생가능에너지 개발 이용의 중장기목표를 확정하고 공포한다.[86]

(2) 재생가능에너지의 강제접속(强制上網)제도

강제접속과 관련하여 재생가능에너지 발전전량의 전액 구매를 규정하였으며 또한 재생가능에너지 발전에 대해 온라인 서비스의 제공

---

85) 재생가능에너지법 제4조.
86) 재생가능에너지법 제7조.

을 규정하였다.[87] 이들 규정은 전력망 기업으로 하여금 재생가능에 너지 발전전량을 전액 구매하는 의무를 부담하는 외에도, 접속시스템 의 구축을 책임지게 하여, 전력망 기업이 특수 경영산업으로 부담해 야 하는 사회적 책임을 명확히 하였다. 전력에 있어서의 강제적 접속 과 유사하게, 생물자원으로 생산한 가스, 열력과 액체연료의 시장접 근에 대해서도 명확한 규정을 하였다. 입망기술표준에 부합되는 가스 와 열력에 대해 경영기업은 그 입망을 수락해야 하며, 석유판매기업 은 국가표준에 부합되는 생물액체연료를 그 연료판매시스템에 포함 시켜야 한다.[88] 이러한 규정은 가스, 열력과 석유판매기업이 특수한 경영산업으로서 부담해야 하는 사회적 책임을 명확히 하였다.

(3) 재생가능에너지의 온라인 전력요금제도

재생가능에너지의 온라인 전력요금제도의 핵심은 정부가 총량목 표의 요구와 기술발전의 수준에 근거하여 특정 시기 내 특정 기술의 전력요금수준을 규정하는 것이다. 전력요금제도를 실시하는 목적은 프로젝트 심사비준절차를 감소시키고, 투자보답을 명확히 하며, 프로 젝트 개발 원가를 인하시키고 부당경쟁을 제한하는 것이다. 제도의 내용에는 서로 다른 기술 부류의 재생가능에너지 발전의 가격수준을 각각 확정하고, 가격의 적용기한과 조정방법 및 규칙 등을 확정하는 것이다. 서로 다른 유형의 재생가능에너지 발전의 특점과 지역이 다 른 상황에 근거하고, 재생가능에너지 개발 이용의 촉진에 유리하고 경제적으로 합리적인 원칙에 따라 확정하며, 재생가능에너지 개발이

---

87) 재생가능에너지법 제14조.
88) 재생가능에너지법 제16조.

용기술의 발전에 근거하여 적시에 조정하고, 그 가격을 공포해야 한다. 가격 입찰을 실시하는 재생가능에너지 발전 프로젝트의 공시가격은 낙찰확정 가격에 따라 집행하며, 단지 동종 재생가능에너지 발전 프로젝트의 공시가격 수준보다 높아서는 아니 된다.[89]

(4) 비용분담제도

전력망기업은 확정된 송전전력가격에 의거하여 재생가능에너지 전력량을 구매하는 데 발생하는 비용이 정상적인 에너지발전 평균송전전력가격에 따라 계산히였을 때 발생한 비용보다 많으면 그 차액은 전국범위 내에 판매하는 전량에 대해 재생가능에너지 전력가격 부가보상금을 징수한다.[90] 전력망기업이 재생가능에너지 전력량을 구매하기 위하여 지출한 합리적인 전력망 접속비용 및 기타 합리적인 관련 비용은 전력망기업의 송전원가에 포함시킬 수 있으며, 판매가격 중에서 회수할 수 있다.[91]

(5) 전용자금제도

비용분담제도는 재생가능에너지의 발전에 있어서 발생되는 액수 외의 원가문제를 해결하기 위한 것이고, 기타의 재생가능에너지 개발 이용에 필요한 자금 결핍은 별도의 전문적인 방법을 통해 해결해야 한다. 즉 재생가능에너지 발전 전문자금의 설립은 최적의 선택이며, 이를 통해 비용분담제도를 통해 해결할 수 없는 재생가능에너지의

---

89) 재생가능에너지법 제19조.
90) 재생가능에너지법 제20조.
91) 재생가능에너지법 제21조.

개발이용 보조금, 보조와 기타 형태의 자금 지원에 이용하게 된다. 「재생가능에너지법」에 의하면, 국가는 재생가능에너지 전문자금을 설립하여 다음의 활동을 지원한다. (ⅰ) 재생가능에너지 개발이용의 과학기술연구, 표준의 제정과 시범공정, (ⅱ) 농촌, 목축지역 생활에 너지 사용과 관련된 재생가능에너지 이용프로젝트, (ⅲ) 외진 곳, 섬 지역의 재생가능에너지 독립전력시스템 건설, (ⅳ) 재생가능에너지의 자원답사, 평가와 관련정보시스템의 건설, (ⅴ) 재생가능에너지 개발 이용설비 현지화 생산의 촉진 등이다.[92]

4) 순환경제촉진법

중국의 「순환경제촉진법」은 2009년 1월 1일부터 시행되었으며, 7개 장에 58개 조항으로 구성되었다.

(1) 자원소비와 폐기물 발생의 감소

① 도태된 설비, 재료, 제품 또는 기술, 공정의 생산, 수입, 판매, 사용 금지

국무원 순환경제발전 종합관리부서는 국무원 환경보호 등 관련 주관부서와 회동하여 고무, 제한 및 도태하는 기술, 공정, 설비, 재료와 제품의 명칭을 정기적으로 발표한다. 도태하는 목록에 편입된 설비, 재료와 제품의 생산, 수입, 판매를 금지하며, 도태하는 목록에 편입된 기술, 공정과 재료의 사용을 금지한다.[93] 도태하는 목록에 포함된 제품 또는 설비를 생산, 판매할 때에는 「제품품질법」의 규정에 의하여

---

92) 재생가능에너지법 제24조.
93) 순환경제촉진법 제18조.

처벌한다. 도태하는 목록에 포함된 기술, 공정, 설비, 재료를 사용할 경우 현급 이상 정부의 순환경제발전 종합관리부서에서 책임지고 사용금지를 명하고 불법으로 사용한 설비와 재료를 몰수한다. 아울러 5만 위안 이상 20만 위안 이하의 벌금을 부과한다. 상황이 심각한 경우 현급 이상 정부의 순환경제발전 종합관리부서에서 의견을 제출하여 본급 인민정부에 보고하며, 국무원 규정에 따라 폐업시키거나 영업을 금지한다. 도태된 설비와 재료 또는 제품을 수입할 경우 세관에서 책임지고 반환 조치하며 10만 위안 이상 백만 위안 이하의 처벌을 부과한다. 수입자가 불분명할 경우 운송자가 반환책임을 지거나 또는 관련 비용을 부담한다.[94]

② 포장설계에 대한 요구

가공, 설비, 생산 및 포장물 설계에 종사하는 기업은 자원소모와 폐기물생산 절약의 요구에 근거하여 회수용이, 분해용이, 무독무해 또는 독성이 미약한 재료와 설계방안을 우선 도입하여야 하며 관련 국가기준의 요구에 부합되어야 한다. 분해와 처리하는 과정에서 환경오염에 영향을 미칠 가능성이 있는 전기전자 등 제품에 대하여 국가에서 금지하는 유독유해물질을 설계하거나 사용하지 말아야 한다. 전기전자제품 중 사용을 금지하는 유독유해물질의 리스트는 국무원 순환경제발전 종합관리부서에서 국무원 환경보호 등 관련 주관부서와 함께 제정한다. 제품 포장물 설계는 제품포장기준에 부합되어야 하며 과도 포장으로 인한 자원낭비와 환경오염의 발생을 방지해야 한다.[95] 분해

---

94) 순환경제촉진법 제50조.
95) 순환경제촉진법 제19조.

또는 처리과정에서 환경오염을 유발할 가능성이 있는 전자전기 등 제품 또는 국가 사용 금지목록에 기록된 유독유해 물질을 사용할 경우, 현급 이상 정부의 제품품질 감독부서에서 책임지고 기한 내 개선하도록 한다. 기한 내에 개선하지 않는 기업에 대하여 2만 위안 이상 20만 위안 이하의 처벌을 부과하며 상황이 심각할 경우, 현급 이상 정부의 제품품질 감독부서에서 동급 공상행정관리부서에 관련 상황을 보고하여 공상행정관리부서가 법에 의해 영업면허증을 취소한다.[96]

③ 공업기업에 대한 요구

국가는 기업이 고효율의 오일절약 제품을 사용하는 것을 권장 및 지원한다. 전력, 석유가공, 화공, 강철, 유색금속과 건축재료 등과 관련된 기업은 반드시 국가가 규정한 범위와 기한 내에 클린석탄, 석유 코크스, 천연가스 등 청정에너지로 대체해야 하며 국가규정에 부합되지 않는 연료발전기세트와 연료보일러의 사용을 금지해야 한다. 내연기관과 자동차 제조업체는 국가에서 규정한 내연기관과 자동차 연료경제성 기준에 근거하여 오일절약 기술을 도입하여 석유의 소모량을 감소해야 한다.[97] 전력, 석유가공, 화공, 강철, 유색금속과 건축재료 등 기업에서 규정된 범위 내 또는 기한 내에 국가 규정에 부합되지 않는 연료발전기 또는 연료보일러 사용을 중지하지 않았을 경우 현급 이상 지방정부 순환경제발전 종합관리부서에서 책임지고 기한 내에 개선하도록 한다. 기한 내에 개선하지 않는 기업에 대해 해당 연료발전기 또는 연료보일러를 책임지고 철거시키며 5만 위안 이상 50

---

96) 순환경제촉진법 제51조.
97) 순환경제촉진법 제21조.

만 위안 이하의 처벌을 부과한다.[98]

④ 광산자원의 채굴에 대한 요구

광산자원을 개발하는 경우 통일적으로 계획하고 합리적인 개발이용방안을 제정하며 아울러 합리적인 개발순서, 방법과 선광공정을 채용하여야 한다. 채광허가증을 수여한 기관은 신청자가 제출한 개발이용방안에서 개발 회수율, 선광회수율, 광산 수 순환이용률과 토지 재간척률 등 지표에 대하여 심사하여야 하며, 심사과정 중 합격되지 못할 경우 채광허가증을 발급하지 않는다. 채광허가증을 발급한 기관은 법에 의해 광산자원의 개발에 대한 감독관리를 강화하여야 한다.[99] 법에 근거하여 확정한 개발회수율[採鑛貧化率], 선광회수율, 광산 수자원 순환이용률과 토지 재개간율 등이 규정된 지표에 이르지 못한 광산기업은 현급 이상 정부의 지질광산 주관부서에서 책임지고 기한 내 개선하도록 하며, 5만 위안 이상 50만 위안 이하의 처벌을 부과한다. 기한 내에 개선하지 않는 기업에 대해 채광허가증발급기관에서 법에 의해 채광허가증을 취소한다.[100]

⑤ 건축설계, 건설, 시공에 대한 요구

건축설계, 건설, 시공 등 사업자는 국가 관련 규정과 기준에 의해 설계, 건설, 시공하는 건축물 및 구조물에 대해 에너지 절약, 물 절약, 토지 절약, 재료 절약의 기술공정과 소형, 경형, 2차 제품을 사용하여야 한다. 국가는 무독무해의 고체폐기물로 만들어진 건축재료 및 잡

---

98) 순환경제촉진법 제52조.
99) 순환경제촉진법 제22조.
100) 순환경제촉진법 제53조.

화시멘트 사용과 예비콘크리트 및 예비 모르타르를 보급하여 사용하는 것을 권장한다. 농경지 파괴 벽돌을 굽는 것을 금지한다. 국무원 또는 성, 자치구, 직할시 정부가 규정한 기한 내 또는 구역 내에서 실심 벽돌의 생산, 판매 및 사용을 금지한다.[101]

국무원 또는 성, 자치구, 직할시 정부에서 점토벽돌의 생산, 판매, 사용을 금지하는 기간 또는 구역 내에서 계속 생산, 판매 또는 사용할 경우 현급 이상 정부가 지정한 부서에서 책임지고 기한 내 개선하도록 한다. 불법으로 얻은 이익은 몰수하고 기한을 초과하여 생산, 판매할 경우 지방정부 공상행정관리부서에서 법에 근거하여 영업허가증을 취소한다.[102]

이 밖에도, 「순환경제촉진법」은 공업에서의 물 절약,[103] 농업에서의 물 절약, 비료절약과 농약 절약,[104] 국가기관의 에너지 절약과 물 절약,[105] 서비스제공기업의 에너지 절약과 물 절약,[106] 일회용 소비제품의 생산과 판매에 대한 제한[107]과 관련하여 고무, 유도성적인 규정을 두고 있다.

---

101) 순환경제촉진법 제23조.
102) 순환경제촉진법 제54조.
103) 순환경제촉진법 제20조.
104) 순환경제촉진법 제24조.
105) 순환경제촉진법 제25조.
106) 순환경제촉진법 제26조.
107) 순환경제촉진법 제28조.

(2) 재이용과 자원화

① 각종 산업단지에 대한 재이용과 자원화의 요구

현급 이상 정부는 구역 경제배치를 통일적으로 계획하고 사업구조를 합리적으로 조정시키며 기업이 자원종합이용 등 영역에서 협력할 수 있도록 추진한다. 아울러 자원의 고효율이용과 순환사용을 실현한다. 각 산업단지는 구역 내 기업을 조직하여 자원종합이용을 실시하여야 하며 순환경제발전을 추진하여야 한다. 국가는 각 산업단지 내의 기업이 폐기물교환이용, 에너지재이용, 토지집약이용, 물 분류이용과 순환사용을 실시하고 기반시설과 기타 관련 시설을 공동 사용하는 것을 권장한다.[108]

② 기업에 대한 여열, 여압의 종합이용 요구

기업은 국가규정에 따라 생산과정에서 발생된 석탄재, 맥석, 찌꺼기, 미광, 폐석, 폐기물 등 공업고체폐기물에 대해 종합이용을 진행하여야 한다.[109] 여열, 여압, 석탄층, 석탄 및 쓰레기 등 저열 연료를 이용한 연결망 발전프로젝트를 만들어 법률과 국무원의 규정에 의하여 행정의 허가를 받거나 또는 보고하여 기록에 남겨야 한다. 전력기업은 국가규정에 의하여 종합이용자원발전의 기업과 네트워크 협의를 체결해야 한다.[110] 기업에서 여열, 여압, 석탄가스, 맥석, 석탄찌꺼기 및 쓰레기 등 저열량 연료를 사용하여 생산한 전력을 전력기업에서 회수하지 않을 경우 국가 전력감독 관리기관이 책임지고 기한 내 개

---

108) 순환경제촉진법 제29조.
109) 순환경제촉진법 제30조.
110) 순환경제촉진법 제32조.

선하도록 한다. 기업에 손실을 주는 경우 전력기업에서 법에 의해 배
상책임을 져야 한다.[111]

③ 폐기물의 회수와 이용

국가는 생산경영자가 산업폐기물교환정보시스템을 구축하는 것을
권장하며 기업교류 산업폐기물정보를 추진시킨다. 기업은 생산과정
에서 발생된 폐기물이 종합이용 요건을 충족시키지 못하는 경우 요
건을 구비한 생산경영자에게 제공하여 종합이용할 수 있도록 해야
한다.[112] 국가는 폐기물회수체계를 건설하는 것을 추진 및 권장한다.
지방정부는 도시계획에 의하여 폐기물회수지점망과 거래시장을 합
리적으로 배치하여야 하며 폐기물회수기업과 기타 조직의 폐기물 수
집, 저장, 운송 및 정보교류를 지원하여야 한다.[113] 현급 이상 정부는
도시와 농촌의 생활폐기물 분리수거 및 자원화 이용시설의 건설을
종합적으로 계획하고 분리수거 및 자원화 이용체계를 구축 및 보완
하며, 생활쓰레기 자원화 효율을 제고하여야 한다. 현급 이상 정부는
기업에서 쓰레기 자원화이용과 처리시설을 건설하는 것을 지원하여
쓰레기 종합이용수준을 높이며 2차 오염의 발생을 방지한다.[114]

④ 재이용, 재제조 및 수선제품에 대한 요구

폐전자전기제품, 폐자동차, 폐타이어 등 특정제품에 대해 분해 또
는 재이용할 때에는 관련 법률과 행정법규의 규정에 부합해야 한다.[115]

---

111) 순환경제촉진법 제55조.
112) 순환경제촉진법 제36조.
113) 순환경제촉진법 제37조.
114) 순환경제촉진법 제41조.
115) 순환경제촉진법 제38조.

회수한 전기전자제품은 수리를 거친 후 판매될 경우 반드시 재이용제품의 기준에 부합해야 하며, 아울러 잘 보이는 위치에 재이용제품이라고 표시하여야 한다. 회수한 전자전기제품을 분해하고 재이용할 경우 반드시 분해조건이 구비된 기업에 맡겨야 한다.[116) 판매한 재제조제품과 재생한 제품의 품질은 반드시 국가기준에 부합해야 하며, 잘 보이는 위치에 재제조제품 또는 재생제품이라고 표시하여야 한다.[117) 재이용제품표시가 없는 전자전기제품을 판매하였거나 재제조 또는 재생제품라벨이 없는 제품을 판매한 경우 지방정부 공상행정관리부시에서 책임지고 기한 내 개선하도록 하며 5천 위안 이상 5만 위안 이하의 벌금을 부과한다. 기한 내 개선하지 않는 기업에 대해 영업허가증을 취소하며 손실을 야기한 경우 법에 의해 배상 책임을 져야 한다.[118) 이 밖에도 「순환경제촉진법」은 공업폐기물의 종합이용,[119) 기업용수의 순환이용과 재생이용,[120) 건축폐기물의 종합이용,[121) 농업[122)과 임업폐기물[123)의 종합이용에 대해서도 원칙적인 요구를 제기하였다.

---

116) 순환경제촉진법 제39조.
117) 순환경제촉진법 제40조 제2항.
118) 순환경제촉진법 제56조.
119) 순환경제촉진법 제30조.
120) 순환경제촉진법 제31조.
121) 순환경제촉진법 제33조.
122) 순환경제촉진법 제34조.
123) 순환경제촉진법 제35조.

(3) 순환경제발전 촉진에 대한 고무조치

① 재정조치

국무원과 성, 자치구, 직할시 정부는 순환경제에 관련된 자금을 마련하고 순환경제의 과학기술연구개발, 순환경제기술, 제품의 시범과 보급, 중대한 순환경제 프로젝트의 실시, 순환경제의 정보서비스 등의 발전을 지원한다. 구체적인 방법은 국무원 재정부서에서 국무원 순환경제발전 종합관리 등 관련 주관부서와 회동하여 제정한다.[124] 국무원과 성, 자치구, 직할시 정부 및 관련 부서는 순환경제와 관련된 중대한 과학기술연구 프로젝트의 자체 신규창조 연구 및 응용시범과 산업화 발전을 국가 또는 성급 과학기술발전계획과 기술사업발전계획에 편입시키며 재정자금을 지원한다. 재정자금을 활용하여 순환경제중대기술과 설비를 도입할 경우 그 기술과 설비를 흡수 및 신규 창조하는 방안을 제정하여 관련 주관부서에 보고하여 심사 및 감독한다. 관련 주관부서는 실제적 수요에 따라 협조체계를 마련하고 중대한 기술, 장비의 도입과 소화, 흡수 및 신규창조에 대해 통일적으로 협조를 실시하며 자금을 지원한다.[125]

② 세수특혜

국가는 순환경제발전을 추진하는 산업활동에 대해 세금우대를 실시하며 세금 등 조치를 이용하여 선진적인 에너지 절약, 물 절약, 재료 절약 등 기술, 설비와 제품의 수입을 권장한다. 생산과정에서 에너지 소모가 크고 오염이 심각한 제품의 수출을 제한한다. 기업이 국가

---

124) 순환경제촉진법 제42조.
125) 순환경제촉진법 제43조.

청결생산, 자원종합이용 등 고무리스트에 열거된 기술, 공정, 설비와 제품을 이용 또는 생산하는 경우, 국가의 관련규정에 따라 세수특혜를 향수한다.[126]

③ 금융조치

현급 이상 정부 순환경제발전 종합관리부서는 투자계획을 제정하고 시행할 경우 에너지 절약, 물 절약, 토지 절약, 재료 절약, 자원종합이용 등 프로젝트를 중점 투자 분야에 편입시켜야 한다. 국가 산업정책의 에너지 절약, 물 절약, 토지 절약, 재료 절약, 자원종합이용 등 프로젝트에 부합된 경우 금융기관은 우선적 대출 등 신용지원을 하며 부대금융서비스를 적극 제공한다. 사용이 도태된 목록에 편입된 기술, 공정, 설비, 재료 및 제품을 생산, 수입, 판매 또는 사용하는 기업에 대해 금융기관은 그 어떤 형식의 신용지원도 제공하여서는 아니 된다.[127]

④ 가격조치

국가는 자원절약과 합리적인 이용에 유리한 가격정책을 실행하며 기업과 개인이 물, 전기, 가스 등 자원성 제품을 절약하고 합리적으로 사용하도록 유도한다. 국무원과 성, 자치구, 직할시 정부의 가격 주관부서는 국가산업정책에 근거하여 자원 다소비업종의 항목에 대해 제한성 가격정책을 실시하여야 한다. 여열, 여압, 석탄가스, 맥석, 석탄 찌꺼기 및 쓰레기 등 저열량 연료를 사용하는 발전 프로젝트에 대해 가격 주관부서는 자원종합이용원칙에 의해 전기가격을 확정한다. 성,

---

126) 순환경제촉진법 제44조.
127) 순환경제촉진법 제45조.

자치구, 직할시 정부는 본 행정구역의 경제사회발전상황에 근거하여 쓰레기 배출 요금 제도를 수립하며, 받은 비용은 쓰레기분류, 수집, 운송, 저장, 이용과 처리에만 사용한다.[128]

⑤ 정부구매정책

국가는 순환경제발전에 유리한 정부구매정책을 실시하며 재정자금으로 구매하는 경우, 에너지 절약, 물 절약, 재료 절약과 환경보호 및 재생에 유리한 것을 우선 구매하여야 한다.[129]

2. 정책

1) 국민경제와 사회발전 제12차 5개년 계획 개요

'국민경제와 사회발전 제12차 5개년 계획 개요'의 제22장 제1절, 제23장은 에너지와 관련된 내용이다.

(1) 에너지 절약과 소모감소 추진

에너지 소모가 큰 산업이 너무 빠르게 성장하는 것을 억제하고 공업, 건축, 교통, 공공기관 등 분야의 에너지 절약을 중시하며, 중점 에너지 이용업체에 대한 에너지 절약관리를 강화한다. 에너지 절약목표 책임 심사를 강화하고 장려와 징계제도를 완벽하게 한다. 에너지 절약의 법규와 기준을 완벽하게 하고 주요 에너지 소모 제품의 에너지 소모 한도와 에너지 효율기준을 제정 및 엄격히 집행하며 고정자산

---

128) 순환경제촉진법 제46조.
129) 순환경제촉진법 제47조.

투자항목의 에너지 절약평가와 심사를 강화한다. 에너지 절약 시장체제를 완벽하게 하고 계약에너지 관리와 전력수요관리를 추진하며 에너지 효율라벨, 에너지 제품인증과 에너지 제품의 정부 강제구매제도를 완벽하게 한다. 선진적인 에너지 절약기술과 제품을 보급시키고 에너지 절약 능력건설을 강화하며, 전 사회적인 에너지 절약 및 배출 감소행동을 추진한다.

(2) 순환형 생산방식 보급

청결생산을 다그쳐 추진하고 농업, 공업, 건축, 상업무역 서비스 등 중점 분야에 있어서 청결생산시범을 추진하며 전반 과정에서 오염물의 발생과 배출을 통제하고 자원소비를 감소시킨다. 폐석의 종합이용을 강화하고 자원의 종합이용수준을 제고한다. 대량 공업 고체폐기물과 건축, 도로폐기물 및 농림폐기물의 자원화 이용을 추진하여 공업 고체폐기물의 종합이용비중이 72%에 이르게 한다. 순환경제요구계획에 따라 각종 산업단지를 건설 및 개조하며 토지의 집약이용, 폐기물의 교환이용, 에너지의 단계별 이용, 폐수의 순환이용과 오염물질의 집중처리를 실현한다. 산업순환식 조합을 추진하고 연결 및 순환되는 산업체계를 구축하며 자원의 생산성을 15% 제고한다.

(3) 자원순환이용 회수시스템 구축

재생자원의 회수시스템을 완벽하게 하고 도시와 농촌의 회수지점, 분류 중심, 집산시장을 망라하는 회수네트워크를 다그쳐 건설히며 재생자원의 규모화 이용을 추진한다. 낡은 제품의 재제조 회수시스템을 다그쳐 완벽하게 하고 재제조 산업의 발전을 추진한다. 쓰레기의 분류회수제도를 구축하고 분류회수, 밀폐운수, 집중처리시스템을 완벽하게 하며 주방 폐기물 등 쓰레기의 자원화 이용과 무해화 처리를 추진한다.

(4) 녹색소비모델 보급

문명, 절약, 녹색, 저탄소의 소비이념을 제창하고 중국국정에 부합되는 녹색생활방식과 소비모델의 구축을 추진한다. 소비자가 에너지 및 물 절약 제품, 에너지 절약 및 친환경 자동차, 에너지 절약 및 토지절약주택을 구매하는 것을 장려하고, 일회용 제품의 사용을 감소시키며 과도한 포장을 제한하고 불합리한 소비를 억제한다. 정부의 녹색구매를 추진하고 에너지 및 물 절약 제품과 재생이용제품의 비중을 점차 제고시킨다.

(5) 정책과 기술지원 강화

계획지도와 재정세수금융 등 정책지원을 강화하고 법률법규와 기준을 완벽하게 하며, 생산자책임 확대제도를 실시한다. 순환경제기술과 제품목록을 제정하고 재생제품라벨제도를 구축하며 순환경제 통계평가제도를 구축한다. 근본적인 감량, 순환이용, 재제조, 제로배출과 산업연결기술을 개발 및 응용하며, 순환경제 전형모델을 추진한다. 국가순환경제시범을 추진하고 감숙성과 청해차이담 순환경제시범지역 등 순환경제시범지점과 산서 자원형 경제변화 종합개혁 시험지역 건설을 추진한다.

12

인도의 기후변화대응관련 법제 및 정책

이주윤

Ⅰ. 개관

1. 인도 국내법상 환경 보호

인도는 1972년 이후로 일단의 환경 법률의 제정과 함께 환경보호에 관하여 적극적 조치를 취해 오고 있다. 이와 관련한 주요 환경 법률에는 1986년 환경(보호)법(Environment(Protection) Act), 1974년(오염의 방지와 통제에 관한) 수법(Water Act), 1981년 대기(오염의 방지와 통제에 관한)법(Air Act), 1972년 야생동물(보호)법(Wildlife(Protection) Act), 2008년 해로운 쓰레기(관리, 처리 및 국경 간 이동) 규칙(Hazardous Waste Rules) 등이 포함된다. 또한, 인도는 헌법에 환경보호에 관한 규정을 두고 있는 몇 안 되는 국가 중의 하나이다. 환경에 관한 규정은 생명권에 따라 부여되는 기본권이자, 국가정책 및 의무 사항으로 규정되어 있다.[1]

인도는 2006년의 국가환경정책(National Environment Policy)을 포함하여 수 개의 환경관리에 관한 국가정책을 보유하고 있다. 특히, 2006년 국가환경정책은 환경보호계획과 중앙, 지방 및 지역 정부의 법률 이행과 검토 및 법률 개혁에 있어 행동 가이드로 의도되었다.[2]

인도 환경산림부(Ministry of Environment and Forests, 이하 'MoEF'라 부름)[3]는 인도 정부의 핵심기관으로, 환경보호의 규율 및 보장, 환경정책 골격 형성, 야생동식물 보존 및 조사, 환경 및 산림 계획의 기획, 개선, 조정과 이행 감독에 대한 업무를 수행한다.[4] 그중에서도 기후변화국(Climate Change Division)은 인도의 기후변화 협력과 국제 협상의 핵심기관이며, 기후변화에 관한 국가행동계획(National Action Plan on Climate Change, 이하 'NAPCC'라 부름)을 조정하는 업무를 담당하고 있다.[5]

국가환경재판소(National Environment Tribunal)와 국가환경항소청(National Environment Appellate Authority)과 같은 특별재판소와 함께 재판소는 일반적으로 환경법을 이행할 책임이 있다. 사실상, 산림과 관련된 모든 문제를 감독하는 중앙권능위원회(Central Empowered Committee)와 같은 특수한 목적을 가진 기관은 인도 대법원이 창설한 것이다.[6]

---

1) Ajay Shaw, "Chapter 25: India", in Global Legal Group, The International Comparative Legal Guide to: Environment & Climate Change Law 2011: A practical cross-border insight into environment and climate change law(Global Legal Group: London, 2011), p.201.

2) Ibid.

3) http://moef.nic.in/index.php 참조.

4) Shaw, op.cit., p.201.

5) http://moef.nic.in/modules/about-the-ministry/CCD/

6) Shaw, op.cit., p.201.

2. 입법절차

인도의 입법체제는 영국과 상당히 유사한데, 인도 의회는 하원(the Lok Sabha or House of the People)과 상원(the Rajya Sabha or Council of States) 양원으로 구성되어 있다. 입법부는 중앙정부의 재정 및 헌법 개정과 같은 특정한 문제에 관해 소위 'act'라 불리는 법을 통과시킨다. 양원은 동일한 권한을 가지고 있는데, 입법과정에서는 상원이 하원에 종속된다. 모든 법률안 제안서는 법안(Bill)의 형태로 의회에 제출되고, 해당 법안은 양원의 승인과 대통령의 동의를 받아 법률이 된다. 인도에는 28개 주정부(States)와 7개 연방직할지(Union territories)가 있는데, 주정부 체제는 연방직할지 체제와 상당히 유사하다. 각 주정부는 주의 관할사항으로 분류된 사항에 대해 자신의 법을 기초할 자유가 있다. 인도 의회에서 통과되거나 중앙정부 관할사항으로 분류된 기존의 중앙법률은 인도 전체의 모든 시민에 구속력을 가진다.[7]

3. 국제환경조약

인도는 1992년 6월 10일 UN기후변화협약에 서명하였고, 1993년 11월 1일자로 비준하였다. 또한, 교토의정서에는 2002년 8월 26일자로 가입하였는데, 이는 지구적 환경문제를 해결하기 위한 다자 체제에 대한 국가신념의 재확인으로 볼 수 있다.[8] 교토의정서 비부속서 I 국가인 인도는 온실가스 배출량 감축과 관련하여 구속력 있는 법적 의무

---

7) http://www.globeinternational.info/wp-content/uploads/2011/04/FINAL_India.pdf

8) http://pib.nic.in/archieve/lreleng/lyr2002/raug2002/07082002/r070820027.html

가 존재하지 않는다. 그러나 교토의정서상의 청정개발제도와 관련하여서는 적극적인 참여자이다. 2010년 8월 30일 현재, 청정개발제도와 관련하여 등록된 프로젝트가 520개를 넘어서고 있다.[9] 한편, 인도의 기후변화문제를 다루는 환경산림부는 기후변화협약과 교토의정서에 관한 실무반을 구성하였고, 그 작업이 현재 진행 중에 있다.[10]

II. 기후변화

1. 정책

1) 기후변화에 관한 국가행동계획

인도는 기후변화협약의 목적에 기여하기 위한 수많은 대응 조치를 취해 왔다. 인도의 개발계획은 경제적 발전과 환경적 고려의 균형을 추구한다. 지속 가능한 개발원칙이 개발과정을 인도하는데, 에너지와 전력 분야의 개혁이 경제성장을 가속화시키며 에너지 이용의 효율성을 증대시켜 왔다.[11]

2008년 6월 30일, 인도 수상 Manmohan Singh는 기후변화대응방안의 일환으로 기후변화 완화와 적응을 다루는 기존 및 향후 정책과 계획의 윤곽을 그리는 '기후변화에 관한 국가행동계획'을 발표하였다.[12]

---

9) http://www.globeinternational.info/wp-content/uploads/2011/04/FINALIndia.pdf

10) http://envfor.nic.in/cc/india_unfccc.htm

11) http://envfor.nic.in/cc/initiatives.htm

12) Armin Rosencranz · Dilpreet Singh and Jahnavi G. Pai, "Climate Change Adaptation, Policies and Measures in India", *Georgetown International Environmental Law*

동 계획은 2017년까지 운영될 8개의 국가 핵심 과제를 규정하고 있으며, 2008년 12월까지 수상 산하의 기후변화이사회에 자세한 이행 계획을 제출할 것을 각 정부부처에 지시하였다. 동 기후변화이사회는 각 과제 진행 과정에서 정기적인 보고와 검토에 책임이 있다.

기후변화에 관한 국가행동계획에 해당하는 과제는 다음과 같다.

(a) 태양에너지에 관한 국가과제(National Solar Mission)는 태양열 에너지를 화석연료 에너지와 경쟁할 수 있도록 전력 생산과 기타 사용에 태양열 에니지 이용과 발전을 증진시키는 것을 목적으로 한다.

(b) 에너지 효율 제고를 위한 국가과제(National Mission for Enhanced Energy Efficiency)는 2012년까지 1만 메가와트의 절약을 목표로 한다.

(c) 지속 가능한 주거에 관한 국가과제(National Mission on Sustainable Habitat)는 도시계획의 핵심적 요소로서 에너지 효율의 증진을 목표로 한다.

(d) 수자원관리에 관한 국가과제(National Water Mission)는 가격책정과 다른 조치를 통해 수자원 이용의 효율성을 20% 개선할 것을 목표로 한다.

(e) 히말라야 생태계를 보존하기 위한 국가과제(National Mission for Sustaining the Himalayan Ecosystem)는 인도 물 공급의 주요 원천

Review, Vol.22, Issue. 3, 2010, p.576;
http://www.pewclimate.org/international/country – policies/india – climate – plan – summary/06 – 2008

인 빙하가 지구온난화의 결과 줄어드는 히말라야 지역의 생물
다양성, 산림, 기타 생태적 가치를 보존하는 것을 목표로 한다.

(f) 녹색인도를 위한 국가과제(National Mission for a 'Green India')는
6백만 헥타르의 조림사업 시행과 인도 영토 중 23%에서 33%까
지 산림면적을 확대하는 것을 목표로 한다.

(g) 지속 가능한 농업을 위한 국가과제(National Mission for Sustainable
Agriculture)는 기후변화에 탄력성이 있는 곡물의 개발, 기후 보
험제도의 확대 및 농업 관행을 통해 농업에 대한 기후변화 적응
을 지원하는 것을 목표로 한다.

(h) 기후변화에 대한 전략적 지식에 관한 국가과제(National Mission on
Strategic Knowledge for Climate Change)는 기후과학, 평가 및 과제
를 보다 잘 이해하는 것을 목표로 하며, 동 계획은 새로운 기후
과학연구기금(Climate Science Research Fund), 개선된 기후 모델링,
국제협력의 증대를 구상하고 있다. 이는 또한 사적 영역이 주도
적으로 벤처 자본 기금을 통해 기후변화 적응 및 완화기술을 발
전시키도록 장려한다.[13]

기후변화에 관한 국가행동계획(NAPCC)은 생활수준을 개선하기 위
해 높은 경제성장률 유지라는 최우선순위를 강조하며, 기후변화를 효
과적으로 다루는 이점을 적시하며 개발목적을 증진하는 조치를 확인
하고 있다. 또한 국내조치가 선진국의 지원이 있다면 보다 성공적일
것이라 언급하며, 인도의 온실가스 배출량이 개발목적을 추구하는 한
에 있어서도 선진국의 배출량을 결코 추월하지는 않을 것임을 약속

---

13) http://moef.nic.in/downloads/home/Pg01 - 52.pdf 참조.

한다.[14] 인도는 미국, 중국에 이은 세계 3위의 온실가스 배출국이기는 하지만, 전 세계 배출량 중 인도의 온실가스 배출 비율은 4%로, 미국, 중국의 각 16%보다 현저히 낮은 편이다.[15]

또한, NAPCC는 다른 주요한 사항들도 언급하고 있는데, 여기에는 전력생산(Power Generation), 재생가능에너지, 에너지 효율이 관련된다. 먼저 전력 생산과 관련하여 정부는 비효율적인 화력발전소의 퇴거를 촉진하고 석탄가스화 복합발전기술(IGCC)의 연구와 개발을 지원한다. 재생가능에너지와 관련하여서는 중앙 및 지방 전력조정위원회는 2003년 전력법과 2006년 국가세율정책에 따라, 전력 공급 중 일정량을 재생에너지로 충당할 것이 요구된다. 에너지 효율과 관련하여서는 2001년 에너지보존법에 따라, 대규모로 에너지를 소비하는 산업체는 에너지 회계감사를 실시할 것이 요구되며, 에너지 라벨링 프로그램이 도입되었다.[16]

2) 온실가스 감축목표 설정의 거부

인도 정부는 선진국들이 제안하고 있는 2050년까지의 온실가스 감축목표량 설정을 거부하고 있는데, 그 이유는 다음과 같다. 첫째, 지구 대기권은 인류의 공동자원이며 전 세계 모든 시민 개개인이 공평한 권리를 소유한다는 전제하에, 인도를 포함한 개발도상국들을 합의 과정에 참여시키기 위해서는 선진국과는 차별화된 제한기준이 있어

---

14) http://www.pewclimate.org/international/country - policies/india - climate - plan - summary/06 - 2008

15) http://moef.nic.in/modules/about - the - ministry/CCD/

16) http://www.pewclimate.org/international/country - policies/india - climate - plan - summary/06 - 2008

야 할 것이다. 둘째, 기후변화문제는 현재 진행되는 온실가스 배출 때문이 아니라, 지난 200년간 선진국들의 탄소 집약적 산업활동으로 인해 대기에 축적된 온실가스의 결과이다. 따라서 기후변화협약은 산업화된 선진국들의 온실가스 배출량에 대한 엄격한 제한을 당사국들의 역사적 책임에 대한 배상 차원에서 규정하고 있는 것이다. 셋째, 개도국들의 경우 2050년까지 온실가스 방출량을 50%로 감축하기 위해서는 현재 추진 중에 있는 경제발전에 상당한 제한을 받게 될 것이므로, 이는 이미 산업화를 이룩한 선진국들과의 형평성에 어긋난다. 넷째, 기후변화협약은 개도국들의 온실가스 배출량 제한을 규정하지 않고 있으며, 교토의정서 역시 동 제한기준을 선진국에만 적용하고 있다.[17]

3) 'Taking on Climate Change – Post Copenhagen Domestic Actions'

그러나 2010년 6월 30일, 인도 환경산림부는 '기후변화대응: 코펜하겐 이후 국내 행동(Taking on Climate Change – Post Copenhagen Domestic Actions)'이라는 문건을 배포하였다.[18] 동 문건은 2008년 NAPCC에서 공언된 정책의 발전을 평가하고, 2007년 온실가스 배출 목록의 발간을 시작으로 인도가 향후 2년 주기로 당해 목록을 발간하는 최초의 개도국이 될 것임을 밝혔다. 또한, 국내에서 생산되거나 해외에서 수입되는 석탄에 적용될 과세 부과를 선언하였는데, 여기서 모인 자금은 연구, 청정에너지 기술 개발 및 환경구제계획 등에 사용될 국가청정에너지기금(National Clean Energy Fund)으로 가게 될 것이다.[19]

---

17) http://moef.nic.in/modules/about-the-ministry/CCD/

18) http://moef.nic.in/downloads/public-information/India%20Taking%20on%20Climate%20Change.pdf

한편, 연방 차원 이외에 주정부도 기후변화와 관련하여 주(州) 차원의 배출량 감축 및 적응에 관한 행동계획을 준비하고 있다. 델리는 이미 이러한 행동계획을 완성하여 이를 출범시켰다.[20]

4) 저탄소전략

인도 정부는 동반성장을 위한 저탄소전략에 관한 전문가그룹(Expert Group on Low Carbon Strategy for Inclusive Growth)을 설치하였다. 동 전문가그룹은 저탄소 개발을 위한 인도의 로드맵을 발전시킬 사명을 부여받았다. 그룹의 권고는 2012년 발효할 인도의 제12차 5개년 계획의 핵심적 사항이 될 것이다.[21] 한편, 2011년 5월 인도의 도시계획위원회(Planning Commission)는 주로 발전소, 운송, 산업체, 건물 및 산림 영역에서 시간의 틀에 따라 온실가스 배출량을 감축할 수 있는 방안들을 설명하고 있는 동반성장을 위한 저탄소전략에 관한 전문가그룹의 잠정보고서를 발간하였다.[22] 과학환경센터(Center for Science and Environment)가 동 잠정보고서를 검토하였는데, 보고서에 대해 열정이 부족하며, 동반성장을 위한 저탄소전략에 있어 가장 중요한 전략이 빠져 있다고 평가하였다.[23]

---

19) http://www.globeinternational.info/wp-content/uploads/2011/04/FINAL_India.pdf
20) http://www.globeinternational.info/wp-content/uploads/2011/04/FINAL_India.pdf
21) http://www.globeinternational.info/wp-content/uploads/2011/04/FINAL_India.pdf
22) http://moef.nic.in/downloads/public-information/Interim%20Report%20of%20the%20Expert%20Group.pdf
23) http://www.cseindia.org/category/thesaurus/low-carbon-strategy

5) 배출권거래시험계획

인도는 2011년 3월 23일, 향후 국가적일 수 있는 대기오염원에 대한 배출권거래시험계획(Pilot Emissions Trading Scheme for Air Pollutants)인, 첫 번째 온실가스 배출권거래제를 세 개의 주(州)에서 시작하였다. Tamil Nadu, Gujarat and Maharashtra의 산업 중심 주는 환경산림부가 공식적으로 발족한 동 계획에 참여할 것을 지원하였다.[24] 시험 단계에서, 배출권거래제는 단지 지역적 단위에서 산업체가 배출한 특정한 물질의 중지를 목표로 삼을 예정이지만, 인도 정부는 차차 이산화황(SO_2)이나 질소산화물과 같은 다른 대기오염원을 포함하기를 고대하고 있다. 동 계획에 참여한 산업체는 국가오염통제단(State Pollution Control Boards)의 지원을 받아 계속적인 배출감독체제를 창설할 것이다. 인도의 배출권거래제는 발전소로부터 이산화황의 배출을 줄이기 위하여 설립된 총량제한거래(cap—and—trade) 제도로 성공을 거둔 미국의 산성비계획(Acid Rain Program)을 모델로 삼고 있다. 2011년 하반기에는 기준배출량을 설정하고 허용치를 할당하기에 충분한 배출량 자료를 이용할 수 있게 될 것이다. 배출권거래는 2012년 초에 시작하여 2013년까지 지속될 예정인데, 각 연말에 계획상황을 평가할 것이다. 동 계획이 성공하게 된다면, 인도 정부는 이를 다른 주 또는 국가 차원으로 확장할 계획이다.[25]

한편, 인도는 EU가 항공기들로 하여금 EU의 영공을 이용하는 대가로 탄소배출권을 구입하도록 하는 제안과 관련하여, 이것은 개도국들

---

24) http://moef.nic.in/downloads/public—information/Detailed%20Project%20Report—mfes.pdf 참조.

25) http://www.environmental—finance.com/news/view/1678

의 수송기에 대한 일방적이고 불공평한 처사라며, 미국, 중국, 러시아 등을 포함한 25개 국가들과 함께 강력한 반대를 천명하였다.[26]

III. 에너지

1. 법률

1) 에너지보존법

2001년에 제정된 에너지보존법은 에너지 주 소비자들에게 에너지 소비규범을 준수할 것을 요구한다. 에너지보존법은 그 이행을 위하여 에너지 효율국(Bureau of Energy Efficiency)을 창설하였으며, 2008년의 기후변화에 관한 국가행동계획은 에너지 효율 목표를 달성하기 위하여 동법을 기초로 삼고 있다. 또한, 에너지보존법에 따라 대규모 에너지 소비 산업체는 에너지 회계감사를 시행할 것이 요구되며, 전기설비에 대한 에너지 라벨링 계획이 도입되었다.[27]

2) 전력법

인도는 에너지원단위(Energy Intensity)[28]를 줄이기 위하여 지난 이

---

26) http://www.indiaenvironmentportal.org.in/news/india-oppose-eu%E2%80%99s-emission-trading-system-airlines

27) http://www.globeinternational.info/wp-content/uploads/2011/04/FINALIndia.pdf

28) GDP 1단위를 생산하기 위해 사용되는 에너지 사용량의 비율로서 에너지 원단위는 '1차 에너지 소비량/GDP'로 나타내며, 에너지 효율이 높을수록 에너지 원단위가 낮다. 2002년 기준 주요 국가의 에너지 원단위(TOE/US$)는 우리나라 0.299, OECD 0.188, 미국 0.249, 영국 0.165, 일본 0.0900이다. http://www.leadernews.co.kr/korec/webzine07/

십 년간 중요한 노력을 기울여 왔는데, 여기에 기여하는 요소로 에너지 효율의 개선, 재생 및 원자력에너지 사용의 증가, 공공 운송의 확대 및 에너지 가격책정 개혁 등을 들 수 있다. 2003년에 제정된 전력법(Electricity Act)은 인도 발전소 분야의 개발을 보다 잘 조정하기 위한 것이다. 무엇보다 효율적이고 환경적으로 양호한 정책 개선을 목표로 한다. 전력법은 또한 국가전력정책에 있어 재생에너지 역할을 인정하였으며, 국가전력조정위원회(Central Electricity Regulatory Commission)가 전력 중 일정량을 재생에너지로 구입하도록 규정하고 있는 2006년 국가세율정책에 의해 보완되었으며, 2007년에 개정되었다.[29]

3) 빌딩의 에너지 보존법

에너지 효율을 개선하고 재생에너지를 사용하는 것과 관련하여, 연방 및 주 차원의 규범들이 존재한다. 그중에서 빌딩 외관 부품, 번개, 전력 체제, 온수 가동과 펌프 체제에 대한 최소한의 요건을 규정하고 있는 빌딩의 에너지보존법(Energy Conservation Building Code)의 2007년 개정이 포함된다. 태양 및 풍력발전 인센티브를 통해 태양 및 풍력발전이 강력히 개선되었다.[30]

4) 국가전력조정위원회 규칙

국가전력조정위원회[31]는 재생에너지 세대를 위한 재생에너지 인증

---

popDicSearchView.asp?mPage=5&n=83&c=&s=

29) http://www.globeinternational.info/wp-content/uploads/2011/04/FINALIndia.pdf
30) http://www.globeinternational.info/wp-content/uploads/2011/04/FINALIndia.pdf
31) http://www.cercind.gov.in/index.html 참조.

서의 승인과 발급을 규정하고 있는 2010년 동 위원회 규칙[Central Electricity Regulatory Commission(Terms and Conditions for recognition and issuance of Renewable Energy Certificate for Renewable Energy Generation) Regulations] 제3조 1항에 따라, 2003년 전력법 제26조에 의하여 설립된 국가급전센터(National Load Despatch Centre)를 국가전력체제의 통합 이행을 보장하고 재생에너지 인증서 발급을 통해 비재래식 에너지 자원으로부터 전력 시장의 발전을 규율하는 중앙기관으로 지정하였다. 또한, 동 규칙은 최소 일정량의 재생에너지 이용을 촉진하기 위하여 재생에너지 구매 의무를 부여하는 국가위원회가 기초한 것이다. 그리고 동 규칙은 재생에너지 이용가능성이 있는 지역의 재생에너지 자원의 설비를 용이하게 하며, 재생에너지 자원 이용가능성과 재생에너지 구매 의무를 준수할 업체 요건 사이의 문제점을 해결하는 것을 목적으로 한다.[32]

2. 정책

1) 통합에너지 정책

2008년에 의회 승인을 받은 2006 통합에너지정책은 기술적으로 효과적이며, 경제적으로 실행 가능하며, 환경적으로 지속 가능한 방법으로 최소한의 비용으로 에너지 수요를 맞추는 광범위한 목표를 갖고 있었다. 동 정책은 또한 온실가스 배출량을 감축하는 데 기여하는 수 개의 정책을 포함하고 있었다.[33]

---

32) Shaw, *op.cit.*, p.207.

33) http://www.globeinternational.info/wp-content/uploads/2011/04/FINALIndia.pdf

2) GBI 체제

인도 정부는 2006년 10월, 재생 가능한 에너지에 관한 문제를 감독하기 위하여 비재래식에너지자원부(Ministry of Non-Conventional Energy Sources)의 명칭을 변경하여 '새로운 재생에너지부(Ministry of New and Renewable Energy, 이하 'MNRE'라 부름)'를 설립하였다. 동 부처의 광범위한 목적은 인도의 에너지 충족을 보충할 새로운 재생에너지를 개발하고 배치시키는 것이다.[34]

에너지 계획을 장려하기 위하여, MNRE는 2009년 12월 17일 풍력발전계획을 위한 세대에 기반을 둔 인센티브(Generation-Based Incentive, 이하 'GBI'라 부름) 체제를 발표하였다. GBI 체제의 주요한 특징은 다음과 같다.

(a) GBI 체제가 설립된 2009년 12월 17일 이후 2012년 3월 31일 이전에 풍력발전소를 설치하는 모든 기업은 일정한 조건을 충족하는 경우, GBI의 자격을 갖는다.

(b) GBI는 단위당 0.5루피이며, 인도재생에너지개발청(Indian Renewable Energy Development Agency Limited, 이하 'IREDA'라 부름)을 통해 최소 4년에서 최장 10년까지 각 프로젝트별로 최대 620만 루피까지 MNRE에 의해 지원받게 될 것이다.

---

34) http://www.mnre.gov.in/ 참조.

(c) GBI는 관련 중앙전력조정위원회(Central Electricity Regulatory Commission)에 의하여 승인된 요금 이상이 될 것이다.

(d) GBI는 선착순으로 제공받게 될 것이다. GBI는 2012년 3월 31일 또는 그 이전에 4천 메가와트에 도달하는 순간 종료하게 될 것이다.

(e) IREDA는 자신이 지정한 은행 계좌를 통해 정기적으로 GBI에 지불할 것이다.

(f) GBI를 선택한 회사가 다른 회사와 병합하여 회사명을 변경하고 자산을 그 회사에 이전한다면, 이때 해당 회사는 가속상각(Accelerated Depreciation)을 주장하지 않기로 약속하는 경우에만 GBI를 받을 자격이 있다.[35]

3) 태양에너지에 관한 국가과제

앞의 NAPCC와 관련하여 이미 언급된 바와 같이, 태양에너지에 관한 국가과제(National Solar Mission)는 2010년부터 2022년까지 운영되는 대규모 태양에너지계획으로, 다양한 규모의 태양열 발전소로터 전력 발전을 촉진하고 있다. 또한, 현재 태양전지계획(Solar Photovoltaic Programme), 태양온수계획(Solar Water Heating System Programme)과 지역충전계획(Village Electrification Programme)을 봉해 나양한 지역 프로

---

35) Shaw, *op.cit.*, p.207.

젝트들이 이행되고 있다.[36]

4) UN 지속 가능한 개발위원회 국별보고서

인도의 에너지자원연구소(Energy and Resources Institute)가 환경산림부를 도와 2010년 제18차 UN 지속 가능한 개발위원회 연례회의에 제출한 국별보고서에 따르면, 대규모 도심화, 운송수단의 밀집현상, 화석연료에 대한 과도한 의존과 함께 점차 증가하고 있는 운송 수요는 에너지 안보, 환경 질과 같은 문제를 야기하고 있다. 따라서 인도는 도시운송 분야의 개선, 운송의 효율적 방법 개선, 운송수단의 효율성 개선, 운송수단의 배출량 감축, 운송수단 및 연료기술개발에 관한 구상, 청정연료의 사용과 기후변화적응의 개선과 같은 업무를 추진해 오고 있다. 또한, 인도 정부와 산업체는 인간의 건강과 환경을 보호하기 위하여 화학물질의 안전과 건전한 관리의 필요성을 인정하였는데, 이를 위해 광범위한 입법 및 제도적 골격이 만들어지고 있다. 한편, 환경적으로 건전한 성장 유형은 경제활동이 최소한의 쓰레기를 배출하며, 지역당국은 증가하고 있는 쓰레기의 양과 복잡다단함을 처리하기 위해 적절한 용적, 인프라 및 기술을 이용 가능하도록 요구한다. 인도는 이를 위해 지역 고체쓰레기, 생의학쓰레기, 산업폐기물의 관리를 규율하는 규칙과 명령의 통고와 같은 조치를 취하고 있다. 또한 생산 분야에서는 지속 가능한 토지 및 물의 사용, 재생 가능한 에너지, 지역 수자원관리, 청정기술의 이용, 산업폐기물 최소화, 녹색기술의 발전을 위한 연구, 개발 및 지원과 같은 다양한 조치를 취하고 있다.

---

36) http://www.globeinternational.info/wp-content/uploads/2011/04/FINALIndia.pdf

그리고 소비 분야에서는 환경친화제품과 같은 다양한 라벨링 시스템
이 개발되고 있으며, 환경문제에 대한 대중의 인식을 제고시키기 위
한 조치도 함께 취해지고 있다.[37]

---

37) http://www.teriin.org/upfiles/projects/ES/ES2009EE07.pdf

PART 06

종합평가

13

기후변화대응 관련 법제 및 정책 평가

박덕영 · 윤익준

다음의 표들은 이제까지 각 국가들 혹은 지역의 기후변화대응 법제와 정책을 살펴본 것을 일괄적으로 정리한 내용이다. 국가들마다 차이는 있지만 주요 국가들과 EU는 다양한 기후변화대응 관련 법제와 정책들을 발전시켜 왔고 온실가스 감축목표를 상당량 달성하였다. 전반적으로 영국과 독일, 프랑스와 같은 유럽 주요 국가들 및 EU와 일본, 호주, 뉴질랜드의 잘 발달된 기후변화대응 법제와 정책들이 연방 차원보다는 주 정부 차원의 정책들이 더 잘 실행되고 있는 미국과 아직은 기후변화대응 법제와 정책이 미비한 러시아, 중국 및 인도와 대조된다.

Ⅰ. 미국 지역

국 가	기후/ 에너지	법 률 명	목표 및 주요 내용	제정시기
미국	기후 변화 대응 및 에너지 법제	미국기후안보법 (Climate Security Act of 2007)	• Lieberman－Warner 법안 • 2050년까지 온실가스 배출량을 2005년 대비 63% 감축 • 배출권거래제 실시 • 기후변화대책을 수립하지 않은 국가로 하여금 대미 수출 시 온실가스 배출권 의무 구입	2007년 발의 2008년 상원 본회의에서 부결
		미국청정에너지안보법 (American Clean Energy and Security Act of 2009)	• Waxman－Markey 법안 • 2005년 기준 2020년에 17%, 2050년에 83% 온실가스 감축목표 • 배출권거래제 실시	2009년 하원에서 가결 그러나 상원을 통과 못 함
		미국청정에너지 리더십법 (American Clean Energy Leadership Act of 2009)	• Bingaman 의원 발의 • 에너지 생산·효율, 재생에너지기준, 에너지 시장안정화 및 송전망 개선	2009년 상원 에너지 자원위원회 통과
		미국전력법 (American Power Act of 2010)	• Kerry－Boxer 법안, 청정에너지 일자리와 미국전력법 (Clean Energy Jobs and American Power Act of 2009)의 수정안 • 2005년 대비 2020년까지 17% 감축, 2050년까지 80% 감축 목표 • 연방 차원의 배출권거래제 도입 • 연간 2만 5천 톤 이상의 이산화탄소 배출 사업장에 대한 규제 실시 • 숲과 농지 통한 20억 톤의 탄소상쇄 허용 • 연안지역에 대한 석유탐사 확대 • 탄소관세 부과	2010 발의

	탄소제한 및 에너지개정법 (Carbon Limits and Energy for America's Renewal Act: CLEAR Act)	• Cantwell-Collins 법안 • 구속력 없는 온실가스 배출량 감축목표 • 탄소배출량에 대한 의무적인 연간 상한 설정 • 배출총량규제 및 환급제 실시	2009 발의
	온실가스의무보고법 (Mandatory Reporting of Greenhouse Gas Rule)	• MRV 시스템 입법화 • EPA가 미국온실가스총배출량의 85% 차지하는 31개 산업계 부문이 배출량 추적하여 보고하도록 의무화할 목적으로 법 마련	2009
정책	주 차원의 배출권총량규제·거래제	• 서부기후이니셔티브(WCI) • 중서부온실가스감축협정 (MGGRA) • 지역온실가스이니셔디브 (RGGI)	2007 2007 2009
	청정에너지-환경 주정부파트너십 (Clean Energy-Environment State Partnership)	• 각 주는 액션플랜을 계획하기 위해 EPA와 협력 • EPA는 각 주에게 정책 및 기술지원	
	기타 정책	• Climate Leaders 프로그램 • 열병합발전 파트너십 • Energy Star 프로그램 • 교통 및 대기품질국 프로그램 • 녹색전력 파트너십 • WasteWise 프로그램 • 친환경자동차 가이드	

기후변화대응에 있어 미온적인 태도를 취해 왔던 미국은 오바마 정권이 들어선 이후에야 다소 적극적인 자세로 전환되었다. 오바마 정부는 적극적인 온실가스 감축 의지를 보이며 지구온난화에 대한 대응책을 의료보험 개혁과 함께 국내정책 우선과제로 추진해 왔다. 미국은 기후변화를 경제성장 원동력 기반으로 활용하고자 하였고, 이를 목적으로 2009년 3월에 미국 하원은 독자적인 기후변화법안인 Waxman-Markey 법안, 미국 청정에너지 안보법을 발의하였고, 2009년 10월에

상원은 별도의 기후변화법안인 Kerry-Boxer 법안, 청정에너지 일자리와 미국전력법을 발의하였다. 미국의 기후변화법안이 확정될 경우 미국정부는 법안의 지침과 내용에 따라 기후변화대응전략을 추진하게 될 것인데, 관련 기후변화법안들은 청정에너지 사용, 에너지 효율 향상, 온실가스 감축, 청정에너지경제로의 전환 등에 초점을 두고 있다.

이 외에도 미국은 2009년 11월 국가온실가스에 대한 관리 시스템인 MRV 시스템을 입법화하는 온실가스 의무보고제에 관한 연방행정입법을 제정한 바 있다. 탄소배출권거래제와 관련, 미국은 현재 연방 차원의 배출권거래제를 실시하지 않고 있다. 기후변화대응을 위한 수단으로서 연방 차원의 배출권거래제를 도입하기 위한 Waxman-Markey 법안, Kerry-Boxer 법안 등이 국회에 계류 중이지만, 아직 법제화되지 않은 상태이다. 더욱이 2010년 11월 중간선거에서 공화당이 하원 다수당을 장악하게 되면서 기후변화에 대응하기 위한 오바마 대통령의 노력이 실질적으로 실패하였고, 오바마 대통령의 임기 내 이 법안들이 통과될 가능성이 거의 없다는 것이 전반적인 평가이다.

미국의 에너지 정책은 부시 행정부의 에너지 공급 안정성 확보 위주의 정책에서 탈피하여 재생에너지 확대, 에너지 효율 향상을 우선시하면서, 이미 시행 중인 경기부양책을 통해서 재생에너지, 전기자동차, 에너지 효율 향상 등 청정에너지 산업에 집중적으로 투자하고 있는 상황이다. 미국의 기후변화법안을 살펴보면 특히 환경의 경제적 관점이 매우 중요하게 부각되고 있음을 알 수 있는데, 기후변화를 자국 경제성장의 원동력으로 활용하려 하는 미국의 정책은 법안의 제정 배경에서도 잘 나타나고 있다. 중요한 것은 오바마 행정부가 경기부양책과 기후변화법안을 통해서 청정에너지를 육성하고 이를 기반으로 일자리 창출, 경기 회복, 온실가스 저감을 동시에 추구하고자 한다는 점이다. 즉 경기부양책과 기후변화법안은 미국을 저탄소 녹색경제, 청정에너지 경제로 전환시키는 데 핵심적인 수단으로 평가되고 있다.

II. EU 지역

국 가	기후/ 에너지	법 률 명	목표 및 주요 내용	세정시기
EU	기후 변화 대응 법제	유럽기후변화계획 (European Climate Change Programme)	• 기후변화에 관한 법과 정책을 개발하고 공동체 및 회원국들이 온실가스 배출량을 줄이기 위해 가장 비용이 적게 드는 조치를 식별하도록 도와줄 수 있는 골격 제공 • 유럽연합의 기후변화전략의 가장 핵심적 요소들을 구현하고 관리하며 기후변화의 원인과 결과를 다루는 다양한 영역별 노력을 통합시키는 역할 수행	2000
		기후변화행동 및 재생에너지 패키지 (Climate Action and Renewable Energy Package)	• EU 배출권거래제도의 확대와 회원국들의 배출권 할당량 배분을 위한 EU 차원의 새로운 규칙 • ETS에 포함되지 않는 영역의 배출권 감축목표 • 재생에너지 목표 • 탄소포집 및 저장과 환경보조금에 관한 새로운 규칙	2009
	에너지 관련 법제	재생에너지지침 (Renewable Energy Directive)	• 2020년까지 재생에너지의 시장 점유율을 20%까지 증가시키는 목표 • 회원국별 에너지 소비량당 재생에너지 이용 비율 목표 설정	2009

EU는 1991년부터 온실가스 배출량을 줄이기 위한 다양한 정책들을 수립하며 기후변화 및 에너지 보호와 관련하여 국제적인 차원에서 선도적인 역할을 수행하여 왔다. 교토의정서를 이행하기 위하여 유럽기후변화계획의 주도 아래 온실가스 배출권 거래지침, 재생에너지 지침, 대기 질 골격 지침 등과 같은 여러 유형의 EU법을 제정하여 왔다. 또한 정책적으로도 기후변화행동 및 재생에너지 패키지를 통하여 유럽의 에너지 효율 향상과 저탄소 경제체제로의 변화를 꾀하고 있다. 그리고 스마트하고 지속 가능하며 포용력 있는 경제를 위한 EU의 전략은 거시 경제 요소, 성장촉진 개혁, 공공 재정을 모니터링하며 녹색성장을 추구하고 있다.

한편, EU의 기후변화대응에 있어 가장 큰 특징 중 하나는 EU ETS의 적극적인 실시이다. EU는 배출권거래제를 이행하는 기간을 구별하여 ETS 제도를 자연스럽게 정착시키려고 노력하였다. EU ETS는 강제적인 배출권 할당을 전제로 하며, 온실가스를 많이 배출하는 사업장의 의무 참여를 원칙으로 하고, 감축의무를 위반하였을 경우 상당한 액수의 벌금을 부과하는 강력한 규제를 포함하고 있다. 강제적 참여방식에 대하여 산업계의 반발이 컸지만, 자발적 방식을 운영해 온 영국이 실제로는 온실가스 감축을 크게 이루어 내지 못했다는 사례를 교훈으로 삼아, 약간의 절충을 거쳐 강제적 참여방식을 선택하였다. 또한 2012년부터 항공운항으로 인한 배출을 EU ETS에 포함시키기로 하였으며, 2011년 동일본 대지진 및 후쿠시마 원자력발전소 사고 이후, 원자력 발전의 안정성에 대하여 논의하면서 기후목표 달성에 있어 원자력 발전 부문 제외를 고려하고 있다.

III. 유럽 주요국 및 러시아 지역

국 가	기후/ 에너지	법 률 명	목표 및 주요 내용	제정시기
영국	기후 변화 대응 법제	기후변화법 (Climate Change Act)	• 2050년까지 1990년 대비 온실가스 배출량 80% 감축목표 • 탄소예산시스템 도입 • 기후변화위원회 설립 • 국제 항공 및 해운으로부터의 배출포함	2008
		계획법 (Planning Bill 2008)	• 경제위기해결과 2050년까지 탄소배출량을 80% 감축하기 위한 신녹색인프라 확충 두 가지를 해결하는 데 중요한 수단 • 국가정책보고서작성 • 기간시설계획위원회 설치 • 시민의 의사결정 과정참여 보장	2008
	에너지 법제	에너지법 (Energy Act 2008)	• 재생에너지의무할당제 • 발전차액지원제도 • 재생에너지 열 인센티브 • 탄소 포집 및 저장	2008
		에너지법 (Energy Act 2010)	• 탄소포집저장 기술 지원 • 취약계층 에너지 비용 보조 • 공정한 에너지 시장 설계	2010
		에너지법 (Energy Act 2011)	• Green Deal의 기반 구축 • 스마트계량기 보급 • 에너지 실적 인증서	2011
독일	기후 변화 대응 법제	프로젝트–매커니즘법 (Projeckt–Mechanis men–Gesetz)	• 독일 기업들이 교토메커니즘을 통해 온실가스 배출을 감축할 경우 이를 독일내의 감축으로 인정 • 교토의정서에 따른 공식적으로 인정하는 절차와 선결조건을 포함	2005
		온실가스 배출권거래법 (Triebhausgas Emissionshandelsge setz)	• 유럽연합의 EU–ETS 바탕으로 수립	2004
		온실가스 배출권배분법 (Zuteilungsgesetz)	• 온실가스 배출권한의 할당 방식과 절차를 별도로 규율하는 법률로 국가배출량할당계획에서 규정하고 있는 사항을 독일 안에서 법적 구속력을 부여하는 기능	2004

독일	에너지 관련 법제	재생에너지법 (Erneuerbare – Energie – Gesetz	• 재생에너지로부터 생산된 전기를 전력 망 운영 회사가 우선적으로 구입하도 록 의무화한 법	2000
		재생에너지 난방법 (Erneuerbare – Energie – Wärmegesetz	• 2008년 12월 31일 이후 완공되는 신축 건물은 난방과 온수에 사용되는 에너 지의 15%를 재생에너지로 충당해야 하 며, 기존 주택의 경우 재생에너지에 의 한 난방 시설을 설치하는 경우 보조금 또는 저리융자 등의 혜택을 제공	2008
		열병합발전법 (Kraft – Wärme – Kop plungsgesetz)	• 열병합 발전소 건설에 대한 초기투자 비용이 높고 자본 회수기간이 길어 기 존발전방식과 경쟁하기 어려운 점을 고려하여 세제 감면 혜택과 재정지원 을 규정	2002
	에너지 정책	에너지기후통합 프로그램 (Integrated Energy and Climate Programme)	• 2020년까지 온실가스 배출량을 1990년 대비 40% 감축 목표 • 2020년까지 에너지 효율을 1990년 대 비 20% 개선 목표 • 2020년까지 재생에너지비율을 30% 확대 • 2020년까지 재생에너지를 이용한 난방 비율을 14% 확대	2007
		국가기후보호 프로그램 2005 (Nationales Klimaschutzprograa mm 2005)	• 기후보호관련 국가 중장기계획	2005
프랑스	기후 변화 대응 법제	환경 그르넬법안 (Grenelle de l'environnement)	• 2009년 '그르넬 1'은 기후변화, 생물다 양성 등에 관한 목표를 정한 것 • 2010년 7월 공표된 '그르넬 2'는 '그르 넬 1'에서 정한 목표를 달성하기 위한 법적·경제적 조치를 취할 수 있는 법 적인 틀을 규정 • '그르넬 2'는 2011년 1월부터 제품에 대한 환경표시 의무화를 포함하고 있 어 탄소발자국(CFP) 제도화를 추진	2009 2010

	기후 변화 관련 정책	기후친화적인 승용차 구입유도정책	• 프랑스 또는 해외에서 직접 구입한 9인승(운전자 포함) 이하, 3.5톤 이하의 신형 승용차에 대하여 CO_2를 적게 배출하는 신규 차량 구매자에 대해서는 녹색 보너스(bonus)를 통해 보상 • 이산화탄소를 많이 배출하는 오염 차량 구매자에 대해서 생태적 벌금을 부과 • 오염차량 구매자의 벌금으로 조성된 돈을 보너스 재원으로 사용함으로써 자동차 구매의 생태적 환경성을 증대시키는 것을 목표	2007
		기타정책	• 자동차 이산화탄소배출량 표시제도 • 가정용 소형 풍력발전기 설비 지원정책	
러시아	기후 변화 대응 법제	러시아 기후독트린	• 기후변화와 관련하여 러시아 정부의 정책을 실현하는 방법, 관점, 원칙, 내용 등을 담은 전략적인 지침	2009
	에너지 법제	에너지 절약 및 에너지 효율증가와 러시아 정부의 일부 법령 개정에 관한 연방법률	• 사업체들이 에너지 절약 기술로 전환하도록 유도하는 조치들 포함	2009
		기타 에너지 관련 법	• 재생에너지원에 근거한 발전사업자의 자질에 대한 결의안(2008) • 2020년까지 재생에너지의 이용을 통한 에너지 효율증가에 관한 국가정책에 관한 행정령(2009)	

영국은 기후변화와 관련하여 발 빠른 대응을 해 왔다. 배출권 구입까지 포함한다면 1990년에서 2009년까지 영국은 실제로 29.5%의 온실가스 감축을 이루어 교토의정서 제1차 공약 기간 중 12.5%를 감축한다는 목표를 이미 달성하였다. 이러한 성공을 가능하게 한 것은 영국이 배출권거래제와 같은 제도를 잘 활용하였고 기후변화법이나 에너지법과 같은 법세와 징책을 잘 구성해 적극적으로 추진해 왔기 때문이다. 먼저 영국은 기후변화법을 제정해 세계에서 최초로 이산화탄소 배출 감축에 대하여 법적 구속력이 있는 틀을 만들었다. 또한 영

국은 독립적이고 전문적인 기후변화위원회를 설립하여 기후변화 관련대응을 진행시켜 왔다. 독립적인 기구를 설립한 이유는 중·장기 온실가스 감축목표량을 설정한 것이 제대로 지켜지는지 감독하기 위해서인데, 그만큼 영국의 온실가스 감축에 대한 의지를 나타낸다고 볼 수 있다. 또한 독립적인 기구 설립을 통해, 법률과 정책 집행의 투명성을 강화할 수 있게 되었다. 한편, 영국은 재생에너지를 더욱 확대하기 위해서 재생에너지의무할당제와 발전차액지원제도를 동시에 활용하였고, 사회적 형평성을 달성하기 위해 취약한 에너지계층을 위한 정부보조를 실시해 오고 있다. 마지막으로, 영국의 기후변화대응의 가장 두드러지는 특징은 배출권거래제를 선도적으로 실시하여 노하우를 축적시켜 왔다는 것이다. 영국의 배출권거래제 실시의 경험은 EU ETS나 다른 국가들의 배출권거래제의 제도 설립과 실시에 큰 영향을 미치고 있다.

독일도 역시 기후변화와 재생에너지 사용에 있어 세계에서 선도적인 역할을 담당하고 있는 국가이며, 교토의정서 제1차 공약의 의무감축량을 초과 달성한 국가이다. 독일의 온실가스 감축을 독일 통일의 영향으로 돌리는 의견도 있지만, 환경세 도입, 재생에너지 관련법 제정, 배출권거래제도의 운영과 같은 다양한 정책수단의 결과라는 것을 인식할 필요가 있다. 특히 독일은 최근 들어 전면적으로 원자력발전을 폐지하고 재생에너지의 역할을 더욱 강화하여 세계 각국의 기후변화대응과 관련하여 어떠한 에너지원을 사용할 것인가에 대하여 시사점을 던지고 있다. 또한 독일이 생태세를 도입하여 에너지원에 대한 차등적인 세율을 적용함으로써 화석연료 사용을 줄이고 재생에너지 사용을 증가하도록 유도한 것도 다른 주요 국가들과 비교했을 때 두드러진 특징 중 하나이다. 더불어 독일의 에너지 기후통합 프로그램은 획기적인 온실가스 감축의 중기적 목표, 에너지 효율 및 재생에너지비율 목표 등을 담고 있다. 이 프로그램은 세계 최초로 정부 차원의 포괄적 기후보호 프로그램으로 평가되고 있으며, 이 정책 수립 시 에너지 기업, 경제계, 노조, 기타 관련 인사들이 다양하게 참여하여 의견을 개진함으로써 기후변화대응관련 거버넌스의 수립에 있어 하나의 방향성을 제시하고 있다. 한편, 독일에서 배출되는 온실가스의 약 52%가 배출권거래제와 무관한 영역에서 발생하는데, 이를 감축하기 위해서 에너지 관련 법제에 대한 개선방안 등 다양한 개별 영역에 대한 온실가스 감축 논의도 활발히 이루어지고 있다.

영국 및 독일과 비교하여 프랑스의 기후변화대응 관련 법제와 정책은 뒤늦게 발달한 것으로 보인다. 프랑스는 기후변화에 대한 국가계획을 수립하여 온실가스 감축목표를 설정하고, 기후변화대응 방안의 틀을 마련하면서 기후변화대응을 위해 배출권거래제를 실시하는 법 등을 제정하였다. 프랑스가 다른 국가들과 기후변화대응 법제와 관련하여 차이점을 보이는 것은 환경 그르넬 법안의 제정이다. 환경 그르넬 법안은 기후변화뿐만 아니라 생물다양성 보전, 지속 가능한 생산과 소비, 환경민주주의 등을 고려하도록 되어 있어 지속 가능한 발전을 달성하려는 포괄적인 법안이다. 환경 그르넬 법안은 기후변화 문제를 해결하기 위해서는 지속 가능한 발전을 실현하는 것이 중요하다는 것을 강조하고 있어, '지속 가능한 발전'의 인식 없이 기후변화문제 해결만을 위한 법제와 정책을 마련하는 것은 문제가 있다는 것을 지적하고 있다. 또한 환경 그르넬 법안이 만들어진 방식이 정부부처, 환경단체, 지방자치단체, 기업대표들이 참여하여 다양한 의견을 교환한 후 만들어졌기 때문에 기후변화 거버넌스에 있어 중요한 시사점을 제공한다.

러시아는 다른 선진국들에 비하여 기후변화대응 관련 법제나 정책의 발달이 많이 뒤처지는 것이 사실이다. 실제 러시아는 기후변화대응 관련 법제의 발달보다는 구속력이 없는 정책적 선언들을 더 많이 하고 있는 실정이다. 한편, 러시아는 1990년대 경제위기로 인해 온실가스 배출량이 크게 감소하면서 교토의정서체제에서 이익을 보았지만 포스트교토체제에서 경기 회복이 될 경우, 기후변화대응에 좀 더 적극적이어야 할 필요가 있다. 이러한 측면에서, 러시아가 기후독트린을 발표하여 기후변화대응에 방향성을 정한 것은 고무적이라고 볼 수 있다. 한편, 러시아는 석유나 천연가스 등 화석연료의 수출이 국가 재정의 중요한 수입원임으로 기후변화문제 해결에 반하는 경제정책을 쓰고 있다. 따라서 화석연료에 의존하는 것을 탈피하여 환경의 지속 가능성을 추구하는 기후변화대응 법제와 정책을 적절하게 수립하는 것은 러시아로서는 딜레마이며 어려운 과제이다.

Ⅳ. 오세아니아 지역

국 가	기후/ 에너지	법 률 명	목표 및 주요 내용	제정시기
호주	기후 변화 대응 법제	국가온실가스와 에너지 보고법 (NGER, National Greenhouse and Energy Reporting Act 2007)	• 호주 산업계의 역량을 증대하고 배출권거래제를 지탱하기 위한 목적으로 시행	2007
		탄소오염감축법안 (CPRS, Carbon Pollution Reduction Scheme)	• EU－ETS 제도를 기본적인 골격으로 호주 자국의 특성에 부합할 수 있는 탄소배출권거래제도의 정착화를 시도(EU－ETS의 배출총량규제·거래제 방식에 추가하어 cap and gateway 방식을 도입)	2011
	에 너 지	재생에너지발전목표 (RET, Renewable Energy Target)	• 2020년까지 전체 발전량의 20%를 태양광, 풍력, 지열에너지 등 신재생에너지원에서 충당	2009
		신재생에너지발전목표 (eRET, Enhancements to the Renewable Energy Target)	• 풍력으로 대표되는 대형 신재생에너지발전(Large-scale Renewable Energy Target: LRET)프로젝트와 가정용 태양광 온수, PV로 이뤄진 소형 재생에너지발전프로젝트(Small－scale Renewable Energy Scheme: SRES)로 구분	2010
		Clean Energy Bill	• 청정에너지 사용을 장려하고, CPM(Carbon Price Mechanism)의 골격을 정립함. EU－ETS와 달리 탄소가격을 2012년 7월 1일부터 2013년 6월 30일까지 CO2－e 1톤당 23달러로 고정	2011
뉴질 랜드	기후 변화 대응 법제	기후변화대응법 (Climate Change Response Act 2002)	• 뉴질랜드 배출권거래제도(기후변화에 대한 대응방안으로 온실가스 저감을 위한 연구 및 조사를 통해서 혁신적이고 기술적인 해결방안을 모색)	2002

세계 최대 석탄수출국인 호주는 녹색산업을 차세대 성장동력으로 지목하고, 태양광, 풍력발전 등 관련 산업 육성에 적극적으로 나서고

있는 실정이다. 호주는 Rudd 정권 초기에 바로 기후변화대응에 관한 입법작업에 착수하여, 2007년 NGER을 제정하여 시행함으로써, 탄소배출권거래제의 도입이 될 수 있는 법제환경적 기반을 형성하였다. 이후 2008년에는 '녹서'와 '백서' 정책보고서를 발표함으로써 향후 호주가 기후변화에 대응하고 녹색성장을 추진할 수 있는 방향성을 제시하였다. 2009년에는 탄소배출권거래제도를 핵심적인 내용으로 하는 CPRS 2009 법안과 실질적인 기후변화대응에 관한 정책을 집행할 수 있는 기관 설립의 근거를 마련하고자 하는 기후변화규제기관 법안을 제출한 바 있다. 호주 정부는 이외에도 에너지 부문에서 저탄소 정책을 펼치고 있는데, 특히 재생에너지와 관련하여 2020년까지 총 전력의 20%에 상응하는 수준까지 재생에너지로 전환한다는 계획이다. 이 외에도 에너지고효율화 정책과 관련, 2004년 8월 에너지 효율 향상을 위한 국가종합대책(NFEE)을 발표하기도 하였다.

호주 정부의 기후변화대응관련 정책 및 환경규제 움직임이 활발해지면서 전반적인 환경보호와 기후변화에 대한 일반 시민들의 인식이 변화되고 있다. 또한 호주의 재생에너지산업은 태양광과 풍력발전이 시장을 주도하고 있는 실정이다. 더 나아가 태양광과 풍력발전과 관련된 신규 사업 및 시장기회를 형성하고자 하는 호주 정부의 움직임이 계속되어 왔다. 이 외에도 에너지라벨링의 강화와 그린빌딩 규정을 제정하는 등 에너지 관련 규정을 강화함으로써 다양한 상품시장을 확대하고 있다. 기존의 전력망에 IT기술을 접목하여 에너지 효율을 최적화하는 차세대 지능형 전력망인 스마트그리드의 기술개발을 위해서도 많은 예산을 할당하고 있으며, 주정부 차원에서도 스마트그리드 보급을 위한 목표를 도입하는 등 각종 프로젝트를 추진하고 있는 실정이다. 또한 호주는 석탄의존도가 높은 만큼 탄소포집 및 저장 기술과 관련하여 다양한 연구를 진행하고 있으며, 현재 다수의 프로젝트가 진행 중이다. 호주의 기후변화정책과 관련하여 주목할 점은 호주 정부는 기후변화정책 개발 및 조정, 국제협상을 비롯하여 배출권거래제 고안 및 시행, 의무적 신재생에너지 사용정책 입안, 규제 및 조정, 온실가스 배출 및 에너지 소비효율 보고, 기후변화 적응 전략 도출 및 정책 조정, 기후변화 관련 연구개발 활동의 조정 등 전반적인 기후변화 관련 업무를 전담할 기후변화부를 2007년 12월에 신설했다는 점이다

또한 2011년 11월, 2020년까지 탄소배출량을 2000년 배출량 대비 5% 감축하고자 하는 호주의 목표 이행 방안으로 탄소세 도입과 탄소가격제를 포함한 청정에너지 관련 법안이 통과되었다는 점을 주목할 필요가 있다. 호주 정부는 지난 코펜하겐 정상회의에서 국제적 합의도출에 실패하고, 미국이 배출권거래제를 추진하지 않기로 결정함에 따라, 더 이상 배출권거래제를 규정한 CPRS를 추진할 수 있는 명분을 잃게 된 상태에서 2010년 4월 CPRS를 잠정적으로 연기한 바 있었다. 하지만 동법의 통과로 2012년 7월 1일부로 탄소배출량이 많은 5백여 개의 탄소배출업체를 대상으로 고정 탄소가격제를 시행하게 되고 2015년 7월 1일부터 유동가격제로 전환하게 된다. 이 외에도 동법의 통과로 정부의 기후변화정책에 조언을 할 Climate Change Authority와 탄소가격제, NGER, RET와 탄소영농 이니셔티브를 관리 및 운영할 Clean Energy Regulator이 수립될 예정이다. 호주의 기후변화정책에 따른 시장변화는 최근 호주에서 가장 중요한 경제상 변화로 주목받고 있다.

뉴질랜드 정부는 기후변화를 경제적인 문제로 판단하여 일회성이

아닌 지속적인 관리로 국가경제체제에 구조적으로 포함하는 기후환
경정책을 펼치고 있다. 뉴질랜드 정부는 기후변화와 뉴질랜드의 온실
가스를 감축하기 위해 지속적인 노력을 해왔는데, 특히 기후변화에
대한 정부의 주요 정책은 2002년 기후변화대응법을 통해 처음 발의
된 뉴질랜드 배출권거래제(NZ ETS)라고 볼 수 있다. 각 산업 간의 높
은 연계성이 특징인 NZ ETS는 가장 성공적으로 시행되고 있는 배출
권거래제라고 평가되고 있다. NZ ETS는 2008년 1월 1일부터 근본적
인 전환을 추진하도록 산림산업에 탄소를 격리시킬 경제적 인센티브
를 주고 있으며, 2010년 7월 1일 산업용/수송용 연료 부문 및 전력에
대해서도 배출이 의무화되어 본격적으로 시작되었다. 향후 2013년 1월
1일부터는 폐기물과 합성가스 분야, 그리고 2015년 1월 1일부터 농업
분야에 배출이 의무화될 예정이다.

2011년 상반기 기후변화대응법에 따라 뉴질랜드의 배출권거래제
가 그 기능을 다하고 있는가를 검토하기 위해 패널이 설치되었고,
2011년 8월에 보고서가 발간되었다. 전반적으로 NZ ETS는 시행 이후
에 벌목 등 삼림 파괴가 크게 감소하고, 발전 분야에서 배출량을 관
리하면서 2011년 이후 신재생에너지 비율이 상승하고, 특히 국가 전
체적으로 배출량이 크게 감소하고 있다는 점에서 긍정적인 효과를
가져왔다고 평가되고 있다. 뉴질랜드는 이외에도 2011년 12월 국제탄
소시장의 확대와 유동성 증가를 위하여 2015년 7월 1일부터 호주와
배출권거래제를 연계하여 운영하겠다고 발표하였다. 양국은 호주의
배출권거래제가 유동가격제로 전환되는 2015년 7월 1일부로 배출권
거래제 연계 운영을 착수하겠다고 밝혔다.

에너지 정책과 관련, 뉴질랜드 정부는 에너지전략 2011~2021을 통

해 에너지 분야에서 나아가야 할 방향성과 에너지가 뉴질랜드 경제에 미치는 효과를 제시하고자 한다. 이 외에도 뉴질랜드 에너지 효율과 보존전략(NZEECS)을 통하여 구체적으로 에너지 효율, 에너지 보존과 재생에너지를 촉진하고자 한다. 이 외에도 뉴질랜드 정부는 온실가스 저감을 위한 재생에너지의 사용, 에너지 효율 개선, 에너지 효율 제품 관련 프로그램, 전력효율 관련 프로그램을 마련하는 등, 다양한 정책과 조치를 취하고자 한다. 2011년 1월 뉴질랜드 정부는 녹색청정 브랜드의 향상과 동시에 경제성장을 가능케 하는 녹색성장에 대한 고문단의 설립을 선언한 바 있다. 이는 더 빠른 경제성장을 위한 정부의 계획 중 하나로서, 특히 수출산업 분야가 뉴질랜드의 녹색청정 브랜드에 기여하고, 새로운 청정기술의 개발을 통하여 저탄소경제를 달성하기 위한 것이기도 하다.

V. 일본과 중국

국 가	기후/ 에너지	법 률 명	목표 및 주요 내용	제정시기
중국	기후 변화 대응 법제	기후변화에 적극 대응하는 것에 관한 결의	• 기후변화대응 관련 조치의 시행과 법 제건설에 대해서 규정	2009
	에너지 법제	에너지 절약법	• 에너지 절약 관리 에너지 절약을 촉진하는 재정, 세수, 정부구매, 신용대출, 가격정책을 실시	2007 개정
		청결생산촉진법	• 청결생산의 실시에 유리한 산업정책과 기술개발, 확대보급 정책을 통해 자원 의 고효율 이용과 순환 사용 실현	2003

		재생가능에너지법	• 재생가능에너지 개발 및 이용의 양적 목표를 설정하고, 그에 상응하는 조치를 취하여 재생가능에너지 시장의 건설과 발전을 추진	2009 개정
		순환경제촉진법	• 도태하는 목록에 편입된 설비, 재료와 제품의 생산, 수입, 판매를 금지하며, 도태하는 목록에 편입된 기술, 공정과 재료의 사용 금지	2009
일본	기후변화대응법제	환경기본법	• 국제협조에 의한 지구환경보전을 위한 적극적 추진(제5조) 정부가 환경보전에 관한 종합적이고 계획적인 시책을 정할 의무를 규정(제15조)	1993
		지구온난화대책의 추진에 관한 법률	• 종합적이고 계획적인 대책을 추진하기 위하여 내각에 지구온난화대책추진본부를 설치 • 온실가스 흡수량에 관한 목표를 달성하기 위해 산림의 정비 및 보전 또는 녹지의 보전 및 녹화의 추진에 관한 계획에 근거하여 흡수작용의 보전 및 강화	2008 개정
		지구온난화대책기본법(안)	• 온실효과가스배출의 양을 감축하는 점에 초점을 두고 사회의 전반적인 생활양식의 전환을 시도	2008년 참의원 제출/부결
	에너지법제	에너지정책기본법	• 에너지 수급정책의 기본방침을 정하고, 국가·지방공공단체의 책무를 밝히며 에너지 수급정책의 장기적·종합적·계획적 추진(에너지 장기수급전망)을 통하여 지구환경보전·지속적 발전사회에 대한 기여를 목표	2002 개정
		에너지 사용 합리화에 관한 법률	• 에너지 사용을 합리화함으로써 에너지 소비를 억제하고 나아가 에너지 기원 이산화탄소 배출량을 감축	2008년 개정

중국은 기후변화 및 에너지와 관련하여 정부적 차원에서 많은 노력을 해 나가고 있으며 상해시와 항주시 등 도시에서 자전거 대여제도를 도입하여 비교적 성공적으로 운영되고 있지만 아직 존재하는 문제점 역시 적지 않은 상황이다.

우선, 현재 기후변화 또는 에너지와 관련하여 종합적으로 규정한 법령이 없는 상황이고 여러 가지 법률에 에너지 또는 기후변화와 관련한 내용이 산재하여 있는 상황이다. 예를 들어 에너지와 관련하여 위에서 언급한 바와 같이 「에너지 절약법」, 「재생가능에너지법」, 「순환경제촉진법」, 「청결생산촉진법」 등 4개 법률에서 동시에 규정하고 있고 기후변화와 관련하여서는 「대기오염방지법」과 '기후변화에 적극 대응하는 것에 관한 결의'에서 규정하고 있다. 비록 '기후변화에 적극 대응하는 것에 관한 결의'에서 기후변화에 대해 전문적으로 규정하고 있지만, 이는 전국인민대표대회 상무위원회의 결의로서 법률에 해당하지만 필경 법률은 아니지라 법률처럼 상세한 규정을 두고 있지 않다. 여러 개의 법률에서 동시에 규정을 하다 보니 동일한 내용이 중복되는 부분이 많고, 또한 기후변화 및 에너지와 관련하여 법령과 관리의 측면이 다름에 따라 그 주무부서가 다르게 나타나고 있다. 전반적으로 보면 통일성이 부족하다.

다음으로 기후변화 또는 에너지와 관련하여 법령 또는 정책을 제정함에 있어 국제규범 특히 국제통상규범과의 면밀한 검토를 하지 못한 것으로 생각된다. 실제로 이러한 법령으로 인하여 외국과의 통상마찰이 벌어진 사례도 있다. 예를 들어 중국 재정부가 2008년 8월부터 시행한 '풍력발전설비산업화 전용자금관리 잠정방법의 인쇄 배포에 관한 재정부의 통지[財政部關於印發≪風力發電設備産業化專項資金管理暫行辦法≫的通知]'의 경우, 제4조에 "풍력발전설비산업화 전용자금을 설치하는데 그 지원대상은 중국국내에서 풍력발전설비의 생산과 제조에 종사하는 중국인투자 및 중국인투자 지주기업이며 주요하게 기업이 새로 개발 및 산업화를 실현한 풍력발전설비 및 그 부품에 대해 보조금을 지급한다"고 규정하는 등 WTO 규범과의 충돌

이 문제시되었다. 이들은 실제로 특정산업에 대한 보조금의 공여로서
조치 가능 보조금에 해당하며 또한 외국기업 및 그 제품에 대한 차별
에 해당하여 내국민대우원칙에도 위배되었다. 결국 미국이 이에 대해
WTO에 제소하자 중국정부가 협의요청 단계에서 동 통지를 폐지하
였다. 따라서 추후의 법령 또는 정책제정 과정에서 국제규범과의 일
치성에 대한 심사 역시 이루어져야 할 것이다. 또한 배출권거래제의
전국적 범위의 도입도 서둘러야 할 과제이다. 현재는 천진시, 중경시,
하북성 및 항주시에서만 시범적으로 배출권거래제도의 운영을 도입
중에 있는데 이러한 시범을 거쳐 배출권거래제를 전국적 범위로 확
대해 나아가야 할 것이다.

일본의 경우, 기후변화 및 에너지에 관한 법률 제정과 정책 확립에
있어 모범적 사례로 인정될 수 있을 것으로 보인다. 기후변화와 관련
하여서는 「지구온난화대책의 추진에 관한 법률」을 제정하여 종합적
이고 계획적인 국가 차원의 대책을 추진하며, 교토의정서상의 목표를
달성하기 위한 온실가스 배출량 감축 의무를 부과하고 있다. 또한, 지
구온난화대책본부를 설립하여 장기적인 관점에서 지구온난화 문제
에 대하여 종합적 업무를 수행하도록 하고 있다. 그리고 「지구온난화
대책기본법안」을 통해 포스트 교토체제를 준비하기 위한 국제적 협
력을 강조하며, 자주적으로 시행되고 있던 국내 배출권거래제도를 법
적 제도화하기 위해 논의하고 있다. 에너지와 관련하여서는 에너지정
책기본법, 에너지 사용 합리화에 관한 법률, 석유대체에너지의 개발
및 보급의 촉진에 관한 법률을 제정하여 녹색에너지를 위한 기반을
형성하고 있으며, 재생에너지 특별조치법안이 의회에 상정되어 내년

7월부터 발효할 예정이다. 전반적으로 일본의 녹색성장과 관련한 법제는 잘 정비되어 있으며, 국제기후변화대책에 상당한 정도로 기여한 것으로 평가되고 있다. 일본 정부는 국제적 차원에서 온실가스 감축을 선도하는 지위에 있으며, 지구온난화 문제에 대한 매우 구체적인 기준과 지침을 법적 차원에서 확립하며, 이를 통해 '저탄소 사회'를 지향하고 있다.

실제로 지난 2010년 11월에 OECD는 일본 기후변화정책에 관하여 평가한 바 있다. OECD는 일본이 교토회의 개최국으로서 '포스트-교토의징시 시대'를 준비하기 위하여 국제기후변화대책에 크게 기여해 왔다고 평가하고 있다. 다만 이러한 일본의 정책에 대하여 OECD는 ① 기후변화정책조합에 대한 다른 대안적 수단들도 함께 고려하면서 비용-효과성을 검토할 것, ② 기후 관련 조세와 결합된 배출권거래제를 통하여 탄소에 일정한 가격을 부여할 것과 시범적 배출권거래제를 가능한 범위에서 다른 나라의 제도와 양립되는 의무적인 배출권거래제로 전환시킬 것, ③ 재생에너지 개발을 위한 일관되고 장기적인 프레임웍을 구축하고 화석연료에 대한 의존을 줄일 것, ④ 종합적인 기후변화적응전략을 개발할 것과 보다 광범위한 국제적 노력의 일환으로 기후변화저감과 적응을 개발협력에 통합하기 위한 추가적인 재정지원을 제공할 것을 권고하고 있다.

결론적으로, 일본 정부의 '저탄소 사회'로의 법제 및 정책에서 세 가지 시사점을 찾아낼 수 있다. 첫째, 일본 정부의 지구환경에 대한 관심은 전 일본총리들이 발표해 온 비전에서 뚜렷이 나타나듯이 '지탄소 사회'로의 전향으로 이어지고 있다. 특히 「지구온난화대책기본법안」에서는 온실효과 가스 배출에 관련하여 1990년 대비 25% 감축이라는 파격적인 제안을 하고 있다. 이 감축목표는 국제적인 협력이 있을 경우에 이행이 되는 목표이지만 온실효과 가스 감축을 국제적으로 선도하는 입장을 보여 주고 있는 것이다. 그러나 이러한 감축목표로 인해 산업계는 반발하고 있고 실제로 감축목표를 줄이기 위한 수정법안이 국회에 제출 중이다. 지구온난화를 대처하는 데 있어 온실가스 감축으로 직접적인 영향을 받는 산업계와의 타협을 충분히 한 이후에 법령을 제정하는 과정이 필요하다는 점을 여실히 보여 주는 예이다.

둘째, 배출권거래제도에 관련하여 동경도에서 의무적 실시를 한 점을 들 수 있다. 사실 일본 정부는 배출권거래제도의 도입에는 미진한 태도를 보이고 있다. 하지만 동경도는 일본의 중심도시로서 그 파급효과에 대해 주목해야 한다. 현재는 동경도에 위치하고 있는 1% 이내의 사업소에 대하여 의무적으로 실시하고 있는 실정이지만 동경도의 온실가스 배출량의 약 40%를 차지하고 있기 때문에 온실가스 배출량을 감축하는 데 효과가 있을 것으로 예상된다.

셋째, 일본 정부에서 발표하고 있는 정책의 내용이 매우 구체적인 것에 주목할 필요가 있다. 비록 현재는 그 틀의 구축에 주력을 하고 있는 것으로 보이지만, 1990년 '지구온난화방지대책계획'을 책정했을 때와 비교하면 확연한 차이를 보이고 있다. 이는 정부계획에 대한 법률적인 근거를 지속적으로 만들기 때문이다. 물론 관련법이 난립하는 문제가 제기될 수도 있지만 일본 정부의 노력 자체만은 높이 살 만하다. 또한 정책 면에 있어서도 구체적인 기준과 산업계와 국민들이 참고할 수 있는 지침서를 발표함으로써 세부적이며 체계적으로 대처해 나가고 있는 것으로 보인다. 결국 기후변화대응정책에서 산업계와 정당 간의 컨센서스의 형성이 중요하며 세부지침사항을 수립해 나가는 것이 가장 중요한 과제이므로 이것이 시사하는 바가 크다고 할 수 있다.

VI. 인도

인도는 국제적 차원의 지구온난화 문제에 대응하기 위하여 기후변화협약과 교토의정서에 가입은 하고 있으나, 비부속서 I 국가로 온실가스 배출량 감축을 위한 법적 의무를 지고 있지는 않다. 인도의 경우, 청정개발제도에는 적극적인 참여를 하고 있지만, 기후변화에 관한 국내법을 갖고 있지 못하고, 대신 기후변화에 관한 국가행동계획을 통해 경제적 발전과 환경적 고려의 균형을 추구하고 있다. 동 계획은 태양에너지, 에너지 효율, 지속 가능한 주거, 수자원관리, 히말라야 생태계 보존, 녹색인도, 지속 가능한 농업 및 기후변화에 관한 전략적 지식에 관한 국가과제를 확립하여 기후변화대응방안의 골격을 설정하고 있다.

한편, 최근 인도 정부는 배출권거래시험계획을 발표하였는데, 동 계획이 성공할 경우 계속해서 확대할 계획을 갖고 있는데 이는 고무적이다. 에너지와 관련해서는 전력법, 국가전력조정위원회 규칙 및 빌딩의 에너지보존법을 제정하여, 에너지 효율을 개선하고 재생에너지 사용에 관한 규정을 두고 있다. 그러나 인도는 경제 개발에만 초점을 맞추고 있기 때문에 녹색성장 관련 법제는 전반적으로 아직 미비한 것으로 보이는데, 한국의 관련 법률과 정책 등이 인도의 법제 형성에 많은 시사점을 제시해 줄 수 있을 것으로 보인다.

　　인도는 UN 기후변화협약과 교토의정서에 가입하였으나, 비부속서
Ⅰ국가로서 이산화탄소 배출량 감축에 대한 법적 의무를 지지 않지
만, 청정개발제도와 관련한 프로젝트에는 적극적으로 참여하고 있다.
또한 정책적으로 기후변화에 관한 국가행동계획은 갖고 있으나, 법적
구속력이 있는 기후변화와 관련한 법률은 미비되어 있다는 점에서
문제가 있어 보인다. 그러나 최근 배출권거래와 관련하여 시험계획을
발표한 것은 기후변화에 대한 인도의 시각 및 행동이 적극적으로 바
뀐 듯한 모습을 보여 반가운 일이 아닐 수 없다. 한편 에너지와 관련
하여서는 전력법과 국가전력조정위원회 규칙 등을 통해 에너지 효율
과 재생에너지 개발에 많은 관심을 보이고 있다. 정책적으로도 온실
가스 배출량을 감축하는 방향의 통합정책을 실시하고 있으며, 에너지
계획을 개선하기 위한 구체적 계획을 세워 놓고 있다. 그러나 인도의
경우 경제 개발에만 초점을 맞추고 있는 대신, 녹색기술 개발이나 녹
색경제 기반 조성을 위한 전략이나 법적 제도는 마련되어 있지 않으
며, 기후변화에 대응하고 에너지 자립을 실현하기 위한 국가적 차원
의 교육이나 국민인식 제고가 절실히 필요해 보인다.

결 론

이태화

우리나라의 녹색성장위원회가 지난 2009년 말에 확정 발표한 국가 온실가스 감축목표는 2020년까지 BAU 대비 30% 감축하는 것이다. 이것은 2005년 대비 4% 감축하는 수준인데, 실질적인 측면에서 보자면 우리나라의 감축목표는 2020년까지 1990년 대비 25~40%를 줄여야 하는 선진국의 감축수준과는 차이가 많이 나고 있다. 현재 우리나라의 온실가스 배출량은 세계 10위이고, 국민총생산이 세계 12위인 것을 감안한다면, 향후 포스트 2012체제에 대한 논의에서 우리나라가 온실가스 감축 의무국가가 될 확률이 아주 크다고 볼 수 있다. 이러한 포스트 2012체제 논의에서 우리나라의 위치를 감안하고 온실가스를 감축하려는 노력을 더욱 강력하게 해야 한다면, 우리나라의 기후변화대응법제가 잘 설계되고 이행되고 있는지 검토하는 것은 당면한 과제이다. 본서에서 살펴본 주요 국가들의 기후변화대응에 관한 다양한 계획과 노력은 우리나라의 기후변화대응법제의 수립과 개선방향에 대해 중요한 시사점을 줘 우리의 당면과제 해결에 도움을 줄 것이다.

우리나라는 EU나 영국, 독일, 프랑스, 일본 등 주요 국가들보다는 기후변화대응법제의 발달이 뒤처지지만 미국이나 중국, 러시아 또는 인도보다 앞서 저탄소 녹색성장을 국가비전으로 정하고 저탄소 녹색성장 기본법을 제정하는 한편 녹색기술의 개발과 성장 동력화에 박차를 가하고 있다는 점에서 국제사회에서 긍정적으로 평가되고 있다. 또한 저탄소 녹색성장의 국가라는 비전하에 녹색기술을 신성장동력으로 육성하고자 하는 우리나라의 정책은 국제적인 움직임과도 일치하는 것으로 판단되고 있다. 이는 이번 리우＋20회의에서 주요 의제로 삼고 있는 지속 가능한 발전의 맥락에서 바라본 녹색경제가 녹색기술의 발전을 통한 경제의 활성화 및 온실가스 감축을 목표로 하고 있다는 점에서 확인되고 있다.

우리나라의 저탄소 녹색성장 기본법은 기후변화, 에너지, 환경문제뿐만 아니라 녹색기술과 R&D, 녹색산업구조로의 전환과 발전, 녹색국토·도시·건물·교통 등 저탄소 녹색성장에 관한 내용을 포괄적으로 다루는 종합법인 동시에 경제 산업발전을 지원하는 법이라는 점에서 의미가 있는 법제이다. 또한 온실가스 감축, 화석연료 규제가 경제에 미치는 부정적 영향을 우려하여 기후변화 관련 법률을 쉽게 제정하지 못하는 미국에 앞서 시행한다는 점에서 우리나라가 기후변화에 적극적으로 대응한다는 이미지를 국제사회에 심어 주고 있는 것으로 평가된다.

그러나 우리가 주의해서 살펴봐야 할 점은 이러한 이미지를 심어준다는 것 혹은 긍정적으로 평가받는 다는 것과 실제로 저탄소녹색성장기본법제와 기타 관련 법제의 수립과 이행으로 우리나라가 기후변화에 얼마나 효과적으로 대응하고 있는지는 다른 차원의 문제라는 것이다. 효과적이면서도 환경적으로 지속 가능한 방식으로 기후변화에 대응하려면 법과 정책이 잘 설계되어야 함은 필수적이다. 또한 법제의 설계와 더불어 필요한 것은 그러한 법제가 현실에서 원활하게 역할을 할 수 있도록 기타 여건들이 충족되어야 한다는 것이다.

본서에서 살펴본 주요 국가들의 사례에서 우리는 기후변화대응법제를 어떻게 설계하고 어떠한 여건들이 더 보완되어야 하는지 배울 수 있을 것이다. 우리나라의 녹색성장 법제는 서로 다른 법제 영역이 유기적으로 통합된 융합법제이다. 즉 기존에 환경, 에너지, 기술개발 등이 긱기 벌게의 법률로 규제되어 왔던 반면에 가령 2010년 제정된 우리나라의 저탄소녹색성장기본법의 경우, 기존의 에너지기본법, 지속가능발전법 및 기후변화대책기본법(안) 등을 흡수 통합한 것이다. 하나의 단일한 법제로 통일해 기후변화에 대응한다는 것은 일면 효율성 측면에서 장점이 있을 수도 있다. 그러나 이러한 특징으로 인해 그 안에 있는 혹은 다른 관련 개별 법령들 간의 상충·중복의 문제가 발생하여 오히려 그 효율성을 저해하고 기후변화대응이라는 실질적 목표를 달성하지 못할 가능성이 있다. 예를 들어 기존 에너지기본법에 포함되어 있던 에너지 정책 기본원칙과 국가에너지기본계획의 수립에 관한 조항이 저탄소녹색성장기본법에 편입됨에 따라, 에너지법 및 기타 에너지 관련 법제와의 관계를 재정립할 필요성이 대두되고 있다. 따라서 이러한 문제점들을 해결하기 위해서는 저탄소녹색성장기본법과 다른 개별 법령들 간의 관계정립에 있어 상당한 조정 노력이 필요하다.

또한 우리나라의 녹색성장 법제는 국제규범 및 선진 각국의 법제에서 수용해 온 부분이 많다. 특히 교토의정서 체제에 대한 대응으로 선진 각국이 수립한 기후변화와 에너지에 관한 각종 입법 및 정책들을 참고하였다. 하지만 법제와 제도 자체는 잘 수립해 놓았지만 그것을 실행할 수 있는 여건의 조성에는 실패하고 있는 부분이 있다. 즉 우리나라는 법과 정책을 현실에서 적용하는 데 여러 가지 난관에 봉착하고 있다. 우리나라 정부의 '저탄소 녹색성장' 정책의 경우 대통령 직속 녹색성장위원회를 구심점으로, 각각 구체적인 개별 정책에 따라 주관 및 협력 부처가 상이하게 결합되는 시스템으로 운용된다. 이를 총괄하는 부처가 서로 다르기 때문에, 녹색성장으로 표현되는 새로운 정책 분야를 놓고 업무간의 충돌과 중복, 업무영역 할당을 둘러싼 주관 및 협력 부처 간의 갈등이 나타날 소지가 있다. 이러한 갈등을 어떻게 해결할 것인가 고민해야 하는 것이 우리에게 주어진 하나의 숙제라고 할 수 있을 것이다. 이러한 고민을 안고 있는 우리나라의 입장에서 보면, 호주가 기후변화부를 설립한 이후에도 기후변화 관련 법률의 집행과 운영을 독립적으로 수행할 수 있는 전담기관인 기후변화규제기관의 설립을 추진하여 주관 및 협력 부처 간의 갈등을 최소화하려고 노력하였다는 점은 시사하는 바가 크다.

이상의 내용이 저탄소녹색성장법의 전체적인 틀과 이행과정에서의 부처 간 원활한 소통에 대한 것이었다면 저탄소녹색성장법제의 내용에 관한 것도 논의할 필요가 있다. 대부분의 주요 국가들은 기후변화대응을 위해 고효율의 자동차연비정책, 재생에너지비율의 확대, 온실가스 배출량 의무신고제 등과 같은 규제적 방식과 배출권거래제의 도입과 같은 시장메커니즘에의 의존을 확대하고 있다. 따라서 우리도 규제적 방식과 시장메커니즘을 적절히 운용하여 우리나라 실정에 맞게 법제를 설계하고 구현시켜 나가야 할 것이다.

미국은 자동차 평균연비 기준을 2016년까지 리터당 14.9㎞까지 올린 후 2025년까지 리터당 23.0㎞로 대폭 올릴 계획이고 일본은 2020년까지 리터당 20.3㎞, EU는 2012년부터 리터당 18㎞의 연비에 이산화탄소 배출량을 ㎞당 백30g으로 규제한다. 우리나라는 자동차 연비를 2015년까지 리터당 17㎞, 이산화탄소 배출량은 ㎞당 백40g으로 규제키로 하였다. 자동차연비규제와 관련하여 지식경제부는 에너지이용합리화법에 따라 연비 및 온실가스 둘 다를 규제할 수 있도록 요구한 반면, 환경부는, 연비는 에너지이용합리화법에 따라, 자동차에서 배출되는 온실기스는 대기환경보전법에 따라 명시할 것을 요구하여 지식경제부와 환경부가 연비규제에 대하여 상이한 입장을 견지하였다. 자동차 연비규제에 대한 내용이 저탄소 녹색성장기본법에 포함되어 통과될 때, 선택형 단일규제를 채택하였다. 그러나 미국처럼 연비와 온실가스를 병행규제하는 것이 나은지 EU처럼 자동차 온실가스로 단일규제할 것인지는 계속해서 진지한 논의를 할 필요가 있다.[1]

한편 재생에너지비율의 확대와 관련하여 기후변화대응 법제와 그와 관련된 다른 법제들 간의 관계에 대한 정밀한 분석이 필요하다. 왜냐하면, 기후변화대응법제들을 분석함에 있어 간과하지 말아야 할 것은 우리나라 온실가스 배출량의 상당량이 에너지 부문에서 발생하고 있기에 기후변화대응법제의 분석에는 에너지 법제의 분석이 동시에 진행되어야 하기 때문이다.'국가에너지기본계획(2008~2030)'에 따르면 신재생에너지의 2030년 보급률을 11%로 삼고 있다. 현재의 재생에너지수준에서 평가하자면 11%는 적은 수치가 아니지만 우리나

---

1) 이창수 · 이지연, "자동차 연비 및 온실가스 규제에 관한 정책적 · 법적 고찰", 조홍식 외 편저, 『기후변화와 법의 지배』, 서울: 박영사, 2010년, p.476.

라의 신재생에너지 중 70% 이상을 폐기물열이 차지하고 있고, 나머지도 대부분 대규모 수력발전에서 발생한다는 점을 고려하면 우리가 통상 재생에너지라고 명명하는 태양광, 태양열, 바이오, 풍력, 연료전지, 지열은 모두 합쳐도 5% 정도에 불과하다. EU, 미국, 영국, 독일 등 선진국이 국제적인 의미의 재생에너지들을 확대 보급하고 있는 것과 비교해 보았을 때 우리나라가 재생에너지 확대를 적극적으로 추진하고 있다고 볼 만큼 큰 수치는 아니라고 판단된다. 선진국의 기후변화 대응을 위한 법제 중 큰 부분이 재생에너지 보급과 관련한 법률인 것을 고려할 때 우리나라의 기후변화대응법제 및 에너지법제를 강화하여 폐기물열이나 대규모 수력발전으로부터 얻어지는 신재생에너지가 아닌 풍력, 태양광 등으로부터 얻어지는 재생에너지의 보급 및 확대를 추진해야 한다. 이런 측면에서 살펴보았을 때, 재생에너지의 보급을 확실하게 보장해 주었던 발전차액지원제도를 완전 폐지하고 재생에너지의무할당제도(RPS)로의 전환하는 정책은 계속해서 주의를 갖고 검토해 보아야 할 주제이다.

한편 위에서도 언급했듯이 우리나라 온실가스 배출의 가장 큰 부문을 차지하는 것은 에너지이고 그 에너지의 60% 이상을 사용하는 것은 산업계이다. 따라서 산업부문의 강력한 온실가스규제가 부재하다면 우리나라의 온실가스 감축정책은 성공하지 못할 가능성이 크다. 우리나라는 산업부문의 온실가스 감축을 이끌기 위해 목표관리제를 도입하고 향후 시장메커니즘의 대표격이라 할 수 있는 배출권거래제를 도입하려고 하고 있다. 그러나 배출권거래제는 그 도입에 있어 산업계의 반발이 상당히 크다. 산업계의 반발을 감소시키고 우리나라의 여건에 적합한 배출권거래제를 도입하기 위한 방안으로는 다음과 같은 것들이 고려될 수 있다.[2] 다음에서 고려될 사항들은 배출권거래제를 시행하고 성공적으로 이끈 영국과 같은 선진국의 경험을 토대로 우리나라가 배출권거래제를 실시할 경우 고려할 수 있는 것들이다. 첫째, 대상 온실가스의 범위를 교토의정서에서 규정하는 6개가 아니라 이산화탄소만을 대상으로 해 시범으로 해본 후 점차 확대하는 방안이 바람직할 것이다. 둘째, 참여대상을 상류부문이 아닌 하류 중심으로 하고 발전부문은 별도로 관리한다. 셋째, 사업장단위의 온실가스 배출량을 기준으로 참여기준을 설정하지만, 참여부문 선정 후 배출비중과 행정비용을 고려하여 참여대상을 설정한다. 넷째, 사회적 수용가능성, 배출자의 적응 및 대응능력 확보 등을 고려하여 제도 시행 초기에는 무상과 유상할당 방법을 병행하여야 할 것이다. 특히 무역의존도가 높은 업종을 위해서 국제경쟁력을 제고할 수 있는 방안을 고안할 필요가 있다. 다섯째, 주요 국가들이 배출권거래제의 시행과 정착에 있어 어떻게 산업계를 설득하였는지 연구해 보는 것은 법제의 실현을 위해 조성되어야 할 여건이 무엇인가 우리에게 알려 줄 것이다. 프랑스의 환경그르넬 법안 제정과정이나 영국과 같은 국가들의 배출권거래제 실시에서 이해관계자들이 합의할 수 있는 포럼의 구성 등은 우리에게 시사하는 바가 크다. 한편 배출권거래제와 관련한 법적·정책적 논의에서 간과하지 말아야 할 것은 배출권거래제가 온실가스 감축의 최고의 정책적 방법이라는 환상은 가지지 말고 배출권거래제가 실질적으로 온실가스 감축에 얼마만큼 기여하는가를 계속해서 정밀하게 분석하여야 한다.

---

2) 윤종수, "국내 온실가스 배출권거래제도 구축방향", 조홍식 외 편저, 『기후변화와 법의 지배』, 서울: 박영사, 2010년, p.302.

한편 온실가스 배출을 현실적으로 억제하려면 온실가스 배출을 하는 구조를 세밀히 분석하고 온실가스 배출을 최소화할 수 있는 방안을 구축해야 한다. 이를 위해서는 온실가스 감축 인프라를 구축하는 것이 매우 중요한 문제라고 할 수 있을 것이다. 온실가스 인벤토리를 관리하는 방식과 제도에 있어 단기간 내 국가 인벤토리 체계를 구축할 수 있는 중앙관리형을 택할 것인지 현재의 제도로 자료수집이 가능한 분산관리형을 택할 것인지 의견이 다르다. 이를 위해 일본의 온실가스 배출량 산정 및 보고제도, 미국의 의무적 온실가스 보고법, 호주의 국가 온실가스 및 에너지 보고법을 면밀히 분석하는 것은 우리의 온실가스 감축 인프라 구축에 큰 도움이 될 것이다.

기후변화는 현대사회가 경험하고 있는 경제적·사회적·과학적 및 생태적 복잡성이 얽혀 있는 복합적이고 종합적인 문제이다. 이러한 기후변화문제의 특성으로 인해, 세계 주요 각국들이 어떻게 기후변화대응관련 법제와 정책을 제정하고 그에 둘러싼 여러 가지 복잡한 문제들을 해결해 나가는지 끊임없이 탐구하는 것이야말로 우리나라의 기후변화문제를 해결하고자 하는 노력에 진정으로 도움이 될 것이다. 본서는 그러한 노력의 첫걸음이다.

부록

부록: 국가별 기후변화대응 관련 법명

Ⅰ. 미국

1. American Clean Energy and Security Act of 2009(Waxman-Markey)
http://www.nationalaglawcenter.org/assets/crs/R40643-1.pdf
http://www.govtrack.us/congress/billtext.xpd?bill=h111-2454

2. Carbon Limits and Energy for America's Renewal Act(CLEAR Act)
http://www.govtrack.us/congress/billtext.xpd?bill=s111-2877
http://cantwell.senate.gov/issues/Leg_Text.pdf
http://cantwell.senate.gov/issues/Section_by_section.pdf

3. American Clean Energy Leadership Act of 2009
http://www.govtrack.us/congress/billtext.xpd?bill=s111-1462
http://energy.senate.gov/public/_files/TheAmericanCleanEnergyLead
ershipActof2009.pdf

4. Clean Energy Jobs and American Power Act of 2009(Kerry-Boxer)
http://www.govtrack.us/congress/billtext.xpd?bill=s111-1733

5. American Power Act of 2009(Kerry−Lieberman)
http://www.biochar−international.org/sites/default/files/
APASectionbySection.pdf
http://www.biochar−international.org/sites/default/files/APAbill.pdf

6. Mandatory Reporting of Greenhouse Gas Rule
http://www.epa.gov/climatechange/emissions/downloads09/FinalMand
atoryGHGReportingRule.pdf

7. Energy Policy Act of 2005
http://www.govtrack.us/congress/billtext.xpd?bill=h109−6

8. Energy Independence and Security Act of 2007
http://www.govtrack.us/congress/billtext.xpd?bill=h110−6

9. American Recovery and Reinvestment Act of 2009
http://www.govtrack.us/congress/billtext.xpd?bill=h111−1

II. EU

1. European Climate Change Programme
http://ec.europa.eu/dgs/clima/acquis/index_en.htm

(1) Directive 2003/87/EC of the European Parliament and of the Council of 13
    October 2003 establishing a scheme for greenhouse gas emission allowance
    trading within the Community and amending Council Directive 96/61/EC
    http://eur−lex.europa.eu/LexUriServ/LexUriServ.do?uri=CELEX:
    32003L0087:EN:HTML

(2) Directive 2004/101/EC of the European Parliament and of the Council
    of 27 October 2004 amending Directive 2003/87/EC establishing a
    scheme for greenhouse gas emission allowance trading within the
    Community, in respect of the Kyoto Protocol's project mechanisms
    http://eur-lex.europa.eu/LexUriServ/LexUriServ.do?uri=CELEX:
    32004L0101:EN:HTML

(3) Directive 2001/77/EC of the European Parliament and of the Council
    of 27 September 2001 on the promotion of electricity from
    renewable energy sources in the internal electricity market
    http://eur-lex.europa.eu/LexUriServ/LexUriServ.do?uri=CELEX:
    32001L0077:EN:IITML

(4) Directive 2004/8/EC of the European Parliament and of the Council
    of 11 February 2004 on the promotion of cogeneration based on a
    useful heat demand in the internal energy market and amending
    Directive 92/42/EEC
    http://eur-lex.europa.eu/LexUriServ/LexUriServ.do?uri=CELEX:
    32004L0008:en:NOT

(5) Directive 2003/30/EC of the European Parliament and of the Council
    of 8 May 2003 on the promotion of the use of biofuels or other
    renewable fuels for transport
    http://www.energy-community.org/pls/portal/docs/36290.PDF

(6) Commission Directive 2001/30/EC of 2 May 2001 amending Directive
    96/77/EC laying down specific purity criteria on food additives other
    than colours and sweeteners
    http://eur-lex.europa.eu/LexUriServ/LexUriServ.do?uri=CELEX:
    32001L0030:EN:HTML

(7) Council Directive 2003/96/EC of 27 October 2003 restructuring the
    Community framework for the taxation of energy products and
    electricity

http://eur-lex.europa.eu/LexUriServ/LexUriServ.do?uri
=OJ:L:2003:283:0051:0070:EN:PDF

(8) Directive 2005/32/EC of the European Parliament and of the Council of
6 July 2005 establishing a framework for the setting of ecodesign
requirements for energy-using products and amending Council
Directive 92/42/EEC and Directives 96/57/EC and 2000/55/EC of the
European Parliament and of the Council
http://eur-lex.europa.eu/LexUriServ/LexUriServ.do?uri
=OJ:L:2005:191:0029:0029:EN:PDF

(9) Directive 2003/30/EC of the European Parliament and of the Council of
8 May 2003 on the promotion of the use of biofuels or other renewable
fuels for transport
http://eur-lex.europa.eu/LexUriServ/LexUriServ.do?uri=
OJ:L:2003:123:0042:0042:EN:PDF

(10) Directive 2006/40/EC of the European Parliament and of the Council
of 17 May 2006 relating to emissions from air-conditioning
systems in motor vehicles and amending Council Directive 70/156/EEC
http://eur-lex.europa.eu/LexUriServ/LexUriServ.do?uri=
OJ:L:2006:161:0012:0018:EN:PDF

(11) Council Directive 1999/31/EC of 26 April 1999 on the landfill of
waste
http://eur-lex.europa.eu/LexUriServ/LexUriServ.do?uri=
CELEX:31999L0031:EN:HTML

(12) Decision No 280/2004/EC of the European Parliament and of
the Council of 11 February 2004 concerning a mechanism for
monitoring Community greenhouse gas emissions and for
implementing the Kyoto Protocol
http://eur-lex.europa.eu/LexUriServ/LexUriServ.do?uri=
OJ:L:2004:049:0001:0001:EN:PDF

(13) Council Regulation (EC) No 1782/2003 of 29 September 2003 establishing
common rules for direct support schemes under the common agricultural
policy and establishing certain support schemes for farmers and amending
Regulations (EEC) No 2019/93, (EC) No 1452/2001, (EC) No 1453/2001,
(EC) No 1454/2001, (EC) No 1868/94, (EC) No 1251/1999, (EC) No
1254/1999, (EC) No 1673/2000, (EEC) No 2358/71 and (EC) No 2529/2001
http://eur−lex.europa.eu/LexUriServ/LexUriServ.do?uri=
CELEX:32003R1782:EN:HTML

2. European Air Quality Framework Directive, its Daughters
Directives and New Air Quality Directive
(1) Council Directive 96/62/EC of 27 September 1996 on ambient air quality
assessment and management
http://eur−lex.europa.eu/LexUriServ/LexUriServ.do?uri=
CELEX:31996L0062:EN:NOT
(2) Council Directive 1999/30/EC relating to limit values for sulphur dioxide,
nitrogen dioxide and oxides of nitrogen, particulate matter and lead
in ambient air
http://eur−lex.europa.eu/LexUriServ/LexUriServ.do?uri=
CELEX:31999L0030:EN:HTML
(3) Directive 2000/69/EC of the European Parliament and of the Council
relating to limit values for benzene and carbon monoxide in ambient air
http://eur−lex.europa.eu/LexUriServ/LexUriServ.do?uri=
CELEX:32000L0069:EN:HTML
(4) Directive 2002/3/EC of the European Parliament and of the Council
relating to ozone in ambient air
http://eur−lex.europa.eu/LexUriServ/LexUriServ.do?uri=
CELEX:32002L0003:EN:HTML
(5) Directive 2004/107/EC of the European Parliament and of the Council

relating to arsenic, cadmium, mercury, nickel and polycyclic aromatic
hydrocarbons in ambient air
http://eur−lex.europa.eu/LexUriServ/LexUriServ.do?uri=
CELEX:32004L0107:EN:HTML

(6) Directive 2008/50/EC of the European Parliament and of the Council
of 21 May 2008 on ambient air quality and cleaner air for Europe
http://eur−lex.europa.eu/LexUriServ/LexUriServ.do?uri=
CELEX:32008L0050:EN:NOT

3. Integrated Pollution Prevention and Control Directive
Directive 2008/1/EC of the European Parliament and of the Council of 15
January 2008 concerning integrated pollution prevention and control
http://eur−lex.europa.eu/LexUriServ/LexUriServ.do?uri=
OJ:L:2008:024:0008:0029:EN:PDF

4. ETS
(1) 2004/156/EC: Commission Decision of 29 January 2004 establishing guidelines
for the monitoring and reporting of greenhouse gas emissions pursuant
to Directive 2003/87/EC of the European Parliament and of the
Council
http://eur−lex.europa.eu/LexUriServ/LexUriServ.do?uri=
CELEX:32004D0156:EN:HTML

(2) Directive 2009/29/EC of the European Parliament and of the Council of
23 April 2009 amending Directive 2003/87/EC so as to improve and
extend the greenhouse gas emission allowance trading scheme of the
Community
http://eur−lex.europa.eu/LexUriServ/LexUriServ.do?uri=
OJ:L:2009:140:0063:01:EN:HTML

(3) Decision No 406/2009/EC of the European Parliament and of the
Council of 23 April 2009 on the effort of Member States to reduce their

greenhouse gas emissions to meet the Community's greenhouse gas
emission reduction commitments up to 2020
http://eur-lex.europa.eu/LexUriServ/LexUriServ.do?uri=
OJ:L:2009:140:0136:01:EN:HTML

5. Renewable Energy Directive
Directive 2009/28/EC of the European Parliament and of the Council of 23
April 2009 on the promotion of the use of energy from renewable sources and
amending and subsequently repealing Directives 2001/77/EC and 2003/30/EC
http://eur-lex.europa.eu/LexUriServ/LexUriServ.do?uri=
CELEX:32009L0028:EN:NOT

6. Communication from the Commission to the European
   Parliament, the Council, the European Economic and Social
   Committee and the Committee of the Regions Energy 2020
   A strategy for competitive, sustainable and secure energy
http://ec.europa.eu/budget/library/biblio/documents/fin_fwk1420/MFF
_COM-2011-500_Part_II_en.pdf

III. 유럽 주요국 및 러시아

1. 영국

1. Climate Change Act 2008
http://www.decc.gov.uk/en/content/cms/legislation/cc_act_08/cc_act
_08.aspx
http://www.legislation.gov.uk/ukpga/2008/27/contents

2. Energy Act 2008
http://www.decc.gov.uk/en/content/cms/legislation/cc_act_08/cc_act

_08.aspx
http://www.legislation.gov.uk/ukpga/2008/32/contents

3. Energy Act 2010
http://www.decc.gov.uk/en/content/cms/legislation/energy_act_10/e
nergy_act_10.aspx
http://www.legislation.gov.uk/ukpga/2010/27/contents

4. Energy Act 2011
http://www.decc.gov.uk/en/content/cms/legislation/energy_act_11/e
nergy_act_11.aspx
http://www.legislation.gov.uk/ukpga/2011/16/contents

5. Planning Bill
http://www.legislation.gov.uk/ukpga/2008/29/contents

2. 독일

1. Projekt Mechanismen Gesetz - ProMechG
http://www.jiko-bmu.de/service/rechtstexte_grundsatzbeschluesse/
doc/162.php

2. Gelsetz über den Handel mit Berechtigungen zur Emission von Treibhausgasen
http://www.bmu.de/emissionshandel/gesetzliche_grundlagen/doc/4820.
php

3. Zuteilungsgesetz für die Handelsperiode 2005 bis 2007
http://www.bmu.de/emissionshandel/downloads/doc/6023.php

4. Gesetz über den nationalen Zuteilungsplan für Treibhausgas-Emissionsberecht
igungen in der Zuteilungsperiode 2008 bis 2012 vom 07.08.2007

http://www.bmu.de/emissionshandel/downloads/doc/39620.php

5. Erneuerbare－Energien－Gesetz(EEG) 2009
http://www.bmu.de/erneuerbare_energien/downloads/doc/40508.php

6. Erneuerbare－Energie－Wärmegesetz
http://www.erneuerbare－energien.de/inhalt/40512

7. Gesetz für die Erhaltung, die Modernisierung und den Ausbau der Kraft－
Wärme－Kopplung(KWKG 2002-Kraft－Wärme－Kopplungsgesetz)

3. 프랑스

1. Loi n° 2005－781 du 13 juillet 2005 de programme fixant les orientations
de la politique énergétique
http://www.legifrance.gouv.fr/affichTexte.do;jsessionid=6C1EFF6DF75
7391C35A64C7F5EDDA7A4.tpdjo16v_3?cidTexte=JORFTEXT0000008
13253&dateTexte=20120207

2. Grenelle de l'environnement
http://www.legrenelle－environnement.fr/－Lois－.html

(1) LOI n° 2009－967 du 3 août 2009 de programmation relative à la mise
    en œuvre du Grenelle de l'environnement(1)
    http://www.legifrance.gouv.fr/affichTexte.do?cidTexte
    =JORFTEXT000020949548

3. Le bonus écologique
http://www.developpement－durable.gouv.fr/Le－bonus－ecologique,2041.html

4. Consommations de carburant et émissions de CO2(CarLabelling)
http://www.ademe.fr/auto−diag/transports/rubrique/CarLabelling/

4. 러시아

1. The Ministry of economic development of the Russian Federation
www.economy.gov.ru

2. The Ministry of natural resources and environment of the Russian Federation
www.mnr.gov.ru

3. The Ministry of energy of the Russian Federation
www.minenergo.gov.ru

4. The Ministry of industry and trade of the Russian Federation
www.minprom.gov.ru

5. Rossiiskaya gazeta[The official legislation publishing source of the Government of the Russian Federation]
www.rg.ru

IV. 오세아니아

1. 호주

1. National Greenhouse and Energy Reporting Act 2007
http://www.climatechange.gov.au/reporting
http://www.comlaw.gov.au/Details/C2009C00122

2. Renewable Energy Target
http://www.climatechange.gov.au/en/government/initiatives/renewabl
e-target/legislation.aspx
Amendments:
http://www.comlaw.gov.au/Details/C2010A00069
http://www.comlaw.gov.au/Details/C2010A00070
http://www.comlaw.gov.au/Series/C2010A00071

3. Carbon Pollution Reduction Scheme
http://www.climatechange.gov.au/government/reduce/carbon-
pricing/cprs-overview.aspx

2. 뉴질랜드

1. Climate Change Response Act 2002
http://www.climatechange.govt.nz/emissions-trading-scheme/building/policy
-and-legislation/acts-and-amendments.html
Amendments:
http://www.legislation.govt.nz/act/public/2002/0040/latest/DLM158584.html
http://www.legislation.govt.nz/act/public/2006/0059/latest/DLM390413.html
http://www.legislation.govt.nz/act/public/2008/0085/latest/DLM1130932.html
http://www.legislation.govt.nz/act/public/2009/0019/latest/DLM2155104.html
http://www.legislation.govt.nz/act/public/2009/0057/latest/DLM2381636.html
http://www.legislation.govt.nz/act/public/2009/0057/latest/DLM2381636.html

V. 아시아 주요 각국

1. 일본

일본 법령을 찾을 수 있는 사이트(아래 1번~10번)
http://www.env.go.jp/en/laws/
http://www.japaneselawtranslation.go.jp

1. The Basic Environment Law

2. Act on Promotion of Global Warming Countermeasures

3. Law Concerning Promotion of the Measure to Cope with Global Warming

4. Law Concerning the Promotion of Procurement of Eco-Friendly Goods and Service by the State and Other Entities(Law on Promoting Green Purchasing)

5. Act on the Rational Use of Energy

6. Basic Act on Energy Policy

7. Act on the Promotion of New Energy Usage

8. Act on the Promotion of the Development and Introduction of Alternative Energy, etc

9. Act on Special measure for New Energy Usage

10. Act on Purchase of Renewable Energy Electricity by Electric Utilities

11. Ordinance on Environmental Preservation to Secure the Health
and Safety of Citizen of the Tokyo Metropolitan Area
http://www.reiki.metro.tokyo.jp/reiki_honbun/g1011328001.html#j5-
11_k1_g1

2. 중국

1. 기후변화에 적극 대응하는 것에 관한 결의[關于積極應對氣候變化的決議]
http://www.gov.cn/jrzg/2009-08/28/content_1403408.htm

2. 대기오염방지법[大氣汚染防治法]
http://www.gov.cn/ziliao/flfg/2005-08/05/content_20945.htm

3. 기후변화대응국가방안[中國應對氣候變化國家方案]
http://news.xinhuanet.com/politics/2007-06/04/content_6196300.htm

4. 국민경제와 사회발전 제12차 5개년 계획 개요[國民經濟和社會發展第十
二個五年規劃綱要]
http://www.gov.cn/2011lh/content_1825838.htm

5. 기후변화대응 과학기술전문행동[中國應對氣候變化科技專項行動]
http://baike.baidu.com/view/2581700.htm

6. 에너지 절약법[節約能源法]
http://www.gov.cn/flfg/2007-10/28/content_788493.htm

7. 청결생산촉진법(淸潔生産促進法)
http://www.people.com.cn/GB/jinji/31/179/20020629/764312.html

8. 재생가능에너지법[可再生能源法]

http://www.gov.cn/flfg/2009－12/26/content_1497462.htm

9. 순환경제촉진법(循環經濟促進法)
http://www.gov.cn/flfg/2008－08/29/content_1084355.htm

3. 인도

1. Energy Conservation Act
http://www.powermin.nic.in/acts_notification/energy_conservation_act
/index.htm

2. Electricity Act
http://powermin.gov.in/acts_notification/electricity_act2003/prelimin
ary.htm

3. Energy Conservation Building Code
http://www.spaenvis.nic.in/pdfs/ECBC.PDF

4. Central Electricity Regulatory Commission(Terms and Conditions for
recognition and issuance of Renewable Energy Certificate for Renewable
Energy Generation) Regulations
http://www.cercind.gov.in/Regulations/CERC_Regulation_on_Renewable_
Energy_Certificates_REC.pdf

박덕영 ——————————————————————————

연세대학교 법과대학 졸업
연세대학교 대학원 법학석사, 법학박사
국비유학시험 합격(국제법 분야)
영국 University of Cambridge 법학석사(LL.M.)
영국 University of Edinburgh 박사과정 마침
프로그램심의조정위원회 수석연구원 / 지적재산권팀장
숙명여자대학교 법과대학 조교수
사법시험, 외무고시, 행정고시, PSAT 출제위원
대한국제법학회 연구이사, 부회장
현) 연세대학교 법학전문대학원 부교수
　　연세대학교 법학연구원 부원장 / EU법센터장
　　Yonsei Law Journal 편집위원장
　　외교통상부 FTA 민간자문위원 / 기후변화정책 자문위원
　　국방부 국방기관 평가위원
　　한국국제경제법학회 회장

『국제투자협정과 ISD 중재』, 2012
『기후변화와 통상문제』(번역), 2012
『EU법 기본판례집』, 2012
『국제투자법』(공저), 2012
『신 국제경제법』(국제경제법학회 공동), 2012
『법학입문』(공동), 2011
『국제법 기본조약집』(편저), 2011
『국제법』(공동), 2010
『EU법강의』(공동), 2010
『국제경제법 기본조약집』(편저), 2010
『미국법과 법률영어』(번역), 2009
『국제저작권과 통상문제』(공동), 2009

"WTO EC-석면사건과 첫 환경예외의 인정", 「국제법학회논총」, 2006
국제법, 국제통상법, 국제투자법 및 저작권 분야 논문 다수

세계 주요국의
기후변화법제

초 판 인 쇄 ┃ 2012년 6월 25일
초 판 발 행 ┃ 2012년 6월 25일

지 은 이 ┃ 박덕영
펴 낸 이 ┃ 채종준
펴 낸 곳 ┃ 한국학술정보(주)
주   소 ┃ 경기도 파주시 문발동 파주출판문화정보산업단지 513-5
전   화 ┃ 031) 908-3181(대표)
팩   스 ┃ 031) 908-3189
홈 페 이 지 ┃ http://ebook.kstudy.com
E-mail ┃ 출판사업부 publish@kstudy.com
등   록 ┃ 제일산-115호(2000. 6. 19)

ISBN   978-89-268-3534-0 93360 (Paper Book)
                978-89-268-3535-7 98360 (e-Book)

이담 Books 는 한국학술정보(주)의 지식실용서 브랜드입니다.